Main Idea로 푸는 전도서, 아가

HOLMAN Old Testament Commentary

Ecclesiastes, Song of Songs

General Editor Max Anders | Authors David George Moore and Daniel L. Akin

Main Idea 로 푸는

전도서, 아가

맥스 앤더스(Max Anders) 책임 편집
데이비 조지 무어(David George Moore), 다니엘 L. 애킨(Daniel L. Akin) 지음 | 이중순 옮김

디모데
Timothy Publishing House

도린(Doreen)에게.

우리가 결혼한 13년 동안 당신의 삶에서 일하시는 하나님의 놀라운 은혜를 보며
나는 늘 경외감을 느꼈다오. 당신의 우정, 하나님의 방식대로 따르는 지혜,
지칠 줄 모르는 충성스러움, 우리 아이들을 향한 흔들림 없는 사랑
그리고 당신의 남편인 것을 자랑스럽게 만드는 따뜻한 애정.
당신은 잠언 31장의 그 여인이 내게 온 것이라오.

데이빗 조셉(David Joseph)과 크리스토퍼 다니엘(Christoper Daniel)에게.

우리가 너희를 키우는 기쁨이 얼마나 큰지, 너희를 얼마나 자랑스럽게 여기는지
말로 다 표현할 수가 없구나. 너희가 예수님을 알아가는 가장 위대한 기쁨을
발견하게 되기를 우리는 늘 기도한다.

데이빗 조지 무어

빌(Bill)과 제인 커트러(Jane Cutrer)에게.

당신들은 나와 샬럿(Charlotte)에게 형언할 수 없는 우정을 보내주었고,
아가서의 가르침을 아름답게 반사해준 결혼 생활을 보여주었습니다.

다니엘 L. 애킨

추천의 글

요즘, 여러 사람들에게 읽히며 회자되는 목사님들의 설교나 글을 읽어보며 많은 생각을 하게 됩니다. 그 글들의 대부분은 성경보다는 성경 이후의 얘기나 성경보다 더 멋지게 말하려는 흔적들로 가득 차 있습니다. 그러한 글들이 처음에 쓰여질 때는 물론 성경에 근거를 두었겠지만 그 글에 영향을 입은 사람들은 성경은 없고 텍스트가 된, 성경과는 전혀 다른 모습의 인간상들을 만들어낼 가능성이 높아집니다.

변하지 않는 것이 있습니다. 사람은 변하지 않습니다. 그리고 하나님은 변하지 않습니다. 그러나 주위를 보면 변화되는 것들을 센스 있게 기록해놓은 것들로만 가득해서 변하지 않는 인간의 영혼, 그 깊숙한 곳의 문제들이 전혀 해결되지 않은 채 남아 있습니다. 영혼을 찔러 쪼개는 유일한 도구는 하나님의 말씀입니다. 그러므로 교회가 다시 성경의 근거를 마련하고 그 토대 위에 말씀을 세우는 작업을 놓쳐서는 안 됩니다. 이것은 이미 했다고 해서 무관심할 것이 아닌, 중단없이 계속되어져야 하는 것입니다. 제 이야기를 하자면, 제 속에서 변하지 않는 모습을 봅니다. 그것은 하나님 말씀에 불순종하는 데 익숙한 제 모습입니다. 신앙 생활을 시작할 때 말씀 공부를 충분히 하면 어느 날엔가는 하나님의 말씀으로 풍성한 삶을 살 것이라 기대하며 오늘까지 달려왔습니다. 그러나 요즘 하나님 말씀에 불순종하는 변하지 않는 제 모습을 보며 경악합니다. 이런 제게 오직 주의 말씀이 은혜로 임할 때, 제가 그 말씀 앞에 순종하는 모습을 봅니다.

우리는 다시 성경을 보아야 합니다. 그 말씀이 무엇을 말하고 있는지 깊이 추적해야 합니다. 이 책, 「Main Idea 시리즈」는 하나님의 말씀에 순종하고자 하는 사람들에게 바른 길잡이이자, 말씀을 깊이 사랑하는 사람들에게 좋은 영향을 줄 책이라고 생각합니다. 또한 성경을 자신의 생각과 형편에 맞추어 해석하려는 것이 아니라 성경이 말하는 진정한 뜻을 찾는 사람들에게 큰 도움이 될 것입니다.

홍정길(남서울은혜교회)

우리 시대는 정보의 홍수 시대라고 할 만합니다.
문제는 이 홍수 속에서 우리가 향방 없이 떠밀려 내려가고 있다는 것입니다.
정보의 부재가 문제가 아니라 정보의 향방이 문제입니다.
우리 시대의 설교와 성경 공부가 동일한 위기에 직면해 있습니다.
이 책은 이런 위기를 돌파하는 예지를 제공합니다.
성경 텍스트의 메인 아이디어는 바로 메시지의 향방이어야 합니다.
저는 그래서 이 책이 모든 진지한 성경학도들과 설교자들을 위한
다윗의 물맷돌이기를 기도하며 추천하는 바입니다.

추천의 글

이 책은 명료한 요약, 명료한 주석, 명료한 적용, 명료한 결론이 명료하게 나타나 있습니다.
거기에 명료한 예문은 설교자의 구미를 돋구기에 가히 매력적입니다.
이 책의 매력에 중독되는 것이 오히려 한국교회 강단의 축복일 것을 예언하고 싶습니다.

감사와 기대를 담아
이동원*(지구촌교회)*
이동원

Contents
차 례

Main Idea로 푸는 전도서, 아가

하나님의 말씀과 하나님의 백성들과의 관계는 물과 물고기의 관계만큼이나 절실하고 심각한 관계다. 하나님을 사랑하는 사람들은 성경을 통해 말씀하시는 하나님의 음성을 듣기를 갈망한다. 그 이름이 목사든, 전도사든, 선교사든, 교사든 하나님의 말씀을 가르치는 모든 일꾼들 또한 영적으로 굶주린 사람들에게 하나님의 말씀으로 풍성한 양식을 공급함으로 그들이 영적인 활력을 갖게 되기를 갈망한다. 그래서 하나님의 말씀을 보다 쉽게, 보다 재미있게, 보다 분명하게 가르칠 수 있도록 인도해줄 자료를 구하지만 쉽게 찾아볼 수 없는 것이 현실이다. 성경을 가르치는 사람에게는 책임이 있다. 누구를 가르치든, 어느 본문을 가르치든 성경

본문 구성

들어가는 글_ 대표적인 크리스천 저술가들이 쓴 주옥 같은 글을 인용함으로 각 개인과 그룹 모임을 하나님의 말씀으로 끌어들이는 토론으로 유도한다.

본문 이해_ 한 절 한 절을 쉽고 명쾌하게 해설한다.

메인 아이디어_ 각 장의 내용과 가르침을 요약하여 한눈에 파악하도록 돕는다.

결론_ 성경의 원리를 요약하고 그것이 삶과 연결되도록 다리를 놓는다.

에 대한 흥미를 자극하고, 성경에 대한 지식을 확대하며, 구체적으로 순종할 수 있는 성경의 원리를 발견하고, 발견한 진리를 삶에 적용함으로 그들의 삶에 변화가 일어나도록 해야 한다.

본서는 구약 성경을 공부해가는 동안 이러한 역동적인 결과를 얻어낼 목적을 가지고 특별한 틀로 구성하였다.

이 작은 도구가 성경을 보다 더 쉽게, 더 분명하게, 더 정확하게 배우고 가르치기를 원하는 모든 하나님의 종들의 손에 들려짐으로 성경에서 막 튀어나온 듯한 건강한 하나님의 백성들을 세우는 성령의 도구로 쓰여지길 기도한다.

발행인 고종율

삶의 적용_ 현재의 삶과 성경의 진리를 연결하도록 돕는다.

기도_ 각 장에서 발견한 원리와 적용의 실행을 위해 기도할 수 있도록 돕는다.

티칭 가이드

티칭 가이드_ 성경 교사들을 돕기 위한 성경 교수 계획을 제시한다.

심층 연구_ 더 깊은 지식을 원하는 사람들을 위해 낱말과 어구와 주제에 대한 보다 깊은 연구로 인도한다.

전도서 서문

이 연구에 대한 개인적인 생각

이 주석을 쓰는 것은 굉장한 특권이다. 전도서는 구약 성서 가운데 내가 좋아하는 책 중 하나이기 때문이다. 그것은 지난 20년 동안 여러 가지 놀라운 방식으로 나를 이끌어주었다.

전도서에 대한 열정은 나뿐만 아니라 다른 사람들에게도 특별한 것 같다. 피터 크리프트(Peter Kreeft)는 전도서가 15세의 그를 철학자로 만들어준 책이라고 말했다(Kreeft, 7). 프랑스의 저명한 학자이자 저자인 자크 엘룰(Jacques Ellul)은 "나는 50년이 넘게 전도서를 읽고 묵상하며 기도했다. 어쩌면 그것은 다른 어떤 책보다 내게 더 많은 것을 주고, 더 많은 이야기를 해주었는지도 모른다"(Ellul, 1)라고 말했다. 엘룰은 전도서에 관한 자신의 저서를 평생 업적의 절정으로 보았다. 그것은 40권 이상의 책을 저술한 사람에게서 듣는 의미 있는 진술이 아닐 수 없다.

가장 인상적인 것은 R. C. 스프라울(R. C. Sproul)의 논평일 것이다. 그는 자신이 그리스도께로 귀의하는 데 전도서가 중요한 역할을 했기 때문에 남다른 애정을 가지고 있다고 말한다. 놀랍게도 하나님은 전도서 11장 3절 하반절 말씀을 사용하셨다. "나무가 남으로나 북으로나 쓰러지면 그 쓰러진 곳에 그냥 있으리라." 스프라울은 그의 오디오테이프 가운데 하나에서 이 구절을 들으면서 '나무가 다 쓰러진 숲의 한가운데 누워 썩어 문드러져가고 있는' 자신의 모습을 보았다고 말한다.

유명한 저자들 역시 전도서에 대한 찬사에 동참했다. 멜빌(Melville)은 "모든 책 가운데 가장 진실한 것은 솔로몬의 책이고, 전도서는 고뇌의 결정체다"라고 선언했다(Provan, 15에서 인용). 토마스 울프(Thomas Wolfe)는 "전도서는 내가 지금까지 읽은 것 중 가장 위대한 글이고, 그 속에 표현된 지혜는 가장 영속적이고 심오한 것"이라고 믿었다(Kreeft, 16에서 인용).

주제

전도서는 지금까지 매우 다양한 방식으로 해석되어왔다. 또한 그것은 일부 사람들에 의해 성경에서 가장 잘못 이해되고 있는 책으로 인식되기도 한다(Ryken, 126). 그런 견해들 가운데 일부는 우리에게 그 책 자체보다는 해석자에 대해 더 많은 이야기를 해준다. 제롬(Jerome)은 전도서가 금욕주의를 장려하는 책이라고 믿었다. 루터(Luther)는 누구보다도 그 견해에 대해 비판적이었다(Luther, 4-5, 31). 회의론자 볼테르(Voltaire)는 전도서에서 인용한 구절들을 사용해 자신의 철학적 견해를 뒷받침하기도 했다(Bridges, iv).

전도서의 전반적인 주제나 목적은 실로 적지 않은 수의 해석을 낳았다. 일부 사람들은 보다 긍정적인 견해가 그 책에 의해 분명하게 표현되고 있다고 믿는다(Johnston, 14-15). 한 주석가(Kaiser, 15)가 논평하고 있듯이, "기쁨을 주는 말들(delightful words)"(12:10, NASB)을 찾으려고 했다는 내용이 에필로그에 포함되어 있다는 사실이 그 낙관적인 관점을 뒷받침하고 있다.

다른 사람들은 보다 긍정적인 관점에서 전도서를 보려고 시도하는 사람들이 "하나님에 대한 진술을 균형 있게" (Longman, 35) 읽고 있지 않다고 주장한다. 그럼에도 불구하고 전도서의 전반적인 논의(論意)에 긍정적인 면과 부정적인 면이 모두 존재한다고 주장하는 사람들도 있다(Eaton, 44). 어떤 사람은 "위안과 환멸, 경고 이 세 단어가 전도서의 목적을 정확히 요약해준다" 고 말한다(Leupold, 18).

전도서가 삶에 대한 심각한 진리를 많이 담고 있다는 것은 의심할 여지가 없지만, 그것은 하나님이 개입하실 때 삶이 어떤 모습이 되는지를 보여주는 다른 진리들과 대비시키기 위해 언급되어 있다. 하나님이 개입하시는 삶이라고 해서 혼란과 아픔과 고난 등이 전혀 없는 것이 아니다(Wright, "The Riddle of the Sphinx", 334). 실제로 전도서는 우리가 하나님의 마음을 완전히 알 수 없다는 사실을 분명히 언급하고 있다(Whybray, 「Ecclesiastes」, 29-30). 그리고 인간 이해의 한계에 대한 언급이 자주 발견된다(전 1:18, 3:11 참고).

저자는 우리의 삶이 아무리 흥미로운 것이라 할지라도 하나님 없이는 궁극적으로 헛되다는 사실을 우리가 깨닫도록 설득하고 있다. 하나님이 없다면, 우리는 "완전히 무지하고 필연적으로 불행할 수밖에 없다" (Pascal, 49). 그러나 저자는 또 우리에게 또 다른 진리를 이해시키기 위해 애쓰고 있다. 그것은 한 개인의 삶의 활동들이 아무리 일상적인 것이라 할지라도 하나님이 개입하신다면 정말로 의미 있는 것이 될 수 있다는 사실이다. 그 모든 것의 함축적 의미는 실로 극적이다. 맨해튼에서 유명 인사들과 시간을 보내는 도널드 트럼프(Donald Trump)는, 한 그리스도인 엄마가 사람들이 잘 모르는 한적한 지역의 자기 집에서 아기 기저귀를 갈아주면서 느끼는 진정한 만족과 기쁨을 결코 소유할 수 없다. 기쁨은 당신이 뭔가를 하는 것에서 오지 않는다. 그것은 하나님과의 관계로부터 온다. 전도서가 "기본적으로 즐거운 가을 축제" 인 "장막절에 읽혀지는 성경으로 나중에 편입되었다" (Webb, 106)는 사실도 우리로 하여금 그 현실을 고려하게 만든다.

큰 기쁨에 대한 수용 능력은 종종 더 많은 소유와, 즐거움과, 권력에 대한 우리의 열망에 의해 제한받는다. 심지어 그리스도인들 사이에서도 그렇다. 우리는 그리스도인으로서 우리의 경건치 못한 추구를 종교적 미사여구로 감출 수 있을지 모르지만, 더 많은 것에 대한 우리의 욕망은 종종 세상을 모방한다. 따라서 전도서는 기독교인과 비기독교인 모두에게 통찰력을 제공한다.

솔로몬은 우리가 하나님 없이 만족을 추구하는 것의 어리석음을 깨달을 수 있도록 그가 강구할 수 있는 모든 수단을 동원한다. 하나님으로부터 능력을 부여받는 삶이 바람직한 삶이라는 사실을 받아들이는 것은 자연스럽게 끌리는 것이 아니다. 찬송가 작사가가 말했듯이, 그리스도인인 우리도 마음이 '연약하여 범죄하기 쉽기' 때문이다.

한 주석가는 바람직한 삶에 대해 우리를 설득하려고 시도하는 솔로몬의 전략을 적절히 묘사하고 있다.

> 그는 무자비한 열정으로 현상(現狀)에 대해 의문을 제기하고 심지어 조롱하기까지 한다. 그런 다음 비뚤어진 생각들 속에 깊이 파고들어 의미 있는 삶의 유일한 방법을 지적해주기 위해 우리의 냉소주의를 뒤집는다. 그것은 대가다운 솜씨다. 독자들을 지옥의 벼랑에서 천국의 문턱으로 이끄는, 거룩한 영감에 의한 유인상술(誘引商術) 방식의 변증(辨證)인 것이다(Keddie, ix).

따라서 나는 '비관적' 이라거나 '낙관적' 이라는 단어가 전도서가 어떤 책인지를 가장 잘 묘사해준다고 확신하지 않는다. 오히려 '현실적' 이라는 단어를 택하고 싶다. 이 '현실적인' 책은 삶을 어떻게 살아야 하는가에 대한 솔직하고 희망적인 그림을 제공한다(Luther, 7). 하나님이 하시는 것에 대한 명료성이 부족하더라도 말이다. 전도서는 또 우리가 장래를 내다보며 살아가도록 독려한다(전 12:9-14 참고).

한 학자는 전도서를 옷에 비유하면서 이렇게 표현하고 있다. "전도서는 우리가 여흥을 끝내고 일할 준비를 할 때 입는 옷이다. 그것은 우리가 성취할 수 있는 것에 대한 부풀려진 생각이 아닌 우리의 시간이 하나님의 손에 달려 있다는 사실을 인식하면서 만족과 자신감을 갖고서 입는 옷이다. 어쩌면 한 벌의 작업복이라고 할 수 있을 것이다. 승리주의와 형식주의를 완전히 벗어 던지고, 삶을 있는 그대로 직시하기를 마다하지 않는 사람들을 위한 옷이기 때문이다" (Webb, 109).

전도서의 중요 어구

A. '해 아래서'

'하늘 아래서' (1:13)와 '천하' (2:3, 3:1)라는 어구가 많은 사람들에 의해 '해 아래서' 와 비슷하거나 같은 뜻으로 간주되지만(예를 들면, Whybray, 「Ecclesiastes」, 37, Longman, 66), 모든 주석가들이 그렇게 생각하는 것은 아니다(Moore, 「Ecclesiastes」, 11). 두 용어 사이에는 약간의 차이가 있는지도 모른다(Seow, 104-106).

전도서 8장 14, 16절에서는 '세상에서' 라는 어구가 사용되지만, 그 개념은 '해 아래서' 와 유사한 것처럼 보인다. 이 어구의 기본적인 의미는 하나님이 결여된 상태에서 삶을 바라보는 인간의 관점이다. 하지만 그것은 하나님이 '해 아래서' 의 삶에 개입하신다는 사실에 의해 보완되어야 한다. 전도서 5장 18절은 그 좋은 예라고 할 수 있다. 이집트와 바빌로니아, 페니키아 등과 같은 다른 고대 문화도 유사한 어구를 가지고 있었다(Ellul, 57).

B. '헛되다(Meaningless)'

NASB(New American Standard Bible) 같은 일부 영역본들은 '허무(vanity)' 와 '공허(futility)' 를 모두 사용하고 있다. NIV(New International Version) 성경에서는 전도서 6장 4절과 11절에서 'meaningless' 라는 단어를 사용하고 있지 않지만, 그것을 번역한 히브리어는 거기에 존재한다.

'헛되다(meaningless)' 란 단어는 다양한 방식으로 사용된다. 그것은 '일시적거나 입김 같은, 비어 있는, 무익한' 등의 의미를 나타낼 수 있다. 히브리어 '헤벨(hebel)' 을 읽는 일반적인 방법은 삶이 이해를 초월한다는 사실을 상기시켜주는 말로 해석하는 것이다(Seow, 47, 59, Murphy, lviii-lix). 다시 말해, 지극히 단순화된 대답에 적합하지 않은 미스터리로 읽는 것이다. '헤벨' 은 또 '가치 없는' 이란 부수적인 의미도 암시할 수 있지만, 창조된 질서가 만끽되어서는 안 된다는 인상을 주지 않도록 조심할 필요가 있다. 우리는 전도서 1장에서 이 부분에 대해 더 자세히 다루게 될 것이다.

우리는 특정 성경 단어들이 광범위한 의미를 지니고 있어 다른 단어들과 겹칠 수 있다는 사실을 명심해야 한다(Carson, 25-66). 따라서 '허무' 의 다양한 뉘앙스를 염두에 둘 필요가 있다. 그것은 우리가 '헤벨' 을 1차원적으로 혹은 편협하게 사용하는 것을 피할 수 있게 해준다. '헤벨' 을 가장 잘 해석하는 문제와 관련해서는 문맥이 최종 결정 요소가 될 것이다.

C. '바람을 잡으려는 것'

성경의 지혜 문학에서 바람의 사용은 "종종 비현실적이거나 영원한 가치가 없는 것들에 대한 은유다" (Seow, 122).

이 어구는 모든 종류의 강한 이미지를 불러일으킨다. 바람을 좇으려고 애쓰는 것은 무익한 일이다. 우리는 바람이 언제 방향을 바꿀지 모른다. 우리에게는 어떤 예고도 주어지지 않는다. 설사 바람을 구석에 몰아넣을 수 있다 해도 그것을 잡는 것은 불가능하다. 그저 우리 손가락 사이로 빠져나갈 뿐이다. '아메리칸 드림(American dream)' 을 좇는 사람에게도 그것은 마찬가지다. 자신을 행복하고 안전하게 해줄 충분한 돈과 소유물을 '잡았다' 고 생각하는 것도 잠시뿐, 그것은 결국 염려와, 권태와, 공허와, 불안을 낳게 된다. 그러나 만약 우리가 '바람을 잡으려는 것' 을 포기한다면, 생명을 얻게 될 것이다(마 16:25).

정신이 번쩍 들게 하는 나폴레옹의 다음 언급에 대해 생각해보라.

> 내 시대가 오기도 전에 나는 죽는다. 내 육체는 흙으로 되돌아가 구더기에게 삼켜질 것이다. 헤어날 수 없는 내 불행과 그리스도의 영원한 왕국 사이에는 얼마나 깊은 심연이 존재하는가. 나 자신과 알렉산더와 카이사르의 야망은 흔적도 없이 사라졌지만, 한 유대인 농부(예수)는 수세기에 걸쳐 영향력을 끼치며 많은 인간과 나라의 운명을 좌우할 수 있었다는 사실에 경탄하지 않을 수 없다(Morley, 296에서 인용).

저자와 기록 연대

일부 사람들은 익명의 설교자(코헬레트: Qoheleth)가 이 책을 썼다고 주장한다. 이 주장을 강화하기 위해 다양한 이유가 주어진다. 그 가운데 하나가, 성경이 솔로몬을 회개한 사람으로 기록하고 있지 않다는 사실이다. 또한 '전도자(teacher)' 라는 단어를 사용하는 것은 고대의 유대인 저자들이 스스로를 '솔로몬' 이라고 부르는 문학적 장치였다. 자신의 익명성을 지키고 "그들의 스승이자 모델이라고 할 수 있는 그 이상적인 현자에게 빚진 은혜" (Kreeft, 25)를 선언하기 위한 것이다. 1장 12절에는 솔로몬과는 다른 누군가가 전도서의 저자라는 일부 문맥상의 증거도 존재한다. 이 구절에는 솔로몬이 더 이상 왕이 아니었다는 사실을 암시할 수도 있는 완료형 시제가 사용되어 있다. 이것은 후대의 저자가 전도서를 편집했을 가능성을 열어줄 수도 있다. 트렘퍼 롱맨(Tremper Longman)은 솔로몬이 전도서의 저자임을 부정하는 다른 설득력 있는 이유들을 많이 제공하고 있다(Longman, 2-8).

솔로몬이 저자임을 찬성하는 일부 설득력 있는 주장도 있다. 우선, 성경이 솔로몬을 회개한 사람으로 기록하고 있지 않다는 견해는 분명히 논쟁의 여지가 있다. 전도서 2장 1-11절이 회개의 진술로 간주될 수도 있기 때문이다. 둘째로, "다윗의 아들 예루살렘 왕" (1:1)이라는 자격 요건이 솔로몬을 지목하고 있다. 셋째로, 열왕기상과 전도서 사이의 병행구들이 솔로몬의 삶과 들어맞는다. 예를 들면, 둘 다 솔로몬의 지혜에 대해 이야기하는 데 유사점들이 있다(전 1:16, 비교. 왕상 3:12, Kaiser, 26). 넷째로, 월터 카이저(Walter Kaiser)는 전도서 1장 12절의 문법이 솔로몬이 저자임을 부정하는 논거가 된다는 주장에 대해 이렇게 적고 있다. "완료 시제는 실제로 과거에 시작되어 현재까지 이어지는 행동의 상태를 나타낸다. 후기 히브리어에서만은 그것이 과거 사건들로 한정된다. 그 동사의 형태는 설사 솔로몬이 쓰고 있었다 할지라도 적절했을 것이다" (월터 카이저, 27).

게다가 고대의 유대 전승도 솔로몬이 저자임을 고수했다(Bridges, viii, Wright, "The Interpretation of Ecclesiastes", 18). 교부 전승과 마찬가지다(예를 들면, Gregory of Nyssa, 「On the making of Man」, 395, Gregory of Nazianzen, 248).

최근의 한 연구는 "전도서가 철저하게 바벨론 유수 이전 언어의 영역"(Fredericks, Garrett, 259에서 인용)이라고 주장했다. 듀앤 가렛(Duane Garrett)은 그 특별한 연구가 일부 학자들로부터 비판을 받아왔다는 사실을 인정했지만, 그것은 분명 프레드릭스(Fredericks)의 기본 논지를 무효화시키지는 않는다(듀앤 가렛, 259).

현대의 일부 주석가들이 솔로몬이 저자일 가능성에 대해 얼마나 부정적인지를 보면 놀라울 정도다. 한 주석가에 따르면, 만약 전도서를 솔로몬이 썼다면 아무 의미도 없다(Davidson, 1, 비교. 5)고 한다. 또 다른 주석가는 "전도서의 분위기와, 거기에 쓰인 언어는 솔로몬이나 다른 히브리인에 대한 확인을 '불가능하게 만든다'" (Murphy, xxi)고 말했다.

성경 연구의 방법론과 관련해서는 더 많은 겸손이 요구된다. 본문 비평(textual criticism)은 "정밀 과학이 아니다. 많은 학자들이 마치 그런 것처럼 행동하지만 말이다" (Kreeft, 25). 그 계몽 사조의 뿌리(Garrett, 254) 역시 우리에게 반드시 고려해야 할 '철학적' 가정이 있음을 환기시키는 것은 당연하다. 그것은 성경에 대한 인간의 편견 없고 사심 없는 추론의 가능성이다.

우리는 모두 '주체(主體)' 이기 때문에 철저하게 객관적이 되는 것은 불가능하다는 사실을 항상 명심해야 한다! 그런 면에서 레슬리 뉴비긴(Lesslie Newbigin)의 책 「적당한 자신감(Proper Confidence)」은 모든 학자들이 숙고할 만한 중요한 역작이다.

로랜드 머피(Roland Murphy)는 전(前)비판기의 주석이, 오늘날의 학자들은 생각하지 못하는 성경 본문에 대한 대안적 해석을 제공하기 때문에 그것들을 고려하는 것이 중요하다고 현명하게 말한다(Murphy, lvi). 불행히도 현대 학자들의 일반적인 경향은 교부 주석의 영향을 무시하거나 적어도 경시하는 것이다. 놀라운 일은 아니지만, 오늘날의 학자들은 성경 본문이 '그들이' 듣고 싶은 것을 말하게 만드는 과오를 자주 범한다(Provan, 33).

전도서가 최종적인 형태에 도달하기까지 여러 편집자(편저자)가 참여했을 것이라는 생각도 널리 퍼져 있는 견해다. 일부 학자들은 전도서가 모순적인 내용을 많이 담고 있다고 주장하지만, 편저자들이 그런 것들을 매끄럽게 하지 않았을까? 서로 다른 사람이 전도서를 취합했을 것이라는 가정이 지니고 있는 다른 문제점들이 다양한 학자들에 의해 언급되고 있지만, 그 학자들의 상당수가 솔로몬이 저자임을 고수하지는 않는다(Eaton, 40-43, Murphy, xxxiii, Provan, 32-33, Whybray, 「Ecclesiastes」, 17-18).

저자의 생각이 근본적으로 히브리적이라는 데는 일반적으로 합의가 존재한다(Whybray, 「Ecclesiastes」, 28-29). 전도서는 "대단히 유대적인 책" 이다(Murphy, xlii). 그런 견해를 뒷받침하는 특징들을 열거한 데이빗 허바드(David Hubbard)의 목록(Eaton, 32) 역시 저자가 유대 태생이라는 이론에 믿을 만한 증거를 제공한다.

저자에 관한 문제는 간단치 않아서 앞으로도 큰 견해 차이가 있을 가능성이 높다. 나는 문학적 편의를 위해 전도서의 저자를 '솔로몬' 으로 부를 예정이다. 누가 전도서를 썼든 간에 분명 솔로몬을 염두에 두었을 것이기 때문이다.

전도서의 기록 연대를 추정하는 것도 저자에 대한 다양한 의견에서 짐작할 수 있듯이 논란이 많은 영역이다. 솔로몬이 저자임을 고수하는 사람들에게는 자연히 이른 시기가 뒤따른다(Kaiser, 31, Bridges, viii-ix). 그런 주석가들은 보통 그 연대를 솔로몬이 회개하는 마음으로 자신의 삶을 되돌아보았던 그의 말년으로 추정한다. 다른 학자들은 아람어의 사용이 바벨론 유수 이후 시대를 암시한다고(혹은 확정적으로 증명한다고) 주장한다(Seow, 20-21, Crenshaw, 49). 일부 학자들은 그 연대를 주전 3세기 중반 혹은 그 이후까지도 추정한다(Whybray, 「Ecclesiastes」, 11-12).

책에 쓰인 언어가 매우 객관적으로 보이기 때문에 연대를 결정하는 가장 좋은 방법이라고 생각하는 사람들에게 트렘퍼 롱맨은 다음과 같이 경고한다.

> 우리는 히브리어나 전도서의 기원을 추정하는 바로미터로 코헬레트의 언어를 사용하기에 충분할 정도로 그것에 영향을 미쳤던 외국 언어들의 역사를 잘 모른다. 어떤 특징들이 늦게 생긴 것인가, 아니면 그것들이 히브리어의 토속적이거나 방언적인 특색을 반영하고 있는가? 우리는 결코 확신할 수 없다. 내 결론은 전도서의 언어가 연대의 확실한 바로미터가 아니라는 것이다(트렘퍼 롱맨, 15, 비교. Eaton, 18).

전도서의 연대 추정과 관련하여 그 증거의 모호성은 어느 정도의 불가지론이 현명한 결론이라는 사실을 암시한다. 늦거나 이른 기록 연대를 고수하는 것은 솔로몬이 저자인지 아닌지의 여부를 고수하는 경우와 마찬가지로 그리스도인들이 너그러운 자세로 의견을 달리해야 하는 문제다. 그것을 정통성의 문제로 만들기에는 그 증거들이 너무나도 확정적이지 않기 때문이다.

개요

전도서는 개요를 파악하기 쉽지 않은 책이지만, 그 점도 그 구조를 이해하려는 많은 사람들의 시도를 막지는 못했다(Kaiser, 21, Ellul, 34-35, Leupold, 25-27, Wyngaarden, 157-158). 애디슨 라이트(Addison Wright)는 특정의 구조적 흐름을 주장하기 위해 상당한 노력을 기울였다. 그의 시도는 독특하고, 긴장감이 있으며, 자의적인 특징을 지닌 것으로 묘사되어 왔다(Seow, 44-45, Longman, 21, Eaton, 49).

최근의 연구는 솔로몬이 관찰 결과와 교훈을 중심으로 전도서를 정리하고 있다고 주장한다(Webb, 86-88). 그것은 어느 정도 일리가 있어 보인다. 일부 사람들은 "고대든 현대든 어떤 저자가 왜 그렇게 구조적으로 복잡한 작품을 구성하려고 했는지" (Seow, 43) 궁금하게 생각한다. 성경의 모든 책이 어느 정도 분명하게 서술된 조직적 구조를 담고 있어야 한다고 믿는 사람들에게는 그 기대가 성경의 고대 역본에 강요되고 있는 현대의 연구 가치를 반영하고 있는 것은 아닌지 재고해보는 것이 중요하다. 한 학자는 전도서가 "전혀 구조가 없지는" 않지만 "정교하거나 균형 잡힌 체계를 따르고 있지도 않다. 그럼에도 불구하고 그 '방랑' 은 목적이 없는 것이 아니라 최종 목적지를 향해 꾸준히 움직이고 있다" (Garrett, 270)고 언급함으로써 좋은 균형을 제공했다.

독자들은 또 장르에 대한 부분으로 안내되어 전도서에 사용된 다양한 문학적 접근 방식에 대한 설명도 듣게 될 것이다.

정경성

전도서가 유대인들에 의해 정경으로 받아들여진 것은 '손을 부정하게 만들었는지' 의 여부를 근거로 이루어졌다. "초기 유대인의 사고에서는 책이 거룩한 영감에 의해 쓰인 것이라면 손을 '부정하게' 만든다. 다시 말해서, 그것은 너무나 거룩하기 때문에 읽히거나 옮겨지는 등 물리적으로 다뤄지는 동안 특별한 의식이 수반된다는 것이다" (Longman, 27).

전도서가 실제로 '손을 부정하게 만들었는지' 의 여부에 관해서는 초기 유대 학자들에 의해 의문이 제기되었지만, 그것은 주후 1세기 말경 "적어도 얌니아(Jamnia) 공회에서 다수에 의해" (Seow, 4) 히브리 경전으로 받아들여졌다.

마이클 이튼(Michael Eaton)은, 정경성은 항상 어느 정도의 믿음을 필요로 한다는 사실을 상기시키는 현명한 글을 남겼다.

> 성경의 어떤 부분이든 본질적으로 권위를 지니고 있다는 인식이 어디에서 나오는가? 어느 정도의 순환성(circularity)은 불가피하다. 어떤 위치에 있든지 간에 말이다. 어떤 것이든 종교 문서의 권위 주장에 대해서 적대적인 사람은 그의 가정을 전도서에도 들이대 자신의 의구심을 확인하게 될 것이다. 열린 마음으로 성경에 다가가는 또 다른 사람은 전도서에 대해서도 마찬가지일 것이고, 전도서의 말씀을 기꺼이 듣고 전도자가 그에게 전례 없이 권면하고 있다는 사실을 발견하게 될 것이다. 두 사람 다 원을 형성하며 움직였지만, 후자는 아마도 나선형일 것이다. 그의 현재 위치가 종전보다 더 높기 때문이다(마이클 이튼, 27).

장르

전도서가 고대 근동 지역의 다른 지혜 문학과 일부 유사점을 갖고 있기는 하지만, 하나님에 대한 경외를 강조하는 윤리적 측면에서는 상당히 다르다(Shank, 65). 게

다가 전도서를 단순히 '지혜' 문학으로 분류하는 것도 잘못이다(Longman, 17). 전도서에는 시문과 함께 산문이 존재한다. 흥미롭게도 최근의 연구는 시문과 산문이라는 두 범주가 우리가 과거에 가정했던 것처럼 전혀 다른 두 장르가 아니라는 사실을 보여준다(Longman, 23-24, Whybray, 「Ecclesiastes」, 16).

짐멀리(Zimmerli)가 주장한 내용을 적용한다면(Murphy, xxxvii), 전도서는 지혜 문학과 이야기체 문학 둘 다에 해당하는 구성 요소로 이루어졌다고 보는 것이 최선인 것처럼 보인다. 전도서는 현명한 삶의 원리를 담고 있지만, '이야기들' 도 등장하기 때문이다. 제임스 크렌쇼(James Crenshaw)는 전도서 안에 여러 유형의 장르가 존재한다고 인정했지만, 지배적인 것은 "개인적인 관찰에서 비롯된 사색" (제임스 크렌쇼, 28)이라고 주장했다.

관련이 있는 다른 배경

A. 창세기에 대한 인유

흙으로 돌아가리라고 말하는 창세기 3장 19절에 대한 인유(引喩)인 것처럼 보이는 두 구절이 있다(전 3:20, 12:7). 그것은 솔로몬이 인생의 짧음과 덧없음을 강조하고자 했기 때문에 놀랄 일이 아니다. 하지만 그는 "창세기의 가르침을 단순히 반복하지 않고, 그것을 자신만의 독특한 방식으로 풀어나간다" (Webb, 103).

전도서가 창세기를 인유하고 있는지의 여부에 관해서는 주석가들 사이에 다양한 수준의 확신이 존재한다. 일부 주석가들은 전도서 3장 20절과 12장 7절 같은 구절이 창세기 3장 19절을 '주요 출전' 으로 삼고 있다는 사실을 "추호도 의심하지 않는다" (Shank, 62). 그 연관성에 덜 확신적인 사람들도 여전히 그 두 성경 사이에 존재하는 놀라운 유사성을 발견한다(Eaton, 46, Whybray, 「Ecclesiastes」, 29).

창세기에 대한 직접적인 인유이든 그렇지 않든 간에, 그 두 성경이 "인생이 '하나님의 좋은 창조물' 로 찬양되어야 한다는 창조 모티브의 중심 요지에 대해 상당한 일치를 보인다" (Johnston, 22)는 점은 분명하다.

B. 신약에서의 사용

신약은 전도서를 직접적으로 인용하고 있지 않지만, 로마서 8장 20절에 사도 바울의 인유라고 할 수 있는 부분이 있는 것으로 보인다(Longman, 39, Webb, 107, Wright, "The Interpretation of Ecclesiastes", 22).

C. 여호와가 사용되지 않은 이유

일부 사람들은 전도서에 하나님의 언약의 이름인 '여호와(Yahweh)'가 사용되지 않았다는 사실 때문에 곤혹스러워한다. 그 문제에 관해서는 타당성 있는 많은 설명들이 제시되어 왔다. 여호와가 사용되지 않은 이유는 '근본적인' 영적 문제들이 먼저 해결되어야 했기 때문이다(Leupold, 30-31). 그럼에도 불구하고 전도서가 복음 전도라는(아람인과 그 밖의 이방인들에게 복음을 전하려는) 목적을 지니고 있기 때문이라고 주장하는 사람들도 있다. 그것은 '여호와'라는 이름의 사용을 시기상조로 만들었을 것이다(Kaiser, 32). 이런 견해는 전도서의 목적을 바울이 마르스 언덕(Mars Hill)에서 했던 것과 어느 정도 유사한 것으로 보았을 것이다(Eaton, 47). 마지막으로, 엘로힘(Elohim)과 여호와는 하나님에 대한 보완적인 이름이지, 상반된 것이 아니라는 사실을 기억할 필요가 있다(Murphy, lxviii).

그래서 R. N. 와이브레이(R. N. Whybray)는 이렇게 주석을 달았다.

> 그(전도서의 저자)는 유일하신 하나님의 존재뿐만 아니라 그분의 전능하심도 당연한 것으로 여겼다. 그는 이 믿음을 지키며 당시의 유대 신앙으로부터 조금도 벗어나지 않았다. 그가 엘로힘이라고 부르지만 사실상 구약의 여호와와 동일한 그 하나님은 세상의 유일한 창조자이시며, 온 인류의 운명을 주관하신다. 땅에서 무슨 일이 일어나든지 그것은 그분의 '역사'인 것이다. 그러므로 사람은 인간의 모든 노력이 그분 없이는 헛되다는 사실과, 모든 행복의 순간이 그분으로부터 선물로 주어진다는 사실을 인식해야 한다. 따라서 그분은 숭배되어야 하며, 코헬레트도 그의 독자들이 당연히 그렇게 할 것이라고 생각하고 있다(R. N. 와이브레이, 「Ecclesiastes」, 27).

D. 전도서에서의 내세

일부 사람들은 전도서가 내세에 대한 어떤 가르침을 담고 있는지의 여부에 대해 너무 부정적인지도 모른다(Murphy, lxviii). 물론 장래 일에 대해 언급되지 않은 것이 많이 남아 있지만, 전도서 3장과 8장, 12장 등의 구절들은 내세에 대한 가르침을 일부 제공하고 있다. 이 부분에 대해서는 주석의 본문에서 더 자세히 다룰 것이다.

관점의 유지

일부 사람들은 하나님의 지혜를 현대 생활의 실제적인 문제들을 해결할 수 없는 기괴한 옛날 격언으로 잘못 생각한다. 그것은 결코 사실이 아니다. 마빈 윌슨(Marvin Wilson)은 구약에 나오는 지혜의 실용성을 깨달을 수 있는 꽤 유용한 통찰력을 제공한다. "그리스인들에게 지식은 덕을 쌓는 주요 방법이었고, 훌륭한 삶을 사는 길은 지성을 통해서였다. 그러나 히브리인들에게 있어 지혜는 지적 추구 이상을 의미했으며, 실제적인 것이었다" (마빈 윌슨, 「Our Father Abraham」, 282).

일부 사람들은 히브리인과 그리스인의 '아는' 방법 사이에 차이가 있는지의 여부에 대해 의문을 제기하지만, 구약에서 지혜가 매우 유용한 것으로 간주되고 있다는 사실은 부정할 수 없다.

전도서 1장

심각한 문제에 대한 긴 서론(I)

"역사 이래 그 어느 때보다도 인류는 중대한 기로에 서 있다. 하나는 절망과 철저한 무망(無望)의 길이고, 다른 하나는 완전 멸절로 가는 길이다. 우리가 올바르게 선택할 수 있는 지혜를 갖도록 기도하자."

- 우디 앨런(Woody Allen)

솔로몬은 우리의 영혼이 심각한 질병을 앓고 있다고 진단했다. 그 질병은 생명을 위협하는 수준이지만(이 세상에서 뿐만 아니라 저 세상에서도), 대부분의 사람들은 '괜찮다고 느끼며' 그들이 건강하다는 비극적인 결론을 내린다.

들어가는 글

솔로몬 박사의 정신이 번쩍 들게 하는 진단

당신은 정기 검진을 위해 의사를 찾아간다. 모든 것이 좋아 보인다. 혈압과 콜레스테롤 수치가 모두 낮다. 스트레스 검사도 보기 좋게 통과한다. 꾸준한 운동과 식이요법이 당신을 좋은 상태로 유지시킨 것처럼 보인다. 당신은 집으로 향하면서 내심 자랑스러워한다.

당신은 다음날 아침 그 병원에서 근무하는 간호사로부터 전화를 받는다. "스티븐스(Stephens) 씨, 오늘 오후에 병원에서 좀 뵈었으면 합니다." 당신의 오후 스케줄이 약속과 전화로 꽉 차 있기 때문에 당신은 약간 불안해하며 무엇 때문인지 묻는다. "좀 심각한 문젠데요, 스티븐스 씨. 직접 만나 뵙고 말씀드리는 것이 좋겠습니다. 아내 되시는 분도 함께 뵈었으면 합니다." 당신은 깜짝 놀라 당황해하며 그러겠다고 힘없이 대답한다.

당신은 몇 분 늦게 병원에 도착한다. 곧바로 어느 방으로 인도되고, 거기서 기다리고 있던 당신의 아내가 당신을 맞이하며 포옹한다.

"자리에 앉게, 짐(Jim)." 지난 20년 동안 골프 친구였던 당신 의사의 목소리가 그렇게 심각하게 들린 적은 한 번도 없었다. "짐, 자네의 검사 결과가 모두 나왔네. 대장암에 걸린 것 같네."

믿기지 않는다는 생각에 곧바로 분노가 당신의 마음을 사로잡는다. "어떻게 이런 일이 있을 수 있단 말인가? 난 혈압도 낮고 콜레스테롤 수치도 낮지 않은가!"

당신의 항변은 의사의 권고로 가로막힌다. "짐, 이건 치명적일 수도 있네. 이 시점에서는 확실히 알 수 없지만, 그것을 치료하기 위해 가능한 한 모든 수단을 강구해야 하네."

당신 자신이 그런 곤경에 처해 있다고 상상해보라. 당신이 그저 '괜찮다고 느끼기' 때문에 의사의 진단을 무시하고 아무 문제도 없다는 듯이 살아가는 것은 어리석은 일이다. 성경은 우리에게 그런 유형의 사고에 대해 경고하고 있다. "어떤 길은 사람의 '보기에 바르나' 필경은 사망의 길이니라"(잠 14:12, 비교. 잠 12:15, 16:2, 30:12).

솔로몬은 그 의사와 같다. 그는 우리가 죄 때문에 육체적으로, 영적으로 죽어가고 있다는 사실을 알고 있다. 불행히도 우리는 똑같은 확신을 갖고 있지 않다. 우리들 대부분은 솔로몬의 진단의 심각성을 받아들이려 하지 않는다. 그래서 그 처방도 주목받지 못한다. 그러나 '솔로몬 박사'는 자기 환자들의 완고함에 쉽게 좌절하지 않는다. 그는 이제부터 많은 시간과 노력을 들여 우리 영혼이 지니고 있는 치명적인 병의 특성을 설득할 것이다.

본문 이해

심각한 문제에 대한 긴 서론(I)

Main Idea	솔로몬은 세상이 어떻게 돌아가는지에 대해 여러 가지 통절한 논평을 내놓는다. 그 논평은 우리로 하여금 심란하지만 부정할 수 없는 진리에 직면하게 한다. 그것은 하나님 없는 삶은 참으로 무의미하다는 것이다. 따라서 하나님과 상관없이 삶을 의미 있게 만들려는 우리의 영리한 시도들은 결국 실패할 수밖에 없다.

A. 머리말(1:1-2)

Supporting Idea	솔로몬의 갑작스런 머리말은 영적으로 무기력한 사람들의 무관심을 붙들기 위해 의도된 것이다. 그것은 하나님의 은혜로부터 떨어져 있는 우리 모두에게 일어날 수 있는 일이다.

1:1. 전도자(코헬레트)는 "일단의 사람들, 다시 말해 회중을 소집하는 자로, 우리가 설교자로 불러야 하는"(Leupold, 38) 사람을 지칭하는 용어다.

1:2. 이 머리말의 갑작스런 특성에 대해 곰곰이 생각해보라. 솔로몬은 시작부터 하나

님 없는 삶이 허무하다는 암울한 현실로 우리를 도전하고 있다. 그는 우리를 서서히 준비시켜 자신의 주장으로 끌어들이지 않는다. 오히려 시작부터 다량의 현실로 우리를 한 방에 날려버린다. 오늘날 자신을 그런 식으로 소개하는 누군가를 상상해보라. 우리는 분명 그를 격정적이거나 진지한 사람이라고 불렀을 것이다. 심지어 그를 미친 사람이라고 부르고 싶을지도 모른다. 그러나 솔로몬은 심리적으로 장애가 있는 것이 아니다. 그는 단지 우리가 갖고 있을지도 모르는, 하나님 없이도 삶이 의미 있다는 착각에 찬물을 끼얹고 싶은 것이다.

헛되고 헛되며는 최상급이다. 하나님 없는 삶의 허무를 표현하는 데 이보다 더 좋은 방법은 없다. 그러나 허무는 하나님 '없이' 이루어지는 다양한 삶의 활동에 적용되는 것이지, 하나님이 창조하신 좋은 세상에 적용되는 것은 아니다(Leupold, 41, Kaiser, 48).

제롬(Jerome)은 이렇게 말했다.

> 그러나 창조된 모든 것이 선한 창조주의 솜씨로 빚은 좋은 것들이라면, 어찌해서 모든 것이 허무하단 말인가? 만약 땅이 허무하다면, 하늘도 허무한 것인가? 천사들과, 보좌들과, 주관들과, 능력들과, 나머지 천사들도 모두 헛된 것이란 말인가? 아니다. 만약 선한 창조주의 솜씨로 빚은 본질적으로 좋은 것들이 허무로 불린다면, 그 이유는 그것들이 훨씬 더 좋은 것들과 비교되기 때문이다(제롬 73-74).

하나님이 창조하신 세상은 그 아름다움이 인정되어야 하고, 그에 따라서 잘 보존되어야 한다.

B. 하나님 없는 삶의 허무(1:3-11)

Supporting Idea	솔로몬은 계속해서 하나님 없는 삶이 허무하다는 주장을 전개해나간다. 그는 (1) 우리와 자연의 관계(1:3-8), (2) 해 아래 새 것이 있을 수 없다는 사실(1:9-10), (3) 어떤 유산도 남겨질 수 없다는 사실(1:11) 등 세 가지 부정할 수 없는 진리를 우리에게 상기시킨다.

1:3. 솔로몬은 해 아래서라는 어구를 사용한다. 이것은 그저 하나님 없이는 삶이 아무 의미 없다는 사실을 이야기하는 또 다른 방법이다. 우리는 이 어구가 전도서 전체에 걸쳐 여러 차례 사용되는 것을 보게 될 것이다.

여기서 제기되고 있는 솔로몬의 질문 역시 여러 차례 대답될 것이다. 총칭적인 남성을 지칭하기 때문에(Longman, 60) 인간들을 의미하는 사람은 그들의 수고로부터 아무 유익도 얻지 못한다. 강조하건대, 해 아래서는 말이다. 솔로몬은 우리의 주의를 삶의 불확실성과 무의미함에 집중시키고 있다는 사실을 명심하라. 하나님 없는 삶에 대한 그의 음울한 논평은 우리가 삶을 살아가는 좀 더 나은 방법을 간절히 바라게 만든다. 더 좋은 방법은 때가 되면 주어질 것이다. 당분간은 솔로몬이 하나님 없는 상황이 얼마나 절망적이고 무망한지 우리를 설득해야 한다.

1:4-7. 이 구절들에서 솔로몬은 명백하면서 심란한 논지를 주장하기 위해 사람과 자연을 비교 대조했다. 한 세대는 가고 한 세대는 오되 땅은 영원히 있다(4절)는 사실에 유의하라. 분명 땅은 영원한 것이 아니다. 하나님만이 영원하시다. 이것은 그저 아주 긴 기간이나 비교적 긴 시간을 이야기하는 한 방법이다(Leupold, 45, 비교. Longman, 68).

해는 떴다가 지며 그 떴던 곳으로 빨리 돌아가고(5절). 바람은 남으로 불다가 북으로 돌이키며 이리 돌며 저리 돌아 불던 곳으로 돌아가고(6절). 그리고 마지막으로 우리는 강물의 반복적인 특성을 보게 된다. 모든 강물은 다 바다로 흐르되 바다를 채우지 못하며 어느 곳으로 흐르든지 그리로 연하여 흐르느니라(7절).

여기서 우리는 옳아 '보이는' 것의 정반대를 접하게 된다. 위대한 가치를 지닌 것은 인간이 아닌가? 우리는 시편 8편 같은 성경 본문에서 그 사실을 아주 분명하게 본다. 하나님이 그 지으신 것을 보고 "심히 좋았더라"(창 1:31)고 선언하신 것은 사람이, 다시 말해 남자와 여자가 모두 창조된 직후였다(창 1:27). 인간은 참으로 하나님의 창조의 극치지만, 우리는 일시적이고 불확실한 실존을 가지고 있다. 그러나 인간의 가치보다도 훨씬 더 못한 물질 세상은 비교적 안정성과 일관성을 지니고 있다. 당연히 우리는 이 상황의 불공평에 대해 울부짖게 된다. 우리가 유한한 존재임을 생생하게 상기시켜주는 이 사실들 앞에서 우리는 극도로 불편할 수밖에 없다.

퓰리처상 수상작인 어니스트 베커(Ernest Becker)의 「죽음, 또 하나의 세계(The

Denial of Death, 동아시아)」는 그 현실을 묘사했다. 우리는 또 히브리서 2장 14-15절에서 그것이 통절하게 묘사되어 있는 것을 보게 된다. "자녀들은 혈육에 함께 속하였으매, 그[예수]도 또한 한 모양으로 혈육에 함께 속하심은 사망으로 말미암아 사망의 세력을 잡은 자 곧 마귀를 없이 하시며 또 '죽기를 무서워하므로 일생에 매여 종노릇하는 모든 자들을 놓아 주려 하심이니' ".

솔로몬은 고대 사람들이 세상을 구성하고 있다고 생각했던(Flew, 125) 바로 그 네 가지 요소 흙과, 불과, 바람과, 물을 통해 인간의 불확실성과 찰나성이 언제 어디서나 끈질기게 따라다닌다는 사실을 보여주고 있다. 다시 말해, 우리는 내일 해가 다시 떠오를 거라고 기대할 수 있지만, 우리가 살아서 그 해를 보게 될지 그 여부는 장담할 수 없다는 것이다!

닛사의 그레고리(Gregory of Nyssa)는 이렇게 말했다.

> 현명한 전도자는 땅이 그 위에 태어난 모든 세대에게 차례로 봉사하면서 '영원히 남는다' 고 말한다. 그러나 인간은 아주 짧은 기간이나마 주인 행세하지만, 그들의 조물주의 뜻에 따라 자기도 모르는 사이에 생기를 얻고 자신이 원하기도 전에 그것을 빼앗긴다. 그럼에도 불구하고 지나친 자만 속에서 자신들이 땅의 주인이라고 생각한다. 이제 태어나고 이제 죽어가는 사람들이 지속적으로 남아 있는 그것을 다스린다고 생각한다(닛사의 그레고리, 「On Virginity」, 349).

여러 해변에서 전도를 해본 경험이 있는 나는 해질녘이 복음을 나누기에 좋은 시간이라는 사실을 알게 되었다. 사람들이 사라지고 나면, 바닷물이 단조롭게 들어오고 나가는 것을 홀로 응시하고 있는 사람들을 발견할 수 있다. 그들의 짧고 불확실한 존재는 바다의 불변성에 비추어 무엇을 의미할까? 자연은 어떤 실마리를 제공하는 데 있어 섬뜩할 정도로 고요하다.

오스카 해머스타인 2세(Oscar Hammerstein II)가 작사한 노래 "강 노인(Ol' Man River)"에 나오는 가사 몇 줄은 우리로 하여금 그 진리를 생각해보지 않을 수 없게 만든다. 그 노래에서 한 흑인 남자는 왜 '흑인들이 일하는 동안 백인들은 노는지' 의아하게 생각하고 있다. 그는 강물을 바라보며 통찰력을 얻고자 기대한다. "강 노인은, 그 강 노인은, 틀림없이 무언가 알고 있지만, 아무 말도 하지 않는다네, 그저 계속해서 흐르고 있을 뿐이네, 물길을 따라 하염없이 흐르고 있을 뿐이네."

인간의 일시적인 삶에 대한 자연의 침묵과 무관심은 스티븐 크레인(Stephen Crane)의 어느 시에 잘 표현되어 있다.

> 인간이 우주를 향해 말했다.
> "우주여, 내가 존재합니다."
> '하지만' 우주가 대답했다.
> "그런 사실이 내게 의무감을
> 불러일으킨 적은 없네."
> (Sire, 13에서 인용, 비교. Lockerbie, 91-109)

1:8. 이 상황에 대한 인간의 반응은 전혀 놀라운 것이 아니다. 그가 하나님 없는 삶에서 만족과 의미를 찾는 것은 어려울 수밖에 없다. 루터는 그 마음을 "끊임없이 하품만 하는 깊은 수렁"(Luther, 19)이라고 적절히 표현했다.

1:9-10. 솔로몬은 이제 하나님 없는 삶이 아무 의미 없다는 사실을 보여주는 두 번째 방법으로 넘어간다. 해 아래는 새 것이 없다는 것이다. 언뜻 보기에는 그것이 세상 물정 모르는 말처럼 보일지도 모른다. 새 것이 없다고 말하는 것은 과장처럼 보이기도 한다. 오늘날 우리는 고대인들이 결코 가져본 적이 없는 컴퓨터와 자동차 같은 것들을 많이 가지고 있지 않은가. 그렇다면 솔로몬이 어떻게 해 아래는 새 것이 없다는 주장을 할 수 있는가? 분명 우리 현대인은 고대인들이 가져본 적이 없는 새로운 기기들을 가지고 있다.

솔로몬의 요점은 권력과 지위와 부와 쾌락 같은 것들이, 사람들이 '행복한 삶'을 찾기 위해 항상 추구해온 것들임을 우리에게 환기시키는 것이다. 그런 것들의 포장은 오늘날 분명히 다르지만(마차 대신에 자동차), 그 추구는 기본적으로 동일하다. 하나님 없는 우리 삶에 의미와 목적을 제공해줄 수 있는 새로운 추구는 없다는 것이다.

1972년 달라스 카우보이(Dallas Cowboys)가 슈퍼볼(Super Bowl) 경기에서 이겼을 때, 미국의 유명한 아나운서 탐 브룩샤이어(Tom Brookshire)가 그 게임의 스타 가운데 한 명인 드웨인 토마스(Dwayne Thomas)에게 물었다. "최종 게임에서 이긴 느낌이 어떻습니까?" 토마스는 인상적으로 대답했다. "만약 그게 최종 게임이라면, 왜 내년에 다시 열리겠습니까?" 토마스의 대답은 이 구절의 정신을 표현하고 있다. 한 그리스도인 경찰 간부가 내게 보낸 우편 엽서에 쓰여 있듯이, "삶은 그저 새로운 것이 이어지는 것이 아니라, 동일한 것이 계속해서 반복되는 것이다" (Twiestmeyer).

1:11. 솔로몬은 또 유산을 남기려고 애쓰는 것의 무익함을 지적함으로써 하나님 없는 삶이 무의미하다는 주장을 논증하고 있다. 그저 당신의 이름을 딴 병원이나 거리를 갖는 것은 분명 해답이 아니다. 유명한 한 저자는 그의 삶을 되돌아본 후 자신이 "바다를 갈아왔던" 것처럼 느꼈다(Guinness, 244-245). 오지만디어즈(Ozymandias)의 유명한 시구가 떠오른다. "너희 강한 자들이여, 내 위업을 보라. 그리고 절망하라! 옆에는 아무것도 남아 있지 않나니. 황폐해져가는 그 거대한 잔해의 사방에는 외롭고 평평한 모래만이 한없이 황량하게 멀리 뻗어 있을 뿐" (Shelley, 76, 비교. Keyes, 60).

이 세속적인 추구의 무익함은 키에르케고르(Kierkegaard)에 의해 잘 표현되어 있다. "세속적인 치욕과 마찬가지로 세속적인 명예도 소용돌이다. 혼란스러운 힘들이 작용하는 곳이며, 의견이 끊임없이 변하는 가운데 일어나는 착각의 순간이다" (Kierkegaard, 58).

C. 삶의 목적과 관련된 수수께끼(1:12-18)

Supporting Idea	솔로몬은 삶의 의미와 목적을 어디에서 찾을 수 있는지 알아내려고 노력하지만, 그의 탐구는 추가적인 좌절만 낳을 뿐이다.

1:12-13. 일부 학자들은 여기서 솔로몬이 두 가지 다른 의미를 사용하고 있다고 본다. 마음을 다하며는 그가 문자 그대로 문제의 근본을 살펴보았다는 사실을 보여준다. 그리고 궁구하며는 문제를 모든 측면에서 조사하는 것을 의미한다(Kaiser, 53). 다른 학자들은 그 차이를 뒷받침하는 근거를 별로 찾지 못한다(Longman, 79). 어떤 견해든 상관없이, 그는 엄청난 노력을 투입한 후에 오직 실패만이 있다는 사실을 발견했다. 당신이 무언가에 최선의 노력을 기울였다는 사실을 알고 있으면서도 실패한다는 것은 비통한 일이다. 예를 들어, 당신이 공부하지 않았던 시험에서 낮은 점수를 받는 것과 열심히

준비했던 시험에서 낮은 점수를 받는 것은 전혀 다르다. 솔로몬이 그런 상황을 고통이라고 불렀던 것은 놀랄 일이 아니다. 그는 엄청난 노력을 기울였지만, 아무 해답도 얻지 못했다.

1:14. 해 아래서(또는 하나님 없이) 행하는 모든 일을 본즉 다 헛되어 바람을 잡으려는 것이로다. 바람을 잡으려는 것은 놀라울 정도로 묘사적인 표현이다. 선풍기 앞에 앉아 있는 작은 꼬마를 상상해보라. (Martin) 그녀는 바람의 감각을 느낀다. 그래서 바람이 잡힐 수 있다고 결론내린다. 그 모습은 우스꽝스럽다. 손을 뻗어 바람을 잡으려는 시도에 뒤따르는 실패는 호기심과 맞닥뜨린다. 때로는 그것이 어린 아이에게 분노를 불러일으킨다. 마찬가지로 하나님과는 상관없이 의미를 잡으려는 시도는 바람을 잡으려는 것과 같다. 바람은 잡기 불가능할 뿐만 아니라, 아무 징후나 예고 없이 그 진로를 바꾸기도 한다.

1:15. 하나님 없는 삶에서 의미를 찾으려는 시도는 본질적으로 하자가 있다. 우리는 삶을 바로잡기 위해 아무것도 할 수 없기 때문이다. 인간의 유토피아적인 이상들은 하나의 광대극에 불과하다. 조지 부시(George Bush)의 새로운 세계 질서(New World Order)나 빌 클린턴(Bill Clinton)의 새로운 약속(New Covenant) 같은 정치적 해결책으로는 우리의 문제를 풀지 못할 것이다. 하나님 없는 삶에서 성취감을 얻고자 하는 인간의 노력이 아무리 창의적이고 집요하다 하더라도 그것이 근본적으로 하자가 있다는 사실을 상기하게 될 것이다. 인간은 '고칠 수 없는' 것을 바로잡을 수 없기 때문이다. 그렇게 정해놓으신 분은 바로 하나님 자신이시다(전 7:13 참고).

1:16-18. 솔로몬은 자신이 예루살렘의 어느 누구보다도 많은 지혜를 가졌다고 언급했다. 그는 하나님께 지혜를 구했고, 그것을 후하게 얻었던 것이다(왕상 3장). 분명 솔로몬은 많은 것을 알고 있었다. 열왕기상 4장 30-33절은 그가 3,000개의 격언과 1,005곡의 노래를 알고 있었다고 말한다. 그것이 어느 정도인지 대강 짐작하기 위해 잠언이 약 900개의 격언을 담고 있다는 사실을 고려해보라. 솔로몬은 또 초목과, 짐승과, 새와, 기어다니는 것과, 물고기에 대해서도 많은 것을 알고 있었다(왕상 4:33). 그의 지혜는 심지어 스바 여왕 같은 이방인들 사이에도 널리 알려져 있었다. 그러나 솔로몬은 그의 모든 지혜에도 불구하고 하나님과 상관없이 의미를 찾을 수 있는 방법과 관련된 수수께끼를 풀 수 없었던 것이다.

미친 것은 "하나님을 찬양하기보다는 하나님을 대적하는 허풍떠는 오만에 대한 암시"(Provan, 70)를 담고 있다. 솔로몬은 그의 노력의 무익함을 깨달았고(17절), 그것은 마음의 큰 고통을 야기했다(18절). 오늘날 아주 사려 깊은 일부 비기독교인들이 그런 식이다. 그들은 인류가 하나님 없이는 잘 지내지 못한다는 사실을 쉽게 분석할 수 있지만, 해독제를 찾으려고 몸부림친다. 문제를 아주 분명하게 보고 있으면서도 해답을 찾으려고 몸부림치는 것은 고통스러운 일이다.

한걸음 더 나아가 솔로몬의 독특한 고통을 생각해보라. 그는 세상에서 가장 현명한 사람으로서 자신이 아니면 아무도 그 삶의 수수께끼를 풀 수 없다는 사실을 알고 있었다(12-13절). 솔로몬이 그런 절망을 느꼈던 것은 전혀 이상한 일이 아니다!

위대한 역사가 아놀드 토인비(Arnold Toynbee) 역시 우리 인간의 곤경에 대해 통절한 말을 남겼다. "우리 지식의 증가 자체는 삶의 목적의 본질(만약 목적이 있다면 말이다)에 대한 이해와 자각을 수반하지 못했다"(Peterson, 「Evangelism for Our Generation」, 32).

우리의 지식이 증가할수록 현대 사회는 더욱 낙담하는 것처럼 보인다. 최종적이거나 영속적인 어떠한 해답도 찾을 수 없기 때문이다. 엄청난 양의 자료는 우리의 분별력을 떨어뜨릴 뿐이다. 뉴욕 대학(New York University)의 교수 닐 포스트먼(Neil Postman)이 제공한 다음의 우스꽝스러운 사례에 대해 곰곰이 생각해보라.

> 그 실험은 아침에 동료가 〈뉴욕타임스(The New York Times)〉지를 들고 나타나지 않을 때 가장 잘 이루어진다. "자네 오늘 〈타임스〉지 읽었나?" 내가 묻는다. 만약 동료가 "예스"라고 대답한다면, 그 날은 실험이 없다. 그러나 만약 대답이 "노"라면, 실험은 계속될 수 있다. "오늘 섹션 C를 꼭 확인해보게나." 내가 말한다. "미네소타 대학에서 이루어진 한 연구에 대한 아주 흥미로운 기사가 실려 있네." "정말이야? 뭐에 관한 건데?"가 보통의 반응이다. 이 시점에서의 선택은 거의 끝이 없지만, 풍성한 결과를 낳는 두 가지 선택이 있다. 첫 번째는 이런 것이다. "글쎄, 그들이 체중을 감량하는 데 어떤 음식이 제일 좋은지 알아내기 위해 그 연구를 했는데, 하루에 세 번 초콜릿 에클레어(eclairs)에 의해 보충되는 보통의 식이요법이 최선의 방법이라는 사실이 밝혀졌다네. 에클레어 속에 인코미얼 다이옥신

(encomial dyoxin)이라는 특별한 영양분이 들어 있어 칼로리를 놀라운 속도로 소모시킨다나봐."

두 번째 선택은 화제를 바꾸는 것이다. 대학 이름부터 시작해서 말이다. "존스 홉킨스(Johns Hopkins)의 신경 생리학자들이 조깅과 지능 감퇴 사이의 연관성을 알아냈다는군. 5년 동안 1,200명 이상을 테스트했는데, 조깅하는 시간이 늘어날수록 그들의 지능에 통계적으로 유의미한 감소가 있었다는 사실을 발견했대. 그 이유는 정확히 알지 못하지만, 실제로 그렇다는 거야."

그 실험에서 내 역할은 물론 상당히 우스운(터무니없다고 말할 수도 있는) 어떤 정보를 전달하는 것이다. 만약 내가 예의바름과 동료로서의 친밀감을 가지고 그 역할을 수행한다면, 보고할 만한 가치가 있는 결과를 얻어낼 수 있다. 희생자들 가운데 약 3분의 2가 내가 그들에게 말한 내용을 믿거나 적어도 완전히 '불신하지는' 않게 될 거라는 사실이다. 때로는 그들이 "정말이야? 그게 가능한가?"라고 말하거나, 잠시 뜸들이다가 "그 연구가 어디에서 행해졌다고?"라고 반문한다. 그리고 때로는 "그래, 나도 그런 비슷한 말을 '들은' 적이 있어"라고 말하기도 한다. 하나 더 덧붙이고 싶은 점은 아마도 연구할 만한 가치가 있는 이유들로 인해 내가 미네소타 대학이나 존스 홉킨스를 권위 있는 출처로 사용할 때, 상대방이 쉽게 믿는 가장 명백한 사례들을 얻게 된다는 사실이다. 스탠퍼드와 MIT는 겨우 평균 정도의 결과를 얻어내는 데 반해서 말이다(닐 포스트먼, 「Technopoly」, 56-57).

덕행의 중요성에 대한 최근의 모든 이야기들은 고무적인 징후라고 할 수 있지만, 그럼에도 불구하고 '전문가들' 사이에서는 막다른 골목에 이르렀다는 인식이 팽배하다. 어떻게 하면 선해지는가? 종교가 필수적이라고 모두가 믿지는 않는다(Fineman, 31-36, Himmelfarb, 3-20).

솔로몬은 사려 깊은 의사처럼 우리의 영적 질병을 자세히 설명한다. 우리는 그로부터 치료받기를 원한다. 그러나 솔로몬은 우리가 아직 준비되어 있지 않다는 사실을 알고 있다. 우리의 질병이 얼마나 치명적인지 우리가 제대로 납득하지 못하고 있기 때문이다. 다음 장에서도 솔로몬은 계속해서 우리가 영적으로 얼마나 병들어 있는지에 대해 주장한다. 그리고 2장 말미에서는 치유책을 소개한다.

Main Idea 복 습	솔로몬은 세상이 어떻게 돌아가는지에 대해 여러 가지 통절한 논평을 내놓는다. 그 논평은 우리로 하여금 심란하지만 부정할 수 없는 진리에 직면하게 한다. 그것은 하나님 없는 삶은 참으로 무의미하다는 것이다. 따라서 하나님과 상관없이 삶을 의미 있게 만들려는 우리의 영리한 시도들은 결국 실패할 수밖에 없다.

결론

모래 위에 세운 집

하나님 없는 삶에서도 영속적인 만족감을 성취할 수 있는 어떤 방법이 있다는 생각에 사로잡히기 쉽다. 우리는 만족을 주는 어떤 활동을 찾아내고, 학교나 사업, 스포츠, 정치, 심지어 육아 등에서 뛰어난 능력을 보이기 시작한다. (그렇다, 멋지고 훌륭한 자녀를 길러내는 것도 하나님을 대신할 수 있다. 실제로 그렇다면, 우리는 그것을 우상숭배라고 불러야 한다.)

높은 수준의 업적은 우리에게 만족을 준다. 잠시 동안은 말이다. 그러나 우리가 죽을 수밖에 없는 운명임을 상기시켜주는 것들이 우리의 관심을 끌 때는 우리가 '모래 위에 집을' 짓고 있다는 사실이 분명해진다(마 7:26-27 참고).

저명한 대통령 전기 작가 도리스 컨스 굿윈(Doris Kearns Goodwin)은 린든 존슨(Ryndon B. Johnson) 대통령에 대해 이야기하면서 그 진리를 묘사했다.

> 그는 죽기 한 달 전 굉장히 슬픈 목소리로 내게 하소연했다. 그는 미국 국민들이 자신을 잊고 새로운 대통령에게 몰두하는 모습을 지켜보고 있다고 말했다. 그가 통과시켰던 그 위대한 민권법조차도 잊어버린 채 말이다. 그는 불멸에 대한 자신의 추구가 헛된 것이었으며, 어쩌면 그의 시간과 관심을 아내와 자녀들에게 집중

했더라면 더 나았을 것이라고 생각하기 시작했다. 그랬더라면 그의 자녀들과 그들의 자녀들을 통해 대대로 다른 종류의 불멸을 추구할 수 있었을 것이고, 미국 국민들에게는 기대할 수 없었던 방식으로 그들을 의지할 수 있었을 것이라고 말이다. 그러나 너무 늦었다. 4주 후, 그는 죽고 말았다. 그의 모든 돈과 권력에도 불구하고, 그는 죽을 때 완전히 혼자였다. 그의 궁극적인 공포가 현실화되었던 것이다(도리스 컨스 굿윈, Commencement Address, 1).

■ 진리 알기

- 우리의 영적 질병은 우리가 상상하는 것보다 훨씬 더 심각하다.
- 하나님의 계시는 우리가 얼마나 길을 잃고 헤매는가를 정확히 보여주기 위해 요구된다.
- 인간은 여러 가지 방법으로 하나님 없이 만족감을 성취하려고 노력한다.
- 인간의 모든 해결책은 우리를 실망시키고 환멸감을 줄 수밖에 없다.
- 언약을 지키시는 성경의 하나님을 받아들이지 않는 사람은 결국 절망하게 되어 있다.

■ 적용하기

- 인간의 곤경에 대한 하나님의 평가에 관해 '주야로' 묵상해보라.
- 당신이 영속적으로 만족감을 가져다줄 것이라고 믿고 싶은 하나님을 대체하는 것에 대해 솔직하게 평가해보라.
- 「천로역정(Pilgrim' s Progress)」의 크리스천처럼 하나님의 은혜의 복음의 가치를 진정으로 깨닫기 위해서는 먼저 자신의 타락에 대해 절망해야 한다는 사실을 인식하라.

삶의 적용

어느 '절망의 수렁'

우리는 일반적으로 복음의 날카로움을 완화시키는 시대에 살고 있다. 따라서 부활 생명에 대해서는 많이 듣게 되지만, 그리스도와 함께 십자가에 못 박히는 것에 대해서는 거의 듣지 못한다. 참된 그리스도인들은 그들의 죄성(sinfulness)에 대한 자각 없이는 하나님의 은혜를 올바로 이해할 수 없다는 사실을 인식한다. 우리가 죄에 대해 절망과 슬픔을 경험해야만 하나님의 은혜가 의미 있는 것이다. 기쁨은 분명 '아침(morning)' 에 찾아오지만, '애도(mourning)' 가 선행되어야 한다. 솔로몬은 우리가 먼저 우리의 절망적인 상황에 대해 애도하기를 원한다. 그것이 바로 교회 역사 가운데 존 번연(John Bunyan) 같은 신실한 성직자들이 설파해온 메시지다.

천로역정(Pilgrim's Progress)을 막 시작한 크리스천이 '절망의 수렁' 에 빠지게 된다.

> 그러자 도움이 내게 말했다. "이 진흙투성이의 늪은 수리가 불가능한 곳이랍니다. 유죄 판결을 받은 자들의 몸에 낀 때와 찌꺼기가 계속해서 이곳으로 흘러 들어오기 때문에 그 이름을 절망의 수렁이라고 했답니다. 그리고 지금도(계속해서 또는 끊임없이) 죄인이 자신의 상실된 상태를 깨닫게 되었을 때, 그의 영혼 속에 생기는 수많은 두려움과 의심, 낙망 등이 모두 한데 뭉쳐 이곳으로 흘러 들어오고 있죠. 그래서 이곳은 항시 이런 상태로 남아 있을 수밖에 없답니다"(존 번연, 23).

크리스천은 그 '절망의 수렁' 이 '수리될' 수 없는 곳이라는 사실을 알게 된다. 다시 말해, 우리의 죄에 대한 깊은 자각을 회피할 수 없다는 것이다. 우리가 하나님의 용서의 은혜를 알기 위해서는 말이다.

기도

하나님 아버지, 당신과 상관없는 어떤 것에서(또는 어떤 사람에게서) 의미와 목적을 찾을 수 있다는 흔한 속임수로부터 저를 지켜주십시오. 예수님의 이름으로 기도합니다. 아멘.

심층 연구

A. '헛되다' (1:2)에 대한 이해

서론 부분에서 언급되었듯이 '헛되다(히. 헤벨)' 는 문맥에 따라 다른 의미를 지닐 수 있다. 이 말을 정확하게 해석하고 싶다면, 궁극적으로는 문맥에 주의를 기울여야 한다(Longman, 64). 여기서는 '공허한' 이나 '무익한', '입김 같은(일시적인)' 등이 모두 적용될 수 있는 것처럼 보이지만, 그 중에서도 후자의 2개가 이 책에서 가장 지배적인 의미인 것으로 보인다(Crenshaw, 57-58, Whybray, 「Ecclesiastes」, 36).

B. 해는 빨리 돌아가고(1:5)

'빨리' 는 문자적으로 '숨이 차 헐떡거리는 모습' 을 의미하며, 돌아가고자 하는 열망이나 피곤함 어느 것이든 암시할 수 있다. 나는 전자의 의미에 더 무게를 둔다. 그것은 창조된 세상과 비교하여 우리의 무익함을 주장하고 있기 때문이다. 주석가들은 전도서에 대한 그들의 전반적인 이해에 근거해 주장을 달리하는 경향을 보인다(Kidner, 25, Longman, 69).

C. 유산을 남기는 것은 하나님을 대체하는 대안이 될 수 없다(1:11)

일부 사람들은 윈스턴 처칠(Winston Churchill)이나 간디(Gandhi), 존 F. 케네디(John F. Kennedy) 등과 같은 인물들을 언급함으로써 그것에 의문을 제기할지도 모른다. 그들은 유산을 남기지 않았는가? 그들은 지금도 좋게 기억되고 있지 않는가? 그런 질문들에 대한 많은 대답들이 있다.

우선, 전도서는 지혜 문학이라는 사실을 잊지 말라. 이 특별한 장르는 보통 대부분의 사람들에게 일어나는 방식으로 현실을 묘사한다. 일부 예외는 항상 있게 마련이다.

둘째, 예외에 해당하는 극소수에 당신이 끼게 될 것이라고 생각하는 것은 좋은 선택이 아니다.

셋째, 역사는 당신이 생각하는 것과는 다르게 당신을 기억할지도 모른다. 히틀러(Hitler)는 분명 그가 생각했던 것과는 다르게 기억되고 있다. 스탈린(Stalin)과 레닌(Lenin)도 마찬가지며, 그 목록은 계속된다. 심지어 테레사(Theresa) 수녀도 그녀가 받은 그 모든 추앙에도 불구하고 일부 사람들로부터 비난을 받았다. 사실 테레사 수녀의 장례식이 진행되는 동안 한 미국 기자는 어느 영국 기자에게 그가 인도의 버림받은 사람들에 대한 그녀의 사역에 대해 그렇게 비판적인 이유를 자세히 설명해달라고 요청했다. 장례 행렬을 지켜보면서 그녀의 업적에 대한 그 영국 기자의 비판을 듣는 것은 정말 진풍경이었다. 그러므로 만약 테레사 수녀가 일부 사람들의 가혹한 비판으로부터 자유로울 수 없다면, 유산을 남기는 것이 하나님 없는 삶에서 궁극적인 의미를 찾는 것의 무익함을 피하는 좋은 방법이라고 생각하는 것은 현명치 못한 일이다.

넷째, 세월이 흐르면 사람들은 당신을 잊게 마련이다. 앞서 언급했던 세 사람(처칠, 간디, 케네디)은 20세기에 널리 알려진 인물들이다. 하지만 그들의 인기는 시간과 함께 사라질 것이다. 오늘날 대부분의 사람들은 샤를마뉴(Charlemagne)나 에라스무스(Erasmus) 같은 역사적인 인물들에 대해 잘 모른다. 더 거슬러 올라가자면, 얼마나 많은 사람들이 로마의 위대한 장군 스키피오 아프리카누스(Scipio Africanus)를 알겠는가?

D. 구부러진 것을 곧게 할 수 없고(1:15)

이 어구는 다양한 뉘앙스로 다가온다(Kidner, 30, Luther 26-27, Eaton, 63). 우리는 세상을 이해하고 어려움이 없는 곳으로 만드는 데 있어 심각한 한계에 부딪힐 수밖에 없다.

교안

A. 들어가는 글

1. '솔로몬 박사의 정신이 번쩍 들게 하는 진단' 이야기로 시작하라.
2. 배경 설명: 우리는 성경의 장과 절의 구분이 하나님의 영감에 의한 것이 아니라는 사실을 기억해야 한다. 그것은 성경 연구를 돕기 위해 만들어졌지만, 때로는 자의적일 수도 있어 한 부분의 흐름을 방해하기도 한다. 전도서 1장은 하나님 없이 의미를 찾으려는 시도의 무익함에 대한 긴 서론의 전반부를 형성한다. 이 서론은 전도서 2장 23절로 마무리된다.
3. 적용: 이 장은 하나님 없는 삶에서 의미와 만족을 찾으려는 것이 어디에서 어떻게 가능한지 알아내려고 애쓰는 솔로몬의 개인적인 순례의 시작이다.

B. 본문 이해

1. 머리말(1:1-2)
2. 하나님 없는 삶의 허무(1:3-11)
3. 삶의 목적과 관련된 수수께끼(1:12-18)

C. 결론: '모래 위에 세운 집' 을 읽어주라.

토의 질문

1. 당신은 솔로몬이 그렇게 갑작스런 머리말을 던진 것에서 지혜를 보는가?

2. '해 아래 새 것이 없다' 면, 우리는 왜 계속해서 새 것이 있는 것처럼 행동하는가?

3. 당신은 삶의 어떤 영역에서 '바람을 잡으려는' 유혹을 가장 많이 느끼는가?

전도서 2장

심각한 문제에 대한 긴 서론(II)

"주의를 전환시키는 것이 코끼리를(혹은 삶에 대한 심각한 의문이나 중대한 문제들을) 숨길 수 있는 첫 번째 방법이면서 동시에 가장 효과적인 방법이다. 코끼리는 생쥐들에 의해 숨겨질 수 있다. 그것들의 수가 충분하다면 말이다. 그런 식으로 우리 세상은 하나의 큰 것으로부터 우리의 주의를 전환시키는 수많은 작은 것들로 가득 차 있다. 우리는 너무나 바쁘게 매여 있다 보니 생각할 시간조차 없다."

- 피터 크리프트(Peter Kreeft)

솔로몬은 마음으로 삶의 수수께끼를 풀려고 온 힘을 다 쏟은 후에, 아니 좀 더 정확히 말하면 녹초가 된 후에 이번에는 만족의 가능한 원천으로 육체의 욕구에 관심을 기울인다. 만약 지혜가 내게 '행복한 삶'을 가져다줄 수 없다면, 내 육감적 즐거움을 만족시키는 데 전념하는 것이 그것을 가능케 해줄지도 모른다. 즉 삶을 너무 많이 분석한 것이 큰 고통을 야기했으므로(1:18), 그런 강도 높은 사색을 피하는 것이 더 행복한 삶의 열쇠가 될지도 모른다고 생각한 것이다.

들어가는 글

궁정의 어릿광대와 다른 기분 전환거리들

우리 인간은 삶의 '중대한 문제'에 대해 생각하는 것을 멀리하기 위해 우리의 주의를 전환시키는 것이면 무엇이라도 이용하려고 할 것이다. 심연을 응시하는 것은 분명 힘들 수 있다. 톨스토이(Tolstoy)는 그의 단편 「이반 일리치의 죽음(The Death of Ivan Ilych)」에서 우리의 주의를 전환시키는 것들의 파괴적인 측면에 대해 이야기한다. 톨스토이의 등장 인물 이반 일리치는 출세하고자 열망하는 변호사다. 그 이야기의 대부분은 일리치의 관심을 사로잡는 다양한 것들을 묘사하고 있다. 심지어 특정 관심거리들이 식상해지는 것처럼 보일 때조차도 일리치는 영적 현실에 대해 생각하는 것을 멀리하는 새로운 방법들을 찾아냈다. "정리할 것이(그의 새 집을 말한다) 더 이상 남아 있지 않자 다소 지루해지고 무언가 부족한 것 같았지만, 그들은(일리치와 그의 아내는) 곧 사람들을 사귀며 익숙해져갔고, 삶은 점점 더 풍족해지고 있었다"(톨스토이, 117).

분주함을 추구하는 우리의 경향은 종종 깊은 영적 질병을 숨기고 있다. 정치 철학자 앨런 블룸(Allan Bloom)이 언젠가 말했듯이, 우리는 "진실을 직시하지 않기 위해, 심연을 들여다보지 않기 위해 광적인 일과 광적인 놀이 속에서" 평생을 보낸다(앨런 블룸, 143). 솔로몬은 이미 그 심연을 살짝 들여다보고 그것이 끔찍하다는 사실을 알아차렸다. 그는 이제 또 다른 접근 방식을 준비한다.

이 장에서 솔로몬은 스스로에게 부과했던 시험 비슷한 것을 기술한다. 그는 절제되지 않은 쾌락이 과연 한 개인에게 '행복한 삶'을 제공할 수 있는지 그 여부를 결정하게 될 것이다. 솔로몬을 인생 수업의 한 학생으로 상상해보는 것이 도움이 될지도 모른다. 우리 역시 학생이다. 솔로몬은 그 특별한 시험을 위해 '커닝 페이퍼' 같은 것 위에 훌륭한 메모를 남겨놓았다. 놀랍게도 선생님(하나님)은 흔쾌히 우리가 솔로몬의 메모를 들여다보게 하신다. 그러나 불행히도 우리 대부분은 그것들이 쓸모가 없다고 생각한다. 우리는 솔로몬의 실수로부터 배우지 못하고, 스스로 경험해봐야만 직성이 풀린다.

본문 이해

심각한 문제에 대한 긴 서론(II)

Main Idea	솔로몬이 삶의 의미와 목적을 찾기 위해 몰두하게 되는 것은 바로 우리 현대인들이 추구하는 것들이다. 그 포장은 우리의 컴퓨터 시대와 좀 다를 수도 있지만, 더 많은 소유와 쾌락과 권력에 대한 욕망은 전혀 새로운 것이 아니다.

A. 항상 실패할 수밖에 없는 시험(2:1-11)

Supporting Idea	이제 다양한 오락거리가 만족을 제공할 가능성을 탐색하는 것이 솔로몬의 관심을 사로잡는다. 그는 결국 그것도 시간을 투자할 만한 가치가 없는 무익한 추구라는 사실을 깨닫는다.

2:1. 이 구절은 솔로몬이 스스로에게 부과했던 테스트에 대한 일종의 예비적인 요약 보고서 역할을 한다. 1인칭 대명사 '나'가 몇 번이나 사용되고 있는지 주목하라. 솔로몬은 다소 초연한 입장에 있는 이론가가 아니라, 그 시험에 능동적으로 참여하고 있다.

2:2. 솔로몬은 삶의 의미와 목적을 찾기 위한 해결책으로서의 웃음이 정신 이상 징후라는 사실을 알아냈다. 우리는 또 7장에서 경박함이 우리로 하여금 삶이 도대체 무엇인지 곰곰이 생각하는 것을 방해한다는 사실도 보게 될 것이다.

희락 자체는 영속적인 가치를 지닌 어떤 것도 제공하지 못한다. 하나님 안에서 그 원천을 찾지 않는 희락은 일시적인 것이기 때문에 궁극적으로 실망을 줄 수밖에 없다. 그것은 "그 다음은?" 신드롬으로 이어진다. 토마스 아 켐피스(Thomas à Kempis)는 그것을 이런 식으로 표현했다. "인간은 종종 자신이 바라는 무언가를 열정적으로 추구하지만, 그것을 얻고 나면 마음이 바뀐다. 애착은 동일한 것 주변에 고정적으로 머무는 것이 아니라, 우리가 다음 것을 차례로 추구하도록 몰아가기 때문이다"(à Kempis, 169).

2:3. 솔로몬의 마음에 궁구하기를 내가 어떻게 하여야 내 마음에 지혜로 다스림을 받으면서 술로 내 육신을 즐겁게 할까 하였다는 사실에 유의하라. 나중에 이 장의 9절에서도

그는 이 시험을 치르는 동안 "내 지혜도 내게 여전하였다" 고 말했다. 솔로몬은 완전히 비이성적으로 쾌락에 뛰어들고 있었던 것이 아니다. 오히려 그는 그 시험을 치르는 동안 내내 쾌락의 유익을 평가하고 있었다. 그는 "충분한 정보에 근거한 쾌락주의(informed hedonism)" 라고 묘사할 수도 있는 것에 몰두하고 있었던 것이다. 그것은 "단순한 자기 탐닉이 아니라 통제된 실험" (Whybray, 「Ecclesiastes」, 53)이라는 이름이 붙여지기도 했다.

열왕기상 4장 22-23절은 솔로몬이 하루에 소비하는 음식의 양에 대해 좀 더 자세한 내용을 덧붙이고 있다. "솔로몬의 일일분 식물은 가는 밀가루가 삼십석이요 굵은 밀가루가 육십석이요 살찐 소가 열이요 초장의 소가 스물이요 양이 일백이며 그 외에 수사슴과 노루와 암사슴과 살찐 새들이었더라."

그 음식은 매일 1만 명에서 2만 명의 사람들을 먹였을 것이라고 추정해왔다(Stedman, 23). 그것은 매일같이 열리는 '위대한 개츠비(Great Gatsby)' 의 파티 같았을 것이다! 그러나 솔로몬은 그런 환락을 묘사하는 중에도 잔인한 삶의 현실을 결코 포기하지 않았다는 사실에 주목하라. **짧은 한평생**(표준새번역) 동안 어떤 좋은 것이 있을까? 이 커다란 질문이 계속해서 솔로몬의 생각을 괴롭히고 있었던 것이다.

2:4-8. 솔로몬은 그의 처분 아래 놓여 있던 인상적인 것들을 열거했다. 여러 집들과 포도원, 동산과 과원, 각종 과목과 연못 등이 그것이다. 심지어 마르크스조차도 솔로몬의 관개(灌漑) 모델을 사용했다(Ellul, 87). 솔로몬은 **나보다 먼저 예루살렘에 있던 모든 자보다도 소와 양 떼**를 비롯하여 더 많은 노예를 소유하고 있었다. 가장 부유하거나 위대했음(2:9 참고)에 대한 이 진술은 매우 중요하다. 잠시 후에 이것을 보게 될 것이다.

수집된 은과 금이라는 개념은 땅에서 무언가를 캔다는 의미에서 모으는 것을 뜻하는 것이 아니라, 축적하거나 보물을 쌓아두거나 대량으로 소유하는 것을 의미한다(Ellul, 234). 실제로 **은금**은 솔로몬의 통치 기간 동안 너무 흔해서 돌처럼 많아 보일 정도였다(왕상 10:27, 대하 1:15). **처와 첩들**(a harem)은 "성적 쾌락만을 위해 이용되는 여성들에 대한 노골적인 언급" 일 수 있다(Longman, 92).

2:9. 솔로몬의 위대함에 대한 이 진술은 중요한 의미를 지닌다. 만약 세상에서 가장 강력하고 부유한 사람이 하나님 없는 소유에서 행복을 찾을 수 없다면, 그것들을 추구하는 것의 무익함이 오늘 우리에게 분명해지기 때문이다. 이 교훈은 솔로몬이 세상에

서 가장 현명한 사람이 되는 것에 대해 배웠던 교훈과 비슷하다(전 1:12-13, 18의 본문 이해 참고).

2:10. 만약 이 구절이 솔로몬의 시험에 대한 최종 보고서라면, 우리는 '돈이 행복을 살 수 있다' 고 믿게 될지도 모른다. 혹은 "만약 우리가 천상의 즐거움을 추구하고 있지 않다면, 곧 어둠 속에 숨어 도피하는 사람들을 동경하게 될 것이다" (Bridges, 28, 또한 30 참고).

다시 한 번, 우리의 주의를 전환시키는 것들이 우리 모두에게 어떤 영향을 미치는지 곰곰이 생각해보자. 블레이즈 파스칼(Blaise Pascal)은 이렇게 말했다.

> 사람이 아무리 슬프더라도 당신이 그를 설득해 어떤 기분 전환거리를 받아들이게 할 수 있다면 그것이 계속되는 한 그는 행복할 것이다. 그리고 사람이 아무리 행복하더라도 기분 전환거리가 부족하고 권태를 멀리할 수 있는 흥미진진한 열정이나 오락거리가 없다면 곧 우울해지고 불행해질 것이다. 우리의 주의를 전환시키는 것이 없다면 기쁨도 없다. 반대로 그런 것이 있다면 슬픔은 없다. 그것이 바로 신분 높은 사람들의 행복을 이루고 있는 것이다. 그들은 그들의 주의를 전환시키는 많은 사람들과 그들 자신을 그런 상태로 유지시킬 수 있는 능력을 가지고 있기 때문이다(블레이즈 파스칼, 70-71).

그것은 부(wealth)의 치명적인 덫이다. 부는 행복과 평화의 느낌을 주는 인위적인 많은 기분 전환거리들을 제공할 수 있다. 그러나 사람이 일단 자신의 실존(實存) 같은 삶의 커다란 문제들(그것의 덧없음과 불확실성 모두)에 대해 생각하기 시작하면, 깊은 절망감이 엄습한다. 그것이 바로 대부분의 사람들이 그런 진지한 현실에 대해 전혀 생각하지 않는 이유이다. "죽음과 불행과 무지의 문제를 해결할 수 없는 인간은 행복하기 위해서 그런 것들에 대해 생각하지 않기로 마음먹어 왔다" (블레이즈 파스칼, 66).

2:11. 우리가 하나님과의 관계에서 멀리 떨어져 있는 삶에 대해 생각할 때, 삶의 혼돈과 허무의 가혹한 현실에 직면하기 시작한다. 삶의 중대한 문제들을 깊이 생각할 수 있는 용기를 갖는 것은 하나님이 시작하셔야 하는 초자연적인 일이다. 우리 서구인들은 분명 그런 문제들에 대해 깊이 생각하도록 장려받지 않는다. 피터 크리프트(Peter

Kreeft)는 이렇게 말했다.

> 토인비의 판단에 따르면, 지금까지 이 지구상에 존재했던 21개의 위대한 문명 가운데 우리의 현대 서구 문명이, 우리가 왜 존재하는지에 대해 어떤 해답도 갖고 있지 않거나 시민들에게 가르치지 않는 첫 번째 문명이다. 그것을 이야기하는 완곡한 방법은 우리 사회가 다원적이기 때문에 우리 자신만의 궁극적인 가치를 선택하거나 창조할 수 있도록 자유롭게 내버려둔다는 것이다. 똑같은 것을 이야기하는 보다 솔직한 방법은 우리 사회가 가장 중요한 이 문제에 대해 우리에게 줄 수 있는 것은 오로지 무지뿐이라는 것이다. 사회가 커질수록 점점 더 작은 것들에 대해 점점 더 많이 알게 된다. 작은 것들에 대해서는 더 많이 알게 되고, 큰 것들에 대해서는 더 적게 알게 된다는 것이다(피터 크리프트, 20-21).

여러 해 전, 노벨상을 수상했던 한 남자와 복음을 나눌 수 있었던 것은 내게 특권이었다. 나는 전에 그 남자를 만난 적이 없었지만, 그는 자신의 삶에서 주요한 몇 가지를 어떻게 변화시키고 싶은지 설명했다. 만약 그것이 가능하다면 그는 놀랍게도 대학 교수가 되는 것을 선택하지 않았을 것이다. 그의 동료들 사이의 경쟁이 너무나 심하다는 사실을 알게 되었기 때문이다. 실제로 그는 자신의 동료들이 그가 노벨상을 수상한 후에 더욱 경쟁적이 되었다고 말했다. 학계가 '군림하는 권위'는 떨어뜨리는 것이 좋은 것이라는 환경을 조장하기 때문이다. 그는 계속해서 더 많은 의미 있는 관계들에 대한 그의 욕구에 비교하면 노벨상은 그에게 아무 의미가 없다고 설명했다.

나는 그 남자가 예수 그리스도와 맺고 있는 구원의 관계에서는 어디쯤에 위치해 있는지 알지 못하지만(그는 자신을 '유신론자'라고 불렀다), 그는 솔로몬이 묘사했던 것을 생생하게 보여주고 있다. 그것은 한 개인이 하나님 없는 삶의 의미를 곰곰이 생각할 때, 그것이 다 헛되어 바람을 잡으려는 것이며 해 아래서 무익한 것이라는 사실을 발견하게 된다는 것이다.

당신은 지금보다 조금만 더 벌거나 어떻게 해서든지 회사에서 좀 더 높은 지위에 올랐으면 좋겠다고 속으로 생각하고 있을지도 모른다. 서구에 사는 우리들 대부분은 더 많은 것을 필요로 하지 않지만, 더 많은 것을 원한다. 그것이 바로 성경의 권위가 매우 실제적인 이유다. 만약 우리가 솔로몬 같은 사람들로부터 배울 수 있다면, 똑같은 종류의 어리석음에 빠지지 않도록 우리 스스로를 지킬 수 있을지도 모른다.

토마스 아 켐피스가 현명한 조언을 해주고 있다.

> 세속적인 것들은 사용하게 하고, 영원한 것들은 동경하게 하라. 당신은 어떤 세속적인 유익으로도 만족할 수 없다. 당신이 그런 것들만을 즐기도록 창조되지 않았기 때문이다. 당신은 창조된 모든 유익을 소유해야 하지만, 그것들로 행복하거나 축복을 누릴 수 있는 것이 아니라, 모든 것을 창조하시고 당신의 온전한 축복을 이루시는 하나님 안에서 행복을 누릴 수 있는 것이다(토마스 아 켐피스, 126-127).

B. 세상 지혜의 상대적 이점(2:12-17)

Supporting Idea	충실한 사람이 어리석은 자보다 더 나은지 그 여부를 곰곰이 생각하는 솔로몬의 전환 역시 하나님을 대신할 수 있는 것이 없다는 사실을 증명한다.

2:12-13. 세상의 지혜는 분명 어리석음에 비해 몇 가지 세속적인 이점을 지니고 있다. 이 혼란스러운 세상에서 살아가는 방법을 이해하는 것은 바람직스러운 일이다. 수표책의 대차를 맞추고 자동차의 오일을 교환하는 것은 현명한 행동이다. 이 땅의 법을 준수하는 것 역시 마찬가지다. 그러나 14절에서 보듯이, 세상의 지혜는 분명 한계를 지니고 있다.

2:14. 사회에 기여하는 윤리적인 시민이 되는 것은 좋은 일이지만, 그것이 우리를 필연적인 운명으로부터 보호해주지는 못한다. 죽음은 우리 모두와 관계를 맺게 될 것이다. 청교도의 한 설교가는 그 실태를 적나라하게 표현했다.

> 이 땅에 살면서 당대에 그렇게 허세를 부리고 원하는 대로 온 세상을 소유했던 과거 시대의 사람들은 어떻게 되었는가? 아그립바(Agrippa)와 버니스(Bernice)는 어떻게 되었으며, 그들의 모든 화려함과 위대함은 어디로 갔는가? 그들은 이제 자신들의 역할을 마치고 세상이라는 공통의 무대에서 사라졌으며, 그들의 모든 자

만은 한 무덤에 그들과 함께 묻혀 있다. 부자와 빈자가 죽을 때, 그들 사이에 어떤 차이가 존재하는가? 그들은 모두 똑같은 길을 간다. 그들은 잠시 동안 살면서 땅의 것들로 번성하다가 이제 사라졌지만, 그들 뒤에 상당한 죄책감을 남겼다. 그들의 예를 보라. 그들이 어떻게 되었는가? 당신의 경우도 틀림없이 잠시 후에 그들의 경우처럼 된다는 사실을 생각하라. 당신을 그들처럼 낮추게 될 운명의 수레바퀴는 지금도 돌고 있다. 따라서 당신은 머지않아 틀림없이 죽은 자들 가운데 포함될 것이다. 오오, 그것이 이 땅의 것들로부터 우리의 마음을 빼앗을 수 있는 강력한 수단인 것이다!(Burroughs, 65).

2:15. 만약 죽음이 우매자와 지혜자를 모두 엄습하는 것이 사실이라면, 선하려고 열심히 노력하는 것이 무슨 의미가 있단 말인가? 이런 의문은 선하려고 노력하는 것을 그만두고 무모하고 파괴적인 행동에 관여함으로써 멋대로 살기로 결심하는 많은 '선한 사람들' 에게 일어난다. 다른 사람들은 계속해서 '선하게' 살고 있다고 뽐내며 하나님께 의지하는 것이 불필요하다고 잘못된 결론을 내린다. 죽음의 현실은 그 두 부류의 '선한 사람들' 이 하나님 없이도 그들 자신의 노력이 영속적인 만족을 가져다줄 것이라고 생각하지 못하도록 막는다.

2:16. 이 구절은 우리가 일찍이 전도서 1장 11절에서 보았던 것을 상기시킨다. 지혜자와 우매자가 비슷한 방식으로 죽는다는 솔로몬의 진술 속에는 굉장한 엄숙함이 존재한다. 비록 애정 어린 수많은 친구들에 의해 둘러싸여 있을지라도 우리 모두는 혼자서 죽는다. 죽음은 모든 사람을 동등하게 만드는 위대한 것이다.

2:17. 솔로몬의 결론은 너무나 명백하다. 그는 삶을 싫어했다. '해 아래서' , 다시 말해 하나님 없는 삶에서는 모든 것이 무익했기 때문이다. 하나님과 상관없이 이루어지는 우리의 모든 추구는 무익함이 그 특징이다. 전도서의 메시지가 지금까지는 음울했지만, 솔로몬은 이제 막 삶에 의미를 가져다주는 필수적인 요소를 보여주려고 한다.

C. 실종된 요소(2:18-26)

Supporting Idea	솔로몬의 탐색은 하나님이 인간사에 개입하신다는 현실에 직면하자 새로운 전기를 맞는다.

2:18-19. 솔로몬은 하나님과 상관없이 의미를 얻으려는 그의 모든 노력이 무익했다고 결론 내렸다. 그의 부를 다른 누군가에게 남겨주게 될 것이라는 전망도 솔로몬의 근심을 덜어주지는 못했다. 그 사람이 우매자일지도 모르기 때문이다. 그것은 솔로몬에게 끔찍한 일이었다. 그렇게 되지 않으리라는 보장이 전혀 없었기 때문이다. 솔로몬이 아주 열심히 수고한 결과가 우매자에 의해 낭비될 수도 있는 것이다.

2:20-23. 해 아래서의 삶의 의미에 대한 솔로몬의 좌절이 최저점에 도달하고 있다. 한 개인이 애쓰고 심지어 그의 일에 전념할지라도 그가 성취한 모든 것을 우매자에게 남겨줄 가능성은 여전히 존재한다. 한 주석가는 이 구절이 미국의 개척자들을 떠올리게 한다고 말했다. 그들은 모든 것을 다 바쳤지만 결국에는 그런 노력의 진가를 제대로 알지 못하는 다른 사람들이 뒤따라오는 것을 맞이할 수밖에 없었던 것이다(Leupold, 72-73). 잠은 분명 자신의 명성이 우매자에 의해 훼손될 수도 있는 사람에게 쉽게 찾아오지 않는다.

지금까지 우리는 솔로몬의 암울한 진단을 들어왔다. 다행히도 우리는 마침내 우리 영혼의 질병을 치유할 수 있는 처방을 얻게 된다.

2:24-26. 히브리 원문에는 보다(than)와 나은(better)이라는 단어가 없다(Stedman, 32). 이 구절의 문자적인 번역은 "사람이 먹고 마시며 그의 수고가 유익하다고 생각하는 것 속에는 아무것도 없다"이다. 혹은 이런 식으로 표현할 수도 있을 것이다. "인간 속에는 [내재적인] 선이 없다"(Kaiser, 44-45). 이것은 인간이 스스로 어떤 선한 것을 만들어낼 수 없다는 강력한 진술이다. 우리는 어떤 영속적인 선함이나 만족을 위해서도 하나님을 필요로 한다.

자신의 영적 빈곤에 대한 한 개인의 인식은 그로 하여금 하나님께 도망치게 만든다. 24절이 말하고 있듯이, 내가 이것도 본즉 하나님의 손에서 나는 것이로다. 그 인식 자체는 분명 초자연적인 사건이다.

번창하는 시기는 우리를 하나님으로부터 떼어놓는 경향이 있다. 우리가 영적으로 얼마나 빈곤한지 보게 만드는 고난은 우리로 하여금 통찰력을 얻기 위해 다른 곳을 보게 만든다. 그것이 바로 시편 기자가 이렇게 말한 이유다. "고난 당하기 전에는 내가 그릇 행하였더니 이제는 주의 말씀을 지키나이다…고난 당하는 것이 내게 유익이라 이로 인하여 내가 주의 율례를 배우게 되었나이다"(시 119:67, 71). 하나님이 고난을 즐기신다는 것이 아니다. 그분은 생명을 제공하기를 즐기시지만, 우리가 영적 생명의 원천(렘 2:13)에 자연스럽게 끌리지 않는다는 사실도 알고 계신다. 우리는 오만 속에서 하나님 없이도 살 수 있다고 생각한다(시 2:3). 그래서 하나님은 의미 있는 삶을 어디서 찾게 되는지 우리로 보게 하기 위해서 고난을 사용하신다.

25절은 너무나 단호하다. 하나님 없이 참된 기쁨을 누리는 것은 불가능하다. 하나님에 대한 첫 번째 소개가 기쁨에 대한 첫 번째 소개와 함께 등장하는 것은 전혀 놀랄 일이 아니다. 3장 13절에서 볼 수 있듯이, 이 기쁨은 '하나님의 선물'이기 때문이다. 우리의 의지의 힘만으로는 기쁨과 만족을 경험할 수 없다.

하나님의 기쁨은 악과 고통의 문제 같은 어렵거나 난처한 모든 질문에 답을 주지 않는다(Moore, 「The Battle for Hell」, 73-75). 기독교 철학자들과 신학자들은 그런 어려운 문제들을 해결하는 일을 놀라울 정도로 잘해왔지만, 위로와 기쁨과 평화를 주는 것은 궁극적으로 하나님에 대한 우리의 신뢰다.

한 유명한 그리스도인은 하나님 안에서만 찾을 수 있는 기쁨에 대해 이렇게 기록했다.

> 오, 제가 어떻게 하여야 당신 안에서 안식을 누릴 수 있겠나이까? 오, 제 마음속에 들어오셔서 흠뻑 취하게 하옵소서. 그래서 저로 하여금 고통을 잊게 하시고, 유일한 선이 되시는 당신을 의지하여 살게 하옵소서… 그러므로 행복한 삶은 당신을 바라보며, 당신 앞에서 당신 때문에 기뻐하는 것이오니, 오직 그것만이 참된 행복이며 다른 것은 없나이다. 또 다른 것이 있다고 생각하는 사람들은 다른 기쁨을 추구할 것이나, 그것은 참된 기쁨이 될 수 없나이다[어거스틴, 「참회록(Confessions)」, 20, 180-181, 비교. 어거스틴, 「하나님의 도성(The City of God)」, XVIII. XLI, Kierkegaard, 31].

하나님의 관점에서 선한 것은, 그분이 삶의 참된 의미와 만족을 줄 수 있는 유일한 분이시라는 사실을 우리가 인정하는 것을 의미한다(26절). 그것은 분명 우리 사회의 선함(goodness)의 개념과는 맞지 않는다. 하나님은 지혜와 지식과 희락을 주신다. 이 지혜는 이 책의 앞부분에서 언급된 유형의 지혜가 아니다. 하나님의 지혜는 우리가 지혜롭게 살아가도록 도와준다. 불신자들에게는 미련해 보이지만 말이다(고전 1:19-25).

이 구절의 후반부에 언급되어 있는 문제는 그리스도인이 아닌 사람들이 항상 그리스도인들에게 그들의 부를 남겨준다는 것이 아니다. 그런 놀라운 몇 가지 사례들이 있기는 하다(Stedman, 34, 비교. 잠 13:22). 우리는 성경으로부터 불신자들은 부와 건강 면에서 번창하고 있는데, 신자들은 괴로운 나날을 보내고 있는 때가 많다는 사실을 알게 된다(시 73편). 그러나 그것은, 불신자들은 궁극적으로 아무것도 없이 이 세상을 떠나지만 그리스도인들은 장래 왕국의 모든 것을 물려받는 상속자가 될 것이라는 사실을 지적하는 내용일 것이다.

다시 말해, 이 구절은 솔로몬이 우리에게 저승에서 펼쳐지는 현실을 상기시켜주는 또 다른 사례일 수도 있다(Wright, 「Expositor' s Bible Comentary: Ecclesiastes」, 1, 159 참고). 마틴 루터(Martin Luther)는 이것을 '불경스러운' 사람들은 결코 그들의 노동에서 기쁨을 제대로 경험할 수 없다는 의미로 이해했다. 비기독교인들은 그들의 성과를 경건한 사람들에게 남겨야 한다. 그들만이 노동에서 기쁨의 권한을 부여받아 기쁨을 경험할 수 있기 때문이다(마틴 루터, 48).

우리가 어떻게 하면 본 장에서 곰곰이 생각했던 현실에 의거하여 우리의 우선순위를 더 잘 정할 수 있을까? 3장에서 그 답을 제시할 것이다.

Main Idea 복습	솔로몬이 삶의 의미와 목적을 찾기 위해 몰두하게 되는 것은 바로 우리 현대인들이 추구하는 것들이다. 그 포장은 우리의 컴퓨터 시대와 좀 다를 수도 있지만, 더 많은 소유와 쾌락과 권력에 대한 욕망은 전혀 새로운 것이 아니다.

결론

불만족스러운 기분 전환거리들

많은 사람들은 삶의 '최고선' 으로 쾌락을 추구하는 것이 영속적인 만족을 가져다줄 것이라고 착각하며 살아간다. 그들은 '추구된 쾌락이 발견된 쾌락' 이라고 확신한다. 아이러니컬하게도 똑같은 사람들이 '진리를 추구하는 것' 도 고결한 것이라고 믿는다. 진리를 발견할 수 있다는 순진한 생각에는 결코 동의하지 않으면서 말이다. 그렇다면 '현대인' 이 왜 목표가 없고, 안절부절 못하며 권태를 느끼는지 전혀 이상할 것이 없다. 보통 불안은 그런 사람들을 규정하는 특징으로 사용된다. 그러나 절대적인 진리를 비웃고 자기 탐닉적인 쾌락을 최고선으로 받아들이는 사람들이 왜 그런 불안을 느끼는 것일까? 솔로몬은 지금까지 우리에게 그 이유를 말해주었다. 그것은 어떤 기분 전환거리도 하나님을 대신해서 완전한 만족을 제공할 수 없다는 것이다.

▣ 진리 알기

- 취미와 쇼핑, 스포츠 등과 같은 다양한 기분 전환거리들 자체가 잘못된 것은 아니다. 하지만 그런 것들이 하나님과의 관계라는 가장 중요한 삶의 문제에 대해 곰곰이 생각하는 것을 방해할 수도 있다.
- 일부 비기독교인들의 외관상 행복은 사라지게 될 것이다. 그들이 자신의 삶에 대해 심각하게 생각하기만 한다면 말이다.
- 가장 큰 기쁨은 하나님을 아는 것으로부터 온다.

▣ 적용하기

- 당신이 가장 빈번하게 즐기는 기분 전환거리에 대해 생각해보라(텔레비전, 스포츠, 취미, 쇼핑 등). 그런 것들이 "우리 주 곧 구주 예수 그리스도의 은혜와 저를 아는 지식에서"(벧후 3:18) 자라가는 데 방해가 되지는 않는지 하나님께서 보여주시도록 간구하라.
- 당신의 가족을 위한 사명 선언문을 작성하라. 지침을 위해 이메일로 요청하면 필자의 사명

선언문 이용이 가능하다(dgm@twocities.org).

삶의 적용

"맛보아 알지어다"

우리의 주의를 하나님의 것들로부터 빼앗는 한, 해가 되지 않는 기분 전환거리란 존재하지 않는다. 심지어 건전한 취미라 하더라도 우리가 인내로써 영적 경주를 하는 것을 방해할 수 있기 때문이다(히 12:1-2).

기분 전환거리에 대한 우리의 기호(嗜好)는 종종 하나님 안에서의 참된 기쁨(혹은 즐거움, 존 파이퍼의 말을 인용하자면)이 아직 발견되지 않았다는 사실을 숨기고 있다. "사회는 지나치게 탐닉하는 식사 뒤에 기분을 전환하기 위해 어릿광대를 고용하고 있는 지루함을 느끼는 탐욕스러운 왕이다"(Peterson, 「A Long Obedience in the Same Direction」, 92). 하나님 안에서 기쁨을 찾지 않는 것은 죄다[어거스틴, 「참회록(Confessions)」].

C. S. 루이스(C. S. Lewis)는 저급한 쾌락에 대한 우리의 성향을 적절히 묘사했다. 우리는 "바다에서 휴일을 보내자는 제의가 무엇을 의미하는지 상상할 수 없기 때문에 더러운 곳에서 진흙 파이 만드는 장난을 계속하고 싶어하는 무지한 어린아이처럼" 즐거워한다[C. S. 루이스, 「영광의 무게 (The Weight of Glory, 홍성사)」]. 그 '해변에서의 하루'는 비현실적인 것처럼 보인다. 망상에 사로잡힌 광신도들이나 믿는 어떤 것처럼 말이다. 그러나 여기가 바로 우리가 잘 분별하기를 하나님이 요구하시는 부분이다. 우리는 "여호와의 선하심을 맛보아 알도록"(시 34:8) 초대된 사람들이기 때문이다. 우리는 그 하나님의 약속을 믿는 가운데 다른 모든 기분 전환거리가 효과 없고 흥미 없어 보이게 만드는 궁극적인 기쁨을 찾게 되는 것이다.

기도

하나님 아버지, 당신 안에 있는 변함없는 기쁨을 빼앗는 다양한 기분 전환거리들로부터 저를 지켜주십시오. 제가 당신을 아는 것으로부터 오는 깊고 영속적인 기쁨을 경험하게 해주십시오. 예수님의 이름으로 기도합니다. 아멘.

심층 연구

A. 고대 문학의 유사한 이야기들(2:1)

여러 주석가들은 솔로몬의 언급이 고대 이집트의 이야기인 "삶에 싫증을 느꼈던 남자(The Man Who Was Tired of Life)"와 비슷하다고 지적한다. 그러나 그 유사한 이야기들이 성경의 저자들 사이에서도 흔한 구전으로부터의 차용이 있었다는 사실을 증명해주지는 않는다. 그 한 가지 이유로는 그 이야기들이 독특함을 지니고 있기 때문이다. 게다가 세상을 이해하고자 하는 사람들의 보편적인 욕구를 고려할 때 그런 유사성에 우리가 놀랄 필요는 없다.

B. 하나님에 대한 대체물로서의 음식(2:3)

우리 인간은 육체적인 쾌락이 끊임없이 만족되기만 하면 삶에 대한 중대한 질문들을 그만두는 경향이 있다. 애니 딜라드(Annie Dillard)의 유머러스한 논평에 대해 생각해 보자.

> 정신은 세상이 자신의 사랑, 혹은 자신의 인식을 되돌려주기를 원한다. 정신은 온 세상과, 영원과, 하나님을 알고 싶어한다. 하지만 정신의 단짝은 양쪽 다 살짝 익힌 계란 프라이 두 개에 안주할 것이다. 그 사랑스럽지만 어리석은 육체는 스패니얼(애완견의 일종 - 역자 주)만큼 쉽게 만족하기 때문이다. 그리고 놀랍게도 그 단순한 스패니얼은 언쟁하는 정신을 자신의 접시로 유인할 수 있다. 시끄럽게 떠들어대는 거만한, 형이상학적으로 표현해서 야심 찬 정신도 당신이 계란을 주면 잠잠해질 것이라는 사실이 영원히 신기하다(애니 딜라드, 24).

전 생애를 다양한 기분 전환거리로 채우는 것은 어렵지 않은 일이다. 음식과 다른 육체적 쾌락들은 분명 "초월적인 의미의 대체물"(Wilson, 「Joy at the End of the Tether」, 28)로서는 불충분하지만, 어리석은 자의 일생을 빼앗을 수는 있다.

교안

A. 들어가는 글

1. '궁정의 어릿광대와 다른 기분 전환거리들' 이야기로 시작하라.
2. 배경 설명: 2장은 긴 서론의 연속이다. 솔로몬은 하나님 없는 삶이 의미를 가질 수 있는지 그 여부를 자세히 살핀다.
3. 적용: 하나님 없는 삶에서 의미를 찾으려는 솔로몬의 시도와 함께 전도서 2장 1절에서 의미심장한 전환이 일어난다. 솔로몬은 정신의 사색에서 육체의 만족으로 옮겨간다.

B. 본문 이해

1. 항상 실패할 수밖에 없는 시험(2:1-11)
2. 세상 지혜의 상대적 이점(2:12-17)
3. 실종된 요소(2:18-26)

C. 결론: '불만족스러운 기분 전환거리들' 을 읽어주라.

토의 질문

1. 만약 기쁨이 그리스도인을 규정하는 특징이라면, 우리 가운데 왜 그렇게 적은 사람들이 기쁨을 가지고 있을까?

2. 우리가 죽을 수밖에 없는 우리의 운명에 대해 생각한다면, 그것이 영적으로 도움이 될까? 왜 그런가, 혹은 왜 그렇지 않은가?

3. '건전한 취미'가 하나님과의 동행에 방해가 되었던 징후로는 어떤 것들이 있는가?

전도서 3장

팜파일럿과 데이타이머 그리고 위축되는 미국인의 영혼

"제자들이 '바쁜' 것처럼 보이기 시작할 때, 그리스도는 그들 가운데 한 어린아이를 세우셨다. 세기의 혼란스러운 이름으로 이리저리 몰려다니며 고함치는 군중들이 한 심각한 남자를 부추겨 그런 불행한 약자를 그들 가운데 세우게 만드는 것은 당연한 일이다. 그의 모습은 분명 영원한 무언가를 바라는 사람들을 전혀 붙들어두지 못했을 것이다. 그러나 분주함은 하나님과는 아무런 관계가 없다."

- 쇠렌 키에르케고르(Soren Kierkegaard)

이 유명한 성경 구절들은 모든 인간사에 대한 하나님의 주권을 생생하게 묘사한다. 비록 인간은 하나님이 그분의 영원한 목적을 어떻게 이루고 계시는지 알 수 없지만, 우리가 타락한 세상의 한가운데서 어떻게 반응해야 하는지는 분명하다.

들어가는 글

시간에 대한 강박관념

우리는 시간에 사로잡혀 있다. 오늘날 시간은 상품이 되었다. "시간은 돈이다"라는 유명한 격언도 그런 유형의 사고가 만연되어 있는 시대 풍조를 나타낸다. 우리는 '자신의 시간'을 지켜야 한다고 느낀다. 시간을 통제하고 강박적으로 관리하고자 하는 그런 추구는 너무나 많은 그리스도인들에 의해 정당화되고 있는 실정이다.

우리는 왜 시간에 대한 그런 거짓 개념을 받아들이는 것일까? 한 가지 요인은 교만이다. 우리는 바쁘다고 이야기하기를 좋아한다. 그것이 우리를 중요한 사람처럼 보이게 만들기 때문이다[Kinsley, 82, 유진 피터슨,「묵상하는 목회자(The Contemplative Pastor, 좋은씨앗)」 참고]. 또 다른 요인은 우리가 타인을 만족시키고 싶어한다는 사실이다. 우리는 타인의 인정을 절박하게 바라기 때문에 너무나 많은 것을 약속한다. 세 번째 요인은 대체로 그리스도인들에 의해 간과되지만 하나님을 더 잘 알게 되는 것에 대한 거북함이다. 하나님과 단 둘이서만 갖는 시간은 변화되어야 할 그 무언가를 드러낼지도 모르기 때문이다.

달라스 윌라드(Dallas Willard)는 그 문제에 대해 이렇게 지적했다.

> 그러나 모든 영성 훈련과 마찬가지로 독거(solitude)도 위험성을 지니고 있다. 독거 상태에서 우리 영혼은 우리가 타인과 상호작용하고 있을 때는 미처 깨닫지 못하는 알 수 없는 힘과 갈등에 직면하게 된다. 따라서 "독거는 끔찍한 시련이다. 우리의 피상적인 안정감이라는 껍질을 깨뜨리고 산산조각 내는 역할을 하기 때문이다. 그것은 우리 모두가 내면에 지니고 있는 알 수 없는 심연을 우리에게 펼쳐 보인다… [그리고] 그 심연들이 끔찍한 곳이라는 사실을 드러내준다(Louis Bouyer)." 우리는 거기서 그리스도께 매달려야만 독거에서 생존할 수 있다. 그리고 우리가 그 독거 속에서 그분에 대해 알게 되는 것은 우리로 하여금 자유로운 개인으로 사회에 돌아갈 수 있게 해준다(달라스 윌라드,「The Spirit of the Disciplines」, 161).

로버트 뱅크스(Robert Banks)는 우리가 어떻게 시간을 계절적인 변화로 이해하는 데서 1000분의 1초까지 통제하기를 원하는 사실상의 우상숭배로 옮겨왔는지 보여주었다(Banks, 98-106). 닐 포스트먼(Neil Postman)도 이 주제에 대해 다소 날카로우면서도 탐색적인 언급을 한 바 있다.

> 멈포드(Mumford)는 그의 위대한 책 「기술과 문명(Technics and Civilization)」에서 14세기부터 시작하여 시계가 우리를 어떻게 시간을 지키는 사람(time-keepers)에서 시간을 절약하는 사람(time-savers)으로, 그리고 다시 시간을 섬기는 사람(time-servers)으로 만들었는지를 보여준다. 우리는 그 과정에서 태양과 계절에 대한 불경스러운 태도를 학습해왔다. 분초(分秒)로 이루어진 세상에서는 자연의 권위가 대체될 수밖에 없기 때문이다. 실제로 멈포드가 지적하고 있듯이 시계의 발명과 함께 영원은 더 이상 인간사의 기준과 초점이 아니었다. 따라서 그 연관성을 상상한 사람은 거의 없었겠지만, 멈출 수 없는 시계의 똑딱 소리는 계몽주의 철학에 의해 생산된 모든 학술 논문보다 하나님의 최고 권위의 약화와 더 많은 관련성을 갖고 있었을지도 모른다. 다시 말해, 시계는 인간과 하나님 사이에 새로운 형태의 대화를 도입했고, 그 속에서 하나님은 패자였던 것으로 보인다. 아마도 모세는 또 다른 계명을 포함시켰어야 했을 것이다. 너는 시계의 기계적인 형상을 만들지 말지니라(닐 포스트먼, 「Amusing Ourselves to Death」, 11-12).

우리는 하나님이 개입하시면 우리가 그분 없이 평생 이룰 수 있는 것보다 더 많은 일들이 1분 동안에도 일어날 수 있다는 사실을 명심해야 한다. 홍해가 갈라진 것이나 예수님이 오천 명을 먹이신 기적은 우리에게 그 현실을 상기시킨다. 우리 가운데 폐쇄를 원하고 끼어드는 것을 싫어하는 사람들은 정말로 그 사실을 마음에 새길 필요가 있다! 우리 스케줄에 끼어드는 것이 사역의 멋진 기회일지도 모르기 때문이다. 물론 끼어드는 것이 우리가 하나님의 뜻을 행하지 못하도록 방해하는 경우도 있다. 따라서 우리는 해야 할 것과 하지 말아야 할 것을 분별할 수 있도록 주님과 늘 동행해야 한다.

우리와는 달리, 고대 히브리 사람들은 인간의 속성에 전적으로 의지하는 데 더 자유로웠다. 모든 것은 적당한 때가 있기 때문이다. 그들은 열심히 일했지만, 우리 현대인들처럼 성급하지는 않았다(Wilson,「Our Father Abraham」, 139).

본문 이해

팜파일럿과 데이타이머 그리고 위축되는 미국인의 영혼

Main Idea	인간사를 열거한 이 목록은 꽤 광범위하지만, 분명 완전하지는 않다. 훨씬 더 많은 것들이 추가될 수도 있지만, 그것은 인간사의 전 영역을 망라하고 있다. 이 목록의 포괄적인 특징은 많은 적용을 가능케 해준다.

A. 하나님이 범사를 주관하신다(3:1-11)

Supporting Idea	'범사에는 기한' 이 있고, '하늘 아래 모든 일에는 정해진 때' 가 있다. 이 구절은 모든 것이 적절한 시점에 적절한 방식으로 행해져 선을 이루어야 한다는 사실을 논증한다(Cassian, 508).

3:1. 하나님의 뜻을 행하는 데는 항상 충분한 시간이 존재한다(Ellul, 233-234). 우리 자신의 이기적인 관심사를 이루는 데는 충분한 시간이 없을지도 모르지만, 하나님이 우리에게 명령하신 것을 행하는 데는 충분한 시간이 존재한다. 시간은 그분께 어떠한 좌절도 안겨주지 못한다. 그분은 우리와 관련된 모든 것을 이루실 것이다. 우리를 얼마나 자유롭게 하는 진리인가!

3:2. 시작과 끝이 이 구절에 묘사되어 있다. 날 때가 있고 심을 때가 있다. 반면 죽을 때도 있고, 심은 것을 뽑을 때도 있다. 성경은 우리 삶의 길이에 대한 하나님의 주권을 가르치고 있다(창 27:2, 욥 14:5, 시 139:16). 결과적으로 시편 90편 12절은 적절한 적용이다. "우리에게 우리 날 계수함을 가르치사 지혜의 마음을 얻게 하소서." 조나단 에드

워즈(Jonathan Edwards)는 그것을 마음에 새기고 살았던 위대한 본보기다. 그의 많은 결단 가운데서 우리는 그가 19세 때 기록한 것을 하나 발견하게 된다. "나이 든 사람들이 다시 한 번 인생을 살게 되면 어떻게 살 것인지에 대해 이야기하는 것을 자주 듣게 된다. 기필코 내가 노년을 살고 있다고 가정하고 가능한 한 젊었을 때 어떻게 했으면 좋았을 텐데 하는 생각이 드는 대로 살아가야겠다"[조나단 에드워즈, 「조나단 에즈워드의 구속사(Works, 부흥과개혁사)」].

3:3. 죽이고, 치료하고, 허물고, 세우는 시점은 아주 다양한 것들에 적용된다. 죽일 때는 분명 성전(聖戰)과 사형 같은 문제에 대한 구약의 가르침에 적합하다. 다른 것들도 역시 그럴 듯해 보인다. 그 "단어들도 전투라는 정황 밖에서 광범위하게 사용되기" 때문이다(Longman, 115).

3:4. 우는 것과 슬퍼하는 것, 웃는 것과 춤추는 것 - 이 대구(對句)들은 분명 서로 연관되어 있다. 울 수 있는 자유가 진정 존재한다. 그것을 위해 하나님이 지정하신 때가 있다. 커다란 개인적 상실의 때에 다르게 행동하는 것은 한 개인이 하나님이 주신 감정을 표출하기를 두려워하든지 아니면 너무 실용주의적이라는 사실을 드러낸다.

실용주의자들은 삶의 모든 것을 관리할 수 있고, 효율적인 것으로 만들고 싶어한다. 그들은 심지어 비극의 시간에도 그들의 감정을 억제한다. '너무 많은 시간이 낭비되지 않도록' 말이다. "그들은 야망과 열정, 권력과 조직 등에 대해서는 잘 알지만, 사랑에 대해서는 잘 모른다"(Houston, 108).

3:5. 돌을 던져버릴 때와 돌을 거둘 때는 한 주석가에 의해 "구약 시대 정복군의 일반적인 관행"으로 묘사된다. "정복군은 적의 밭에 돌을 뿌려 그들을 비생산적으로 만들 뿐만 아니라(왕하 3:19, 25, 사 5:2), 승리한 병사들의 행진을 위해 대로를 준비할 목적으로 돌을 모으기도 한다(사 62:10)"(Keddie, 31). 그것이 가장 "그럴 듯한 설명"인 것처럼 보인다(Whybray, 「Ecclesiastes」, 71).

또 다른 주석가는 던져버리는 것과 거두는 것의 대구가 토양에 해로운 돌과 하나님에 대한 기념물로 유익하게 사용될 수 있는 돌을 가리키는 것으로 해석한다(Bridges, 56-57).

안을 때가 있고, 안는 일을 멀리할 때가 있다는 내용으로부터 많은 적용이 나올 수 있다. 교회에서 우리는 올바른 교리를 고수하는 사람들이 받아들여져야 한다는 사실을 알고 있다. 그런 점에서 우리는 바울이 초대 교회 지도자들로부터 '교제의 악수' 를 받았던 사실을 떠올리게 된다(갈 2:1-9). 교회가 그 순수성을 유지하기 위해서는 때로 받아들이는 것을 삼가는 일도 있어야 한다(마 18:15-18, 고전 5:9-13, 딤전 5:19-20).

성 어거스틴은 이 구절이 그리스도가 오시기 전과 후의 기간에 적용된다고 믿었다. 그리스도가 오시기 전에는 결혼을 해서 자녀를 갖는 것이 좋은 일이었지만, 그리스도가 오신 후에는 자녀를 가져야 할 필요성이 더 이상 존재하지 않는다는 것이다(어거스틴, 「On Marriage and Concupiscence」, 269)!

3:6. 이 구절 역시 적용 가능한 부분이 많다. 우리는 하나님과의 관계에서 그분이 찾으려고 애쓰시는 분이심을 인식하고 있다(마 18:11, 눅 15). 그러나 하나님이 사람들을 잃어버린 자로 포기하시는 경우도 있다는 사실을 깨닫는 것은 정신이 번쩍 들게 하는 일이다(렘 7:16, 11:14). 지킬 때가 있고 버릴 때가 있다는 것은 삶의 다양한 영역에 적용될 수 있다. 심지어 바람직한 가정 관리도 이 원리에 근거한다. 그것에 한정되어서는 안 되지만 말이다(Murphy, 34).

3:7. 찢을 때가 있고 꿰맬 때가 있다는 것은 성경 시대에 사람이 옷을 찢는다는 것은 슬픔의 표시였다는 사실을 우리에게 상기시킨다(삼하 13:31). 옷을 다시 꿰매는 것은 그 문제가 지나갔음을 보여주었다(Kaiser, 65).

잠잠할 때가 있고 말할 때가 있다는 것은 진정으로 경건한 사람은 자신의 혀를 통제할 줄 안다는 사실을 상기시켜준다(약 3:2). 언제 말하고, 언제 침묵을 지켜야 하는지 알기 위해서는 지혜가 필요하다(Ambrose, 「Duties of the Clergy」, 2). 욥의 '상담자들' 은 그와 함께 조용히 앉아 그의 감정을 공유할 때는 현명했다(욥 2:11-13). 그러나 그들은 결국 그들이 제대로 이해할 수 없는 것들에 대해 이야기하기 시작했다. 욥의 친구들이 말해야 할 무언가가 있었을지도 모른다. 그러나 그들이 정작 말했던 것은 그것이 아니었다. 하나님의 말씀은 우리에게 너무 많이 말하는 것(잠 10:19)과 너무 빨리 말하는 것(잠 12:18)에 대해 경고한다.

때로는 침묵이 금이지만, 침묵이 비겁함일 때도 있다. 우리가 말해야 할 때가 분명히 있다. 불의에 대해 반대하지 않는 것은 죄다. 증거에 대해 침묵을 지키는 것 역시 잘못이다(행 4:17-20, 고후 5:18-20, 벧전 3:15). 한 교부(教父)는 이 구절을 교사가 되기 위해 큰소리치지만 자격을 갖추지 못한 사람들에게 적용했다(Clement of Rome, 59).

3:8. 사랑은 그리스도인을 규정하는 성품의 특징이다. 신자는 이웃을 자신의 몸과 같이 사랑해야 한다(마 22:39). 심지어 원수를 사랑하라고까지 명령받는다(마 5:43-44). 그러나 사랑은 어리석은 감상주의 이상이다. 치유를 중시하는 현대에 우리는 분을 내는 것이 그리스도인의 사랑의 덕목과 상반되지 않는다는 사실을 기억해야 한다(엡 4:26 참고). 예수님은 성전을 깨끗하게 하실 때(요 2장), 사랑의 하나님이 되기를 그만두지 않으셨다. 오히려 그분의 사랑의 '표현'이 다른 모습을 띠었던 것이다. 마찬가지로 우리가 때로는 미워하기를 주저하지 않는 것도 사랑의 표현이다. 만약 우리가 죄와 그 결과에 대해 분노하지 않는다면, 하나님의 사랑에 대한 온전한 진리를 정말로 알고 있는 것일까?

전쟁과 평화의 때는 모두 구약 전체에 스며들어 있다. 이 구절과 죽음에 대해 언급하는 3장 2-3절은 우리 삶이 얼마나 불확실한지에 대해서도 상기시킨다.

3:9. 만약 일하는 자가 자기 힘으로 수고하면, 얻는 것이 거의 없다. 하나님이 주신 때에 순종하는 것이 훨씬 더 현명하다.

3:10-11. 하나님은 우리의 걸음을 정하는 분이시다(시 37:23). 그분은 모든 것을 때를 따라 적절하게 만드셨다. 사람은 하나님의 영원한 계획을 알고자 하는 깊은 열망을 갖고 있지만 그것은 불가능한 일이다. 그것은 하나님이 그분의 계획을 우리에게 감추실 정도로 가혹하시기 때문이 아니다. 사악하고 타락한 상태에 있는 우리에게 그것을 적절하게 설명하실 수가 없을 뿐이다.

물리학 선생으로부터 양자역학을 배우는 두 살짜리 어린아이를 생각해보라. 그 선생은 똑똑하고, 재치가 있으며, 열성적이다. 그는 하이젠베르크와 아인슈타인을 닮은 꼭두각시 인형도 갖고 있다. 그는 과연 두 살짜리가 깨달을 수 있는 방식으로 양자 이론을 가르칠 수 있을까? 거의 불가능하다. 문제는 선생에게 있는 것이 아니라, 학생에게 있는 것이다. 그 주제는 다음 식사와 기저귀를 갈아 차는 것 같은 문제에 사로잡혀 있는 사고 수준에는 너무나 고상한 것이기 때문이다.

설사 우리가 천국에서 영화롭게 된 육체를 가지고 있을지라도 하나님의 계획을 제대로 이해하는 데는 영원이 걸릴 것이다. 우리가 천국에서는 더 이상 우리의 타락성(fallenness)에 의해 부정적인 영향을 받지 않게 되겠지만, 우리는 여전히 유한한 존재다. 그리고 유한한 인간은 무한하시고 자존하시는 하나님을 결코 철저하게 파헤칠 수 없다. 바로 이런 이유 때문에 천국은 결코 지루하지 않게 될 것이다. 하나님은 끊임없이 우리에게 자신을 계시하실 것이다.

하나님의 위대하심을 개념화하려고 시도하는 것은 큰 놀라움과 겸손을 가져다준다.

> 여기가 바로 내가 철학 시간에 엑세드린(Excedrin)을 먹어야 할 정도로 두통을 느꼈던 부분이다. 세상이 시작되기 전에는 무(nothing)의 상태였다. 그러나 '무' 가 도대체 무엇이란 말인가? 당신은 무에 대해 생각해본 적이 있는가? 우리는 그것을 어디에서 찾을 수 있는가? 분명 어디에도 없다. 왜? 그것이 무이고, 무는 존재하지 않으니까. 그것은 존재할 수 없다. 만약 그것이 존재한다면, 그것은 무가 아니라 무언가가 될 것이기 때문이다. 당신도 나 같은 두통을 느끼기 시작하는가? 그것에 대해 잠시 생각해보라… 나는 당신에게 '그것' 에 대해 생각해보라고 말할 수 없다. 무는 '그것' 이 아니기 때문이다. '무는 존재하지 않는다' 고 말할 수밖에 없다[R. C. 스프라울, 「하나님의 거룩하심(The Holiness of God, 생명의 말씀사)」].

하나님의 것들을 찾아내고자 하는 우리의 욕망은 바람직하고 좋은 것이다. 우리는 하나님의 지혜를 숨겨진 보물(잠 2:1-5)처럼 바람으로써 영적으로 성장한다. 비록 우리의 이해가 제한적일지라도 말이다.

그러나 하나님의 것들을 찾아내는 것을 중요시하기 위해서는 시간에 대한 자신의 관점이 얼마나 성경적인지 신중하게 평가해야 한다. 리처드 포스터(Richard Poster)의 다음 조언에 대해 생각해보라.

> 외부적인 일들로 인해 시달리고 분열된 정신은 명상을 위해 준비되기가 좀처럼 쉽지 않다. 교부들은 종종 '거룩한 여가(Otium Sanctum)' 에 대해 말했다. 그것은 삶 속에서 평형 감각을 유지하는 것과, 하루 활동 내내 평온을 유지할 수 있는 능력, 쉬면서도 시간을 내어 미를 즐길 수 있는 능력, 자신의 페이스를 조절할 수 있는 능력 등과 관련되어 있다. 성과로 사람을 규정할 수 있는 우리의 능력에도 불구하고, 우리는 '거룩한 여가' 를 계발해야 한다. 그리고 만약 우리가 명상하는 방

식에서 성공하기를 기대한다면, 우리 다이어리에 무자비할 정도로 단호하게 '거룩한 여가'를 추구해야 한다(리처드 포스터, 27).

B. 하나님의 주권적 계획에 대한 반응(3:12-15)

Supporting Idea	우리 모두는 하나님이 지금 무엇을 하고 계신지 추측하면서 시간을 보내고 싶어한다. 그러나 하나님의 말씀은, 천국 전에 있는 우리에게는 여전히 불분명한 게 많이 남아 있을 것이라고 가르친다. 비록 그 가운데 상당수가 우리에게 감춰져 있을지라도 하나님의 현명한 계획에 순종할 것인가, 아니면 냉소적이 될 것인가 하는 것에 대한 선택은 우리에게 달려 있다.

3:12-13. 우리는 하나님의 영원한 계획을 완전히 알 수 없기 때문에 환멸을 느낄 수밖에 없는 운명인가? 절대 아니다! 오히려 우리는 하나님께 감사하고, 선을 행하며, 우리의 모든 수고에서 낙을 누리는 데 전념해야 한다. 이것은 아무 생각 없이 되뇌는 진언(眞言)이 아니라, 하나님을 신뢰하는 경건한 마음을 구체적으로 표현하는 것이다. 우리의 수고에서 낙을 누리는 것은 하나님의 선물이다. 우리는 그것이 하나님의 초자연적인 능력의 부여 없이는 이루어질 수 없다는 사실을 다시 한 번 상기하게 된다.

우리는 하나님이 우리의 '영혼'에만 관심을 가지고 계실 거라고 생각하는 경향이 있다. 우리의 일 같은 것은 그분에게 중요하지 않은 것처럼 보이지만, 그것은 사실이 아니다. 하나님은 일을 포함한 그리스도인의 전 삶의 영역을 구속하시기 때문이다. 일에 영향을 미치는 타락의 결과가 여전히 존재하지만, 그리스도인은 일을 포함한 모든 것 속에서 하나님의 구속 계획을 볼 수 있는 것이다.

3:14. 하나님의 역사는 영원할 뿐만 아니라, 부족한 것이 전혀 없다. 하나님의 방법은 참으로 완벽하다(약 1:17-20). 만약 우리가 하나님이 하시는 일에 참여한다면, 그것은 영원한 결과를 낳는다. 그러나 우리는 하나님이 하시는 일에 대해 우리가 정확히 알고 있다고 생각하기가 얼마나 쉬운지에 대해 주의해야 한다. 사도들처럼 우리도 우리의 사역이, 우리가 상상했던 것과는 다르다는 사실을 발견할 수도 있다. 요한복음 4장 35절에서 예수님은 제자들에게 "눈을 들어 밭을 보라! 희어져 추수하게 되었도다"라고 말씀하셨다. 제자들이 '눈을 들어 쳐다보았을' 때 발견한 사람들은 사마리아인들이었다

(요 4:40). 그들이 마음속에 그렸던 형태의 추수가 아니었던 것이다!

그런 관점에서 볼 때, 하나님을 경외하는 것은 아주 적절한 반응이다. 그분을 경외하라는 하나님의 계명(신 6:24)은 권력에 굶주린 어떤 신의 명령이 아니다. 그러나 하나님은 만약 우리가 그분을 경외하지 않는다면, 결국에는 우리를 파괴하게 될 다른 누군가와 어떤 것에 경의를 표하게 될 것이라는 사실을 알고 계신다(시 115:1-8, 135:13-18, 롬 1:21-32). 하나님을 경외하라는 명령은 사실상 우리에 대한 그분의 사랑의 증거인 것이다(신 6:24).

3:15. C. S. 루이스는 하나님의 '무한한 현재(unbounded now)'에 대해 말한 바 있다. 하나님은 영원한 혹은 무한한 현재 속에서 단번에 인류 역사의 모든 것을 보고 계신다는 것이다. 이것은 어려운 질문으로 이어진다. 만약 하나님이 내가 장래에 무엇을 할지 알고 계신다면(그분의 예지), 논리적으로 볼 때 그것은 내 선택이 가짜처럼 보일 정도로 장래 사건이 확정적이라는 사실로 이어지지 않는가? 이런 문제들에 대한 토론에서 우리는 성경 본문이 허락하는 범위를 벗어나지 않도록 주의해야 한다. 성경 구절이나 진리를 짜맞추려고 노력하는 과정에서 우리는 실제로 그것들이 어떻게 조화를 이루는지 다 알고 있는 것처럼 행동할지도 모르기 때문이다.

에스겔 37장 1-14절의 예를 생각해보라. 에스겔은 골짜기 지면에 가득한 뼈들을 보았고, 그 뼈들은 '아주 말라' 있었다(2절). 하나님께서 그에게 물으셨다. "인자야, 이 뼈들이 능히 살겠느냐?"(3절) 에스겔이 대답했다. "주 여호와여 주께서 아시나이다"(3절). 이것은 구원을 주실 수 있는 하나님의 주권에 대한 분명한 시인이었다. 그런데도 하나님은 에스겔에게 대언하라고 요구하셨다(4절). 그것은 무의미한 것처럼 보였다! 만약 하나님만이 '이 뼈들'에게 생기를 줄 수 있다면(5절), 왜 에스겔이 대언해야 했는가? 그러나 하나님은 에스겔에게 명령하셨고, 그 선지자는 순종했다(7, 10절).

이 본문은 물론이고 성경의 나머지 부분을 보더라도 하나님이 주관하신다는 사실에는 의심의 여지가 없다. 신학자들은, 우리의 선택이 진짜지만 그분께는 결코 뜻밖의 일이 아니며, 세상을 소유하실 수 있을 정도로 충분히 위대하고 현명한 분으로 성경이 묘사한다는 사실을 우리에게 상기시켜왔다.

하나님이 하시는 모든 것은 영원한 의미를 지닌다. 우리는 그분이 성취하고자 하시는 것에 순종할 때, 더불어 영원한 것에 참여하는 우리 자신을 발견하게 된다. 우리가 하나님의 역사에 기여하기보다는 참여한다는 사실을 기억하는 것 역시 중요한 결과를 낳는다(Henrichsen). 만약 우리가 하나님의 역사에 필수적이라고 믿는다면(우리가 누구도 할 수 없는 기여를 한다는 식으로), 우리 자신의 중요성을 부풀려서 생각할 뿐만 아니라 쉽게 탈진 상태에 빠지게 될 것이다. 만약 누군가가 우리를 필요로 한다고 말하면, 우리는 의무적으로 가야 한다고 느끼기 때문이다. 그러나 우리가 하나님의 역사에 참여한다고 믿는다면, 주님이 우리에게 주시는 사역 기회에 감사하게 될 것이다. 또한 우리가 인류에게 주어진 하나님의 선물이라는 착각에 빠지지 않게 될 것이다. 그리고 우리에 대한 하나님의 뜻이라고 생각하지 않는 사역 기회에 대해 아니라고 말하는 데 있어 자유와 평화를 누리게 될 것이다. 심지어 다른 사람들이 반대하더라도 말이다.

한번은 현직 사역자 모임에서 강연을 하면서 내가 물었다. "여러분 가운데 얼마나 많은 사람들이 자신이 하나님의 역사에 필수적이라고 느끼십니까?" 아무도 그렇다고 대답하지 않았다. 거기까지는 좋았다. 그들은 그런 믿음의 불경스러운 특성을 이해하고 있었던 것이다. 그러나 많은 사람들이 나중에는 그들이 다른 사람들에게 봉사하려고 애쓰는 방식이 자신이 하나님의 왕국에 필수적이라고 믿고 있다는 사실을 보여준다고 고백했다.

C. 하나님의 주권과, 악과, 불의(3:16-22)

Supporting Idea

랍비 해럴드 쿠쉬너(Harold Kushner)는 「선한 사람들에게 나쁜 일이 생길 때(When Bad Things Happen to Good People)」라는 유명한 책에서 자기 아들의 질병과 죽음에 대한 통절한 이야기를 기록했다. 쿠쉬너는 하나님의 권능과 선하심을 조화시키려는 몸부림을 통해 아주 불행한 결론에 도달했다. 그는 말했다. 하나님은 악과 고통이 이 땅에서 일어나고 있을 때 더 자주 개입하고 싶어하시지만, 그렇게 하실 수가 없다. 그분의 동기는 사랑이고 선한 것이지만, 그분의 능력은 제한되어 있다. 그분이 그 모든 것을 다루기에는 너무나 많은 혼돈이 존재한다. 쿠쉬너의 견해가 하나님에 대한 그의 애정이나 기도에 대한 열의를 약화시키는 것 같지는 않다. 그러나 왜 그런 제한적인 하나님께 기도하거나 예배한단 말인가?

3:16. 해 아래서도 불의와 악이 존재하게 될 것이다. 롱맨(Longman)은 "이 시구의

반복이 강조를 위한 것" 이라고 지적했다(p.127). 사람들이 하나님을 경외하지 않을 때, 그들 자신보다 더 큰 중재자를 더 이상 찾지 않는다. 나는 다양한 절도범을 구속하는 과정에서 그 사실을 직접 경험했다. 유죄 판결을 받은 한 강력범은 단순히 정신 이상 상태였다고 변명하고 석방되었다.

3:17-18. 솔로몬은 하나님이 모든 사람을 심판하실 거라며 스스로를 위로했다(비교. 전 8:8-9, 12:13-14). 그런 일들에는 하나님이 정하신 때가 있다.

3:19-22. 동물들은 죽음의 불가피성을 피할 길이 없다. 그리고 우리도 마찬가지다. 이 음울한 상황은 하나님 없는 삶의 무상함을 보여준다. 이 부분에서 일부 해석가들은 솔로몬이 내세에 대한 불가지론을 표현하고 있었다고 생각한다. 그는 자신이 볼 수 있는 것에 초점을 맞춘 것 같다(Provan, 94). 다른 해석가들은 그 질문이 내세의 가능성을 완전히 도외시하는 것이 아니라, 저자가 그 주제에 대한 '추론' 이 '시간 낭비' 임을 발견하게 된 것이라고 믿는다(Crenshaw, 104).

그 질문이 반드시 내세에 대한 명백한 부정은 아니지만, 우리가 얼마나 낙관적인 대답을 예상하고 있는지에 대해서는 주의해야 한다(Garrett, 303-305). 우리는 본문에 의해 정당화되지 않는 교리적 견해를 고수하려고 애쓰고 있는지도 모른다(Longman, 130-131).

3장을 끝맺는 구절은 이 장의 앞절로 우리를 다시 데려간다. 사람은 현재의 활동에서 낙을 누려야 한다. 그것이 바로 하나님이 정하신 바이기 때문이다. 장래의 불확실성 역시 현재의 삶을 즐기고자 하는 동기를 부여한다. 그러나 우리 가운데 너무나 많은 사람들이 잘못된 시간관을 갖고 현재를 충분히 경험하지 못한다.

블레이즈 파스칼의 정신이 번쩍 들게 하는 다음 이야기에 대해 곰곰이 생각해보라.

> 우리는 결코 현재에 머물러 있지 못한다. 우리는 과거를 회상한다. 그리고 마치 미래가 너무 천천히 온다는 사실을 발견하고 그것을 재촉하려고 애쓰는 것처럼 미래를 고대한다. 혹은 과거의 너무 빠른 비행을 멈춰 세우려는 것처럼 과거를 회상한다. 우리는 너무나 현명치 못해 우리에게 속해 있지 않은 시간들 속에서 방황하고, 우리에게 속해 있는 유일한 시간을 생각하지 않는다. 그리고 너무나 허영심이 강해 존재하지도 않는 시간들을 꿈꾸며 존재하는 유일한 시간에서 무작정 도망친

다. 현재는 대개 고통을 주는 것이 사실이다. 우리는 현재를 보이지 않는 곳에 밀어놓는다. 그것이 우리를 괴롭게 하기 때문이다. 그런데 우리가 그것이 즐거운 것이라는 사실을 발견하면, 유감스럽게도 그것이 사라지는 것을 보게 된다. 우리는 미래가 현재를 뒷받침하게 만들려고 애쓰며, 우리가 도달할 수 있을지 결코 확신할 수 없는 시간을 위해 우리가 통제할 수도 없는 것들을 어떻게 준비할 것인지 생각한다.

우리 각자 자신의 생각을 점검해보자. 과거나 미래에 몰두하고 있는 자신을 발견하게 될 것이다. 우리는 좀처럼 현재를 생각하지 않는다. 만약 우리가 현재를 생각한다면, 그것은 현재가 미래에 대한 우리의 계획에 어떤 새로운 빛을 던져주는지 보기 위해서일 뿐이다. 현재는 결코 우리의 목적이 아니다. 과거와 현재는 수단이고, 미래만이 우리의 목적이다. 따라서 우리는 사실상 삶을 사는 것이 아니라 삶을 희망한다. 그리고 우리는 항상 어떻게 행복할지 계획을 세우고 있기 때문에 우리가 결코 행복하지 못할 것이라는 사실은 불가피하다(블레이즈 파스칼, 43).

Main Idea 복습

인간사를 열거한 이 목록은 꽤 광범위하지만, 분명 완전하지는 않다. 훨씬 더 많은 것들이 추가될 수도 있지만, 그것은 인간사의 전 영역을 망라하고 있다. 이 목록의 포괄적인 특징은 많은 적용을 가능케 해준다.

결론

너무 적은 시간

최근 멀티태스킹(multitasking: 한 번에 여러 가지 일을 하는 것)이나 타임스태커즈(timestackers) 같은 많은 새로운 개념들이 미국인들의 어휘에 손쉽게 포함되었다(Morrow, 73). 우리는 그리스도인으로서 언제나 성경적인 관점에서 세상을 규정해야 하지만, 그렇게 하지 못하는 것이 사실이다. 우리는 사람을 기쁘게 한다거나, 게으르다거나, 이기적인 야망을 품고 있다고 말하는 대신에, 그저 너무 많은 요구들이 우리를 짓누르고 있다고 말한다. 일부 그리스도인들은 살인적인 스케줄을 소화하고 있을지도 모른다. 나는 지금 편부모들과, 심각한 질병이나 장애를 다뤄야 하는 부모들, 그와 비슷한 다른 곤경들을 떠올린다.

그러나 우리 가운데 상당수는 다른 사람의 칭찬을 받거나 어떤 위대한 업적을 이루고자 하는 욕망 때문에 '시간에 쫓긴다'. 우리는 완곡한 표현을 사용하는 대신에, 성경의 도덕적, 영적 언어를 상기해야 한다. 우리는 그저 바쁜 것이 아니다. 믿음이 부족해서 죄 짓기를 선택하는 것이다.

■ 진리 알기

- 하나님이 우리를 위해 예비하신 모든 것을 이루는 것은 가능하다. 그러나 하나님의 뜻을 행하면서 동시에 우리 자신의 이기적이고 사악한 관심사를 이루는 것은 불가능하다.
- 존 러스킨(John Ruskin)은 산업화 시대를 묘사하면서 이렇게 말했다. "사람들은 굶주려 있는 것이 아니라, 그들의 빵을 만드는 일에서 기쁨을 얻지 못하고, 그 결과로 부를 기쁨의 유일한 수단으로 바라보는 것이다"(Ruskin, Guinness, 200에서 인용).
- 하나님은 일을 포함한 그리스도인의 전 삶의 영역을 구속하신다. 그것은 그리스도인이 힘든 일과 뚱한 상사로부터 자유롭게 될 것임을 의미하지 않는다. 그것은 하나님의 선한 손길이 이 세상을 초월하는 구속적인 목적을 위해 그를 사용하고자 하신다는 것을 그가 신뢰할 수 있게 될 것임을 의미한다.
- 악과 불의는 우리로 하여금 낙담하게 만들 수 있다. 우리는 그리스도인으로서 타락한 세상에서 삶의 거친 테두리를 덮도록 부름받은 것이 아니다. 우리는 하나님이 하시는 일을 정확히 알고 있는 것처럼 행동해서도 안 된다. 우리는 주님을 신뢰하고, 그분이 우리를 부르신 소명에 열심을 내도록 부름받은 것이다.

■ 적용하기

- 전도서 3장 4절에서 실용주의자에 대한 설명이 당신의 삶을 묘사하고 있는가? 만약 그렇다면, 하나님이 당신의 삶을 위해 어떤 변화를 준비하고 계실까?

- 당신의 스케줄이 당신으로 하여금 '이 세상의 염려'에 사로잡히게 만드는 경향이 있는가? 만약 그렇다면, 당신의 스케줄을 바꾸고자 하는 생각을 갖기 '전에' 먼저 당신의 우선순위가 바뀌어야 한다는 사실을 명심하라.
- 당신의 우선순위를 솔직하게 열거한 목록을 만들어보라(다른 신자들의 도움과 평가를 받아서). 그리고 당신의 가치 기준이 성경의 가치 기준과 일치하는지 곰곰이 생각해보라.
- 일상의 한 부분으로 독거 시간을 계획해보라.

삶의 적용

초점을 맞춰서 그러나 융통성 있게

내가 스탠퍼드 대학에서 학생들을 상대로 사역을 하고 있을 때, 시그마 카이(Sigma Chi) 회관에서 성경 공부를 시작하고 싶었는데 아무것도 진행시킬 수가 없었다. 1년 이상을 헛수고한 후, 어느 날 '하나님이 주신 기회가 골칫거리로 가장해' 내게 찾아왔다. 아름다운 봄날이었다. 나는 서둘러 교내 우체국으로 향하고 있었다. 마지막 오전 수업 시간이 끝나고 학생들로 북적대기 전에 도착하기 위해서였다. 광장을 가로질러 가고 있을 때, 자유 발언대 쪽에서 한 떠돌이 복음 전도자의 목소리가 들려왔다. 그는 만나본 적도 없는 사람들의 삶의 특정 죄를 지적하는 그런 '복음 전도자들' 가운데 한 사람이었다. 그 자신이 죄로부터 자유롭다는 주장 역시 얼마나 대담하던지!

내 영이 뜨거워지는 것을 느꼈다. 나는 하나님이 그에게 다가가 몇 가지 질문을 던지라고 말씀하고 계신다고 생각했다. 바로 여기서 나는 하나님께 그것이 소포를 부쳐야 하는 내 우선순위에 '맞지' 않는다는 사실을 상기시켜드렸다. "죄송합니다, 하나님. 저는 지금 바쁘거든요. 다른 사람한테 부탁하세요!" 그러나 하나님은 나를 그냥 내버려두지 않으셨다.

약 5분 정도 하나님과 논쟁을 벌인 후에 나는 마침내 굴복했다. 나는 그 복음 전도자에게 다가가 복음과 관련된 여러 가지 이슈들에 대해 대화하기 시작했다. 수백 명의 학생들이 주변에 모여들었다. 우리의 의견 교환이 끝난 뒤에 한 학생이 내게 다가와 그 날 저녁 참된 기독교란 무엇인지에 대해 토론을 벌일 수 있는지 물었다. 그가 누군지 아는가? 바로 시그마 카이 클럽의 회장이었다! 그 토론 후에 시그마 카이 회관의 여러 멤버들이 자신들을 위해 저녁 성경 공부 모임을 인도해달라고 내게 부탁했다.

그 성경 공부는 한주간의 하이라이트 가운데 하나였다. 많은 경우 나는 새벽 한두 시에 집에 들어갔다. 그 젊은이들이 더 많이 대화하기를 원했기 때문이다. 그 성경 공부에 참여했던 학생들 가운데 적어도 두 사람은 나중에 의사가 되었다. 성경 공부 초기에는 그들이 낙태가 잘못이라고 확신하지 않았지만, 결국에는 둘 다 그 견해를 성경적으로 정당화될 수 없는 것으로 보게 되었다. 그것은 그 성경 공부에서 비롯된 열매의 일부에 불과했다.

이틀 늦게 보냈던 내 소포 이야기로 되돌아가보자. 내 관심사가 좌절되었다고 내가 짜증이 났을까? 절대 아니다. 사실, 나는 당시 무엇을 소포로 보냈는지 혹은 누구에게 보냈는지 기억도 나지 않는다! 그러나 내가 결코 잊지 못할 것은 그 성경 공부에서 형성되었던 경건한 확신이다. 따라서 당신의 우선순위에 초점을 맞추되, 하나님의 인도하심에 대해서는 융통성을 유지하라.

기도

하나님 아버지, 제가 당신을 더 철저하게 신뢰할 수 있도록 도와주십시오. 특히 당신이 하시는 일에 대한 제 이해가 제한적일 때 더욱 그리해주십시오. 예수님의 이름으로 기도합니다. 아멘.

심층 연구

A. 시간에 대한 성경적 관점(3:1-11)

내게는 하루 스케줄을 15분 단위로 짜곤 했던 친구가 있다. 그의 접근 방식의 불합리성은 때때로 내게 분명해 보였다. 나는 그의 어머니가 그에게 쓰레기를 내다버리라고 부탁했는데, 그 일을 하는 데 걸리는 5분이 그의 오후 스케줄에 맞지 않는다고 그가 말대꾸했던 것을 기억한다!

일부 그리스도인들은 매일 매순간까지 관리해야 한다는 생각을 뒷받침하기 위해 에베소서 5장 15-16절 말씀을 근거로 제시한다. "그런즉 너희가 어떻게 행할 것을 자세히 주의하여 지혜 없는 자같이 말고 오직 지혜 있는 자같이 하여 세월을 아끼라 때가 악하니라."

이 성경 본문은 시간이라는 의미로 '크로노스(chronos)' 가 아닌 '카이로스(kairos)' 를 사용하고 있다. '크로노스' 는 '연대기적인(chronological)' 이나 '초정밀시계에 의한(chronometric)' 등의 기원이 되는 단어로 '시계' 에 의해 측정되는 시간을 다룬다. 그러나 바울은 에베소서 5장에서 '카이로스' 를 사용했다. '카이로스' 는 기회나 시기와 관련이 있다. 우리는 모든 기회를 다루는 데 있어 현명해야 한다. 이 성경 본문의 진리는 우리로 하여금 매일 매순간을 지나치게 염려하는 것이 아니라, 우리 앞에 놓여 있는 기회를 현명하게 고려하고, 평가하게 만들어야 한다. 그것은 우리가 전도서 3장 1-11절에서 관찰했던 것과 마찬가지로 시간에 대한 '대국적인' 관점에 훨씬 더 가깝다고 할 수 있다.

B. "사랑할 때"(3:8)

결혼 관련 컨퍼런스에서 사랑은 반드시 느낌을 수반하지 않는다는 말을 듣는 것은 흔한 일이다. 심지어 에베소서 5장 25절에는 그런 생각을 뒷받침하는 증거로 활용될 수 있는 본문도 있다. 누군가의 감정을 명령할 수 없는데도 바울은 "남편들아, 아내를 사랑하라" 고 명령하고 있기 때문에 사랑이 반드시 느낌이나 감정을 수반하지 않는다는 것은 분명해 보인다. 그러나 성경을 자세히 들여다보면, 심지어 그 생각을 뒷받침하는 성경 구절(엡 5:25-29)을 유심히 살펴보면, 그 가르침이 지니고 있는 문제점을 발견하게 될 것이다.

고린도전서 13장 3절은 한 개인이 극한적인 행동을 할지라도("내 몸을 불사르게 내어 줄지라도") 사랑이 없을 수 있다고 말하는 사실에 주목하라. 사랑은 분명 특정 행위를 수반하지만, 가시적인 행동에 의해 완전히 묘사되는 것은 아니다. 그것이 영웅적인 행동이라 할지라도 말이다. 에베소서 5장으로 다시 돌아가보자.

25절 다음에 이어지는 구절들에서 우리는 '아내를 사랑하는 것' 이 어떤 모습인지에 대해 보다 완전한 그림을 얻게 된다. 예를 들어, 바울은 남편들이 "제 몸같이" (28절) 아내들을 돌보아야 한다고 말한다. 분명 우리 모두는 자신의 안녕을 위해서라면 우리의 감정과 느낌을 포함해서 무슨 일이라도 한다.

감정이나 느낌보다는 애정이나 욕망이 사용하기 더 좋은 단어라는 사실도 언급해야 할 것이다. 전자의 두 단어는 변덕스러움을 암시한다. 애정과 욕망은 우리가 높이 평가하거나 소중히 생각하는 것을 즐거워하게 될 것임을 상기시킨다. 그리고 아내들은 분명 소중한 보물이다!

이것은 사랑에 대한 비성경적인 관점이 교회 내에 침투했음을 보여주는 많은 사례 가운데 하나이다. 전도서 3장 8절에서 '사랑할 때' 가 있다고 말할 때, 우리는 관련된 모든 것에 대해 생각해야 한다.

C. "저희로 자기가 짐승보다 다름이 없는 줄을 깨닫게 하려 하심이라" (3:18)

우리의 유한한 삶이라는 문제가 '짐승' 을 끌어들인 이 비교의 주요 측면이지만, 짐승 같음의 개념이 성경에서 자주 등장한다는 사실을 주목하는 것은 흥미롭다.

사람들은 하나님께 등을 돌릴 때 그분 앞에서 짐승같이 된다(시 73:21-22). 바벨론의 느부갓네살 왕이 그 사실을 보여주는 생생한 사례일 것이다. 그는 교만 때문에 말 그대로 풀을 뜯는 짐승의 특징을 나타내기 시작했다(단 4:32). 누구도 그것이 불가능한 일이라고 생각하지 않도록, 인간이 짐승 같은 특징을 나타내는 '동물화 망상증' 이라는 질병이 현대에도 관찰된 바 있음을 밝혀둔다(Pentecost, 1,342).

게다가 거짓 교사들은 '이성 없는 짐승' 으로 불린다(벧후 2:12, 유 10). 그 거짓 교사들은 성경의 명령보다는 본능에 따라 삶을 살아간다(벧후 2:19-22).

사람의 짐승 같음은 인간 속에 있는 하나님의 형상이 제거되었음을 의미하지 않는다. 모든 사람은 하나님의 형상을 간직하고 있지만, 지속적인 죄로 인해 그것이 손상될 수 있음을 우리는 명심해야 한다. 밀라드 에릭슨(Millard Erickson)은 이렇게 말했다.

> 하나님의 창조는 일정한 목적을 위한 것이었다. 인간은 하나님을 알고, 사랑하며, 순종하게 되어 있었다. 인간은 가인과 아벨의 이야기가 암시하고 있듯이, 동료 인간과 조화를 이루며 살게 되어 있었다. 그리고 분명 나머지 창조물들에 대한 지배권을 행사하도록 이 땅에 놓여졌다. 하지만 그런 관계와 역할은 다른 무언가를 전제로 한다. 인간은 그런 관계에 능동적으로 참여하고, 그런 역할을 수행할 때 가장 완벽하게 인간답다고 할 수 있다. 인간은 지성과 의지, 감정 등 인격을 구성하는 것들의 총체를 포함하는 본성을 가지고 있다. 우리는 하나님과 적절히 관계를 맺고 있을 때만 완벽한 인간성을 경험한다. 한 개인이 얼마나 교양 있고 품위 있는지와는 상관없이, 하나님의 신봉자로 구속되지 않았다면 온전한 인간이 아니다. 그것이 인간의 궁극적인 '목적(telos)' 이고, 인간은 그것 때문에 창조되었다(밀라드 에릭슨, 513-514).

교안

A. 들어가는 글

1. '시간에 대한 강박관념' 이야기로 시작하라.
2. 배경 설명: 3장은 하나님이 귀히 여기시는 삶을 사는 방법을 우리에게 보여준다.

3. 적용: 1장과 2장에서는 솔로몬이 하나님 없는 삶이 어떤 것인지 상술한다. 3장에서는 그가 가장 바람직한 삶의 방법을 묘사하는 쪽으로 옮겨간다.

B. 본문 이해

1. 하나님이 범사를 주관하신다(3:1-11)
2. 하나님의 주권적 계획에 대한 반응(3:12-15)
3. 하나님의 주권과, 악과, 불의(3:16-22)

C. 결론: '너무 적은 시간' 을 읽어주라.

토의 질문

1. 주후 2세기 동안 저스틴 마터(Justin Martyr)는 예수님과 그의 아버지 요셉이 만들었던 멍에와 쟁기가 여전히 사용되고 있다고 언급했다(Guinness, 202). 예수님이 다리가 휘어진 탁자를 만드는 것은 상상할 수도 없는 일이기 때문에(Sayers, 77), 그리스도인들이 그들의 일터에서 우수성의 본을 보이는 것이 얼마나 중요하겠는가?

2. 신성한 것과 세속적인 것은 거짓 이분법이다. 우리의 활동은 모두 하나님의 영광을 위한 것이기 때문이다. 심지어 먹고 마시는 일상조차도 그렇다(고전 10:31). 그런 측면에서 볼 때, "우리가 이 지구상에 남겨진 유일한 이유는 복음을 나누기 위한 것" 이라고 말하는 것이 옳은 것인가?

3. 잠은 단지 "생물학적 필요가 아니라, 믿음의 행위일 수도 있다"[유진 피터슨, 「응답하는 기도(Answering God, IVP)」]. 심지어 오디세우스(Odysseus)가 돌아오는 것을 보고자 하는 강한 열망을 가지고 있었던 페넬로페(Penelope)조차도 하늘이 잠자는 시간을 정해놓았다는 사실을 깨닫게 되었다(Homer, 「Odyssey」, 295). 하나님은 우리에게 일과 휴식이라는 사이클을 만들어주셨는데(그리고 친히 모범을 보여주셨는데), 그리스도인들이 잠잘 필요가 없었으면 좋겠다고 말하는 것을 듣는 일이 왜 그렇게 흔한 것일까?

전도서 4장

야심 찬 추구와 타락한 욕망

"매일같이 나는 사랑을 시험한다. 내게는 사랑만큼 미숙한 것이 없다. 나는 사랑하기보다는 경쟁하기를 훨씬 더 좋아한다. 그래서 서로 사랑하는 방법을 생각해내기보다는 성공하고 이름을 떨치고자 하는 내 본능과 야망에 반응하는 데 훨씬 더 능숙하다. 나는 나 자신만의 길을 가는 방법과 욕심 많은 기술을 배우고 훈련한다. 그럼에도 불구하고 나는 매일같이 가장 잘할 수 있는 것을 제쳐두고 아주 서툴게 하는 것을 시도한다. 사랑 속에서 실패하는 것이 교만 속에서 성공하는 것보다 더 낫다고 감히 믿으며 사랑의 좌절과 실패에 나 자신을 드러낸다."

- 유진 피터슨(Eugene H. Peterson)

성경은 우정을 쌓는 것의 중요성을 가르치는 예증과 권고로 가득 차 있다. 성경은 아주 현실적인 책이기 때문에 우리가 양질의 관계를 쌓지 못하도록 방해하는 죄에 대해서도 묘사하고 있다. 이 장은 우리에게 세상적인 성취보다 우정을 더 소중히 여기도록 상기시킨다.

들어가는 글

경쟁적인 문화 속에서 우정을 소중히 여기기

이 장에서 우리는 좋은 관계가 높이 평가되어야 한다는 사실을 알게 될 것이다. 임무를 효율적으로 신속하게 성취하는 것이 최선으로 여겨지는 기술 시대에 우리 가운데 너무나 많은 사람들이 바쁘게 움직이면서도 몹시 고독한 이유를 이해하는 것은 어렵지 않은 일이다. 열정적이고 야심 찬 사람들에 의해 초래된, 과중한 부담을 주는 분위기는 의미 있는 관계를 위한 시간을 거의 남겨두지 않는다.

나는 스탠퍼드 대학에서 사역했던 6년 동안 그것을 절실히 느꼈다. 내가 캠퍼스에서 특정 사람들과 얼마나 '친밀한지' 에 대해 학생들이 말하는 것은 흔한 일이었다. 그러나 정확히 말하자면, 나는 그 사람들 가운데 상당수를 알아가고 있었을 뿐이다. 우리는 그저 아는 사이였던 것이다. 스탠퍼드처럼 매우 경쟁적인 환경에서는 깊은 관계를 찾아보기 힘들다. 따라서 다른 사람과의 어떤 호의적인 교류가 '친밀함' 으로 간주되는 것이다.

무자비한 경쟁심이 존재하는 이 세상에서 당신에게 활기를 북돋아주는 좋은 친구를 갖는 것은 현명한 일이다. 헌신적인 관계의 지원을 받지 못하는 것은 엄청난 폐해를 초래한다. 이것은 성경의 지혜 문학에서 되풀이되는 주제이기도 하다(잠 13:20, 18:1).

본문 이해

야심 찬 추구와 타락한 욕망

Main Idea	우리의 주의를 분산시키는 많은 것들이 의미 있는 관계를 만들지 못하도록 우리를 방해한다. 그것들 가운데 일부는 피하기 어려운 것처럼 보인다. 기술 시대의 삶의 속도는 우리 안에 너무나 많은 덫을 만들어놓는다. 우리 가운데 많은 사람들은 시간을 들여 충실한 우정을 발전시키고 유지하는 것이 비현실적이라고 생각한다. 솔로몬은 이 장에서 의미 있는 관계의 발전을 방해하거나 적어도 어렵게 만드는 교만과 야망 같은 내적 동기의 일부를 다루는 시간을 갖는다.

A. 아무런 지원도 받지 못하는 상황과 결합된 불의는 절망을 가져다준다(4:1-3)

Supporting Idea	솔로몬은 불의라는 주제에 다시 귀를 기울인다(비교. 전 3:16). 불의는 우리를 낙담하게 만든다. 우리가 당하는 입장이라면 더욱 그렇다. 충실한 우정은 그렇게 어렵고 힘든 상황에서도 위로를 줄 수 있다.

4:1. 모든 학대를 보았다는 것은 일종의 과장법이다. 오직 하나님만이 모든 불의를 보시기 때문이다. 이 표현은 단순히 저자가 '학대의 만연' 을 보았다는 사실을 강조하고 있다(Seow, 186). 학대받는 자와 학대하는 자 모두 공통점을 하나 갖고 있었다. 그것은 그들을 위로해줄 사람이 아무도 없었다는 사실이다. 학대받는 자의 경우에는 그것을 이해할 수 있지만, 학대하는 자의 경우 어떻게 그럴 수 있는가? 무엇보다도 그들은 권력을 갖고 있지 않은가. 그러나 우리는 사람들이 누가 권력을 잡았으면 하는지에 대해 변덕스럽다는 사실을 나중에 보게 될 것이다(4:13-16). '책임을 맡고 있다는 것' 의 불안한 특성은 거의 위로를 제공해주지 못한다.

4:2. 부패와 정의의 가혹한 특성은 솔로몬으로 하여금 살아 있는 것보다 죽어 있는 것의 이점을 보게 한다(비교. 욥 3:3).

4:3. 솔로몬은 심지어 그 상황이 너무나 고통스러워서 아예 존재하지 않는 것이 더

좋은 대안이었다고 말하는 지경에까지 이른다. 그것은 해 아래를 묘사하고 있는 참으로 암울한 그림이었다.

B. 시련의 한가운데서 대처하기(4:4-12)

Supporting Idea	솔로몬은 계속해서 사람들이 불의와 이기적인 야망, '자신' 만을 생각하는 이기심 등으로 점철된 세상에서 생존하기 위해 선택하는 다양한 대안들을 묘사한다.

4:4. 어떤 사람들은 죄로 물든 이 세상에서 '성공할 수 있는' 방법은 경쟁심이 넘쳐나게 하는 것이라고 판단한다. 경쟁 그 자체는 악이 아니다. 특히 개인적인 목표를 이루고자 노력하는 유형의 경쟁은 더욱 그렇다. 그러나 다른 사람을 패배시키거나, 그 사람이 어리석거나 열등하게 보이게 하려고 애쓰는 유형의 경쟁은 죄다. 우리는 이런 유형의 경쟁을 세상에서 흔히 볼 수 있다. 앞으로 솔로몬이 생생하게 보여주겠지만, 그것은 마음 아픔과 외로움으로 이어진다.

우리가 매우 경쟁적이라는 사실이 '느껴지지' 않는다면, 스스로를 솔직하게 평가해야 할 시점이다. 우리가 중요하게 생각하는 것을 누군가가 더 잘할 때 우리는 속으로 어떻게 반응하는가? '바보가 된 것 같은' 느낌인가? 만약 우리가 '졌다' 고 느낀다면, 그 경쟁심이 어디에서 비롯된 것인지는 뻔한 일이다!

4:5. 일부 사람들은 그런 경쟁적인 환경에서 포기하기로 결심하거나 아예 노력하지 않는다. 이것은 현명한 대안이 아니다. "자기 살을 먹는 기괴한 이미지"(Seow, 179)가 그 대안의 어리석음을 생생하게 전달한다.

4:6. 의미 있는 일과 마음의 평화 사이에서 균형을 찾는 사람들도 있다. 그들은 야심적인 것에서 생기는 물질적인 이득보다 만족이 훨씬 더 가치 있다고 결론을 내린다. 참으로 그것은 무자비한 경쟁이나 게으름보다 훨씬 더 나은 대안이다. 일부 성공적인 사업가들은 마음의 평화와 의미 있는 관계를 위한 여유를 갖기 위해 자신의 삶을 단순화하기로 결심했다(Swenson).

로버트 벨라(Robert Bellah)와 그의 동료들은 그것을 이렇게 표현한다.

아마도 삶은 유일한 목표가 앞에 놓여 있는 경주가 아닌 듯하다. 어쩌면 진리는 현대의 서구 밖에 있는 대부분의 세상이 늘 믿어왔던 것에 있는지도 모른다. 다시 말해서, 본질적으로 만족을 주는, 그 자체로 선한 삶의 관행이 존재한다는 사실이다. 그저 외부적으로 보상받는 일보다는 본질적으로 가치 있는 일이 인간에게 더 좋은 것 같다. 어쩌면 우리가 사랑하는 사람들에 대한 지속적인 헌신과 동료 시민에 대한 우정이 편치 않은 경쟁이나 불안한 자기 방어보다 더 나은지도 모른다. 우리가 존재 자체의 신비 앞에서 감사와 경이를 표현하는 일반적인 숭배가 무엇보다도 가장 중요한 것인지도 모른다. 만약 그렇다면, 우리의 삶을 바꾸고, 우리가 지금까지 망각해서 더 행복했던 것들을 기억하기 시작해야 할 것이다(로버트 벨라, et al., 295).

4:7-8. 안타깝게도 많은 사람들이 여전히 일중독에 걸려 있다. 심지어 그들의 부를 남겨줄 자손이 없는데도 말이다. 물질적인 번영은 기술의 '편익' 과 더불어 우리 가운데 많은 사람들이 삶의 중요한 문제들을 숙고하지 못하도록 방해하는 치명적인 마약이다. 한 주석가는 널리 알려진 한 어리석은 사람의 낭비된 삶에 대해 이렇게 기록했다. "억만장자 하워드 휴즈(Howard Hughes)는 병에 대한 공포에 사로잡혀 고질적인 은둔자로 생을 마감했다. 그것은 심각한 영적 어둠에 직면한 물질적 번영의 무기력(혹은 그것이 위험이었을까?)을 보여주는 비참한 증거라고 할 수 있다. 고독은 종종 세상적인 성공의 부산물이다" (Keddie, 47).

우리가 늙어갈수록 삶의 큰 문제들에 대해 생각하는 것을 회피하기가 쉽지 않다. 안타깝게도 많은 손상이 이미 일어났기 때문이다. 나는 플로리다에 있는 한 은퇴자 공동체에 방문할 때마다 그것을 직접 목격하게 된다. 그곳에 거주하는 은퇴한 CEO들은 많은 돈을 소유하고 있음에도 불구하고, 가족 구성원들과의 소원한 관계와 노화 과정에 대해 불평을 늘어놓는다.

드와이트 아이젠하워(Dwight Eisenhower) 대통령은 언젠가 인플레이션의 원인과 대책이 뭐라고 생각하느냐는 질문을 받은 적이 있다. "그거야 간단하죠." 그가 대답했다. "원인은 미국 국민들의 탐욕이고, 그 대책은 미국인들의 탐욕을 억제하는 것입니다" (Wilson, 「Our Dance Has Turned to Death」, 94). 참으로 맞는 말이지만, 탐욕은 쉽게 사라지지 않는 강한 열망에 의해 부추겨진다. 무엇보다도 우리는 '그 모든 것'을 가질 수 있다는 환상을 포기해야 한다(Yankelovich, 175).

4:9-12. '친구가 없는 미국 남성'이라는 틀에 박힌 생각은 우리로 하여금 그 문제가 남성들에게만 일어나는 것이라고 생각하게 만드는 경향이 있다. 그러나 의미 있는 관계를 위한 시간을 갖지 못할 정도로 지나치게 경쟁적이고 성공 지향적인 사람들은 양쪽 성(性) 모두에서 발견된다. 솔로몬은 물질적 부만을 소유하고 있는 삶의 빈곤에 대해 몇 가지 의미심장한 교훈을 깨달았다. 우정은 참으로 풍요로운 삶의 필수 요소다.

성경은 타인을 멀리하는 사람들에 대해 경고한다(잠 18:1, 히 10:24-25, 벧전 5:8-9). 베드로전서 5장 8-9절은 다른 신자들을 멀리하는 것이 영적 공격을 받기 쉽게 만든다고 가르친다. 우리 모두는 현혹될 수 있기 때문에(시 19:12, 렘 17:9, 고전 4:1-5), 우리의 잘못을 지적해줄 다른 사람들이 절대적으로 필요하다(히 3:13).

예수님은 제자들을 둘씩 파송하셨다(눅 10:1). 복음 전도를 많이 해본 사람이라면 그 조치에 담긴 지혜를 이해하게 된다. 심지어 사도 바울도 그의 용기와 재능에도 불구하고 다양한 경우에 그를 성원해주는 사람들을 필요로 했다(고후 7:6, 비교. 고후 1:8-11).

'시너지(synergy)는' 1+1=3임을 암시하는 대중적인 단어다. 두 사람이 조화롭게 협력하는 것의 효과는 그 둘이 각자 일하는 것보다 훨씬 더 클 수 있다(전 4:9). 우리 모두에게는 고통과 분투의 시간이 찾아온다. 그때 우리를 지탱해주는 사람이 없다면 참으로 비극적인 일이다.

나는 목사로서 비극의 시간에 다른 사람들로부터 많은 지원을 받는 사람도 목격한 바 있고, 지원을 거의 혹은 전혀 받지 못하는 사람도 본 적이 있다. 후자의 범주에 속하는 사람들에게는 다소 솔직한 인물 조사 기록이 요구된다. 다른 사람들의 삶에 관여하지 않기 때문에 타인으로부터의 지원 역시 부족한 것이 아닐까? 옛 경구가 들어맞는다. "친구를 찾기 위해 돌아다녔더니 아무 데도 없었지만, 친구가 되기 위해 돌아다녔더니 어디에나 있었다."

교회에 널리 퍼져 있는 유행어 가운데 하나가 '공동체(community)'다. 현대 세상의 광적인 개인주의와 경쟁적인 특성을 감안할 때, 그것은 놀랄 일이 아니다.

그러나 불행히도 진정한 공동체는 교회에 몸담고 있는 많은 사람들이 정말로 원하는 것이 아니다. 그들이 정말로 바라는 것은 그들의 필요를 그들의 방식으로 만족시켜주는 사람들이거나, 아니면 일부 저명한 사회학자들이 "생활 양식 공동체(lifestyle enclaves)"라고 이름 붙여온 것이다(Bellah, et al., 71-75). 생활 양식 공동체는 인위적인 공동체다. 그들은 동일한 사회 경제적 배경을 지닌 사람들의 집단으로, 오로지 그들의 개인적, 집단적 욕망을 만족시키기 위해 존재한다. 그것은 공동체의 성경적 의미가 아니다.

일부 여론 조사는 많은 사람들이 결혼과, 친구와, 가족이 그들의 행복에 가장 크게 기여한다고 믿는다는 사실을 보여준다. 그 행복은 직장 경력이나 취미 같은 개인적인 추구를 중요하게 생각하는 사람들이 느끼는 행복보다 네 배만큼 높을 수 있다(Dreyfous). 우리 모두는 그에 따라 우리 스케줄의 우선순위를 정하는 것이 현명할 것이다.

주해자들이 이 구절에서 여행 이미지에 대한 암시를 보는 것은 흔한 일이다(Garrett, 308, Whybray, 「Ecclesiastes」, 87). 폭력과 무자비함으로 점철된 세상에서 다른 사람들의 지원은 큰 이점이 될 수 있다(비교. 삼하 10:11).

C. 우정을 대체하기에는 불충분한 대안들(4:13-16)

Supporting Idea	일부 사람들은 타인을 지배하는 것이 의미 있는 관계를 대체할 수 있는 좋은 대안이라고 믿고 싶어한다. 그들은 타인을 마음대로 부리는 것이 근사하다고 생각한다. 솔로몬은 그 생각의 어리석음을 묘사하고 있다.

4:13-14. 더 이상 가르칠 수 없는 늙은 왕보다는 젊은 왕을 갖는 것이 상대적으로 유리한 것처럼 보인다. 옥에서 나온다는 것은 아마도 그 젊은 지도자가 '보수파' 를 반대했다가 감옥에 갇힌 적이 있는 혁명가 타입이었음을 암시할 것이다(Wright, 「Expositor's Bible Commentary: Ecclesiastes」, 1, 166).

4:15-16. 새로운 누군가가 우리를 인도하는 것은 흥분되는 일이다. 그러나 그 새로움도 결국에는 시들해지고, 우리를 이끄는 사람들에게 또다시 불만을 품게 된다. 기대가 실망으로 이어지고, 결국에는 새로운 피를 바라는 이 사이클은 인간 상태의 특징이다. 그것은 허무와 '바람을 잡으려는 것' 을 묘사해준다(4:16).

내가 1991년 여름 폴란드에서 교편을 잡고 있을 때, 많은 폴란드인들은 폴란드의 독립과 단결의 영웅 레흐 바웬사(Lech Walesa)가 대통령이라는 새로운 역할을 수행하면서 그들에게 큰 실망을 안겨주었다고 털어놓았다. 그들이 내게 언급한 두 가지는 그의 형편없는 어법과 예의 부족이었다.

우리는 천성적으로 우리보다 권위 있는 사람들에게 짜증을 내고 비판적이 되는 경향이 있다. 또한 어떤 새로운 지도자가 우리를 현재의 곤경에서 구해줄 것이라고 너무 많이 기대하는 경향이 있다. 우리를 이끌어줄 새로운 누군가를 원하는 데 있어 우리가 경험하는 심리 불안은 단지 정치적 현상만은 아니다. 교회도 항상 그런 것을 경험한다. 현재의 목사는 너무 늙고 자기 방식에만 빠져 있다. 변화가 필요하다. 이상적으로 보면, 참신한 생각을 갖고 있는 더 젊은 사람이 요구된다. 그러나 참신한 생각은 진부해지기 마련이고, 젊은 목사들 역시 늙게 되어 있다!

나도 그것을 직접 경험했다. 하나님이 내가 담임 목사가 되기를 원하시는지 그 여부를 결정하지 못하고 고민하는 중에 말이다. 관심 있는 교회 가운데 하나가 은퇴를 앞두고 있는 그들의 현재 목사가 좋은 사람이기는 하지만 '자기 방식을 너무 고집하기' 때문에 나 같은 젊은 목사를 원한다고 내게 말했다. 나는 그 교회가 나도 똑같이 '내 방식 가운데 일부를 고집한다'는 사실을 발견하게 되었을 것이라고 확신한다! 나는 하나님의 섭리 가운데 전도서의 이 부분에 대한 연구를 막 끝냈을 때, 내가 그 자리에 관심이 있는지의 여부를 묻는 전화를 받았다.

Main Idea 복습

우리의 주의를 분산시키는 많은 것들이 의미 있는 관계를 만들지 못하도록 우리를 방해한다. 그것들 가운데 일부는 피하기 어려운 것처럼 보인다. 기술 시대의 삶의 속도는 우리 안에 너무나 많은 덫을 만들어놓는다. 우리 가운데 많은 사람들은 시간을 들여 충실한 우정을 발전시키고 유지하는 것이 비현실적이라고 생각한다. 솔로몬은 이 장에서 의미 있는 관계의 발전을 방해하거나 적어도 어렵게 만드는 교만과 야망 같은 내적 동기의 일부를 다루는 시간을 갖는다.

결론

이기적인 야망의 문제점

무모하거나 이기적인 야망은 많은 저명 인사뿐만 아니라 그렇게 유명하지 않은 사람들에게도 흔한 유혹이다. 린든 존슨(Lyndon Johnson) 대통령의 다음 이야기에 대해 생각해보자. "야망은 많은 경우 불편한 동반자다. 그것은 현재의 상황과 업적에 대해 불만을 만들어낸다. 또한 결코 만족하지 않고 항상 장래의 더 좋은 것들을 재촉한다" (Goodwin, 「Lyndon Johnson」, 51).

야망 그 자체는 잘못된 것이 아니다. 바울은 새로운 곳에서 복음 전파하는 것을 그의 야망으로 삼았다(롬 15:17-20). 그러나 이기적인 야망(약 3:14)에 대해서는 존 아담스(John Adams) 대통령이 아주 기억하기 좋게 표현했듯이, 우리가 '습관적으로 경멸해야' 한다(McCullough, 「John Adams」, 19). 권력에 대한 우리의 욕망을 매일같이 회개하는 것은 현명한 일이다. 우리가 그것을 사람들에 대한 변함없는 헌신으로 대체한다면 훨씬 더 현명한 일이라고 할 수 있다. 충실한 친구는 이 세상의 변화와 뜻밖의 어려움 속에서 당신에게 기쁨과 행복을 가져다줄 것이다.

▣ 진리 알기

- 지위와 권력과 부의 가치는 높이 평가하고, 우정의 중요성은 망각하기가 쉽다.
- 만족은 하나님의 계획과 섭리를 의지하는 데서 온다.
- 우정은 적대적인 세상의 한가운데서 하나님이 주신 지원과 격려의 수단이다.

▣ 적용하기

- 일중독의 덫에 걸리지 않도록 주의하라.
- 만족은 성공에 대한 하나님의 개념을 신뢰하는 데서 온다. 성공에 대한 성경적 언어로 당신의 마음을 씻으라. 이사야 2장과 예레미야 45장을 읽은 데서부터 시작하라.
- 우정의 풍요로움이 세상의 풍요로움보다 더 낫다는 사실을 명심하라.

삶의 적용

관계의 힘

갑바도기아의 세 교부 가운데 두 사람인 대 바실(Basil the Great)과 나지안젠의 그레고리(Gregory of Nazianzen)는 "두 육신에 깃들어 있는 한 영혼"을 소유하고 있는 것으로 묘사되었다(Chan, 176). 우리는 성경에서 다윗과 요나단 그리고 바울과 디모데 같은 신실한 우정을 보게 된다. 바울의 말을 빌리자면, 우리도 '마음이 맞는 친구들'을 가질 수 있지만, 먼저는 자기 자신보다 다른 사람의 일을 자발적으로 돌보아야 한다(빌 2:1-8). 바울 시대에는 그것이 초자연적인 일이었다. 그것은 오늘날에도 마찬가지다.

만약 우리가 하나님이 무엇을 중히 여기시는지에 대해 더 잘 이해하게 된다면, 주 안에서 다른 형제자매들과 관계 맺는 것의 지혜를 보게 될 것이다. 우리 문화 속에 퍼져 있는 무모한 야망에 우리가 현혹되지 않게 하옵소서!

기도

하나님 아버지, 당신은 우리를 사회적인 존재로 창조하셨습니다. 세상적인 야망이나 업적보다 우정을 더 소중히 여겨야 한다는 사실을 우리가 좀 더 분명히 보게 해주십시오. 예수님의 이름으로 기도합니다. 아멘.

심층 연구

A. "두 손에 가득하고 수고하며 바람을 잡으려는 것"(4:6)

힘든 하루 일과를 중요시하는 것은 잘못된 것이 아니다. 그러나 일하고자 하는 충동을 끊임없이 느끼는 것은 영적으로(그리고 육체적으로) 파괴적일 수 있다. 하나님은 세상을 창조하실 때, '밤' 을 만드시고 '보시기에 좋다' 고 평가하셨다(창 1:18). 우리는 하나님이 빛과 어두움을 나누신 것에 대한 보다 자세한 해설을 시편 104편 19-23절에서 찾아볼 수 있다. 어두움은 야행성 동물을 위해 '정해진' 것이고(20절), 우리 인간은 '저녁까지' 수고하도록 되어 있다(23절).

우리는 전구가 이 구절들의 실용성을 빼앗았다고 생각하고 싶을지도 모른다. 우리 가운데 밤늦게까지 잠자리에 들지 않거나 혹시 '잠잘 필요가 없었으면 좋겠다' 고 불평하는 사람들은 하나님이 우리를 위해 항상, 심지어 우리가 잠자고 있는 동안에도(시 127:2) 일하고 계신다는 사실을 자신이 진정으로 믿는지 그 여부를 다시 한 번 생각해봐야 한다.

B. "삼겹 줄"(4:12)

이 구절에 대한 성경적 해석의 역사는 이 삼겹 줄이 예수님이라고 믿었던 주석가들을 발견하는 것이 드문 일이 아니라는 사실을 보여준다. 심지어 현대의 일부 주석가들도 그 생각에 신빙성을 부여한다(Eaton, 92-93). 이런 본문을 취해 그것이 의미하는 바를 뛰어넘고 싶은 유혹은 우리 모두가 경계해야 하는 것이다. 이해는 되지만, 우리는 중요한 신학적 요점을 강조하고 싶을지도 모른다. 예를 들어, 일부 주석가들은 그 '삼겹 줄'이 삼위일체 하나님이라고 말하기까지 한다(Davidson, 31).

그리스도인들은 분명 '그들을 하나로 묶어주는' 예수님을 소유하고 있다. 그러나 중요한 신학적 요점을 강조하고자 하는 바람은 항상 성경 본문에 대한 주의 깊은 연구에 의해 이루어져야 한다.

교안

A. 들어가는 글

1. '경쟁적인 문화 속에서 우정을 소중히 여기기' 이야기로 시작하라.
2. 배경 설명: 4장은 이기주의와 불의와 탐욕으로 점철된 세상에서 친구들이 놀라운 축복이라는 사실을 우리에게 상기시킨다.
3. 적용: 우리가 권력과 소유 대신에 하나님이 주신 우선순위, 즉 사람들을 잘 활용한다면, 이 세상에서 위로와 지원을 얻을 수 있다.

B. 본문 이해

1. 아무런 지원도 받지 못하는 상황과 결합된 불의는 절망을 가져다준다(4:1-3)
2. 시련의 한가운데서 대처하기(4:4-12)
3. 우정을 대체하기에는 불충분한 대안들(4:13-16)

C. 결론: '이기적인 야망의 문제점' 을 읽어주라.

토의 질문

1. 만약 당신이 어떤 개인적인 비극을 경험한다면, 지금 당장 찾아와줄 여러 친구들

을 꼽아볼 수 있는가? 만약 그렇지 않다면, 당신이 좋은 친구 사귀는 것을 얼마나 중시하는지 곰곰이 생각해보라.

2. 크레이그 블롬버그(Craig Blomberg)의 책 「가난하게도 마옵시고 부하게도 마옵소서(Neither Poverty nor Riches)」를 읽어보라. 가능하면 더 나은 토론과 지적을 위해 몇몇 다른 친구들과 함께 읽어보라.

3. 당신이 임종 직전에 있다고 상상해보라. 당신이 가족과 친구들에게 얼마나 많은 시간을 투자했는지에 대해 만족하는가? 만약 그렇지 않다면, 당신의 삶이 끝날 때 크게 후회하지 않기 위해 지금 무엇을 할 수 있는가?

전도서 5장

말씀하옵소서, 당신의 종이 듣겠나이다

"대체로 카타콤 밖에서는 상황을 충분히 인식하고 있는 그리스도인들을 발견하지 못한다. 우리가 어떤 종류의 힘을 그렇게 분별없이 불러대는지 누가 조금이라도 알고 있을까? 혹은 내가 의심하듯이 그것을 조금도 믿지 않는 것일까? 교회는 바닥에 앉아 화학 실험 용품을 가지고 장난치며 일요일 아침을 날려버리기 위해 TNT 한 덩어리를 주무르고 있는 어린아이들이다. 여성용 밀짚 모자와 벨벳 모자를 쓰고 교회에 가는 것은 미친 짓이다. 우리는 모두 안전 헬멧을 착용하고 있어야 한다. 안내원들은 안전 조끼와 신호탄을 지급하고, 우리를 신속하게 좌석에 앉혀야 한다. 잠자고 있던 신이 언제 깨어나 화를 낼지도 모르고, 깨어난 신이 우리를 결코 돌아올 수 없는 곳으로 끌고 갈지도 모르기 때문이다."

- 애니 딜라드(Annie Dillard)

많은 경우 우리는 기도할 때 우리가 하나님의 음성을 들어야 한다기보다는 하나님이 우리의 요구를 들어주셔야 한다고 생각한다. 분명히 그것은 현명치 못한 일이다. 이 장에서 솔로몬은 우리에게 바른 예배의 중요성을 가르치고 있다. 거기에는 거룩하신 하나님 앞에서 기꺼이 침묵을 지키는 것도 포함된다.

들어가는 글

듣기는 빨리하고 말하기는 더디 하라

우리가 기도로 하나님께 나아갈 때, 그분이 말씀하시기를 조용히 기다리는 것에 주의를 기울이는가, 아니면 하나님이 응답하셔야 하는 개인적 필요를 장황하게 늘어놓는 데 열중하는가? 베드로와 야고보와 요한은 변화산에서 그 중요한 교훈을 배워야 했다(마 17:1-13, 특히 5절).

그것은 하나님이 우리의 필요에 관심이 없으시기 때문이 아니다. 우리는 그분이 그렇지 않으시다는 사실을 알고 있다. 그럼에도 불구하고 우리는 하나님과 대화할 때의 바른 관계를 기억하지 않으면 안 된다. 그분은 창조주이시고, 우리는 피조물이다. 우리가 그 절대적인 진리를 기억하는 만큼 경외심을 가지고 하나님께 나아가게 될 것이다. 하박국 2장 20절에서 상기시키듯이 "여호와는 그 성전에 계시니 온 천하는 그 앞에서 잠잠할지니라."

본문 이해

말씀하옵소서, 당신의 종이 듣겠나이다

Main Idea	많은 것들이 하나님을 섬기는 것으로부터 우리의 주의를 빼앗을 수 있다. 솔로몬은 그 주요 장애물 가운데 몇 가지에 대해 공개적으로 이야기한다. '돈을 사랑함' 과 같은 장애물은 우리로 가장 귀중한 보배를 멀리하게 만든다. 그것은 살아 계신 하나님과의 친밀한 관계이다.

A. 그릇된 예배와 올바른 예배(5:1-7)

Supporting Idea	하나님에 대한 예배와 관련하여 우리는 조용한 공간을 무의미한 잡담으로 채우기를 원한다. 그것은 영적 미성숙을 나타낼 뿐만 아니라, 우리 마음속에 있는 죄를 보여주기도 한다.

5:1. 무례하고 어리석은 예배의 가능성이 이 시작 절에 묘사되어 있다. 우매자의 제사는 깨뜨리기 힘든 관행이다. 그는 자신이 악을 행하고 있다는 사실을 모르고 있기 때문이다. 진리에 기반을 두지 않은 종교적 성실성은 치명적이다. 자기 기만적인 우리의 성향은 하나님의 말씀인 신·구약 성경 모두에서 가르치고 있다(삼하 12:1-13, 시 19:12, 고전 4:1-5, 히 3:13). 정기적인 성경 말씀의 공급과, 성령 충만한 기도, 다른 사람들에 대한 책임 등이 없다면, 우리는 계속해서 어리석은 기도를 반복할 수밖에 없다.

만약 우리가 먼저 하나님으로부터 듣고자 하는 마음 자세로 그분께 나아가지 않는다면, 우리가 상상하는 것보다 훨씬 더 죄 된 행동을 하고 있는 것이다. 우리는 "서로에게 하는 것처럼 뻔뻔하고 부주의하게 하나님과 대화하거나 생각나는 대로 말해서는 안 된다"(Henry, 1,006).

5:2. 이 구절에서 우리는 창조주와 피조물 사이의 구분을 보게 된다. 그것은 하나님을 영화롭게 하는 기도에 필수적이다. 성급한 말과 충동적인 생각은 재앙의 결과를 가져온다. 이스라엘 역사의 한 사례가 우리에게 도움이 된다.

민수기 11장에서 이스라엘 백성은 만나에 싫증이 났기 때문에 먹을 수 있는 고기를 원했다. 그들은 어리석게도 애굽에서 먹었던 음식을 회상했다(5-6절). 여호와께서는 불평하는 이스라엘 백성들에게 그들이 필요하다고 생각하는 것을 주기로 작정하셨다(20절). 그러나 하나님의 백성이 자신들에게 활기를 가져다줄 것이라고 생각했던 바로 그것이 실제로는 죽음과 하나님의 심판을 초래했던 것이다(33절).

성급하게 말하고, 충동적인 말투를 사용하는 우리의 성향 때문에 말을 적게 하는 것이 현명하다(비교. 시 46:10, 마 6:7). 함부로 입을 열지 말라는 표현은 잘못 이해할 수 있다. 이 경고는 하나님과 대화할 때 너무 성급하게 개인적 요구를 열거하지 말라는 특정 주장을 담고 문맥 속에서 주어진 것이다.

이 경고는 장황한 기도나 심지어 반복적인 기도를 금하는 것이 아니다. 그런 유형의 기도를 뒷받침하는 성경적 근거가 분명히 있다. 그런 측면에서 찰스 브리지스(Charles Bridges)의 말은 매우 유익하다. "솔로몬은 긴 기도나(그리스도께서도 여러 차례 밤새 기도하셨다) 모든 반복을 반대하는 것이 아니다. 그 기도가 다니엘의 경우처럼(9:16-19) 열정과, 사랑과, 거룩한 열심에서 비롯되는 한 말이다. 솔로몬은 '믿음이나 지혜 없이 똑같은 것을 무의미하게 반복하는 기도' 에 대해 말하는 것이다" (Bridges, 102).

우리는 마태복음 6장 7절이 '의미 있는' 반복이 아닌 '무의미한' 반복을 금하고 있다는 사실을 명심할 필요가 있다. 한 개인의 동기에 따라서 주기도문은 그 범주 가운데 어느 것에도 속할 수 있다.

5:3. 일부 해석가들은 꿈에 대한 여기서의 언급을 공상에 대한 암시로 간주한다(Kinder, 53, 비교. Garrett, 311). 그리고 그것은 문맥에 의해 잘 뒷받침된다. 나는 많은 걱정의 결과로 밤에 꿈이 찾아오는 현실을 솔로몬이 묘사하고 있다는 생각에 동의하는 쪽이다(비교. 전 5:12). 많은 걱정거리나 큰 불안이 꿈을 초래했던 것이다.

5:4. 하나님은 약속을 지키는 사람들을 기뻐하신다. 그분이 본래 '약속을 지키시는 분' (민 23:19, 고후 1:20)이시기 때문이다. 서원한 것을 지키는 것의 중요성은 그분이 가볍게 다루는 부분이 아니다. 이 구절의 엄격함에 압도된 사람들은 베드로처럼 '약속을 어긴 사람들' 도 회복될 수 있다는 사실을 상기하고 싶을 것이다(마 16:21-23, 26:33-35, 비교. 요 21:3-17)!

5:5. 이 구절은 꽤 분명하다. 게다가 성경의 긍정적인 사례와 부정적인 사례 모두에 의해 예증된다. 우리는 입다가 자신의 딸에 대해 주제넘게 서원한 것(삿 11:30-31)과, 아나니아와 삽비라의 교만으로 가득 찬 서원(행 5:1-4), 요나의 절박한 서원(욘 2:9) 등을 생각하게 된다. 우리는 또 성경에 기록된 서원 가운데 하나님을 가장 영화롭게 하는 서원 하나를 떠올린다. 그것은 한나가 자신의 아들에 관해 했던 서원(삼상 1:11)이다.

잠언 20장 25절에서 권고하고 있듯이, "함부로 이 물건은 거룩하다 하여 서원하고 그 후에 살피면 그것이 그 사람에게 덫이 되느니라" (개역개정). 우리가 얼마나 성급하게 서원하는지에 대해 주의해야 한다.

5:6. 우리의 말은 강력하여(약 3:5-6) 큰 악을 초래할 수 있다(잠 10:19, 12:18). 많은 파멸이 그 분명하고 강력한 가르침을 듣지 않는 데서 비롯된다.

5:7. 꿈과 관련하여 중요하거나 오래 지속되는 것은 아무것도 없다. 아침이 찾아오면

꿈은 잊혀진다. 많은 말 역시 공허하고 실제적인 가치가 전혀 없다. 그러나 하나님을 경외하는 사람(전도서의 일치된 주제)은 든든한 기초 위에 서게 된다(요일 2:17, 시 34:9).

B. 우리의 주의를 분산시키는 것 1: 불의를 목격하는 경우(5:8-9)

Supporting Idea	불의는 한 개인으로 하여금 하나님의 선하심에 의문을 제기하게 할 수 있다. 그것은 분명 전능하신 하나님에 대한 조용한 경배에 방해가 될 수 있다. 솔로몬은 이미 불의라는 주제에 대해 언급한 바 있지만(전 3:16-18 참고), 그것은 다시 한 번 언급할 만큼 중요하다.

5:8-9. 우리는 불의를 목격하더라도 놀라지 말아야 한다. 솔로몬은 잘못된 기대에서 생겨날 수 있는 깊은 환멸을 예견한다. 세상이 고통과, 고난과, 불의로 가득 차 있다는 사실을 받아들이지 않는 것은 진실을 외면하는 것이다.

솔로몬은 불의가 "신령과 진정으로"(요 4:24) 하나님을 섬기는 데 방해가 될 수 있다고 경고한다. 우리는 하나님이 아니라 사람이 악의 장본인이라는 사실(전 7:29 참고)과, 무엇보다도 하나님과의 참된 교감이 불의를 바라보는 더 나은 시각을 제공한다는 사실을 놓치지 말아야 한다. 아삽은 이 중요한 교훈을 깨달았고(시 73편), 우리 역시 그래야 한다. 우리는 하나님의 권능과 선하심 안에서 안식할 수 있다. 비록 우리가 그분이 하고 계신 일을 완전히 이해하지는 못한다 할지라도 말이다.

우리가 선하신 하나님과 전능하신 하나님 사이에서 선택해야 한다는 흔한 철학적 생각은 거짓 이분법이다. 그것은 하나님에 대한 의문을 푸는 방법으로 인간의 추리에 너무 많이 의존하는 사람들에 의해 제기된다(Kushner, 42-44). 악이 존재하는 것이 사실이지만, 자비롭고 전능하신 하나님도 존재하시면서 대대로 그분의 계획을 현명하게 이루어가신다. 우리가 하나님이 하고 계신 일을 이해하지 못한다고 해서 그분의 동기나 능력을 비판하는 것은 오만의 극치라고 할 수 있다.

C. 우리의 주의를 분산시키는 것 2: 돈(5:10-17)

Supporting Idea	풍요로운 사회에서 살아가는 그리스도인들은 부가 영혼을 둔화시킬 수 있는 생활 방식과 싸워야 한다.

5:10. 이 구절은 돈 자체가 아니라 돈을 사랑함을 경고하고 있다. 우리는 성경에서 돈을 소유하는 것이 특정 신자들 사이에서 가능한 일로 간주된다는 사실을 발견한다. 사실, 이 문제에 대한 사도 바울의 가르침은 부를 모두 나누어주라고 처방하지 않는다. 오히려 그는 우리에게 "마음을 높이지 말고 정함이 없는 재물에 소망을 두지 말고… 나눠주기를 좋아하며 동정하는 자가 되게 하라"(딤전 6:17-18)고 권고한다.

일부 사람들은 젊은 부자 관원을 들먹이고 싶을지도 모른다. 그는 가지고 있는 것을 다 팔아 가난한 사람들에게 나눠주라는 예수님의 말씀에 따르기를 주저했다(눅 18:22). 그것은 한 개인이 극복해야 할 '난제'로 보인다. 예수님의 말씀은 반드시 모든 그리스도인에 대한 '처방'으로 의도된 것이 아니다. 동일한 복음서의 앞부분에서 예수님은 세 명의 서로 다른 사람들에게 그분을 좇기 위해 세 가지 서로 다른 것들에 대한 포기를 고려하도록 촉구하셨다(눅 9:57-62). 어떤 사람에게는 예수님을 따르는 데 방해가 되는 장애물이 다른 사람에게는 장애물이 아닐 수도 있다.

5:11. 많은 돈을 소유한 것과 관련된 한 가지 문제는 부의 적절한 관리다. 먹는 자들은 '채권자'일 수도 있고, '식객'일 수도 있다. 어느 쪽이든 간에, 요점은 "그것[부]의 열매를 참으로 즐길 수 있는 기회"가 없다는 것이다(Longman, 165).

5:12. 많은 부를 소유한 사람은 큰 걱정과 불안으로 괴로울 수도 있다. 보통의 재력을 가진 사람은 큰 부와 함께 계속되는 두통을 앓지 않는다. 횡령과 소송 그리고 사람들이 당신을 좋아하는지 아니면 당신의 돈을 좋아하는지에 대한 의문 등과 같은 골칫거리가 없는 것이다.

엄청난 양의 재산을 소유한 데서 생겨나는 편집증과 두려움의 많은 사례가 제시될 수 있다. 윌리엄 버웰 경(Sir William Burwell)은 별난 예술품을 수집하면서 생의 대부분을 보냈던 스코틀랜드의 부유한 선주였다. 그는 고향인 글래스고 시에 자신의 작품들을 기증했지만, 그것들이 공개적으로 전시되는 것을 보지 못하고 죽었다. 버웰 경은 화재나 도둑이 그의 귀중한 예술품을 빼앗아갈지도 모른다는 두려움 때문에 은둔자로 말년을 보냈다(Keddie, 67).

중요한 것은 부자들이 '걱정이나 소화 불량' 때문에 잠 못 이루는 밤을 보내는지의 여부가 아니다(Longman, 165, 비교. Seow, 206, 220, Young, 113). 실제적으로 중요한 것은 그들이 기쁨과 만족을 경험하지 못한다는 사실이다.

5:13. 솔로몬은 일부 사람들이 부가 생명을 가져다줄 것이라고 생각하고 싶어한다는 사실을 관찰했다. 부는 기만적이어서 매력적인 미끼로 우리를 유혹한다. 솔로몬은 그런 믿음의 결과가 영적 죽음이라는 사실을 사람들이 알기를 원했다. 생명을 구하는 것은 목숨을 잃음으로써 얻는 결과다(마 16:25).

5:14. 부는 잃어버릴 수 있다. 우리는 억만장자가 파산을 신청할 예정이라는 기사를 읽을 때마다 그런 사실을 깨닫게 된다. 왜 무덤을 뛰어넘어 존속할 수 없는 불확실한 무언가를 위해 사는 것일까? 재물은 사라질지라도 영원히 남는 참된 부를 위해 살지 않는 이유가 무엇일까?(합 3:17-19)

5:15. 그런 나쁜 열매들이 욕심과 탐욕으로부터 온다면 돈을 사랑하는 것은 어리석은 일이다. 또 돈을 사랑하는 것은 우리의 눈을 가려 우리가 세상에 아무것도 가지고 오지 않았으며, 마찬가지로 벌거벗고 떠날 것이라는 사실을 보지 못하게 한다(욥 1:21, 딤전 6:7).

세속적 소유물에 대한 성 안토니우스(Saint Anthony)의 말은 곰곰이 생각해볼 만한 가치가 있다.

> 여인숙에 머무는 일부 사람들에게는 침대가 주어지지만, 침대가 없는 나머지 사람들은 바닥에 몸을 눕히고도 침대에 누운 사람들과 마찬가지로 단잠을 잔다. 밤이 지나고 아침이 되면, 모두가 똑같이 일어나 자신의 소지품만 챙겨 가지고 여인숙을 떠난다. 그것은 이 세상에서의 삶의 길을 걷는 사람들도 마찬가지다. 넉넉지 않은 환경에서 살아온 사람들뿐만 아니라 부와 명예를 소유한 사람들도 세상적인 편안함이나 부가 아니라 그들이 이 세상에서 행해 왔던 것들만을 챙겨 가지고 여인숙 같은 이 세상을 떠난다. 그것이 선한 것이든 악한 것이든 말이다(Willard, 「The Spirit of the Disciplines」, 209에서 인용).

5:16. 우리 가운데 누구도 자신의 출생이나 죽음을 통제할 수는 없다. 미라화가 이집트의 파라오들을 구원하지 못했듯이, 저온학이 우리를 구원해주지는 못할 것이다. 쓸데없고 부패하기 쉬운 것을 위해 수고하며 평생을 보내는 사람에게는 아무런 유익이 없다.

5:17. 하나님으로부터 능력을 부여받지 못하는 사람은 돈에서 궁극적인 의미를 찾으려고 시도하는 쓰디쓴 열매를 얻게 된다. 그리고 우리가 전도서에서 여러 차례 보아왔듯이, 돈은 삶에 의미를 주지 못한다. 번뇌와 병과 분노라는 표현은 노년이 얼마나 큰 '고통' 인지에 대해 내게 말해주었던 많은 부유한 노인들을 상기시킨다. 그 주제와 관련해서는 전도서 말미에서 생생하게 보게 될 것이다. 돈과 지위와 권력은 죽음의 필연성을 막을 수 없다.

D. 올바른 관점(5:18-20)

Supporting Idea	삶의 환경이 아니라 하나님과의 관계가 기쁨을 가져다준다.

5:18. 경건한 사람은 하나님의 선한 섭리 가운데서 기쁨으로 살아간다. 그는 그의 일 가운데서도 하나님이 주시는 기쁨을 경험할 수 있다. 그것은 우리가 '이마에 땀을 흘리며' 일한다는 사실을 약화시키는 것이 아니라, 신자의 삶의 모든 영역이 하나님의 구속 사역에 의해 영향을 받고 변화된다는 사실을 의미한다(전 3:12-13의 본문 이해 참고). 소망과 혼합된 현실주의가 전도서의 공통 주제다. 큰 기쁨은 우리가 신자로서 소유할 수 있는 것이지만, 솔로몬은 이 땅에서의 우리의 날이 얼마 되지 않는다는 현실을 감추지 않는다(전 9:9 참고).

5:19. 부를 소유한 사람들이 그것을 누릴 수 있는 유일한 길은 하나님이 그들로 하여금 능히 누리게 하시는 것이다. 그런 기쁨을 소유하는 것은 하나님의 선물이다. 오로지 소유물 속에서만 기쁨과 만족을 찾는 것은 불가능한 일이다.

5:20. 의인은 자신이 죽을 운명이라는 사실에 집착하지 않는다. 오히려 하나님과의 관계에 온 마음을 쏟는다. 그리고 그것이 깊고 영속적인 기쁨을 낳는다(비교. 전 2:24-26 본문 이해). 의인은 자신의 젊은 시절을 유일하게 좋았던 시기로 회고하지 않는다. 그의 전 생애를 하나님으로부터 부여받았기 때문에 그에겐 모든 시기가 기쁨으로 점철된다. 그는 '중년의 위기' 도 노년의 괴로움도 경험하지 않는다(비교. 전 7:10).

5장을 마무리하면서 늙어감에 대한 서로 다른 두 가지 관점을 소개하고자 한다.

우리 시대에 엄청난 부를 축적했던 윌리엄 랜돌프 허스트(William Randolph Hearst)는 자신이 캘리포니아 남부에 지은 대저택의 온갖 화려함과 아름다움 속에서 생을 마감했다. 과거의 향수를 조금이라도 달래보려고 지하실에 앉아 그의 할리우드 출신 정부가 출연한 영화들을 여러 차례 되풀이해 보면서 말이다(Stedman, 68).

"따라서 노화는 잃는 과정이 아니라 얻는 과정이 될 것이다. 우리의 육체가 시들어갈수록 우리의 영광스러운 몸이 점차 다가오고 우리의 영적 실체가 더 풍요로워지고 깊어지기 때문이다. 우리는 늙어감에 따라 분명 더 영광스러워지게 될 것이다"[달라스 윌라드,「하나님의 모략(The Divine Conspiracy, 복있는사람)」].

Main Idea 복습	많은 것들이 하나님을 섬기는 것으로부터 우리의 주의를 빼앗을 수 있다. 솔로몬은 그 주요 장애물 가운데 몇 가지에 대해 공개적으로 이야기한다. '돈을 사랑함'과 같은 장애물은 우리로 가장 귀중한 보배를 멀리하게 만든다. 그것은 살아 계신 하나님과의 친밀한 관계이다.

! 결론

하나님을 기다린다는 것

아타나시우스(Athanasius)는 거의 105세에 가까운 가경자(可敬者: '존엄한 자'라는 의미로 옛날 유럽에서 주교나 대수도원장에게 붙였던 경칭 - 역자 주) 안토니우스가 신자들에게 이단적인 아리우스파를 보호하는 판결이 내려지는 것을 보게 되더라도 낙심치 말라는 작별의 말을 남겼다고 언급하고 있다. 대신에 그는 신자들에게 "너희들이 성경에서 배워 온 우리 주 예수 그리스도에 대한 믿음"에 집중하라고 지시했다(Athanasius,

220).

우리는 "정의를 가질 수 없다면 자살하고 말겠다"는 「카라마조프가의 형제들(The Brothers Karamazov, 도스토예프스키, 민음사)」의 이반(Ivan)처럼 인내심이 부족한지도 모른다. 그러나 하나님은 우리로 하여금 기다리게 하여 그분의 의로움이 입증되는 것을 보게 하실 수도 있다. 그 과정에서 우리가 하나님의 임재 속에서 조용히 앉아있는 능력을 키운다면, 그분을 신뢰하는 데까지 성장하게 될 것이다.

▣ 진리 알기

- 그분이 우리의 기도를 들으시기보다는 우리가 그분의 음성을 들어야 할 필요가 훨씬 더 크다.
- 물질적인 부를 사랑하는 것은 우리가 하나님을 아는 진정한 보화를 멀리하게 만들 것이다.
- 하나님을 아는 사람들은 어떤 삶의 환경에서도 기쁨을 경험한다.

▣ 적용하기

- 주님하고만 보내는 날을 정하라. 당신의 성경과 노트나 다이어리, 하나님께 듣고자 하는 마음 자세 등을 준비하라. 당신이 하나님으로부터 듣고 있다고 확신할 수 있도록 복음서나 시편, 이사야서 등 비교적 큰 성경 부분을 묵상하라!
- 당신 자신의 기도를 주의 깊게 들어보라. 하나님과 대화하는 데 있어 무례함이나 경솔함 같은 어떤 문제는 없는가?
- 모든 그리스도인은 자신이 '아메리칸 드림'을 얼마나 많이 믿는지에 대해 스스로 의심해봐야 한다. 그렇기 때문에 '돈을 사랑함'이 당신의 주의를 얼마나 많이 붙잡고 있는지 보여주시도록 하나님께 간구하라.

삶의 적용

늙어가는 것에 대한 성경 구절

내가 달라스에서 살고 있을 때, 점심 식사를 하기 위해 한 친구 집으로 가던 도중에 생긴 일이다. 나는 우연히 한 골목길에서 소프트볼 게임이 벌어지고 있는 것을 발견했다. 순간 내 발걸음이 느려지더니 마침내 멈추어 섰다. 나는 빨리 뛰고 세게 던지는 것이 쉬운 일이었던 어린시절을 회상하며 마치 내가 야구장 스탠드에 앉아 있는 75세의 노인이 된 것 같은 서글픈 느낌이 들었다.

나는 당시 25세밖에 되지 않았지만(거의 20년 전의 일이었다), 그 불가피한 현실에 대해 생각하며 얼마나 우울했는지 지금도 기억이 생생하다. 75세의 내 몸은(내가 그때까지 산다면) 젊은이처럼 뛰고자 하는 내 욕구를 따를 수 없을 것이다.

내가 전도서 5장 20절을 처음으로 암송한 것은 바로 그 일이 있고 난 직후였다. 나는 그 후에도 수없이 많은 경우에 그 구절을 떠올렸다. 성경적으로 나는 내 유한성에 대해 솔직할 수 있는 자유를 소유하고 있지만, 한편으로는 모든 삶의 시기에 하나님이 주시는 큰 기쁨을 경험할 수 있다. 75세의 노인이 되어 야구장 스탠드에 앉아 있는 것은 이제 더 이상 내게 두려운 일이 아니다. 사실 나는 그것을 고대한다고도 말할 수 있다. 내 이가 여전히 사과를 깨물 수 있는 한 말이다!

「카라마조프가의 형제들」에 등장하는 신앙심이 깊은 조지마(Zossima) 신부의 말은 모든 그리스도인들이 말년에 고백해야 할 내용을 요약하고 있다. “내 삶은 이제 끝나가고 있다. 나는 그 사실을 잘 알고 있다. 그러나 나는 매일같이 이 세상에서의 내 삶이 새롭고, 무한하며, 알 수는 없지만 다가오는 새 삶과 가까워지는 것을 느낀다. 그 삶이 가까워진다는 사실로 인해 내 영혼은 환희로 전율하고, 내 마음은 북받쳐오르며, 내 가슴은 기쁨으로 눈물 흘린다.”

기도

하나님 아버지, 당신 앞에서 제가 단순히 지껄이는 사람이 되지 않도록 지켜주십시오. 당신의 임재 속에서 잠잠히 있음으로써 커져가는 평화를 발견하게 해주십시오. 예수님의 이름으로 기도합니다. 아멘.

심층 연구

A. "돈을 사랑하는 사람마다"(5:10, 우리말성경)

목사들은 돈을 꽤 껄끄러운 화제로 여긴다. 그것은 유감스러운 일이다. 성경은 돈에 대해 아주 많은 이야기를 하고 있기 때문이다. 이 구절과 다른 신약 성경(딤전 6:10)에서 보듯이, 궁극적으로 우리를 망치는 것은 바로 '돈을 사랑하는 것' 이다. 우리의 마음은 모든 것을 불태우는 한 가지 열정을 품을 수 있을 정도로만 크다는 사실을 명심해야 한다(마 6:24). 우리는 바울처럼 하나님이 우리를 적게 축복하시든 많이 축복하시든 자족하는 방법을 배워야 한다(빌 4:12, 비교. 잠 30:7-9).

돈은 위대한 선을 위해 사용될 수 있다. 사실 예수님은 그분의 제자들이 일부 비기독교인들이 갖고 있는 정도의 재정적 지식밖에는 갖고 있지 못한 것처럼 보일 때 불만스러워하셨다(마 6:1-13, 특히 8절).

우리가 '돈을 사랑하지' 않는다고 믿도록 스스로를 속이는 것은 쉬운 일이다. 따라서 하나님의 말씀의 진리가 정기적으로 나누어지는 곳에서 참된 코이노니아(koinonia)를 경험하는 것이 절대적으로 필요하다(엡 4:11-16, 골 3:12-17).

교안

A. 들어가는 글

1. '듣기는 빨리하고 말하기는 더디 하라' 이야기로 시작하라.

2. 배경 설명: 5장은 거룩하신 하나님 앞에서 무례하게 말하는 흔한 잘못을 우리에게 들이댄다.
3. 적용: 경건한 기도는 속도를 늦추고 우리 하나님 아버지의 '서두르지 않는 세상'으로 들어가고자 하는 마음 자세로 특징지어진다. 그렇게 하기 위해서는 세상적인 노력과 생산성보다는 침묵을 더 소중히 여겨야 한다.

B. 본문 이해

1. 그릇된 예배와 올바른 예배(5:1-7)
2. 우리의 주의를 분산시키는 것 1: 불의를 목격하는 경우(5:8-9)
3. 우리의 주의를 분산시키는 것 2: 돈(5:10-17)
4. 올바른 관점(5:18-20)

C. 결론: '하나님을 기다린다는 것' 을 읽어주라.

토의 질문

1. 왜 우리 가운데 많은 사람들이 기도할 때는 주님의 이름을 몇 번이고 반복하여 부르면서 서로 대화할 때는 그런 식으로 말하지 않는 것일까?

2. 성경에 의하면, '돈을 사랑하는' 사람의 특징에는 어떤 것들이 있는가?

3. 미가 6장 8절에서 "공의를 행하라"는 하나님의 첫 번째 적용을 고려할 때, 교회는 세상에서 행해지고 있는 다양한 불의를 해결하기 위해 무엇을 해야 할 것인가?

전도서 6장

스스로 만든 파라다이스의 무익함

"우리는 지금 모든 것을 가지고 있을 수도 있지만, 그 가운데 어떤 것도 더 이상 아무런 의미가 없다. 우리가 할 수 있는 것처럼 보이는 것은 기껏해야 개인적인 필요에 대한 일상적인 목록을 취해 사람과 상품과 기회를 그것들과 결부시키려고 노력하는 것이다. 역설적인 것은, 자신이 삶의 결정자가 되는 이 심리적 쾌락주의가 자기 파괴적이라는 사실이다. 우리는 배신당할 뿐만 아니라 우리 자신을 배신하기도 한다. 그 과정에서 우리는 삶의 진정한 의미의 유일한 원천인 초월적인 것에 대한 모든 관심을 파괴하는 대가를 치르기도 한다. 하나님과, 초자연적인 현상과, 윤리적 절대성 같은 것들은 세속화된 현대 사회에서는 낯선 것이 되어왔다. 우리는 매사냥꾼의 목소리를 점차 잊어버리는 예이츠의 매와 같다. 중심은 더 이상 붙들지 못한다. 모든 것이 주변으로 던져지고 그곳에서 그 의미를 잃어버린다."

- 데이비드 F. 웰스(David F. Wells)

이 장과 앞장에 나오는 사람들에 대한 묘사는 서로 정반대다. 우리가 그저 이 장의 서두와 앞장의 말미에서 사람들의 라이프스타일을 묘사했다면, 아마도 이 장에 등장하는 사람이 훨씬 더 행복하다고 생각하고 싶을 것이다. 그러나 라이프스타일만으로는 행복에 이르지 못한다.

들어가는 글

부유하고 총명한 사람들도 여전히 죽는다

우리는 엄청난 부나 재능이 만족을 가져다줄 것이라고 생각하는 경향이 있다. 우리가 그렇게 생각하는 이유가 완전히 부당한 것은 아니다. 부유한 사람들은 분명 다른 사람들이 갖고 있지 못한 이점을 가지고 있고, 총명한 사람들은 일반적으로 그만큼 재능을 타고나지 못한 사람들을 능가할 수 있다. 하지만 그런 이점에는 한계가 있다. 부유하고 총명한 사람들도 여전히 죽는다. 그들은 또 하나님이 허락하시지 않는다면 참된 기쁨과 만족을 경험할 수 있는 능력도 갖지 못한다.

본문 이해

스스로 만든 파라다이스의 무익함

Main Idea	솔로몬은 종교적 상투어를 싫어한다. 그는 기억하기 쉬운 종교적 표현을 사용하기에는 너무나 솔직하게 삶의 몸부림을 다룬다. 그러나 솔로몬은 '하나님이 없으면 기쁨도 없다'는 표현이 현실을 적절히 묘사하고 있다고 굳게 믿는다. 그는 삶의 의미가 편안함이나 소유의 넉넉함에 있지 않다는 사실을 잘 알고 있는 것이다.

A. 하나님이 없다면 삶은 낭비일 뿐이다(6:1-6)

Supporting Idea	장수와 부 같은 근사한 축복들은 단독으로 올바르게 평가되거나 누릴 수 없다. 기쁨의 삶에는 하나님이 절대적으로 필요하다.

6:1. 솔로몬은 이제 또 다른 진리를 발견한다. 이 특정 관찰은 다시 한 번 '해 아래서의 삶' 에 대해 이루어진다. 솔로몬이 보고 있는 악은 사람에게 중한 것이다. NASB 영어성경은 이 악을 '사람들 가운데 널리 퍼져 있는' 것으로 해석한다. 여기서 전달되는 가장 그럴듯한 생각은 자주 일어나는 일 가운데 하나라는 사실이다(Longman, 169).

6:2. 이 사람은 하나님으로부터 축복을 받았지만, 그것을 알지 못한다! 그는 틀림없이 '자신의 손이 부를 가져다주었다' 고 생각한다. 전도서 5장 18-20절에 등장하는 의인과는 정반대로, 이 사람은 하나님으로부터 권한을 부여받지 못한 것이다. 따라서 그의 삶의 낙은 좌절될 수밖에 없다.

다른 사람이 누린다는 언급은 다양하게 이해되어왔다. 어쩌면 그 부자가 자신의 부를 도둑맞았거나 그의 유산을 넘겨받을 수 있는 상속인이 없었을 수도 있다. 어떤 상황이든 간에 그 진리는 분명하다. 그는 하나님으로부터 권한을 부여받지 못해 오래 지속되는 참된 기쁨을 경험할 수 없다는 것이다. 소유물 외에 아무것도 없는 삶은 참으로 공허하다(시 49:10-11 참고).

6:3-5. 성경 시대에는 많은 자녀를 두는 것이 축복의 징후였다(시 127:3-5). 그럼에도 불구하고 우리는 널리 알려진 솔로몬의 후렴구를 듣게 된다. 만약 사람이 모든 것을 소유하고도 하나님이 없다면, 실제로는 아무것도 없는 것이다. 솔로몬은 우리의 감성에 충격을 주기 위해 그 사람이 태어나지 않았더라면 더 좋았을지도 모른다고 말한다. 그것이 어떤 의미로 들리는가? 예수님이 유다에 대해 하신 말씀 그대로이다(마 6:24, 비교. 욥 3:1-16).

6:6. 보통은 축복이라고 생각되는 장수조차도 무익한 것으로 간주된다. 한 개인이 얼마나 오래 살든지 간에 죽음이라는 운명을 피하는 것은 불가능하다. 하나님이 없는 사람들의 곤경을 관찰하는 것은 그들에 대한 큰 동정심을 불러일으킬 것이다. 하나님 없는 사람들이 멋지게 보이고 선망의 대상이 될 수도 있지만, 실제로는 불안정하고 생기가 없는 사막의 떨기나무에 불과하다(렘 17:5-6).

B. 하나님 없이는 갈망이 만족될 수 없다(6:7-9)

Supporting Idea	'본성' (현대적인 개념)의 요구에 응하는 것은 우리를 만족시키지 못한다. 오히려 우리가 본성을 발견하는 것은 우리의 목숨을 잃음으로써 가능하다(마 16:25). 이것은 우리의 육체적 욕구를 정면으로 거스르는 명제가 아닐 수 없다.

6:7. 하나님의 구속 사역과 관련 없는 일중독은 무익하다. 그것은 영속적인 만족을 제공하지 못한다. 잘못된 목표를 추구하기 때문이다. 로버트 존스톤(Robert Johnston)은 이렇게 주석을 달고 있다.

> 자기 정당화를 위한 인간의 노력은 잘못된 것이다. 세상 질서의 신비와 세계인의 공통된 운명, 뚜렷한 진전의 부족 등은 모두 코헬레트가 과도한 일 지향성을 반대하는 데 유리하게 작용한다. 대신에 코헬레트는 그의 독자들에게 그들이 전개하는 것에 따라 하나님으로부터 받는 선물을 즐기며, 마음을 열고 삶에 접근하라고 촉구한다(로버트 존스톤, 28).

6:8. 궁극적인 의미에서, 특히 죽음 같은 필연적인 운명을 고려할 때 지혜자가 우매자보다 나은 것이 전혀 없다. 하나님을 모르는 지혜자에게는 상대적 이점만이 있을 뿐이다(전 2:12-17의 본문 이해 참고).

가난한 자가 인생 앞에서 행할 줄 안다는 이 구절의 후반부는 지금까지 다양하게 해석되어 왔다. 로버트 데이비슨(Robert Davidson)의 주석이 사리에 맞는다.

> 그의 말이 매일의 삶에 대처하는 법을 알고 있는 가난한 사람이 있다는 의미라고 치자. 그래서 어쨌다는 것인가? 분명 삶에는, 코헬레트의 눈에 가난해 보이는 사람이 결코 가질 수 없는 좋은 것들이 아주 많이 존재한다. 단지 가난하다는 이유 때문에 말이다. 빈곤은 빈곤일 뿐이다. 그것이 어떤 모양이나 형태를 취하더라도. 여기서 가난하고 단순한 삶의 가치에 대해 낭만화하는 일이 있어서는 안 될 것이다! 코헬레트는 온갖 사람들과 상황(부유한 자와 가난한 자, 지혜자와 우매자 등)을 훑어보면서 그들 가운데 누구도 삶의 가장 깊숙한 비밀을 푸는 열쇠를 찾지 못

했다고 말하는 것처럼 보인다(로버트 데이비슨, 42).

6:9. 성경에는 '행복한 삶' 을 판단하는 데 육감을 사용하는 것을 경고하는 내용이 많이 있다. 이브의 눈에 보암직했던 에덴동산의 선악과(창 3:6)에서부터 밧세바를 향한 다윗의 욕정, '안목의 정욕' 에 대한 요한의 가르침(요일 2:16)에 이르기까지 우리는 강력한 경고를 발견하게 된다.

C. 오직 하나님만이 삶의 수수께끼를 설명하실 수 있다(6:10-12)

Supporting Idea	하나님은 모든 지혜와 지식의 궁극적인 판단 기준이시다. 우리가 이해할 수 없는 것을 이해하고자 하는 욕망은 우리의 좌절을 부추기거나 하나님에 대한 더 깊은 신뢰로 우리를 몰아갈 수 있다.

6:10. 삶의 신비를 이해하고자 하는 인간의 시도는 무익한 것이다. 인간은 부수적인 존재에 불과하기 때문이다. 인간보다 훨씬 더 강력한 누군가가, 다시 말해 하나님이 태초부터 인간을 알고 계셨다. 따라서 그분만이 참된 지혜의 유일한 원천이시다. 한 주석가는 그것을 이렇게 표현하고 있다.

> '무언가에게 이름을 주는' 것은 그것의 특징을 연구하거나 정하는(여기서처럼) 것이다. 세상과 인간은 모두 고유한 특징을 확립해왔다. 하나님은 인간보다 더 강한 분이시다. 따라서 전도자는 지금 삶의 기본적인 특징을 변화시키는 것의 불가능성을 강조하고 있는 것이다. 인간은 자신의 한계를 회피할 수도 없고, 세상의 이상 현상을 완전히 이해할 수도 없다(비교. 1:15). 그는 욥처럼 하나님과 논쟁하기를 바랄지 모르지만, 하나님은 모든 면에서 더 위대한 분이시다(Eaton, 107).

6:11. 우리는 하나님께 이름이 불려지는 현실에 안주하고, 세상의 신비를 이해하는 데 엄청난 한계가 있다는 사실을 인정하는 대신에 일반적으로 좌절하고 '많은 말을 늘어놓는다.' 그러나 많은 말이 현명한 시각을 반영하지는 않는다. '항상 그런 것은 아니지만' (Seow, 233), 그런 말들은 보통 우매자의 징후다(전 5:2-3, 비교. 잠 10:19).

6:12. 하나님만이 미래를 아시기 때문에(비교. 전 3:11), 그분을 신뢰하지 않는 것은 어리석은 일이다(Brown, Fitzmyer, and Murphy, 538). 하나님을 외면하는 사람들은 결국 스스로를 파괴하게 된다(롬 1:18-32, 비교. 신 6:24). 불행히도 그것이 대부분의 사람들이 선택하는 대안이다(전 6:1-4, 마 7:13-14).

그림자는 "인간의 연약함을 강조하는" 성경의 다른 곳에서도 언급된다(Longman, 178). 그림자는 실체가 없고, 방향을 쉽게 바꿀 수 있으며, 오래 지속되지 않는다. 또한 인간이 연약하고 무력하다는 사실을 강조함으로써 우리를 깜짝 놀라게 할 수도 있다.

절망은 한 개인이 참 행복을 위해 모든 수단을 다 강구해보았음을 보여주는 단서다. 그 결과로 인한 환멸은 파괴적일 수 있다. 삶의 수수께끼를 이해하고자 하는 이 몸부림은 1971년 다트머스(Dartmouth) 대학을 수석으로 졸업한 데이빗 레비(David Levy)에 의해 정확히 표현되었다. 그가 고별 연설에서 말한 내용을 잘 들어보라.

> 제발 부탁입니다. 여러분 가운데 우리의 삶을 정당화하실 수 있는 분은… 삶이 왜 살아볼 만한 가치가 있는지 편지를 써서 저에게 알려주십시오. 부유하신 부모님 여러분, 돈이 여러분의 삶을 가치 있게 만들어주는지 알려주십시오. 다트머스 동문 여러분, 다트머스에서의 경험이 여러분의 삶에 의미를 부여해주었는지 말씀해주십시오. 그리고 혹시 여기 계신 여러분 가운데서도 저와 같은 분이 계시다면, 당신은 삶의 어리석음을 어떻게 이해하게 되었는지 알려주시기 바랍니다(Richards, 24에서 인용).

Main Idea 복습	솔로몬은 종교적 상투어를 싫어한다. 그는 기억하기 쉬운 종교적 표현을 사용하기에는 너무나 솔직하게 삶의 몸부림을 다룬다. 그러나 솔로몬은 '하나님이 없으면 기쁨도 없다'는 표현이 현실을 적절히 묘사하고 있다고 굳게 믿는다. 그는 삶의 의미가 편안함이나 소유의 넉넉함에 있지 않다는 사실을 잘 알고 있는 것이다.

결론

기쁨의 유일한 원천

우상에 마음을 빼앗기는 것이 얼마나 쉬운지 생각할 때, 깊은 슬픔과 영적 진지함이 우리를 엄습해야 한다. 솔로몬은 지금까지 하나님 외에 다른 어떤 것이나 누군가가 깊은 곳에서 지속적으로 우러나는 기쁨을 가져다줄 수 있을 정도로 충분히 위대하다고 믿는 어리석음을 우리가 버려야 한다는 사실을 보여주었다. 성경에 계시되어 있는 존엄하신 하나님만이 기쁨과 만족을 가져다주실 수 있다.

▣ 진리 알기

- 삶의 환경이 한 개인의 운명을 결정하지는 못한다. 하나님의 가능케 하심만이 결정할 수 있다.
- 의미를 찾고자 하는 우리의 만족할 줄 모르는 욕구는 더 많은 권력이나 소유의 획득으로 충족될 수 없다.
- 오직 하나님만이 미래를 주관하시므로 그분을 신뢰하지 않는 것은 어리석은 일이다.

▣ 적용하기

- 이 장의 진리를 비기독교인 친구와 나눌 수 있는 기회를 위해 기도하라.
- 어떤 우상이 당신의 마음을 가장 강력하게 흔드는지 생각해보라. 그 문제를 신뢰할 수 있는 그리스도인 친구와 함께 상의하고 기도와 충고를 부탁하라.
- 당신이 소유하기를 꿈꾸는 것들을 손에 넣었다고 상상해보라. 하나님 없이 그것들을 소유한다면 어떨 것 같은가?

삶의 적용

"사람 높이는 것을 그만두라"

전국적으로 방송되는 PBS의 특집 프로그램을 위해 윌리엄 F. 버클리(William F. Buckley)와 그의 자택에서 인터뷰했던 것은 내게 특권이었다. 하나님이 이 경험을 통해 내게 가르쳐주신 것의 무게를 충분히 느끼기 위해서는 약간의 배경을 알아야 할 필요가 있다. 십대 이후로 지금까지 내가 한 시간을 함께 보내고 싶은 다섯 사람을 묻는 질문에는 항상 버클리가 포함되었다. 그런 그와 인터뷰뿐 아니라 여러 차례 식사까지(그의 요청과 비용으로) 함께할 수 있는 기회가 주어졌을 때 내가 느꼈을 흥분을 가히 상상할 수 있을 것이다.

인터뷰 날짜가 점점 다가오자, 하나님은 내게 이사야서 2장의 한 구절을 상기시키셨다. 그 구절은 내가 사물이나 사람에 대한 우상숭배로 기울려는 유혹을 느낄 때마다 내게 힘이 되어주는 말씀이었다. 이사야 2장 22절이 인터뷰 하루 전날 갑자기 생각났다. "사람 높이는 것을 그만두라. 그의 숨이 코에 붙어 있으니 뭐가 그리 대단하겠느냐?" (NASB).

결과적으로 나는 버클리 씨와의 인터뷰에 편한 마음으로 임했고, 그를 나와 같은 평범한 인간으로 대할 수 있었다. 나는 그와 함께 보냈던 시간들에 대해 너무나 감사한다. 나에 대한 그의 관심과 내가 한 일은 놀라운 축복이지만, 나는 항상 하나님이 우상숭배에 대해 내게 가르쳐주셨던 그 중요한 교훈을 잊지 않을 것이다.

기도

하나님 아버지, 이 세상의 우상들이 당신을 아는 것을 대신할 수 없다는 사실을 제가 깨닫게 도와주십시오. 제가 매일 우상숭배를 회개할 때마다 저를 사용하여 "범죄자에게 주의 도를 가르치소서" (시 51:13). 예수님의 이름으로 기도합니다. 아멘.

심층 연구

A. "능히 누리게 하심을 얻지 못하므로"(6:2)

이 구절에서 하나님의 주권적 권한을 경시하거나 약화하려는 시도는 경솔한 것이다. 일반적으로 하나님의 주권적 권한에 대한 논의는(그것이 구원과 관련되어 있을 때는 특히) 많은 사람들로 하여금 그 가능성에 대한 공정성에 의문을 제기하게 만든다. 격론이 벌어지는 그런 주제에 대해 생각할 때는 여러 가지를 염두에 둘 필요가 있다.

우선, 은혜가 도대체 무엇인지 명확히 해야 할 필요성이 있다. 우리 모두는 죄인이다(롬 3:5). 따라서 당연히 하나님의 심판을 받아야 한다. 천국에 들어갈 자격이 있는 사람은 아무도 없다. 하나님이 일부 사람들에게 은혜를 베푸신다고 해서 그것이 그분을 불공정하거나 부당하게 만드는 것은 아니다. 우리 모두는 응분의 대가를 받고, 우리 가운데 일부는 우리가 받아야 하는 것보다 훨씬 더 귀중한 것을 받는 것이다. 그것은 하나님과의 관계이다!

둘째로, 온 인류가 평평한 운동장에 있다고 생각해보라. 그 운동장은 '하나님을 선택하거나 거부할 수 있는 동등한 자유' 로 특징지어지거나, 아니면 '모든 사람이 죄를 범하여 하나님을 떠나버렸다' 로 특징지어진다. 나는 후자를 강력히 지지한다. 그 이유를 설명해보고자 한다.

만약 모든 사람이 하나님을 선택하거나 거부할 수 있는 동등한 자유를 가지고 있다면, 일부 사람들은 하나님께 '예' 라고 말하기를 선택하는데, 다른 사람들은 거부하는 이유가 무엇일까? 당신은 일부 사람들이 좀 더 겸손하거나 자신의 죄를 좀 더 분명하게 보기 때문이라고 대답할지도 모른다. 하지만 그 대답은 왜라는 질문의 답이 되지 않는다. 그 겸손함과 하나님의 필요성에 대한 인식은 어디에서 오는 것일까? 만약 그런 것들이 '자율적인 개인' 으로부터 오는 것이라면, 우리는 일부 사람들이 다른 사람들보다 죄의 영향을 덜 받는다고 말해야 하고, 그것은 분명 불경스러운 생각이다. 그러나 만약 그 운동장이 '모든 사람이 죄를 범하여 하나님을 떠나버렸다' 로 특징지어진다면, 구원이 일어나는 것이 하나님의 주도적인 결단이어야 한다. 우리는 그저 하나님이 우리를 위해 성취하고자 착수하신 일에 대해 감사와 믿음으로 반응하는 것이다.

셋째로, 하나님의 주권적 권한은 단순히 바울의 생각이 아니다. 성경의 첫 부분인 창세기에서부터 시작해보라. 하나님이 일관되게 합법적인 상속자로 형 대신에 아우를 선택하셨던 사실을 보라(이스마엘 대신에 이삭, 에서 대신에 야곱, 르우벤 대신에 요셉, 므낫세 대신에 에브라임). 심지어 요셉도 좀 더 현명해야 했지만 자기 아버지 야곱이 장자 므낫세 대신에 차자 에브라임에게 축복하시는 것을 보고 깜짝 놀랐다(창 48:14).

넷째로, 우리는 성경이 우리에게 주는 긴장감을, 다시 말해 구원과 관련된 하나님의 주권적 권한에 대한 단호하고 분명한 묘사와, 그분의 진리의 전달자로 우리를 사용하고자 하시는 하늘 아버지의 바람이 결합된 긴장 요소를 유지해야 한다(전 3:15의 본문 이해에서 겔 37장에 대한 논의 참고).

마지막으로, 우리는 이 문제를 논의할 때 서로에게 정중해야 한다. 그리스도인들은 오랜 세월 동안 이 문제에 대해 의견을 달리해 왔다. 하지만 그런 인식이 이 문제의 중요성을 경시하는 것으로 이어져서는 안 된다. 이것은 대단히 중요하며, 모든 그리스도인의 경건하고, 솔직하며, 겸손한 숙고를 받을 만하다.

B. "그[사람의] 식욕은 차지 아니하느니라"(6:7)

우리는 구약에서 물질을 취해 우상을 만드는 사람들에 관한 이야기를 읽을 때 충격을 받게 된다(사 44:12-15). 정말 멍청한 짓이다! 어떻게 그렇게 타락할 수 있는가? 우상을 만드는 데 사용되지 않은 여분의 물질은 몸을 더웁게 하는 데 사용된다(사 44:16). 그것은 우리의 놀람을 더해주는 역할을 할 뿐이다. 어떻게 사람이 만든 신을 섬길 정도로 인간이 어리석을 수 있단 말인가?

만약 우리가 솔직해진다면, 우리도 똑같이 행동하고 싶어진다는 사실을 깨닫게 될 것이다. 우리는 우상을 만들기 위해 항상 손을 사용하지 않을 수도 있다. 한 가지만 예로 들자면, 야심적인 사업가들은 벤처 기업을 만들어 섬기는 경향이 있다. 우리 모두는 마음속에 우상을 만든다. 우리 마음은 참으로 "꺼지지 않는 우상의 용광로다"(Calvin, 97).

'우상 제조 공장' 인 우리 마음은 하나님 외에 다른 어떤 것이나 누군가를 기뻐한다.

훨씬 더 미묘한 문제지만, 그리스도인들은 성경에 계시된 하나님께 머리 숙이는 지혜에 의문을 제기하고 싶을지도 모른다. 주님은 우리의 '감성' 을 거스르는 방식으로 자신에 대해 말하고 행동하시기 때문이다. 그래서 우리는 하나님을 '비틀고' 수정하기 시작한다. 현대의 입맛에 더 잘 맞는 하나님을 만들어내는 것이다. 누구도 심판하지 않고 '최선을 믿는' 데 항상 성급한 하나님 말이다.

그렇게 우상숭배는 여러 형태를 띠며, 그 형태가 어떤 것이든 죽음을 낳는다. 우상숭배자는 자신이 섬기는 거짓되고 죽은 이미지와 똑같이 될 수밖에 없기 때문이다(시 115:8, 135:18).

고안

A. 들어가는 글

1. '부유하고 총명한 사람들도 여전히 죽는다' 이야기로 시작하라.
2. 배경 설명: 우리는 '모든 일이 잘되는' 한 사람을 소개받는다. 안타깝게도 그는 본래 설계된 방식대로 삶을 경험하지 못한다. 그가 설계자이신 하나님을 알지 못하기 때문이다.
3. 적용: 이 장은 우리에게 충격을 주어 앞장에서 읽었던 사람과는 다른 삶의 방식을 생각하게 만든다.

B. 본문 이해

1. 하나님이 없다면 삶은 낭비일 뿐이다(6:1-6)
2. 하나님 없이는 갈망이 만족될 수 없다(6:7-9)
3. 오직 하나님만이 삶의 수수께끼를 설명하실 수 있다(6:10-12)

C. 결론: '기쁨의 유일한 원천' 을 읽어주라.

토의 질문

1. 마태복음 7장 13-14절은 전도서 6장 1절에 어떤 빛을 던져주는가?

2. 만약 하나님이 사람들에게 삶을 누릴 수 있는 권한을 부여해야 한다면, 우리는 비기독교인들의 삶 속에서 어떤 역할을 하게 되는가?

3. 당신은 하나님을 대신해 어떤 우상이 가장 매력적이라고 생각하는가?

전도서 7장

가망 없는 곳에서 지혜 얻기

"마음의 경솔함과 실패에 대한 작은 걱정 때문에 우리는 영혼의 고뇌에 대해 무감각해진다. 그러나 우리는 종종 공허하게 웃는다. 당연히 울어야 하는데도 말이다. 선한 양심을 수반하는 하나님에 대한 두려움밖에는 참된 자유나 진정한 기쁨이 없다."

- 토마스 아 켐피스(Thomas à Kempis)

이 장은 전도서의 나머지 부분에서 발견되는 몇 가지 관련된 주제를 이어나간다. 이 장의 전반부에서 솔로몬은 세상적인 즐거움보다 하나님을 추구하는 지혜를 묘사한다. 후반부에서는 하나님을 신뢰하기보다는 죄를 짓고자 하는 유혹을 묘사하고 있다. 하나님으로부터 독립하고자 하는 우리의 욕망은 지혜를 찾는 것을 어렵게 만든다.

들어가는 글

복음 나누기

심각한 문제는 가볍게 취급하는 반면, 스포츠처럼 중요하지 않은 사안을 그 날의 가장 중요한 이슈로 여기는 사람들을 발견하는 것은 드문 일이 아니다. 내세의 가능성 같은 중요한 문제가 냉소와 익살로 다뤄지거나, 심지어는 심각하게 생각할 만한 가치가 없는 것으로 간주되기도 한다.

여러 해 전, 나는 스탠퍼드 대학에서 한 학부생과 복음을 나누고 있었다. 그 대화는 예수님을 신뢰하지 않는 것의 결과 부분에 이르기 전까지 꽤 점잖게 진행되었다. 지옥에 대한 개념이 고등 교육을 받은 그 젊은이에게는 우스꽝스러웠던 것이다. 사실 그는 더 나아가 널리 퍼져 있는 생각을 정확히 표현했다. 만약 지옥이 존재한다면, 모든 친구들이 거기에 있을 테니 그렇게 나쁘지 않을 수도 있다는 것이다. 성대하고 행복한 하나의 파티가 될 거라고 말이다.

솔로몬은 이 장에서 더 좋은 길을 제시한다. 그는 진지하고 한결같은 관심을 기울일 만한 문제들이 있다는 사실을 우리가 알기를 원한다. 현명하기를 원하는 사람들은 진지한 사색이 장려되는 곳을 찾아가도록 격려받는다.

본문 이해

가망 없는 곳에서 지혜 얻기

Main Idea	어리석은 삶으로 가는 데는 많은 길이 있다. 지혜의 길은 좁지만, 그 길을 계속 따라가는 사람들에게 큰 기쁨을 가져다준다.

A. 진지한 자세가 쾌락 추구보다 낫다(7:1-10)

Supporting Idea	특정 장소와 사람들은 지혜를 추구하도록 자극한다.

7:1. 부보다 훨씬 더 대단한 것이 있다. 물질적 번영은 보배로운 기름 같은 것들을 살 수 있지만, 그런 것들은 오래가지 않는다. 기름은 "향기가 나고 좋은 인상을 주지만… 빨리 증발해버린다"(Ellul, 78). 그러나 아름다운 이름은 오래 지속된다. 향수는 외모와만 관련되어 있지만, 좋은 평판은 내면에서 비롯되는 것이다(Keddie, 79). 우리 시대에는 주로 외모에 관심을 둔다. 명성과 인기가 진정한 영웅주의를 대체해왔다. 전자는 이미지에 의존하는 반면, 후자는 인격에 바탕을 둔다(Keyes).

죽는 날이 출생하는 날보다 낫다는 이 구절은 다양하게 이해되어 왔다. 그러나 한 개인의 인격과 행실이 결국에는 분명해진다는 생각이 솔로몬의 사고 전개에 들어맞는 것 같다(비교. 전 8:10).

7:2-4. 보통 죽음 같은 삶의 진지한 현실에 대해 생각하는 것에서 우리는 많은 것을 얻을 수 있다. 그러나 항상 그런 것은 아니다. 프로이트(Freud) 같은 사람들은 죽음에 대해 병적인 흥미를 가질 수 있기 때문이다(Becker, 102-103).

우리는 여기서 솔로몬이 말하고 있는 것을 내면화해야 한다. 그는 결혼식에 가는 것보다 장례식에 가는 것이 더 낫다고 말한다. 이것은 분명 장례식이 더 즐겁다는 말이 아니다! 장례식은 정신이 번쩍 들게 하는 유익한 경험이다. 그것은 우리에게 진지함을 불어넣어준다(Chrysostom, "Concerning the Statutes", 440, 비교. Ambrose, "Letter LXIII", 472). 우리 모두는 언젠가 죽을 것이다. "죽음의 그림자"는 "누구도 거부할 수 없는 운명"이다[호메로스, 「일리아드(The Iliad)」]. 호메로스(Homer) 같은 고대의 작가들은 "죽음은 피할 수 없는 것이며, 한 인간에게 죽음의 시간이 찾아올 때는 심지어 신들이 그를 아무리 좋아하더라도 구원할 수 없다"는 사실을 이해하고 있었다[호메로스, 「오디세이아(The Odyssey)」]. 그 시각은 요한복음 11장 25-26절에 나타나 있는 예수님의 관점과 얼마나 큰 차이를 보이는가!

우리가 죽을 수밖에 없는 운명이라는 사실은 우리로 하여금 삶을 숙고하고, 바라건대 우리가 임종의 순간에 갖게 될지도 모르는 후회를 줄여줄 변화를 시도하게 만든다. 그러나 불행히도 우리 가운데 대부분의 사람들은 그런 현실을 깊이 생각하지 않는다. 우리는 "하나님의 계획을 실행할 수 있는 시간이 무한정 많은 것처럼 살아가는" 경향이 있다(Wright, "The Interpretation of Ecclesiastes", 30).

솔로몬은 '모든' 웃음이 잘못된 것이라고 생각하는 것이 아니다. 다시 한 번 강조하건대, 문맥이 의미를 결정한다. 여기서 그는 진리에 뿌리를 두고 있지 않은 경박한 웃음에 대해 이야기하고 있다. 그런 불경건한 유쾌함보다는 삶 전체에 대한 진솔한 성찰에서 오는 슬픔이 훨씬 더 낫다는 것이다. 아이러니컬하게도 삶의 진정한 '승자'는 바로 그런 사람이다. 피터 크리프트의 다음 논평에 대해 생각해보라. "당신이 알고 있는 모든 사람들을 생각해보라. 가장 크게 그리고 가장 많이 웃는 사람들이 가장 천박하고 어리석은 것이 사실 아닌가? 그리고 가장 현명한 사람들이 가장 심각해 보이지 않는가? 아마도 현명한 사람들이 심각해 보이는(grave) 이유는 무덤(grave)을 잊지 않고 있기 때문일 것이다"(피터 크리프트, 39).

외향적인 사람들의 떠들썩한 웃음 같은 겉모습은 거의 가치가 없다. 그러나 사려 깊은 사람들의 슬픔에 잠긴 조용한 명상은 높이 평가된다. 지혜자는 초상집에서 배운 교훈에 대해 생각하지만, 우매자는 웃음이 있는 곳에 머무는 데만 관심이 있다.

우리는 하루하루를 마지막 날처럼 살았던 파스칼(Pascal)과 조나단 에드워즈(Jonathan Edwards) 같은 그리스도인들로부터 많은 것을 배울 수 있다. 마찬가지로 윌리엄 로우(William Law)도 우리에게 다음과 같이 권고한다.

> 당신의 침대가 무덤이라고 상상해보라. 당신을 매장하기 위해 모든 것이 준비되어 있다. 당신은 이 세상과 더 이상 관계가 없게 될 것이다. 만약 당신이 다시 햇빛을 보게 되거나 당신의 경건의 행위에 추가할 또 다른 하루를 맞이하게 된다면, 그것은 하나님의 크신 자비 때문일 것이다. 그러므로 선을 행할 기회를 더 이상 가질 수 없고, 육체로부터 분리되어 마지막 날의 심판을 기다리고 있는 영혼들 사이에서 깨어날 사람처럼 잠에 몸을 맡기라(윌리엄 로우, 151).

7:5-6. 지혜자의 책망은 장례식과 비슷한 특징을 지닌다. 힘든 경험이지만, 거기서 생기는 유익이 많다. 사랑의 책망은 우매자의 공허한 말보다 낫다. 우매자는 사람들의

비위를 맞추며 아첨하기를 좋아한다. 우매자의 조언은 우리가 듣고 싶은 것만 말해주는 피상적인 노래에 불과하다(잠 27:5-6). 우리는 지혜자의 책망을 훨씬 더 선호해야 한다. 그는 가장 중요한 문제들에 대해 생각하며 그에 따라 조언을 제공하기 때문이다.

우매자의 웃음소리를 가시나무의 타는 소리에 비유한 것은 "주전자(kettle) 밑의 쐐기풀(nettles)" 하는 식으로, 사실상 일종의 말장난일 수도 있다(Seow, 236-237, 247, Eaton, 110, Crenshaw, 133). 이 비유는 소란스러움을 묘사할 수도 있고, 어쩌면 우매자의 일시적인 영향력을 의미할 수도 있다. 가시나무는 빨리 타 없어지는 반면, 석탄은 훨씬 더 오래 지속된다(Leupold, 152). 어떤 의미든 간에, 우매자의 조언은 아무런 가치가 없다는 것이다.

7:7-10. 한 개인이 도덕적이고 윤리적인 삶을 살고자 한다면, 항상 주의해야 할 삶의 영역이 있다. 다음 네 구절은 한 개인이 하나님의 현명한 계획에 따라 살아가는 것을 방해할 수 있는 여러 가지 것들을 서술하고 있다.

부당한 권력 행사와 돈을 사랑함은 고귀한 삶에 재앙과 같은 영향을 미치게 된다.

불의는 이 격변기에 하나님은 어디 계신가 하는 식의 질문들로 우리를 혼란에 빠뜨리고 분노하게 만들 수 있다(비교. 전 3, 5장). 돈은 우리로 하여금 하나님 없이도 '행복한 삶'이 가능하다는 속임수에 빠지게 할 수 있다. 돈의 기만적인 특성은 아무리 많은 경계로도 결코 대적될 수 없다.

8절은 즉각적인 만족에 대한 우리의 욕구를 경고한다. 모든 것이 즉각적인 세상에서 우리는 충분히 경고받지 못할 수도 있다. 하나님이 참된 만족을 가져다주시도록 기다리는 것은 성경의 주요 주제이며, 그것은 분명 전도서에도 언급되어 있다. 다음 장은 또 다른 사례를 제공할 것이다.

분노에 대한 경고는 아무도 예외가 아니라는 사실을 우리에게 상기시킨다. 모세를 생각해보라. 그는 당대에 가장 겸손한 사람이었지만(민 12:3), 분노로 인해 약속의 땅에 들어가지 못했다(민 20:1-13). 그것은 다른 사람들을 이끄는 일이 얼마나 도전적인가를 보여준다! 경건치 못한 분노는, 하나님이 주권자이시며 선하시다는 사실을 우리가 더 이상 믿지 않음을 보여주는 경고 사인이다. 하나님의 그 두 가지 특성을 신뢰하는 사람들은 심지어 삶이 '불공평한' 상황에서도 그분 안에서 안식할 수 있다. 요셉은 그런 측면에서 훌륭한 모범이다. 그는 하나님의 주권과 선하심에 대한 흔들리지 않는 믿음 때문에 그의 형들을 용서할 수 있었다(창 45장, 50장).

이 부분의 마지막 경고는 아주 흔한 것이다. 현재에서 기쁨을 얻지 못하는 노인들은 끊임없이 '좋았던 옛날' 에 대해 이야기한다. 슬프게도 은퇴 주거 단지 같은 곳에서 그런 말을 자주 듣게 된다. 우리는 현재에 살도록 되어 있기 때문에 그런 사람들은 사실상 살고 있지 않다고 해도 과언이 아니다(전 3:19-22의 본문 이해 참고).

한 주석가는 다음과 같은 희망에 찬 내용을 덧붙여놓았다.

> 성경은 보통 과거의 관점에서 현재를 평가하지 않는다. 일반적으로 미래의 관점에서 현재를 평가하는 경우가 훨씬 더 많다. 미래가 지니고 있는 변화의 잠재력 때문이다. 과거로 되돌아가기를 고집하는 사람들은 현재에 살면서 현재를 회피할 수 없는 사람들에게 무거운 짐을 지운다. 그러나 미래의 맥락 속에 현재를 두는 것은 다른 누군가 앞에 과거를 뒤에 남겨두고 새로운 존재 방식을 수용할 수 있는 길을 놓는 것이다(Provan, 145).

B. 현명한 사람은 하나님의 주권에 의지한다(7:11-14)

Supporting Idea	현명한 사람은 '행복한 삶' 에 대한 하나님의 시각이 이 세상의 시각과 상충된다는 확신을 가지고 있다.

7:11. 지혜는 돈을 운용하는 것을 포함하여 온갖 종류의 것에 유익하다. 어리석은 자는 부를 함부로 쓰거나 숭배하지만, 현명한 사람은 돈에 대한 경건한 시각을 유지할 수 있다.

7:12. 지식은 다양하게 정의되어왔다. 우리는 그것이 중요한 진리에 대한 인식이라고 알고 있다. 그것의 도덕적 측면을 좀 더 고려할 경우에는 "현명한 사람의 사려 깊은 지각(contemplative perception)" 으로 묘사되어왔다(Harris et al., 366). 지혜는 얻은 지식의 '결과' 를 실제로 수행하는 성격적 특성이다. 지식과 지혜는 한 동전이 지니고 있는 양면이다. 다시 말해, 지식은 발견하는 측면이고, 지혜는 실행하는 측면인 것이다. 지식이 없다면, 지혜는 광신으로 굴러 떨어질 수 있다. 지혜가 없다면, 지식은 쓸모없는 이론이 되어 보통 교만을 낳는다.

7:13. 이 구절은 다양하게 해석되어왔다. 일부 학자들은 하나님이 우리를 시험하시기 위해 삶에 고통을 가져다주신다는 사실을 이야기하고 있다고 해석한다(Kaiser, 84). 다른 학자들은 굽었다는 것이 하나님이 하고 계신 일에 대한 인간의 '인식'이라고 본다. 우리에게는 하나님의 계획이 잘못되거나 굽은 것처럼 보인다는 것이다(Leupold, 160, 비교. 전 1:15). 우리가 어떤 해석을 수용하든지 간에 하나님의 주권적인 목적은 분명하다. 우리는 그분이 정하신 것을 바꿀 수 없다.

7:14. 우리는 이 구절을 보기 전에 하나님은 절대 악의 '동인(動因)'이 아니라는 성경적 진리를 강조해야 한다(전 7:29, 비교. 창 6:12, 욥 1:6-12, 약 1:17). 하나님은 즐거워하게 될 특정 날수를 따로 정해놓으셨다. 다른 날들은 슬픔으로 표현될 것이다. 우리는 일찍이 3장에서 이 진리를 보았다. 하루하루가 새로운 기회와, 기쁨과, 고역과, 고통을 제공한다. 기쁠 때나 슬플 때나 한결같이 하나님을 신뢰하는 것이 우리의 책무인 것이다.

더욱이 우리는 고통에서 비롯되는 구속 사역을 절대 놓쳐서는 안 된다. 하나님은 번영의 시기에 그분을 잊어버리는(이스라엘 백성과 같은) 우리의 성향을 아시기 때문에 고통을 허락하신다. 시편 기자가 말했듯이 "고난 당하기 전에는 내가 그릇 행하였더니 이제는 주의 말씀을 지키나이다… 고난 당한 것이 내게 유익이라 이로 인하여 내가 주의 율례를 배우게 되었나이다" (시 119:67, 71, 비교. 애 3:27).

하나님이 우리의 최선임에도 불구하고 우리는 자연스럽게 그분을 추구하지 않는다. 만약 고통이, 우리가 하나님 아버지를 알아야 할 필요가 있는 의존적인 창조물이라는 사실을 상기시켜준다면, 그것은 구속적인 것이 될 수 있다.

C. 모두가 범죄하였다(7:15-22)

Supporting Idea	우리의 죄성(罪性)에 대한 깊은 인식은 명료함과 지혜를 가져다준다.

7:15. 이 구절은 시편 73편에 기록된 아삽의 유명한 말을 상기시킨다. 많은 경우 의로운 사람은 고통받는 반면, 불의한 사람은 번창한다. 이런 불공평은 우리로 하여금 낙심케 할 수 있다(전 5:8-9의 본문 이해 참고).

7:16. 이 구절은 참으로 이상하다. 솔로몬의 냉소주의가 그를 굴복시키고 있는 것처럼 보인다. 사실은 솔로몬이 현실을 그대로 묘사하고 있는 것이다. 레이 스테드먼(Ray Stedman)은 여기에 나오는 동사가 재귀형이라고 주장한다. 그 행위가 동사의 주어에 되돌아가거나 '반사된다' 는 말이다. 다시 말해, 솔로몬은 우리가 하나님 없이도 의로운 사람이 될 수 있다고 믿지 않도록 주의해야 한다고 경고하고 있는 것이다(Stedman, 87, 비교. Kaiser, 85-86, Keddie, 94-95).

육체의 에너지로 '악' 을 억제하려는 시도는 자기 의(self-righteousness)를 낳게 될 것이다(Augustine, "On the Gospel of John", 369). 자력으로 선해지려고 시도하는 것은 사람을 지치게 할 뿐만 아니라 불가능한 일이다. 게다가 아무리 경건한 사람일지라도 의는 항상 자비와 친절함에 의해 뒷받침되어야 한다(Ambrose, "On Repentance", 329).

7:17. 악인이 번창할 수 있다고 해서(15절 참고) 그들의 생활 방식이 바람직하다고 결론 내려서는 안 된다. 그것은 잘못된 추론이며, 솔로몬은 다음 구절에서 그 문제를 다루려고 시도한다.

7:18. 마음에 새겨야 할 두 가지 진리가 있다. 우리는 하나님과 상관없이 스스로를 의롭게 보아서는 안 된다. 다른 하나는 더 쉬운 삶처럼 보인다고 해서 세속에 굴복해서는 안 된다는 것이다. 그러나 우리가 어떻게 조금이라도 일관되게 이 두 가지 진리를 고수할 것인가? 그 답은 하나님을 경외하는 것이다. 하나님을 경외하는 것은 우리가 스스로 의롭다는 교만에 빠지지 않도록 지켜주고 악을 멀리하도록 동기를 부여한다. 다음 장에서 우리는, 하나님을 경외하는 사람은 죄 가운데서도 출세하는 것처럼 보이는 악인을 지켜보면서도 인내할 수 있다는 사실을 보게 될 것이다.

7:19-20. 지혜는 여전히 많은 가치를 지니고 있지만(Ellul, 128-129), 우리가 죄인이라는 사실을 결코 잊어서는 안 된다(롬 3:23). 하나님을 경외하는 것은 교만과 자기 만족에 빠지지 않고 지혜 안에서 성장할 수 있는 능력을 제공한다.

7:21-22. 하나님의 자비로운 역사와 상관없이 자신이 의롭다고 믿는 사람이 있을 경우를 대비해 솔로몬은 혀에 대한 날카로운 지적으로 그 비성경적인 생각을 꿰뚫는다. 혀를 파괴적으로 사용하는 것에서 자유로운 사람은 아무도 없다. 우리 모두는 성급하게 말하고(잠 12:18), 험담하기를 좋아하며(잠 18:8, 26:22), 타인을 모욕적으로 비난하는

경향이 있다(약 3:8-10).

우리는 자신을 평가하는 데 있어 좀 더 겸손하고 정확해야 한다. G. K. 체스터턴(Chesterton)은 그런 측면에서 좋은 본보기였다. 그는 "세상에서 뭐가 문제인가요?" 라는 질문에 "제가 문제입니다" 라고 대답했다.

D. 지혜는 얻기 어려운 것처럼 보일 수 있다(7:23-29)

Supporting Idea	사람은 주의를 분산시키는 것들에 의해 지혜의 길에서 벗어날 수 있다.

7:23-25. 솔로몬은 이 세상에 대한 궁극적인 이해가 어렵고 불가사의하다고 말한다. DNA와 양자물리학 같은 발견에도 불구하고, 우리는 인간의 정신에 접근할 수 없는 깊은 비밀이 많이 존재한다는 사실을 상기하게 된다.

7:26-28. 솔로몬은 26절의 현실을 직접 체험을 통해 알고 있었다(비교. 잠 5:1-4, 6:23-32). 여인들은 그의 파멸의 주요 원인이었다. 솔로몬은 그저 독자들에게 그가 경건한 여인을 결코 발견하지 못했다는 사실을 상기시키고 있다. 경건한 남성이 아주 흔했던 것은 아니지만, 솔로몬은 분명 몇몇 사람을 알고 있었던 것이다. 혹시 우리가 성적 부정으로부터 자유롭다고 생각하고 있다면, '하나님의 마음에 합한 사람' 다윗도 그런 식으로 죄를 범하였다는 사실을 상기해야 한다(Anonymous, 64). 따라서 항상 경계를 늦추어서는 안 된다.

7:29. 어거스틴은 많은 경우에 이 구절을 언급했다. 그는 특히 펠라기우스파(Pelagians)의 잘못을 지적하기 위해 그 구절을 사용했다(어거스틴, 「Sermons on New Testament Lessons」, 295).

요약에 해당하는 이 구절은 로마서 3장 23절과 똑같은 현실을 우리에게 상기시킨다. 우리 인간만이 악에 대해 책임이 있다. 죄의 동인(動因)은 항상 우리 인간의 어깨에 정확히 얹혀져 있다(전 7:14의 본문 이해 참고). 하나님은 우리를 창조하실 때, 그 지으신 모든 것이 "보시기에 심히 좋았다" (창 1:31)고 선언하셨다. 우리가 그 모든 것을 엉망으로 만들어놓은 장본인이다. 그러나 우리는 그 진리를 깊이 생각하지 않는 경향이 있다.

Main Idea 복 습	어리석은 삶으로 가는 데는 많은 길이 있다. 지혜의 길은 좁지만, 그 길을 계속 따라가는 사람들에게 큰 기쁨을 가져다준다.

결론

복수를 위해 나서다

"유나바머(Unabomber: university and airline bomber)"로 악명 높은 테드 카진스키(Ted Kaczynski)는 사명감에 불타는 사람이었다. 기술의 파괴적인 영향에 대한 대중의 인식을 높이려는 그의 열정은 음울하고 비뚤어진 논리로 무장되어 있었다. 그는 1971년 4월 6일자 일기에서 "내가 앞으로 하려는 일의 동기는 단지 개인적인 복수일 뿐이다"라고 말했다.

등골이 오싹해지는 이야기가 아닐 수 없다. 그러나 일말의 후회나 죄책감은 없었을까? 1980년 9월 15일자 그의 기록은 다음과 같은 내용을 담고 있다. "죄책감(유나이티드에어라인의 사장을 폭탄 테러한 이후)? 물론, 약간은 느낀다. 때때로 경찰이 쫓아오는 악몽을 꾸기도 했다. 혹은 꿈속에서 어떤 초자연적인 존재로부터의 징벌을 위협받기도 한다. 악마 같은 존재 말이다. 그러나… 나는 내가 한 일에 대해 분명 만족한다."

놀랍게도 테드 카진스키는 자신이 "대부분의 사람들보다 자기 기만의 성향을 훨씬 더 적게" 갖고 있다고 생각했다. 그는 또 자신이 "특별히 중요한 사람이며 나머지 인류 대부분보다 우월하다"고 믿었다(Van Boven and King, 38). 자신의 타락에 대한 경시와 교만한 자기 만족은 우매자를 낳는 치명적인 결합이다.

■ 진리 알기

- 삶에서 가장 고통스러운 경험 가운데 일부는 지혜를 얻을 수 있는 훌륭한 기회를 제공할 수 있다.
- 만약 우리가 하나님을 영화롭게 하는 삶을 살고자 한다면, 죄에 대한 깊은 인식이 필수적이다.
- 현명한 사람은 인간의 지식과 이해의 한계를 인식하고 있다.

■ 적용하기

- 다음에 장례식에 갈 때는 좀 더 주의를 기울여라. 가기 전에 시편 90편을 묵상하라.
- 날마다 감사하라. 하나님이 당신의 감사의 표현을 통해 당신을 어떻게 바꾸시는지 매일 기록하라.
- '작위(作爲)의 죄' 와 함께 '부작위(不作爲)의 죄' (마땅히 해야 함에도 불구하고 하지 않은 것)를 고백하라. 그것이 당신을 겸손하게 만들어주고, 하나님의 은혜의 필요성을 좀 더 명확히 보여줄 것이다.

삶의 적용

모두가 죄인

유나바머(Unabomber)의 잔인성은 우리를 둔화시켜 우리가 '그렇게 나쁜 사람이 아니라' 고 믿게 만들지도 모른다. 우리는 분명 죄를 짓는다. 우리의 죄가 테드 카진스키에 의해 저질러진 살인과 혼란에 비해 대수롭지 않은 것뿐이다. 우리의 죄가 살인을 저지른 사람의 죄와 똑같은 결말을 초래하지 않을 수도 있지만, 현명한 사람은 하나님의 은혜와 상관없는 인간에 대한 그분의 설명을 받아들인다. 만약 당신이 그 설명을 더 잘 이해할 수 있는 곳을 찾고 있다면, 로마서 3장 10-20절이 가장 유용할 것이다.

기도

하나님 아버지, 제가 후회 없이 경건함을 진지하게 추구하는 것을 즐거워할 수 있도록 가르쳐주십시오. 예수님의 이름으로 기도합니다. 아멘.

심층 연구

A. 고난에 대해 경건한 시각 유지하기(7:14)

모든 고난이 우리에게 '영적 교훈'을 주기 위한 것은 아니다. 고난이 이 목적과 관련되어 있지 않은 경우도 있다. 욥과 날 때부터 소경된 사람(요 9장 참고)이 바로 그런 사례다. 그러나 하나님은 그분의 영광과 우리의 유익을 위해 모든 유형의 고난을 사용하신다. 그렇다 하더라도 우리는 극심한 고난의 때에 하나님이 하고 계신 일을 모두 알고 있다고 생각하지 않도록 조심해야 한다. 고통받는 사람들의 친구는 열심히 들어주려고 노력해야 하고(욥 2:13), 당사자들은 그들의 고난을 견디는 방법과 관련하여 하나님께 지혜를 구해야 한다(약 1:2-5).

B. 혀 길들이기(7:21-22)

혀를 통제하는 것은 경건함의 참된 표징이다. 이를 위해 우리가 풀어야 할 숙제는 우리의 타락한 본성을 지속적으로 상기하는 것이다.

야고보서 3장 1절은 흔히 잘못 이해되는 구절이다. 그것은 성경을 가르치는 선생이 하나님의 말씀을 잘 알아서 정확하게 가르쳐야 한다는 의미로 해석되는 경향이 있다. 그들이 하나님을 영화롭게 하는 방법으로 가르치는 데 있어 필수 요소이기는 하지만, 야고보서 3장 1절은 본래 윤리와 관련된 내용이다. 하나님의 말씀을 가르치는 선생은 자기 혀를 제어할 수 있어야 한다(약 3:2-12 참고). 다시 말해, 그는 자신이 가르치는 대로 살아가는 모범을 보여야 한다는 것이다(비교. 스 7:10). "더 엄격한 심판"(NASB)을 자초한다는 경고는 단순히 성경을 정확히 해석해 가르치라는 것보다 훨씬 더 정신이 번쩍 들게 하는 내용이다!

C. "일천 여인 중에서는 하나도 얻지 못하였느니라" (7:28)

이 구절을 올바로 이해하기 위해서는 많은 것들을 염두에 두어야 한다. 첫째로, 솔로몬은 남자든 여자든 모든 사람이 죄인이라는 사실을 강조하고 있다(전 7:20, 29). 누구도 예외는 아니다.

둘째로, 우리는 "시편 기자가 시편 37편 25절에서 '의인이 버림을 당하거나 그 자손이 걸식함을 보지 못하였다' 고 말할 때처럼" 이 말들도 "한 사람의 발견" 이라는 사실을 잊지 않아야 한다(Provan, 157). 다시 말해, 지혜 문학의 장르라는 사실을 염두에 두어야 한다. 열왕기상 11장 3절은 "왕은 후비가 칠백 인이요 빈장이 삼백 인이라 왕비들이 왕의 마음을 돌이켰더라" 라고 말한다. 28절의 일천이라는 숫자는 비유적 의미로 해석할 필요가 없는 것이다!

셋째로, 잠언에서는 지혜가 여성으로 의인화된다. 여성은 또 긍정적으로도(잠 31장), 부정적으로도(잠 2-7장) 묘사된다. 심지어 한 장(잠 9장)에서 '지혜와 어리석음' 이라는 이름의 두 여인이 대조되기도 한다(Seow, 272).

넷째로, 전도서 9장 9절에서의 여인에 대한 긍정적인 취급(Murphy, 76)은 여성을 무시하는 식으로 이 본문을 해석하는 것을 반대한다. 성경은 분명 여성의 캐릭터를 획일적으로 묘사하지 않는다. 이사벨과 룻 또는 헤로디아와 마리아에 대한 언급이 우리에게 그 사실을 상기시킨다.

교안

A. 들어가는 글

1. '복음 나누기' 이야기로 시작하라.
2. 배경 설명: 우리가 어디를 가고, 누구를 아느냐 하는 것은 좋든 나쁘든 지대한 영향을 미친다.
3. 적용: 솔로몬은 한 개인이 현명하게 사는 것을 방해하는 다양한 함정에 주의를 기

울인다.

B. 본문 이해

1. 진지한 자세가 쾌락 추구보다 낫다(7:1-10)
2. 현명한 사람은 하나님의 주권에 의지한다(7:11-14)
3. 모두가 범죄하였다(7:15-22)
4. 지혜는 얻기 어려운 것처럼 보일 수 있다(7:23-29)

C. 결론: '복수를 위해 나서다' 를 읽어주라.

토의 질문

1. 당신의 추도식을 위해 구체적인 계획을 세워놓는 것이 좋은 아이디어라고 생각하는가? 왜 그런가, 혹은 왜 그렇지 않은가?

2. 당신의 친구 가운데 얼마나 많은 사람들이 당신의 잘못을 기꺼이 지적해줄 것인가? 만약 아무도 머리에 떠오르지 않는다면, 당신이 기분 좋은 말만 하는 사람들을 가까이해왔기 때문은 아닌가?

3. 당신은 하나님과 즐거운 동행의 본보기가 되는 진지한 그리스도인들을 얼마나 많이 아는가?

전도서 8장

당신의 권위자를 존중하라

"내가 지금까지 행해 온 것은… 우리 국민에 대한 걱정에 사로잡혀 그들의 명예를 지켜야 할 필요성을 느끼면서 내 양심에 따라 그리고 내 지식 범위 내에서 한 것이다. 그것은 이 세상에서 그들을 다시 한 번 영광의 자리로 이끌기 위해서였다. 그리고 만약 내 행위 때문에 불필요한 슬픔이나 고통이 우리 국민에게 찾아온다면, 나는 전능하신 하나님께 내게 벌을 내려달라고 간청할 것이다."

- 아돌프 히틀러(Adolf Hitler)

인기 있는 "권위에 의문을 제기하라"는 슬로건은 우리 모두가 어렵지 않게 목격할 수 있는 구호다. 권위 있는 인물을 비판하고, 격하하며, 심지어 적대하는 경향은 우리 문화에서 흔한 일이다. 일반적으로 말해서, 군림하는 권위자에게 복종하는 데 지혜가 있다. 이 장은 그 진리를 강조한다.

들어가는 글

다스리는 권위에 대한 올바른 태도

우리는 다시 한 번 하나님의 주권을 믿는 것으로부터 파생되는 실천적인 세부 내용을 보게 된다. 여기서는 그것이 다스리는 권위와 우리의 관계에 적용된다. 다스리는 권위에 복종하지 않는 것이 적절한 때도 있다. 히브리 산파들(출 1장)과, 사드락과 메삭과 아벳느고(단 3장), 그리고 사도들(행 4장)이 그런 사례를 제공한다. 그러나 그 사례들 모두에서 개인이 부패한 정권에 반기를 들지 않았다는 사실에 유의하라. 그들은 하나님께 순종했고, 옳은 일을 행함으로써 빚어지는 결과를 기꺼이 감수했다.

하나님의 주권은 모든 것에 대한 우리의 시각에 영향을 미쳐야 한다. 사도 바울은 로마(혹은 가이사랴)에서 죄수로 있을 때 자신이 주를 위해 갇힌 자라고 말했다(엡 3:1, 4:1). 바울은 세상 통치자들에 대해 건전한 존중심을 가지고 있었지만(롬 13장 참고), 궁극적으로는 하나님이 그의 삶을 주관하신다는 사실을 알고 있었다. 하나님은 바울을 "쇠사슬에 매인 사신" (엡 6:20)으로 만드셨다. 로마 제국 같은 세상 권세는 하나님 왕국의 진군을 결코 막을 수 없다.

본문 이해

당신의 권위자를 존중하라

Main Idea	권위자에 대한 복종은 현명한 처신이다.

A. 다스리는 권위에 복종하라(8:1-6)

Supporting Idea	다스리는 권위에 복종하는 것은 현명한 처사지만 항상 쉽지는 않다.

8:1. 이 구절은 아마 7장의 마무리 요약이나 이 장의 머리말 역할을 할 것이다. 어떤 경우든 간에 사람들이 현명하게 사는 것에서 얻게 되는 유익을 우리에게 상기시킨다.

8:2-4. 왕의 명령을 지키라는 표현은 '왕의 얼굴을 관찰하라는, 즉 왕의 표현을 통해 그의 기분을 파악하도록 노력하라' 는 의미로 이해할 수 있다(비교. 잠 16:15, Whybray, 「Ecclesiastes」, 130). 한 개인의 통치 권위에 복종하는 것은 하나님에 대한 그의 신실함과 관련되어 있다. 더욱이 "세상 통치자들의 말에 귀를 기울이고 그들에게 반항하기를 꺼리는 것" 이 현명한 일이라고 할 때, "우리가 하나님의 말씀을 얼마나 더 지키고 순종해야 할 것인가?"(Moore, 「Ecclesiastes」, 132). 이것은 분명 우리가 다스리는 권위에 항상 복종해야 함을 의미하는 것이 아니라, 하나님의 뜻을 거스르지 않는 한, 다스리는 권위에 복종해야 함을 의미한다.

누군가의 면전에서 떠나고자 하는 욕구는 '불충과 배신' 을 의미할 수 있다(비교. 호 11:2, Eaton, 118). 다스리는 권위를 저버리는 것은 잘못이다. 그들은 하나님이 세우신 사람들이기 때문이다(롬 13:1-2). 그것은 현명치 못한 일이기도 하다. 왕은 어떤 식으로든 계속해서 자신이 원하는 바를 행할 것이기 때문이다.

8:5-6. 이 구절의 해석과 관련하여 다양한 의견들이 있다. 그러나 본문의 문맥과 전도서의 전반적인 논점은 다음과 같은 주석 내용과 잘 어울린다. 위에 언급된 이유들로 인해 다스리는 권위에 충성을 다하는 것이 현명한 일이다. 한 개인이 그렇게 할 때, 특정 이슈들에 대해 어떤 긍정적인 변화를 제안할 수 있는 기회를 갖게 될지도 모른다.

다시 한 번 강조하건대, 전도서는 지혜 문학이라는 사실을 명심하라. 이 장르는 만사가 돌아가는 '일반적인' 경우를 묘사할 뿐, 상상할 수 있는 모든 상황을 다루지는 않는다. 피델 카스트로(Fidel Castro) 같은 독재자 밑에서 살아가는 쿠바의 그리스도인들은 참된 정의를 보기까지 얼마나 오랜 세월이 걸릴지 알고 싶을지도 모른다. 긍정적으로 보면, 정치 지도자들은 종종 도전받게 되고 결국 타도된다. 심지어 무자비한 독재자들도 예외는 아니다. 현대 역사는 여러 차례 그것을 우리에게 상기시켜 왔고, 솔로몬 역시 그런 현실을 목격했다(전 4:13-16의 본문 이해 참고).

다니엘도 좋은 예다. 그는 바벨론 사람들에게 복종해야 할 때를 알고 있었지만(예를 들면, 개명을 받아들이는 경우처럼), 왕이 지정한 음식을 먹지 않게 해달라고 요구했다. 그것이 하나님의 말씀을 위반하는 행위였기 때문이었다. 다니엘의 요구는 하나님을 믿지 않는 바벨론 사람들에 의해 수용되었고, 하나님이 은총을 베푸심으로 말미암아 그는 왕이 지정한 음식을 먹은 사람들보다 더 건강하게 성장했다(단 1:15).

B. 불공평한 세상에서 하나님을 경외하기(8:7-17)

Supporting Idea	'하나님 앞에서' 살아가는 삶은 악이 승리하는 것처럼 보일 때에도 우리에게 신실함과 꿋꿋함을 북돋워줄 것이다. 이 세상에는 생각이 깊은 그리스도인들에게 혼란을 주거나 심지어는 의구심을 불러일으킬 수 있는 많은 불의가 존재한다. 솔로몬은 그런 불의 가운데 일부에 대해 우리에게 경고를 준다.

8:7-9. 하나님은 우리가 살 수 있는 특정 날 수를 정해놓으셨다(창 27:2, 욥 14:5, 시 139:16). 우리는 그분이 정해놓으신 범위를 뛰어넘을 수 없다. 아무리 많은 곡식을 먹을지라도 말이다. 올바른 식사는 유익하고 현명한 일이다. 규칙적인 운동과 충분한 수면 역시 마찬가지다. 그런 것들은 한 개인의 삶의 '질(質)' 에 영향을 미치기 때문이다. 그러나 '양(量)' 은 이미 하나님에 의해 결정되어 있다.

한 사람이 또 다른 사람을 억압할 수도 있는 비교적 짧은 기간이 존재한다. 그러나 결국에는 우리 모두가 죽는다. 만약 우리가 하나님의 궁극적인 심판을 믿지 않는다면, 정의의 심판을 위해 사악한 수단에 의존하게 될 것이다. '생기(wind: rûah)' 는 문맥상 '영혼(spirit)' 으로 번역되는 것이 더 좋을지도 모른다(Keddie, 107). 인간의 영혼은 궁극적으로 어떤 통치자도 통제할 수 없는 것이다.

8:10-13. 때때로 불공평한 통치자에 의해 야기되는 고통은 사람들이 그의 잔학 행위를 간과하는 식으로 그를 기억한다는 사실에 의해 심화된다.

> 악인은 생전에도 칭찬받고 죽어서도 칭송받는다. 그가 불의를 저질렀던 바로 그 성읍에서 말이다(8:10). "죽은 자에 대해서는 좋은 것만 말하라(De Mortuis nil

> nisi bonum)"는 고대 격언을 준수하는 것과, 완전 무뢰한을 정말 깨끗한 사람인 것처럼 찬양하는 것은 전혀 다른 이야기다. 이런 차원의 불공평 역시 우리의 믿음을 시험하여 결국 이 세상에는 정의가 없을지도 모른다고 생각하도록 부추긴다 (Keddie, 109).

하나님의 심판은 즉각적으로 주어지지 않기 때문에 그것이 경건치 못한 사람들로 하여금 훨씬 더 많은 죄를 짓게 만든다. 비록 그 죄인이 고통 없는 삶을 산다 해도(시 73:4) 하나님을 경외하는 것이 현명한 일이다. 이는 현세에서 마음의 평화를 누릴 수 있을 뿐만 아니라, 마지막 심판 날에도 용서를 받을 수 있기 때문에 하나님을 경외하는 것이 더 낫다. 하나님의 심판은 하나님을 경외하는 것의 '즉각적인' 유익이 분명해 보이지 않기 때문에 의미가 있는 것인지도 모른다. 전도서 12장 13-14절에는 그것이 분명하게 언급되어 있다.

8:14-17. 하나님의 뜻은 하늘에서 이룬 것같이 땅에서도 완전히 이루어지지 않는다. 불공평한 상황이 계속해서 많이 일어난다. 의로운 사람들은 고통받고, 의롭지 못한 사람들이 번창한다. 의롭지 못한 사람들은 선악에 대한 분별력조차 없을지도 모른다. 이와 같은 상황에서 우리는 무엇을 해야 하는가? 솔로몬은 우리에게 먹는 것과 우정 같은 삶의 '소박한 즐거움'을 누리라고 일러준다. 만약 사람이 그런 것들로 만족한다면, 불의로 가득 찬 이 세상에서 경험할 수 있는 많은 기쁨이 여전히 존재한다.

이 장을 마무리하는 두 구절은 솔로몬의 생생한 현실주의를 계속 이어간다. 삶은 너무나 복잡해서 어떤 인간도 그 모든 요소가 어떻게 들어맞는지 이해할 수 없다. 통찰력 있는 사람들도 삶이 제공하는 많은 것들로 인해 계속해서 어리둥절할 수밖에 없을 것이다. 하나님의 계시의 신비는 그것과 관련된 우리의 정당한 위치를 상기시키는 데 있다. "그럼에도 불구하고 만약 모든 것이 우리의 낮은 수준으로 끌어내려진다면, 계시가 아무 신비도 담고 있지 않다면, 거기서 초자연적인 모든 것이 제거된다면, 의심할 여지없이 하나님으로부터 온 것이라는 주장으로서의 자격 증명이 매우 의심스럽게 될 것이다"(Bridges, 207).

예수 그리스도를 믿는 신자라 할지라도 하나님의 방식에 대한 의문에서 자유로울 수는 없지만, 그는 분명 유리한 입장에 있다. 그는 하나님이 결국에는 의인에게 상을 주실 것이며(히 11:6), "물이 바다를 덮음같이 여호와의 영광을 인정하는 것이 세상에 가득하리라" (합 2:14)는 사실을 알고 있기 때문이다.

Main Idea 복습	권위자에 대한 복종은 현명한 처신이다.

결론

불완전한 정의

올바른 행위에 대한 인간의 기준은 참된 정의에 대한 그들의 조롱 때문에 드러난다(Seow, 294). '해 아래서는' 결코 참된 정의가 존재하지 않을 것이다. 하나님의 의라는 다림줄을 제외하면, 우리 인간은 정의에 대한 온갖 종류의 기괴한 개념에 빠져 있다. 심지어 루마니아의 독재자였던 차우셰스쿠의 악명 높은 아내 엘레나 차우셰스쿠조차도 그녀가 탄압했던 일부 사람들에게 좋은 이미지로 기억되었다(Drakulic, 122-125). 우리는 겁쟁이와 영웅이 "똑같이 존경받고, 죽음이 일하는 사람과 게으른 사람에게 똑같은 조치를 취하는" 왜곡된 세상에서 살고 있다(호메로스, 「일리아드(The Iliad)」).

▣ 진리 알기

- 권위자가 당신에게 하나님이나 그분의 진리에 불복종하라고 요구하지 않는 한, 그들에게 복종하는 것은 현명한 일이다.
- 하나님을 경외하는 것은 항상 가장 현명한 대안이다. 그것이 아무런 유익도 없는 것처럼 보일지라도 말이다.
- 사악한 사람들조차도 그들의 장례식에서는 좋게 기억되는 경우가 많다.

■ 적용하기

• 디모데전서 2장 1-5절 말씀에 따라 당신의 지역과, 지방과, 나라의 대표자들을 위해 정기적으로 기도하라.

• 시편 73편을 읽고 묵상하라.

• 인간이 이 세상의 삶을 완전히 이해할 수 없다는 사실에 대한 깨달음의 실천적 의미는 무엇인가?

삶의 적용

지식의 한계

스튜어트 브리스코(Stuart Briscoe)는 아버지와 아들 사이에 있었던 다음과 같은 우스꽝스러운 대화를 소개하고 있다.

> 아들: 아빠, 태양까지는 거리가 얼마나 되죠?
> 아버지: 모르겠는데.
> 아들: 화성까지는 얼마나 되죠?
> 아버지: 잘 모르겠다.
> 아들: 은하계의 끝까지는 얼마나 멀까요?
> 아버지: 모르겠구나.
> 아들: 아빠, 제가 이런 질문 드리는 거 싫지 않으시죠?
> 아버지: 그럼. 네가 아무 질문도 하지 않는다면 어떻게 배울 수 있겠니?

하나님과 그분의 세계를 이해하려고 애쓰는 경건한 호기심은 전혀 문제가 되지 않는다. 그러나 우리는 항상 우리의 한계를 인식해야 한다. 많은 진리가 하나님께만 속해 있기 때문이다(신 29:29, 비교. 사 55:8-9, 고전 13:12).

기도

하나님 아버지, 저의 사랑의 하늘 아버지가 되어주심을 감사드립니다. 당신이 누구신지에 대해 제가 늘 건전한 경외심을 가질 수 있도록 도와주십시오. 예수님의 이름으로 기도합니다. 아멘.

심층 연구

A. "생기를 주장하여 생기로 머무르게 할 사람도 없고"(8:8)

이 구절의 해석을 위한 두 가지 대안이 다음 주석가에 의해 훌륭하게 요약되어 있다.

> 하지만 여기에는 모호함이 존재한다. '루아흐(rûah: 영혼)' 가 '바람' 을 의미할 수도 있기 때문이다. 코헬레트는 다른 곳에서도 그 단어를 사용해 두 가지 의미를 모두 표현하고 있다(바람: 1:6, 11:4, 영혼 혹은 생기: 3:19, 21, 11:5, 12:7). 여기서는 어떤 의미든 뜻이 잘 통한다. 한편으로는, 바람이라는 테마가 반복되어 사람이 통제할 수 없는 것으로 묘사되고 있다. 전도서 1장 6절에서도 바람은 자연 세계의 불변의 움직임을 대표하는 한 사례로 소개되어 있다. 다른 한편으로는, 인간은 무력하여 생기가 육체로부터 떠나는 것을 막을 수 없다는 생각이 인간에게는 죽는 날을 주장할 권한이 없다고 주장하는 다음 절과 잘 맞아떨어진다. 다시 말해, 인간은 자신의 삶을 연장할 수도, 언제 죽을지 결정할 수도 없다는 것이다(Whybray, 「Ecclesiastes」, 133).

나는 '루아흐' 를 영혼으로 해석하는 데 동의한다. 그것이 다음에 이어지는 절과 잘 맞아떨어지기 때문이다. "죽는 날을 주장할 자도 없고"(8절). '루아흐' 를 '바람' 으로 해석하는 것도(특히 바람의 불확실성을 감안할 때, 전 1:4-7의 본문 이해 참고) 이 장에서 솔로몬이 주장하는 논거를 제시하는 좋은 대안이라고 할 수 있다.

B. 그림자(8:13)

그림자의 의미와 관련하여 학자들 사이에 약간의 논쟁이 있다. 이 단어는 '인간 삶의 불안정성에 대한 상징' 일 수 있다(비교. 시 102:11, 109:23). 그것은 또 "악인이 저승에서는 번창하지 못할 것" 이라는 생각을 묘사하는 것일 수도 있다(비교. 시 49, 73편, 전 3:16-21, 12:14, Eaton, 123). 그 은유에 대해 어떤 대안을 선택하든 간에, 하나님을 경외하지 않는 사람은 불안정하고 덧없는 삶을 살아가고 있다는 것만은 분명하다. 하나님은 만홀히 여김을 받지 않으실 것이며, 결국에는 우리의 결정에 대해 "그래서 어쨌다는 것이냐" 라고 반문하실 것이다.

교안

A. 들어가는 글

1. '다스리는 권위에 대한 올바른 태도' 이야기로 시작하라.
2. 배경 설명: 우리는 삶에서 다양한 권위자들에 대해 건전한 경외심을 가져야 한다.
3. 적용: 이 장은 세상 권위에 복종하는 것의 중요성에서부터 시작하여 전능하신 하나님께 기꺼이 순종하고자 하는 마음 자세에 대한 논의로 옮겨간다.

B. 본문 이해

1. 다스리는 권위에 복종하라(8:1-6)
2. 불공평한 세상에서 하나님을 경외하기(8:7-17)

C. 결론: '불완전한 정의' 를 읽어주라.

토의 질문

1. 우리는 히틀러 암살 음모에 가담했던 디트리히 본회퍼(Dietrich Bonhoeffer) 같은 그리스도인들에 대해 어떻게 생각해야 하는가?

2. 우리는 왜 '죽은 사람에 대해 부정적으로' 이야기하는 것을 그렇게 꺼리는 것일까? 그들이 악행을 저질러왔음에도 불구하고 말이다.

3. '여호와를 경외하는 것' 은 어떤 점에서 지식이나 지혜의 근본인가?(잠 1:7, 9:10)

전도서 9장

다 하나님의 손안에 있다는 사실을 기억하라

"하늘이 당신의 마음이 소망하는 것을 모두 허락하시길 기도합니다. 남편과, 거처와, 행복과, 평화로운 가정 말입니다. 이 세상에서 남편과 아내가 한마음으로 가정을 이루는 것보다 더 좋은 것은 없습니다. 그것은 원수들을 당황케 할 뿐만 아니라, 친구들의 마음을 기쁘게 해줍니다. 그리고 누구보다도 그들 자신이 그것에 대해 더 많은 것을 알게 됩니다."

- 호메로스(Homer)

솔로몬은 다시 한 번 우리에게 삶의 불확실성을 상기시킨다. 우리는 책임을 맡고 있지 않다. 그리고 그것은 솔로몬이 지금까지 무자비할 정도로 분명하게 주장해온 요점이다. 오직 하나님만이 주관하신다. 우리는 그 두 가지 진리를 반드시 명심해야 한다. 특별히 우여곡절이 많은 이 세상 삶에 직면할 때 더욱 그렇다.

들어가는 글

고난의 한가운데서 기쁨 찾기

어떤 정치적 성향을 가지고 있든지 간에 로널드 레이건(Ronald Reagan) 대통령이 알츠하이머병에 걸렸다는 소식을 접하자마자 나오는 특징적인 반응은 깊은 슬픔이었다.

우리는 유력 인사들도 병들고 죽는다는 사실을 생각할 때, 슬픔과 불안감에 휩싸이게 된다. 만약 세상에서 가장 유력한 인사들 가운데 아주 건강했던 한 사람이 알츠하이머 같은 질병에 걸린다면, 그 사실이 우리에게 과연 무엇을 시사할까? 그것은 우리 가운데 누군가 갖고 있을지도 모르는, 자신이 통제권을 쥐고 있다는 자만을 무너뜨리는 질문이다. 우리의 삶은 덧없음과 불확실성 그리고 모든 종류의 악에 무기력한 취약성으로 특징지어진다.

그 모든 슬픔에도 불구하고 레이건의 알츠하이머병이라는 드라마는 우리의 관심을 끈다. 당신이 점성술에 대한 낸시 레이건의 지대한 관심이나 대통령직 수행에 간섭하는 그녀의 성향 등에 대해 어떻게 생각하든지 간에, "죽음이 우리를 갈라놓을 때까지" 지속된 로니(Ronnie)에 대한 그녀의 충성과 헌신에 감명을 받지 않을 수 없을 것이다. 레이건 부부는 우리가 전도서의 이 부분에서 보게 되는 많은 교훈을 몸소 실천하는, 점차 줄고 있는 기혼 부부 그룹의 일원이다.

본문 이해

우리는 다 하나님의 손에 있다는 사실을 기억하라

Main Idea	삶의 불확실성은 절대 주권자이시며 현명하신 하나님에 대한 신뢰를 합리적이고 유일한 대안으로 만든다.

A. 해 아래서의 삶의 곤경(9:1-6)

Supporting Idea	모든 사람은 짧고 일시적인 삶을 살기 때문에 살아 있는 동안 삶을 음미하는 것이 절대적으로 필요하다.

9:1. 이 구절은 8장의 마지막 부분과 어울릴 수도 있지만, 여기에 포함되는 것도 물론 가능하다('심층 연구' 참고).

우리의 삶은 불확실한 사건들로 점철되어 있지만, 하나님께는 놀랄 만한 것이 없다. 이것은 '개방적 신론(Open Theism)'이라고 불리는, 하나님에 대한 최근의 관점을 반대한다. 그 관점에 의하면, 하나님은 어떤 상황에서 우리가 어떻게 행동할지 모르기를 스스로 선택하실 수도 있다는 것이다. 우리는 아무것도 모르지만, 하나님은 다 알고 계신다. 그러므로 하나님에 대한 올바른 반응은 경외와 신뢰뿐이다.

9:2-3. '해 아래' 있는 사람은 모두 똑같은 운명을 경험한다. 그것은 죽음이다. 고귀한 삶도 한 개인의 죽을 운명을 무효화하지는 못한다. 죽음과 관련하여 의인과 악인의 운명에는 차이가 있어야 할 것처럼 보이지만, 실제로는 그렇지 않다.

하나님의 은혜가 없다면, 우리는 미친 마음을 품게 된다. 고든 케디(Gordon Keddie)는 그 상황을 꽤 잘 묘사하고 있다.

> 사람들은 정신병과, 그로 인해 발생하는 모든 부수적인 문제들을 두려워한다. 그렇다면 하나님을 믿지 않는 불신앙과, 회개로 주 예수 그리스도께 나아가지 않는 완고함의 광기로부터 얼마나 더 도망쳐야겠는가! 이 세상에서 최악의 광기는

영적 테러리스트 집단인 사단의 군대에 들어가기 위해 하나님으로부터 도망치는 마음과 태도다. 제정신인 죄인들이 이 지구상에서 가장 무시무시한 광기에 사로잡히게 되는 것이다(고든 케디, 118).

9:4-6. 솔로몬은 계속해서 하나님 없는 삶에 대해 통명스럽게 논평한다. 모든 조건이 동일하다면, 죽은 것보다 살아 있는 것이 더 낫다. 살아 있는 사람은 이생의 의미를 어느 정도 이해할 수 있는 방법을 깨닫고, 이 세상의 삶에서 약간의 만족을 얻을 수도 있기 때문이다. 죽은 사람에게는 그런 대안들이 존재하지 않는다. 아킬레스(Achilles)가 말했듯이 말이다. "죽음을 지지하는 말은 한 마디도 하지 말라. 나는 죽은 자들 사이에서 왕 중의 왕이 되느니 차라리 빈자의 집에 하인으로 고용되어 이 땅에 남아 있는 편을 택하겠다"[호메로스, 「오디세이아(The Odyssey)」].

산 개는 세상적인 관점에서 그렇게 유력하지 않은 사람을 암시하고, 사자는 한때 유력했던 사람을 의미할 수도 있다. 비교적인 의미에서 한때 유력했더라도 죽은 것보다는 무력하더라도 살아 있는 것이 더 낫다. 결국에는 모두 죽기 때문에 권력과 명성을 좇는 것은 어리석은 일이다.

살아 있는 사람은 자신의 죽을 운명에 대해 곰곰이 생각해볼 수 있는 확실한 이점을 가지고 있다. 그들은 또 전도서의 나머지 부분에서 얻게 되는 암시를 통해 진로를 현명하게 수정하여 그 부정할 수 없는 현실을 숙고하게 될지도 모른다. 죽은 사람에게는 진로를 현명하게 수정할 수 있는 기회가 더 이상 존재하지 않는다. 만약 사람들이 이 땅에서의 보상이나 세상적인 명예를 위해 살아간다면, 지혜의 길을 걷지 못할 것이다.

사람이 '해 아래서' 행복한 삶을 찾도록 몰아붙이는 사랑과 증오와 질투 같은 열렬한 감정들은 이제 사라진다. 그 교훈은 분명하다. 절대 주권자인 하나님께 뿌리를 내리지 않은 강렬한 욕망은 한 개인을 지켜주지 못할 것이다.

B. 하나님은 해 아래서의 삶을 의미 있게 만드신다(9:7-9)

Supporting Idea	하나님은 고통과 고난으로 점철된 세상 한가운데서도 기쁨을 주신다.

9:7. 이 부분과 앞부분의 연결은 우리가 5장 18절로부터 6장 6절에서 보았던 것과 동일한 것을 상기시킨다(그 부분의 본문 이해 참고). 기쁨의 현실은 하나님이 우리 삶에 개입하셨을 때만 일어날 수 있다. 우리는 지금까지 전도서 3장 11절(하나님의 선물을 받다)과 5장 18-20절(하나님으로부터 권한을 부여받다) 같은 구절에서 그런 현실을 보아왔다. 하나님만이 일상적인 활동들을 기쁨으로 만드신다(전 2:25).

9:8. 이 은유들은 당연히 기쁨을 묘사하는 것이다(시 45:3, 사 62:3, Keddie, 124, Longman, 230). 우리가 전도서 앞부분에서 보았듯이, 기쁨은 하나님과 올바른 관계를 맺고 있을 때만 가능하다. 일부 비기독교인들이 즐거운 것처럼 보일 수도 있지만, 일단 삶의 중요한 문제들에 초점을 맞추기 시작한다면(전 2:1-11의 본문 이해 참고) 하나님 없이는 영속적인 의미가 없다는 사실을 발견하게 될 것이다.

9:9. 이 구절은 기독교가 삶의 가혹한 현실을 다루지 않는다고 주장하는 비기독교인들에게 주어지는 멋진 대답이다. 성경을 대충 읽어보기만 해도 하나님이 어려운 문제들을 보기 좋게 포장하지 않으신다는 사실을 발견하게 될 것이다.

우리는 이 구절에서 두 가지 중요한 성경적 테마의 결합을 보게 된다. 우리는 희망을 본다. 배우자와 함께라면 하루도 즐거울 수 있다. 결혼 생활의 처음 몇 년은 근사하지만 나머지 기간은 참고 살아야 한다는 생각은 성경에 근거한 것이 아니다. 불행히도 그런 생각이 많은 그리스도인의 마음속에도 자리잡고 있다(전 3:8에 대한 '심층 연구' 참고).

그러나 기쁨이 넘치는 결혼 생활에 대한 그 모든 이야기도 이 세상에서의 삶이 한순간이라는 사실을 무효화하지는 못한다. 날마다 우리의 배우자와 즐겁게 살면서도 삶의 덧없음을 잊지 않고 기억하는 긴장은 반드시 유지되어야 할 적절한 균형이다. 만약 우리가 결혼 속에서 누려야 할 큰 기쁨을 잊어버린다면, 우리 배우자와의 소원한 관계를 인내하며 살아야 할 것이다. 만약 우리의 삶이 덧없다는 사실을 잊어버린다면, 현명한 삶을 살지 못할 것이다.

C. 열심히 일하는 것은 지혜로 가는 길이 아니다(9:10-12)

Supporting Idea	일을 지나치게 강조하는 것은 지혜로 가는 올바른 길이 아니다.

9:10-12. 현명한 사람은 주어진 환경과 기회 가운데서 최선을 다한다. 우리 모두는 삶에 대한 이 현명한 접근 방식을 취하여 억지로 비성경적인 결론을 이끌어내고자 하는 유혹에 빠진다. 예를 들어, 궁극적으로는 하나님이 우리에게 일을 주신다는 이유로 일중독자가 되는 것은 어리석은 일이다. 오직 그분만이 그것으로부터 어떤 유익을 이끌어내실 수 있다. 우리는 일하지만, 그분은 구속하신다. 이 진리는 반드시 소극성이나 게으른 일 습관을 조장하지 않는다. 오히려 열심히 일하는 것만이 보람 있는 삶을 가능케 한다는 어리석은 생각으로부터 우리를 지켜준다.

일중독자가 되는 것 역시 어리석은 일이다. 관계가 악화되기 때문이다. 이 장의 9절에 묘사된 종류의 결혼 생활을 누리기 위해서는 여유로운 많은 시간을 필요로 한다. 만약 우리가 가정 밖에다 모든 노력을 쏟아붓는다면, 그것은 불가능한 일이다. 너무나 많은 사람들이 빠져 있는 절제되지 않는 일중독 역시 어리석은 일이다. 우리가 언제 죽을지 모르기 때문이다. 우리는 시간을 사용하는 데 있어 현명해야 하지만, 더 많이 그리고 더 빨리 일하는 것이 좋다고 생각하는 무모한 태도 역시 경계해야 한다.

D. '피터의 원리(Peter Principle)' 는 여전히 건재하다(9:13-18)

Supporting Idea	세상은 어리석은 사람을 높이고, 현명한 사람을 소외시키는 경향이 있다.

9:13-15. 내가 또… 보고(I also saw)라는 문구는 중요하다. 그것은 "솔로몬에게 감상을 불러일으켰던 실제 사건들에 대한 통상적인 표현" 이기 때문이다(Eaton, 131). 세상의 가치 체계는 무정하지만, 그 망각 역시 대단하다. 이 땅에서는 사람이 고결하고 용기 있는 행동을 하더라도 쉽게 잊혀진다. 사람들은 그것을 아주 짧게 기억할 뿐이다.

내 고향은 알라모(Alamo)가 있는 샌안토니오(San Antonio)로부터 한 시간 남짓 떨어져 있다. 우리는 "알라모를 기억하라" 는 말을 듣는다. 그 용감한 사람들이 무엇을 지키기 위해 그렇게 장렬히 싸웠는지 잊지 않도록 말이다. 많은 사람들은 제임스 보위(James Bowie)나 데이비 크로켓(Davy Crockett), 트래비스(Travis) 대령 같은 인물들을 떠올릴 수 있을 것이다. 그들 외에도 현명하고 용감한 사람들이 있었지만, 그들은 대부분 잊혀졌다(전 1:11의 본문 이해 참고).

9:16. 지혜가 힘보다 낫다는 생각은 "펜이 칼보다 강하다"는 유명한 신념 속에 표현되어 있다. 우리가 지금까지 보아왔듯이, 문제는 사회적으로 중요하지 않게 여겨지는 사람의 지혜가 무시되거나 적절하게 인정을 받지 못한다는 사실이다. 하나님의 질서 안에서는 상황이 다르다. 하나님은 약한 사람들을 사용하실 뿐만 아니라(고전 1:18-31), 그들에 대한 기억을 소중히 간직하신다. 복음서를 대충 훑어보더라도 알 수 있다.

9:17-18. 현명한 사람의 조용한 말이 주목받고 싶어하는 정치인의 떠들썩한 외침보다 낫다. 진실은 현명한 사람의 입을 통해 전달된다. 통치자들의 시끄러운 외침은 그저 선동 행위일 뿐이다. '초강대국'이라고 불리지만 어리석은 통치자들에 의해 어지럽혀지는 나라는 곤경에 빠지게 된다. 반대로, 전쟁 무기를 쌓아놓고 있지는 않지만 현명한 통치자들에 의해 다스려지는 나라는 축복받는다. 참으로 "여호와로 자기 하나님을 삼은 나라, 곧 하나님의 기업으로 빼신 바 된 백성은 복이 있도다"(시 33:12).

Main Idea 복습	삶의 불확실성은 절대 주권자이시며 현명하신 하나님에 대한 신뢰를 합리적이고 유일한 대안으로 만든다.

결론

어리석은 자들에게 충성하지 말라

솔로몬은 항상 '해 아래서' 영속적인 안락을 경험할 가능성에 대해 생각하는 우리의 어떤 망상에 기꺼이 구멍을 뚫어버린다. 여기서 우리는 어리석은 자들에게 충성하는 이 세상의 경향에 대해 신랄한 교훈을 얻게 된다.

■ **진리 알기**

- 당신의 시간이 언제 끝날지 모르니, 그것을 현명하게 사용하라.

• 결혼 같은 특별한 관계는 많은 기쁨을 가져다줄 수 있지만, 하나님만이 주시는 영속적인 안락은 결코 제공하지 못한다.

• 세상의 박수 갈채를 위해 살아가는 것은 어리석은 일이다.

■ 적용하기

• 시간을 내어 당신의 배우자와 함께 보내는 '평범한 순간들' 을 음미하라.

• 당신이 하나님의 축복을 받는 통로가 되는 사람들에 대해 하나님께 감사하라.

• 세상은 높이 기리지 않지만, 당신의 삶에 영구적인 영향을 미쳐온 한 사람에게 감사하라.

삶의 적용

기쁨과 희생

마빈 윌슨(Marvin Wilson)은 성경적 관점에서의 결혼에 대한 희망과 그 현실성을 아름답게 묘사하고 있다. 그의 주석 내용은 길게 인용할 만한 충분한 가치가 있다.

> 예수의 잔처럼… 유대인 결혼 당사자들에 의해 나누어지는 두 잔의 포도주 역시 공동의 운명이라는 개념을 극적으로 표현한다. 첫 번째 잔은 '기쁨의 잔' 이라고 불린다. 그 잔은 삶에서 기쁨을 나눌 때는 그것이 두 배가 된다는 사실을 그 커플에게 상기시킨다. 두 번째 잔은 '희생의 잔' 이라고 불린다. 결혼식이 한창 무르익을 무렵, 신랑과 신부는 언젠가 그들의 결혼 생활에 어려움과 문제가 닥칠 것이라는 사실을 인식함으로써 숙연해진다. 그러나 만약 그런 괴로움들을 서로 나누게 된다면, 반으로 줄어들게 될 것이다.
>
> 현대 기독교의 결혼은 유대교의 결혼에 등장하는 잔의 상징성으로부터 많은 것

을 배울 수 있다. 기독교의 결혼에서 부부는 공동의 운명이 가져다주는 기쁨과 시련을 함께 나눈다. 각 배우자는 상호간에 헌신과 사랑으로 상대방에게 묶인다. 기쁨의 잔은 끊임없이 고통과, 비극과, 질병과, 죽음으로 얼룩지는 세상에서 삶을 축하해야 할 필요성을 그리스도인들에게 상기시킨다. 비록 결혼이 삶에서 나누는 가장 행복한 경험 가운데 하나가 될 가능성도 있지만, 가장 취약한 것 가운데 하나이기도 하다. 많은 적들이 그 결속과 하나 됨(oneness)을 파괴하려고 시도하기 때문이다. 따라서 희생의 잔이 오늘날의 교회에 메시지를 전한다. 시련과 좌절의 힘든 시간이 결혼을 갈라놓는 역할을 하게 될지도 모른다. 그러므로 결혼 당사자들은 하나님의 은혜를 의지하며 개인적인 희생과 상호 복종을 통해 하나로 뭉쳐 서로를 지탱해주어야 한다(비교. 엡 5:21). 여기에 그 관계의 결과를 보증하기 위해 필요한 토대가 있다(마빈 윌슨, 「Our Father Abraham」, 212).

기도

하나님 아버지, 제가 고통의 현실을 회피하지 않으면서 삶의 폭풍 한가운데서도 항상 기쁨을 제공해주는 희망을 가지고 삶을 대할 수 있도록 하시니 감사합니다. 예수님의 이름으로 기도합니다. 아멘.

심층 연구

A. 윤곽의 흐름 결정하기(9:1)

전도서 9장의 이 첫 번째 구절은 지금까지 상당한 논란을 야기해왔다. 그것을 8장과 9장 중 어느 곳에 두는 것이 더 나을까? 루터는 그것을 자주 오용되는 구절로 보았다. 일부 사람들이 그 구절을 사용해 "우리를 향한 하나님의 사랑과 은혜에 대한 의심과 불확실성"을 불어넣곤 했기 때문이다(Luther, 3-4). 또한 9장과 10장은 적절한 구분이 어디에서 이루어져야 하는지 파악하기가 쉽지 않기 때문에 도전적이다(Longman, 224).

다른 학자들도 말해왔듯이, 우리가 그 장들을 구분하는 방식은 전도서의 전반적인 주장에 영향을 주지 않을 것이다. 그런 점에 비추어 우리는 9장과 10장에 대한 전통적인 구분을 유지할 것이다. 하지만 11장과 12장은 이 주석의 마지막 부분에서 함께 다룰 것이다.

B. "시기와 우연이 이 모든 자에게 임함이라"(9:11)

'우연(chance)'은 이 문맥에서 사용하기에 최적의 단어는 아니다. 세상이 하나님의 절대 주권에 구속되지 않는 세력이라는 인상을 주기 때문이다. 이안 프로반(Iain Provan)은 그에 따라 이렇게 주석을 달았다.

> NIV 영어 성경의 'chance' (pega^c)는 불만족스러운 번역 대안이다. 그 단어는 비인간적이고 임의적인 힘을 암시하고 있기 때문이다. 그러나 코헬레트는 전도서 도처에서 인간의 운명이 궁극적으로는 하나님의 손에 달려 있다는 사실을 분명히 하고 있다. 우리에게 닥치는 사건이 아무리 임의적이고 비인간적으로 보일지라도 말이다. 그 동사형 'pg^c'는 '만나다, 마주치다'를 의미한다. 따라서 'pega^c'는 단

순히 우리가 삶의 길에서 마주치는 무언가다. 우리가 통제할 수 없는 환경이나 상황 인 것이다(이안 프로반, 183).

고안

A. 들어가는 글

1. '고난의 한가운데서 기쁨 찾기' 이야기로 시작하라.
2. 배경 설명: 다양한 유형의 어리석은 사람들을 찬양하는 일은 '해 아래서' 항상 일어나게 될 것이다.
3. 적용: 솔로몬은 '금언식 접근 방식' 을 동원하여 '해 아래서의 삶' 에 대한 논평을 계속하고 있다.

B. 본문 이해

1. 해 아래서의 삶의 곤경(9:1-6)
2. 하나님은 해 아래서의 삶을 의미 있게 만드신다(9:7-9)
3. 열심히 일하는 것은 지혜로 가는 길이 아니다(9:10-12)
4. '피터의 원리(Peter principle)' 는 여전히 건재하다(9:13-18)

C. 결론: '어리석은 자들에게 충성하지 말라' 를 읽어주라.

토의 질문

1. 인간이 죽을 운명임을 부정함으로써 야기되는 최악의 결과에는 어떤 것들이 있는가?

2. 당신은 부도덕한 비즈니스 리더들의 파괴적인 결과가 점점 더 많이 드러나고 있는 상황이 진정으로 현명한 사람들의 더 큰 약진으로 이어질 것이라고 생각하는가?

3. 왜 발 빠르다고 경주에서 이기는 것이 아니고, 강하다고 전쟁에서 승리하는 것이 아닌가?

전도서 10장

작은 의무들을 무시하지 말라

"파리는 전쟁을 승리로 이끌고, 우리의 마음을 무력화시키며, 우리의 육체를 다 먹어 치울 정도로 강력하다."

- 블레이즈 파스칼(Blaise Pascal)

이 장에서 솔로몬은 '어리석은 삶'의 여러 사례를 제공한다. 그런 문제들 가운데 상당수는 중요하지 않은 것처럼 보이는 '작은' 것들로부터 매우 심각한 결과가 초래될 수 있는 것이다.

들어가는 글

작은 것들을 행함으로써 얻게 되는 큰 유익

소위 '작은 것들'의 상당수가 좋든 나쁘든 엄청난 영향을 미칠 수 있다. 예를 들어, 우리는 특정 거짓 진술을 '선의의 거짓말'이라고 부르지만 그런 것들이 많은 인명을 앗아갈 수도 있다. 그런 '사소한 잘못들' 가운데 하나는 신뢰를 파괴하고, 우리가 또 다른 사람에게 두었던 확신을 영원히 변화시킬 수 있다.

동전의 또 다른 면은 '작은 임무들'을 일관되게 수행함으로써 생길 수 있는 놀라운 결과들이다. 나는 그 점에서 나의 아버지를 떠올린다. 아버지는 50대 후반에 내게 운동을 시작할 수 있도록 도와달라고 부탁하셨다. 그는 날씬하고 콜레스테롤도 낮은 편이었지만, 약간의 근육을 만들고 싶어했다. 나는 아버지가 거실 바닥에서 몇 차례의 팔굽혀펴기를 간신히 하던 모습을 결코 잊지 못할 것이다. 그의 떨리는 상체는 근육을 만들어가는 것이 얼마나 어려운지를 보여주는 생생한 증거였다. 그러나 아버지는 지금까지 꾸준히 노력해오셨다. 이제 77세인 그는 매일 아침 스물다섯 차례의 팔굽혀펴기는 물론이고 다른 유산소운동과 무산소운동도 병행하고 있다.

우리 가운데 크고 극적인 것에 관심이 많은 사람들은 사람을 성공시키거나 무너뜨리는 것이 바로 작고 하찮은 활동들에서 비롯된다는 사실을 상기할 필요가 있다. 참으로 현명한 예술가나, 의사나, 운동선수는 연습과 준비에 투입한 그 시간들이 위대함으로 연결될 수 있다는 사실을 알고 있다.

본문 이해

작은 의무들을 무시하지 말라

Main Idea	'작은 임무들'의 중요성을 경시하기는 쉽지만, 그것들이 한 사람의 인생 행로를 결정할 수도 있다.

A. '작은' 것들이 중요하다(10:1-4)

Supporting Idea	'작은 어리석음'에 빠지는 것은 매우 심각한 결과를 초래할 수도 있다.

10:1. 향기름에 파리가 들어가 있는 이유는 아마도 누군가가 향수를 담고 있는 상자를 제대로 닫지 않았기 때문일 것이다(Bridges, 235). 누구도 부인할 수 없는 이 원리와 관련해서는 삶의 모든 영역에서 많은 사례를 들 수 있다(Kreeft, 49-50, Ellul, 148). 적은 누룩은 분명 온 덩어리에 영향을 미칠 수 있다(고전 5:6).

역동적인 그리스도인의 삶은 아무도 모르게 행하는 평범한 일과 일상적인 활동에 참여하는 것을 포함한다. 그런 일들에 신실하게 노력을 기울이는 것은 성숙되고, 안정되며, 기쁨이 넘치는 그리스도인의 삶으로 이어진다. 그런 일들을 경시하는 것은 결국 한 개인을 영적으로 무너뜨리게 될 것이다. 그것은 은사를 받은 아주 많은 그리스도인들이 자신의 간증을 훼손하는 이유 가운데 하나이기도 하다. 그들은 강연하기와 글쓰기 같은 공적인 일들을 너무 중요시하여 자신의 마음을 제대로 지키지 못하기 때문이다(잠 4:23, 비교. 딤전 4:16). 개인 기도와 성경 묵상, 예배 등과 같은 영역들이 소홀히 취급되는 것이다. 그 소홀함은 결국 값비싼 대가를 치르게 된다.

달라스 윌라드(Dallas Willard)는 우리에게 무슨 일이 닥치든지 영적으로 준비되기 위해서 습관적으로 올바르게 행동해야 할 필요성에 대해 이야기해왔다. 나는 윌라드 교수가 그것을 주장하기 위해 야구에 비유하는 것을 들은 적이 있다. 좋은 타자는 실제 게임을 대비해 연습하는 동안 수천 개의 볼을 친다. 만약 그 선수가 제대로 연습했다면, 홈 플레이트를 거쳐 들어오는 다양한 볼에 자동적으로 반응할 준비가 되어 있을 것이다.

만약 우리가 개인 기도와 성경 묵상, 예배(개인적 그리고 집단적) 등을 지속적으로 활용한다면, 어떤 도전에 직면하더라도 더 잘 준비될 수 있을 것이다. '파리' 가 우리의 영적인 삶에 들끓지 못하게 함으로써 하나님 앞에서 우리의 달콤한 향기를 보존하게 될 것이다.

10:2. 한 사람을 인도하는 것은 바로 마음이다. 마음은 "어떤 결정에 도달하는 데 작용하는 이유일 뿐만 아니라, 그것이 취하는 의사와 방향이다" (Murphy, 100). 마음에 어떤 생각을 가지고 있든지 간에 그것은 한 사람이 앞으로 취할 행동 방향을 결정한다 (Eaton, 133).

10:3. 어리석음은 마음속 깊은 곳에 머물러 있지 않아서 문제다. 마음에 담겨져 있는 것은 반드시 나오게 되어 있다. 우매자는 행동으로 자신이 지혜를 귀히 여기지 않는다는 사실을 증명해 보일 것이다. 이 구절은 "벌거벗은 임금님(The Emperor' s New Clothes)" 이라는 유명한 어린이 동화를 떠올리게 한다. 그 이야기에서 임금님은 자신이 아름다운 옷을 입고 있다고 믿으며 벌거벗은 채로 돌아다닌다. 마침내 한 작은 꼬마가 외친다. "임금님은 벌거숭이다!"

무엇이 임금님을 그런 곤경에 빠뜨렸을까? 그는 두 나그네가 마을에 들어와 '걸맞지 않은 관직을 가지고 있거나 유별나게 어리석은 사람에게는 보이지 않는 신기한' 옷감을 만들 수 있다고 주장하는 것을 믿었다. 아이러니컬하게도 임금님 자신이 '유별나게 어리석었던' 것이다. 그 사기꾼들을 믿었으니 말이다. 또 왕궁에서 아무도 진실을 말하려 하지 않았기 때문에 임금님이 속아 넘어갔던 것이다(잠 13:20 참고).

10:4. 마음의 평정을 잃지 않는 것만큼 외관상 중요해 보이지 않는 것도 중대한 결과를 낳을 수 있다(잠 15:1). 그것은 위대한 통치자로 하여금 자기 주장의 잘못을 깨닫게 할 수도 있다. 달라스 윌라드의 야구 선수 비유에 다시 한 번 귀 기울여보면, 지속적으로 올바르게 행동하는 것이 얼마나 중요한지 새삼 깨닫게 된다. 사람은 대단한 자제력을 필요로 하는 그런 중대한 상황이 언제 일어날지 결코 알 수 없다. 만약 한 사람이 습관적으로 지혜를 따라 살아오지 않았다면, 그의 어리석음이 드러나게 될 것이다.

B. 어리석음은 해 아래서의 삶의 특징이다(10:5-7)

Supporting Idea 어리석음은 사회의 모든 차원에서 드러난다.

10:5-7. 우리는 이 구절들에서 제시하고 있는 주요 요점에 대해 주의할 필요가 있다. 솔로몬에 따르면, 가장 유능한 사람들 가운데 일부가 하찮은 지위에 있는 반면, 가장 무능한 사람들 가운데 일부가(말을 타고 있는 종들이) 중대한 영향을 미치는 지위에 있다. 종에 대한 이 대목이, 보잘것없는 배경을 가진 사람들은 결코 현명한 통치자가 될 수 없다고 말하는 데 이용되어서는 안 된다. 경험과 상식이 우리에게 그렇지 않다는 사실을 말해준다. 솔로몬은 일반적으로 종들이 유능한 통치자가 될 만한 능력이나 교육 배경을 가지고 있지 않다는 사실을 이야기하고 있는 것이다.

일부 해석가들은 이 본문을 군림하는 권위에 반기를 드는 평민이나 종에 대해 이야기하는 것으로 받아들인다. 문맥을 감안할 때, 그 해석은 가능성이 없어 보인다.

C. 더 열심히가 아니라 더 영리하게 일하라(10:8-11)

Supporting Idea 어떤 가치 있는 임무를 위해 적절한 준비는 필수적이다.

10:8. 이 상황들은 모두 일상적인 활동을 하는 데서 생겨날 수도 있는 위험을 묘사하고 있다. "심지어 가장 평범한 활동 속에도 항상 사고의 가능성이 존재한다"(Murphy, 102, 비교. Seow, 326).

10:9-10. 적절한 주의와 준비를 취하지 않으면, 어떤 활동도 위험한 것이 될 수 있다. 현명하지 못한 사람은 연장이 제대로 준비되지 않았을 때도 계속해서 일한다. 무딘 도끼를 휘두르는 것이다. 그 유용성이 제한적인데도 말이다. 우리는 차분히 생각하고 양서를 정독할 수 있는 시간을 낼 필요가 있다. 참으로 현명한 사람은 그것을 꼭 해야 할 때가 있다는 시간에 대한 하나님의 관점을 가지고 있다(전 3:1-11). 우리는 잠시 뒤로 물러나 도끼를 가는 것이 시간 낭비라고 생각해서는 안 된다.

10:11. 또 다른 위험은 훌륭한 능력을 가지고 있으면서도 게으르거나 다른 데 정신이

팔려 자신의 능력을 제대로 활용하지 못하는 것이다. 자신의 능력을 제대로 활용하지 못하면 큰 대가를 치르게 된다.

D. 어리석은 삶과 현명한 삶을 보여주는 소품들(10:12-20)

Supporting Idea	혀를 통제하는 것은 결코 작은 일이 아니다.

10:12-13. 성경은 우리의 말에 대해 많은 이야기를 하고 있다. 말은 마음을 드러낸다(마 12:34-37). 우리의 혀는 훌륭한 치유의 원천이 될 수도 있고, 심각한 상처의 원인이 될 수도 있다(약 3:1-12). 이 두 구절은 우리가 어떤 유형의 사람인지를 감추는 것이 불가능하다는 사실을 보여준다. 우리의 말은 우리가 현명한지 어리석은지 그 여부를 드러낼 것이다.

10:14. 우매자는 두 가지 잘못을 저지른다. 그는 성급하게 이야기하고(잠 12:8), 너무 많은 말을 하는 경향이 있다. 둘 다 재앙과 같은 결과를 낳을 수 있다. 입을 다물고 기다렸다가 최적의 시점에 이야기하는 것이 더 낫다. 현명한 사람은 잠잠해야 할 때를 안다(전 3:7, 약 1:19-20). 욥의 '상담자들' 이 입을 다물고 있을 때(욥 2:13) 가장 현명했고, 말하기 시작할 때 가장 어리석었다는 사실은 흥미롭다. 그들은 자신들이 접근할 수 없는 것, 다시 말해 인간 이해에 노출되어 있지 않은 것에 대해 자신 있게 이야기했다.

어리석은 자들이 저지르는 또 다른 잘못은 미래를 내다볼 수 있다고 생각하는 것이다. 솔로몬은 일찍이 우리에게 그것이 소용없는 일이라고 가르쳐주었지만(전 3:11), 어리석은 사람은 자신이 하나님이 될 수 있다고 믿는 경향이 있다. 우매자는 처음부터 끝까지 어리석음으로 나타나지만, 그것이 그로 하여금 미래에 대해 추측하거나 말하지 못하게 막지는 못한다. 그는 자신이 무엇을 모르는지 알지 못하고, 인간 이해의 적절한 범위나 한계를 이해하지 못하는 사람의 전형인 것이다.

10:15. 우매자의 게으름이나 태만은 너무나 심각해서 간단한 여행을 위해 필요한 계획을 수립하고 준비하고자 하는 욕구조차 갖지 않는다. 단순한 임무조차도 우매자에게는 불가능한 일이 되고 만다. 게다가 우매자는 너무나 어리석어서 '위대한 일' 을 하고자 하는 포부는 가지고 있을지 모르지만 그것을 이룰 수는 없다. 그는 삶의 기본적인 임

무조차 달성할 수 없기 때문이다.

10:16-20. 무경험이나 미성숙, 규율의 부족 등으로 인해 자격이 없는 사람들이 권력자로 있는 나라들은 크게 고통받는다. 자기 만족에 초점을 맞추는 통치자들은 어떤 백성에게나 재앙이다(Luther, 166). 반대로, 세속적인 욕구를 자제할 줄 아는 사람들이 다스리는 나라들은 큰 축복을 얻는다.

소위 삶의 '사적인' 영역을 통제할 수 있는 사람들은 많은 '공적인' 유익을 초래한다. 만약 우리 통치자들의 식사 패턴이 나라를 어떻게 이끌어갈지를 알려주는 중요한 지표라면, 다른 영역들은 얼마나 더 그렇겠는가! 사적인 윤리가 공적인 삶에 영향을 미치지 않는다는 오늘날의 생각은 성경에서 그 근거를 찾아볼 수 없다. 작은 일에 충성하는 사람은 많은 일에도 신실할 것이다(마 25:14-30).

18절은 최근에 터키에서 집들이 제대로 지어지지 않아 심한 지진을 견딜 수 없었던 비극을 우리에게 상기시킨다. 도덕적 규율의 부족은 실제적인 결과를 낳는다. '작은 것들' 이 매우 중요하다.

19절은 다소 이해하기 어렵지만, 우매자는 세상적인 것들이 행복한 삶을 성취할 수 있는 방법이라고 믿는다는 사실을 지적하는 것처럼 보인다.

이 장은 혀의 올바른 사용에 대한 추가적인 가르침으로 끝을 맺는다(비교. 10:12-14). 혀를 통제하는 사람은 그가 현명하다는 사실을 보여주지만, 우매자의 말은 다시 돌아와 그를 괴롭히게 될 것이다. 하나님은 우리가 혀를 파괴적으로 사용하는 것에 대한 심판을 보류하고 계실 수도 있다(전 8:11-12). 그러나 우리는 결국 자신이 이야기하는 모든 부주의한 말들에 대해 책임을 지게 될 것이라는 사실을 깨달아야 한다(마 12:36).

Main Idea 복습	'작은 임무들' 의 중요성을 경시하기는 쉽지만, 그것들이 한 사람의 인생 행로를 결정할 수도 있다.

결론

주어진 임무에 충실하라

기독교 선교의 역사는 무명으로 신실하게 사역하면서도 자기 사역의 열매를 보지 못했던 사람들에 관한 많은 이야기를 제공한다. 최초의 순교자 스데반은 주님이 자신의 죽음을 이용해 교회를 흩으심으로써 복음 전파를 촉진시켰던 것을 결코 보지 못했다. 우리는 스데반이 '사소한' 책임을 무시하지 않는 사람이었음을 알고 있다. '공궤하는(음식을 분배하는)' 일을 하는 것이 그 위대한 사람의 징표였던 것이다(행 6:1-5).

▣ 진리 알기

- 신실하고 평범한 날들이 무시되어서는 안 된다.
- 어떤 가치 있는 노력이라도 적절한 준비를 하라.
- 당신의 마음을 지키는 것이 당신의 혀를 지켜줄 뿐만 아니라, 상처로 얼룩진 세상에서 당신을 구해줄 것이다.

▣ 적용하기

- 건강하게 먹고, 적절한 휴식을 취하며, 규칙적으로 운동하는 것에 우선순위를 두라. '당신에게 압력을 가해줄' 친구를 찾아 그런 훈련들이 현실이 되게 하라.
- 남편들이여, 집안의 허드렛일을 훌륭한 솜씨로 열심히 완수하는 것을 최우선순위에 두겠다고 약속하라.

삶의 적용

교화의 말

혀는 '몸의 작은 일부' 이지만, 파괴적이고 광범위한 영향을 미칠 수 있다(약 3:5).

우리는 지금까지 '작은 파리들' 이 어떻게 값비싼 대가를 치르게 할 수 있는지 생각해왔기 때문에 조나단 에드워즈(Jonathan Edwards)가 "그리스도인의 지식(Christian Knowledge)" 이라는 제목의 담론에서 이야기했던 내용을 숙고해보는 것이 유익하리라 생각한다. 그 에세이에서 많은 것들이 우리의 주의를 끈다. 에드워즈는 모든 그리스도인이 하나님을 아는 지식에서 자라가야 한다고 강력하게 주장한다. 심도 있는 학습은 단지 성직자만을 위한 것이 아니다[조나단 에드워즈, 「신앙감정론 - 조나단 에드워즈 전집 제1권(The Works of Jonathan Edwards, 부흥과개혁사)」]. 에드워즈는 하나님의 말씀에 대한 깊은 지식이 지성이나 직업의 결과가 아니라는 시편 기자의 말에 동의했을 것이다. 오히려 그것은 한 사람이 하나님을 사랑하고 있다는 사실을 증명해준다(시 1편, 119편 참고).

혀에 대한 논의에 비추어볼 때 특별히 관련이 있는 한 부분은 하나님의 말씀에 대한 지식에서 자라는 사람들만이 말로써 다른 사람을 교화할 수 있는 능력을 갖추고 있다는 사실을 에드워즈가 상기시키는 내용이다(Edwards, 161-162). 그는 그리스도인들이 피상적인 학습과 불건전한 말을 참고 받아들이는 것이 흔한 일이라고 말했다. 우리가 위대하고 무한하신 하나님에 대한 지식을 점차 늘려 그것으로 다른 사람들을 교화하고 격려할 수 있는 사람이 되기를 바라마지 않는다!

기도

하나님 아버지, 당신이 저에게 맡겨주신 책임이 아무리 '작고 하찮아' 보이더라도 절대 무시하지 않도록 도와주십시오. 예수님의 이름으로 기도합니다. 아멘.

심층 연구

A. "게으른즉 석가래가 퇴락하고"(10:18)

이 구절은 '일곱 가지 치명적인 죄악' 을 떠올리게 한다. 그것들은 "토마스 아퀴나스(Thomas Aquinas)가 설명하고 있듯이 우두머리(머리)이기 때문에 치명적이거나 중대하다" 고 불린다. "예를 들어, 죄 없는 사람에 대한 살인이나 대량 학살 같은 다른 죄들보다 더 끔찍하기 때문이 아니라, 더 심각한 다른 죄의 근본 원인이나 뿌리가 되기 때문이다" (Chan, 72).

게으름이나 태만의 죄는 우울과 깊이 관련되어 있는 것으로 간주될 수 있다(Chan, 72). 그것을 "절망으로 이어지는 무관심이나 권태" 로 보는 사람들도 있다(Allen, 「Spiritual Theology」, 74). 우리같이 성공 지향적인 미국인들에게 중요한 통찰력은 게으름이나 태만의 죄가 반드시 일중독과 상반되는 것은 아니라는 사실이다. 그것이 모순처럼 들릴 수도 있지만, 사실은 그렇지 않다. 예를 들어, 어떤 사람은 다른 일들에 너무 많은 관심을 기울임으로써 특정의 책임을 회피하고 있을지도 모른다. 태만한 남편은 그럴듯한 직장에서 일주일에 80시간을 일하면서도 가정에서 가장 기본적인 의무를 이행하는 데는 실패할 수도 있다. 만약 "석가래가 퇴락한다면", 그는 열심히 일하면서도 태만한 임원의 전형인 것이다.

교안

A. 들어가는 글

1. '작은 것들을 행함으로써 얻게 되는 큰 유익' 이야기로 시작하라.
2. 배경 설명: 어리석은 삶은 점차적으로 다가온다. 하루아침에 일어나는 것이 아니다.
3. 적용: 현명한 삶의 방식과 어리석은 삶의 방식이 계속해서 솔로몬의 관심을 사로잡는다.

B. 본문 이해

1. '작은' 것들이 중요하다(10:1-4)
2. 어리석음은 해 아래서의 삶의 특징이다(10:5-7)
3. 더 열심히가 아니라 더 영리하게 일하라(10:8-11)
4. 어리석은 삶과 현명한 삶을 보여주는 소품들(10:12-20)

C. 결론: '주어진 임무에 충실하라' 를 읽어주라.

토의 질문

1. 만약 '톱날을 가는 것' 이 더 큰 효율성으로 임무를 완수하게 만든다면, 우리 가운데 왜 그렇게 많은 사람들이 적절한 준비를 소홀히 하는가?

2. 열심히 일하면서도 태만한 사람이 될 수 있다. 당신은 다른 일들에 집중함으로써

가정에서의 특정 책임 이행을 회피한 적이 얼마나 많은가?

3. 취미의 문제 역시 종전의 질문과 관련되어 있다. 취미 자체는 아무 문제가 없지만, 당신을 소진시키고 부모나 배우자로서의 의무 같은 더 중요한 책임을 소홀하게 만드는 취미를 갖고 있지는 않는가?

전도서 11-12장

품위 있게 나이든다는 것

"지금 당신이 가장 활력이 넘칠 시기, 즉 20대의 젊은이라고 생각해보라. 그리고 90세의 또 다른 사람이 있다고 가정해보자. 당신과 그는 둘 다 죽어야 한다. 둘 다 앞으로 끌려가고 있는 수레에 태워져 있다. 그의 교수대와 죽음은 기껏해야 10킬로미터 이내에 놓여져 있고, 당신의 것은 80킬로미터 범위 내에 있다. 나는 당신이 죽음에 대해 그보다 덜 생각해야 할 이유를 도무지 모르겠다. 당신이 가야 할 길이 더 멀기는 하지만, 거기에 도달할 때까지 수레가 결코 멈추지 않을 것이라는 사실을 당신도 분명히 알고 있기 때문이다."

- 토마스 무어(Thomas Moore)

옛말에도 있듯이, "삶에서 두 가지는 확실하다. 죽음과 세금이 그것이다." 솔로몬은 노화와 죽음에 비추어 삶에 대한 통렬하고 실제적인 조언으로 끝을 맺는다.

들어가는 글

공경할 만한 늙은 삼촌의 마지막 조언

전도서의 마지막 두 장은 지금까지 함께 다루어져왔다. 전통적인 장 구분이 솔로몬의 주장의 흐름을 방해하는 경향이 있기 때문이다. 전도서는 광범위한 문제들을 다룬다. 어떤 부분들은 특별히 특정 삶의 시기와 관련된 문제들을 다루고 있다. 이 마지막 부분은 우리 모두에게 말하고 있는 것이 분명하지만, 특별히 젊은 사람들에게 흥미로운 메시지를 담고 있다. 만약 젊은이들이 이 마지막 부분의 가르침을 내면화한다면, 삶의 많은 곤경에서 스스로를 구하고 지혜로운 삶을 살게 될 것이다.

나는 여기서 솔로몬을 젊은 조카나 조카딸에게 사려 깊은 조언을 제공하는 공경할 만한 늙은 삼촌으로 그린다. 우리가 얼마나 주의를 기울일 것인가?

본문 이해

품위 있게 나이든다는 것

Main Idea	죽음과 죽음을 면할 수 없다는 현실은 생각하기에 불쾌한 주제처럼 보일지 모르지만, 실제로는 현명한 삶을 만들어낸다.

A. 근면의 역할(11:1-6)

Supporting Idea	열심히 일하고 당신의 일을 수행하는 데 있어 현명해져라. 하나님이 어떤 일에 축복하실지 결코 알 수 없기 때문이다.

11:1. 일부 주석가들은 식물을 던지라는 이 표현을 보다 문자적으로 해석한다(Keddie, 143-144). 다른 주석가들은 그것을 은유로 본다. 어떤 경우든 요점은, 계산된 위험을 감수하는 것은 가치 있는 일이 될 수 있다는 것이다.

11:2. 이 구절은 자선을 주창하는 것인지도 모른다. 분명 성경은 관용과 자비의 중요성을 강조하는 말로 가득 차 있다. 그러나 이것을 다양하게 자산을 보유하라는 가르침으로 해석하는 것이 더 나은 것 같다(Garrett, 338). 당신의 모든 자산을 하나의 금융 투자에만 예치하는 것은 위험한 결과를 가져올 수 있다. 이 구절과 앞 구절은 건전한 균형을 제공한다. 계산된 위험은 좋지만, 당신의 투자를 분산시킴으로써 현명하게 대처하라.

11:3-6. 삶의 불확실성 때문에, 그리고 일부 사람들은 자신의 삶을 통제하고 싶어하기 때문에 어떤 일에 대해 절대적으로 확신하기 전까지는 아무것도 하지 않으려고 하기가 쉽다. 이런 수동성은 위험할 수 있다. 옛말에도 있듯이, "아무것도 하지 않는 것은 아무것도 아닌 것이 아니다. 그것도 중요한 행위인 것이다." 사람은 중립 지대에 머물러 있지 못한다. 당신은 아무것도 하지 않음으로써 중요한 기회를 놓치게 될지도 모른다. 4절에서 **풍세를 살펴보는 자**라는 표현은 일부 학자들에 의해 인간의 영혼으로 해석되지만, 물리적 바람도 분명 포함된다(Moore, 「Ecclesiastes」, 136).

모든 조언에는 주의가 필요하다. 분명 더 많은 정보를 기다리는 것이 현명한 상황도 많이 있다. 많은 사람들은 너무 충동적으로 행동함으로써 심각한 곤경에 빠지기도 한다. 그러나 솔로몬은 지금 그런 위험을 다루고 있는 것이 아니다.

솔로몬은 하나님이 지금 하고 계신 일에 대한 우리의 무지를 강조하고 있다. 우리의 감정적인 대응은 포기하고 그만두는 것일 수도 있다. 성경적 조언은 계속해서 일하는 것이다. 하나님이 우리의 수고를 언제 어떻게 축복하실지 우리는 알지 못하기 때문이다. 낙담으로 인해 일하지 않는 것을 경계하고 있는 것이다(Eaton, 143-144).

열심히 일하라는 6절의 처방은 솔로몬이 앞서 일에 대해 말했던 내용과 함께 고려되어야 한다. 그것은 분명 무모한 일중독을 주장하고 있는 것이 아니다. 전도서 4장 6절은 우리에게 "한 손에만 가득하고 평온함이 두 손에 가득하고 수고하며 바람을 잡으려는 것보다 나으니라"라는 사실을 상기시킨다.

게다가 너는 아침에 씨를 뿌리고 저녁에도 손을 거두지 말라는 충고는 하나님의 절대 주권에 대한 가르침과 균형을 이루어야 한다. 궁극적으로 일에 어떤 유익을 가져다주시는 분도 하나님이시고(전 3:11), 사람들이 자기 노동의 열매를 누릴 수 있도록 권한을 부여하시는 분도 하나님이시기 때문이다(전 2:24-26, 3:13, 5:18-20, 비교. 6:1-9).

B. 젊은이들에게 주는 교훈(11:7-12:1)

Supporting Idea	젊은 사람들은 인생의 청년기를 만끽해야 하지만, 그들이 생각하고 행동하는 모든 것이 하나님의 심판을 받게 될 것임을 결코 잊어서는 안 된다.

11:7-8. 성경에서 밤은 종종 슬픔이나 두려움, 불확실성의 시기로 묘사된다. 하지만 낮은 기쁨의 시기로 제시된다. 여기서 '날(day)' 의 개념은 물리적 현실 이상의 의미인 것처럼 보인다. 그것은 또 아직 젊어서 노년의 심각한 현실을 경험하지 않은 데서 오는 기쁨을 포함하고 있는 것 같다.

8절의 긴장을 주목하라. 우리는 앞에서, 특히 전도서 9장 9절에서 이런 종류의 균형 잡힌 가르침을 본 적이 있다. 우리는 모든 날들이 즐거울 수 있다는 사실에 의해 고무된다. 그러나 인간은 자신이 죽게 될 것이라는 사실을 결코 놓쳐서는 안 된다. 솔로몬은 이미 전도서 7장 1-6절에서 이 주제에 대해 몇 가지 중요한 가르침을 제시한 바 있다.

이 책을 통해 대부분의 노인들뿐만 아니라 대부분의 젊은이들도 그런 식으로 살지 않는다는 사실을 분명히 알 수 있다. 어느 쪽이든 죽음에 대해 생각하거나 현재에 어떤 기쁨을 경험하는 것을 배제한 채 죽음에 초점을 맞추고 싶어하지 않는다. 현명한 사람은 현재에 기쁘게 살면서도(전 5:20, 비교. 7:10) 삶의 덧없음과 불확실성을 인식한다.

11:9. 솔로몬이 젊은이에게 주는 이 교훈 속에서 우리는 다시 한 번 좋은 균형을 발견하게 된다. 한편으로는 젊은이들이 삶을 즐기고 젊음이 주는 자유를 만끽하라는 가르침을 받는다. 하지만 그 조언은 쾌락주의에 대담하게 뛰어들라고 가르치는 것이 아니다. 솔로몬은 그 젊은이가 결국에는 하나님이 심판하실 것임을 마음에 새기기를 원한다. 부작위(不作爲)의 죄뿐만 아니라 그가 행한 모든 것에 대해서 말이다. 하나님의 장래 심판에 대한 그 젊은이의 인식이 솔로몬에게는 매우 중요한 것이다.

11:10. 젊음과 관련하여 슬픈 것 가운데 하나는 사실상 너무나 적은 사람들이 하나님

이 의도하신 방식대로 그것을 즐기고 있다는 사실이다. 젊은이들 사이에 자살과 우울증이 증가하는 것은 우려할 만하다. 쓰라림과 슬픔, 분노 등이 젊은이의 마음의 일부분이 되어서는 안 된다.

12:1. 젊은이들은 이 시기에 하나님과 친밀한 관계를 발전시키는 것이 절대적으로 필요하다. 젊은이에게 너의 창조자를 기억하라고 요구하는 것은 수동적인 것이 아니다. 그것은 행위를 포함하고 있기 때문이다(Kaiser, 118).

젊은 시절에 형성된 하나님과의 친밀함은 그가 늙어갈 때에도 큰 도움이 될 것이다. 늙어간다는 것은 일반적으로 여러 면에서 더 어려운 환경을 의미한다. 젊은 시절에 하나님과 신실하게 동행함으로써 얻는 영적 안정감은 장래의 도전을 이겨내는 데 큰 도움이 될 것이다. 그리스도인 십대들이 붙잡아야 할 진리로 이것보다 더 중요한 것은 없다!

C. 노화 과정의 잔인한 현실(12:2-8)

Supporting Idea	노화 과정에 대한 생생한 묘사는 우리를 겸손하고 진지하게 만들어 하나님께 훨씬 더 초점을 맞추는 자세로 삶을 사랑하게 유도할 것이다.

12:2. 주석가들은 다음 이미지들이 무엇을 의미하는지에 대해 서로 의견을 달리한다. 나는 그 이미지들이 노인의 생리 변화를 나타낸다는 생각에 동의한다. 이 구절의 첫 부분은 기쁨의 상실을 의미하는 것처럼 보인다(비교. 12:1). 빛은 즐거운 것으로 간주되기 때문에(11:7) 그것의 상실은 즐거움의 상실을 묘사한다. 솔로몬은 12장 5절에서 다시 그 생각을 다루게 될 것이다.

비 뒤에 구름이 다시 일어난다는 구절은 다양한 방식으로 이해되어 왔다. 그것은 희미해지는 기억이나 "노인들이 빠질 수도 있는 우울 증세"를 의미하는 표현일 수 있다(Whybray, 「Ecclesiastes」, 164). 한 주석가는 그것이 "녹내장의 증상"일 수도 있다고 말한다(Crenshaw, 185).

12:3. 이 구절에는 노화의 네 가지 공통적인 특징이 열거되어 있다. 첫째로, 집을 지키는 자들이 떤다. 일반적으로 한 사람의 몸을 지켜주는 것은 그의 손이지만, 일부 주석가들은 그 해석에 대해 그렇게 확신하지 못한다(Seow, 397). 힘과 안정성이 떨어지면

손을 떨게 되어 있다. 한때 스스로를 보호하며 편안함을 주었던 것이 이제는 통제할 수 없을 정도로 흔들린다. 이것은 공포를 유발한다. 그 늙은 사람이 점점 취약해지기 때문이다.

둘째로, 힘 있는 자들이 구부러진다. 완벽한 자세의 노인들을 발견하는 것은 매우 드문 일이다. 지금도 꽤 건강하신 나의 아버지는 종종 자신의 키가 과거에는 1미터 80센티미터였는데 지금은 1미터 75센티미터라고 농담을 하신다.

셋째로, 맷돌질하는 자들이 적으므로 그칠 것이라는 표현은 치아의 상실을 의미하는 것 같다. 심지어 '생리적인 해석' 을 기꺼이 받아들이지 않는 일부 학자들조차도 그 가능성을 높게 평가한다(Seow, 355).

넷째로, 약해져가는 시력의 문제가 묘사되어 있는 것처럼 보인다.

12:4. 이 구절의 전반부는 노인들이 장사와 일상적인 거래로부터 차단된다는 사실을 언급하는 것인지도 모른다. 그것은 또 치아의 상실을 의미하는 것일 수도 있다. 어느 쪽이든 고령은 사람의 활동을 제한한다.

이 구절의 후반부 역시 다양한 가능성을 제기한다. 하나의 가능성은 노인들이 쉽게 놀란다는 사실을 묘사하고 있다. 심지어 고운 새 소리에도 놀란다는 것이다. 또 다른 해석은 노인들이 더 이상 음악을 즐길 수 없거나 노래 부르는 데 참여할 수 없다는 사실을 말하는 쪽으로 좀 더 옮겨간다(삼하 19:35 참고). 둘 다 솔로몬이 노화에 대해 이해시키려고 애쓰고 있다는 사실을 뒷받침한다.

12:5. 스스로 다치거나 다른 사람에 의해 상해를 당하는 것에 대한 두려움은 세월이 흐를수록 점점 더 큰 걱정거리가 된다. 고대에는 노인들에게 불편을 유발하는 것이 좋지 않은 고관절과 등과 무릎만이 아니었다. 야생 동물과 산적 같은 노상에서의 테러도 포함되었다. 노인들은 특히 그런 위험에 취약할 수밖에 없었다.

살구나무가 꽃이 필 것이라는 구절은 흥미롭다. 미국에서는 살구나무에 꽃이 피는 것이 봄을 예고하고, 그 꽃잎도 핑크색이다. 그러나 중동 지방에서는 한겨울에 꽃을 피우고, 그 꽃잎도 끝이 흰색을 띤다. 많은 주석가들은 그것을 대개 고령과 함께 찾아오는 머리카락의 변색으로 본다.

메뚜기도 짐이 될 것이라는 지적은 의심할 여지가 없어 보인다. 세월이 흐르면 노인들은 더 느린 걸음걸이로 걷게 된다. 원욕이 그친다(또는 "백화채 나무 열매도 소용이 없다", NASB)는 표현은 많은 주석가들에 의해 성적 욕망의 상실에 대한 묘사로 간주된다. "중세의 유대교 주석 이전에는 백화채 나무 열매의 최음 성질에 대한 증언이 전혀 나타나지 않지만"(Garrett, 342) 말이다. 일부 학자들은 전반적인 욕구의 상실을 언급하는 것으로 확대 해석한다(Leupold, 282). 이 본문이 치아와 시력 상실에 대해 언급하고 있는 것으로 보아 그 해석은 어느 정도 일리가 있다. 맛과 냄새 같은 감각들은 보통 나이와 함께 무뎌지기 마련이다.

12:6. 은줄이라는 표현은 척수를 언급하는 것일지도 모른다. 그것을 가정과 관련된 이미지로 받아들인다면, "줄에 매달려 있는 기름 램프"로 해석할 수도 있을 것이다(Whybray, 「Ecclesiastes」, 167). 금 그릇은 머리고, 항아리는 심장일지도 모른다. 후자의 이미지는 말년을 묘사하는 것일 수도 있다. "인간은 거룩한 토기장이에 의해 빚어진 토기로 간주되었기 때문이다"(Seow, 366). 우물 위의 바퀴는 일부 학자들에 의해 소화기관으로 간주되지만, 분명하지는 않다.

다시 한 번 강조하건대, 우리는 주님을 기억해야 한다. 그렇지 않으면, 노화 과정과 함께 찾아오는 도전과 한계에 괴로워하고 분노하게 될지도 모른다. 약속의 땅에 들어가기 전의 이스라엘 백성과 마찬가지로 우리는 하나님을 기억할 필요가 있다. 그러나 안타깝게도 잊기가 얼마나 쉬운가!

12:7-8. 이 구절은 정말로 내세가 존재한다는 진리로 우리를 이끈다.

8절은 7절과 이어져 있어 잘못 이해하기가 쉽다. 7절은 영혼이 하나님께로 돌아가는 것이 무익하거나 공허한 소망이라고 이야기하고 있는 것이 아니다. 오히려 8절은 하나님과 상관없이 의미를 찾으려는 사람들의 몸부림이 헛된 것임을 상기시키는 통상적인 내용인 것처럼 보인다. 특히 노화 과정은 그 허무를 강조한다. 노화는 불가피한 것이고 잔인한 것이기 때문에 이 세상을 위해 살아간다는 것은 어리석은 일이다.

D. 결론(12:9-14)

Supporting Idea	몇 가지 기본적인 진리는 한 사람이 현명하게 살아가는 것을 보증해 줄 것이다.

12:9-10. 솔로몬은 하나님의 진리를 전달하는 최상의 방법을 분별하는 데 충분한 시

간을 들인 숙련된 교사다. 유명한 그리스도인 작가들은 그의 선례를 따르면서 그 지혜를 보게 된다(Kirkegaard, 13, Dillard, 24).

정확한 본질을 훼손하지 않으면서 신선한 방법으로 진리를 전달하는 일은 상당한 도전이다. 한편으로는 창의성을 너무 중시하는 사람들이 있다. 그러다보니 하나님의 말씀의 진리가 종속적인 위치에 놓이게 된다. 하나님의 말씀을 담고 있는 본문이 무엇을 말하는지 드러내고 전달하기보다는 해석자의 영리한 의견이 중심에 놓이게 되는 것이다. 성경적 진리가 가려지면, 하나님의 말씀의 완벽한 광채와 아름다움을 보는 것이 불가능하다.

다른 한편으로는 이해할 수 있는 일이지만 '거룩하고 보편적이며 사도적인 교회' 를 지키고자 하는 바람 때문에 고대 세계의 정황을 현대 세계와 연결시키는 데 실패하는 사람들도 있다. 결과적으로 사람들은 하나님의 말씀을 자신이 살고 있는 세상에 어떻게 적용시킬 수 있는지 궁금하게 여긴다. 그들에게 성경은 고루하고 비현실적으로 느껴진다.

일부 목사들도 실행 가능한 적용을 제시하기를 주저하고 있을지도 모른다. 그들이 성령의 역할을 수행하고 있다는 두려움 때문에 말이다. 그들의 논거는 이런 식이다. 하나님은 절대 주권자이시므로 그분의 성령이 사람들에게 설교를 어떻게 적용해야 할지 말해주실 수 있다는 것이다. 그럴듯하게 들리지만, 그것은 하나님이 그분의 주권적인 목적을 이루기 위해 수단을 사용하신다는 사실을 놓치고 있다. 심지어 청교도 목사들도 하나님의 절대 주권에 대한 그들의 깊은 신앙에도 불구하고 구체적인 적용을 제시하는 데 있어 그것을 방해물로 보지 않았다(Packer, 116-117).

우리는 또 말을 중시하는 것이 하나의 미덕이라는 사실도 보게 된다. 만약 어니스트 헤밍웨이(Ernest Hemingway)가 「노인과 바다(Old Man and the Sea)」를 일백 번 고쳐 쓰는 것이 적절하다고 생각했다면, 하나님의 말씀을 가르치는 성경 교사들이 사람들을 감동시켜 그리스도를 따르게 만드는 적절한 말을 찾기 위해 얼마나 더 노력해야겠는가? 설득력 있고, 유쾌하며, 시기적으로도 적절한 말이 성경을 가르치는 목사들에 의해 사용되어야 한다. 그러나 항상 하나님의 말씀의 진리가 드러내는 바를 조명하기 위한 수단으로서 활용되어야 한다. 우리는 사람들을 "옛적 길"(렘 6:16)로 다시 데려가야 하지만, 그것이 오늘날 우리의 삶과 어떤 관련이 있는지 보여주어야 한다.

12:11. 여기서 채찍이라고 해석된 것은 소를 재촉하기 위해, 특히 쟁기질하는 동안 사용되는 날카로운 막대기를 말한다. 못이 목자의 두 번째 도구이므로 천막 말뚝이 언급된 것으로 보는 것이 타당하다.

따라서 하나님의 말씀은 그 두 가지 방식으로 기능한다. 첫째로, 그것은 우리를 독려한다. 하나님의 말씀대로 살아가는 것이 우리에게 최선이다. 하나님의 법에 맞서 싸우는 것은 고통스럽고 무익한 일이다. 하나님은 우리의 신실함과는 상관없이 그분이 목적하신 바를 성취하실 것이다. 사도 바울은 "가시채를 뒷발질하는 것"(행 26:14)이 얼마나 무익한지를 직접 체험으로 깨달았다.

둘째로, 하나님의 말씀은 안정을 만들어낸다(렘 10:4). 하나님의 말씀에 끊임없이 복종하는 남성이나 여성은 자신이 "모든 교훈의 풍조에 밀려 요동하는"(엡 4:14) 사람들과 같지 않다는 사실을 발견하게 될 것이다.

12:12. 이 구절은 성경 이외에 다른 책들을 읽은 것에 대해 경고하는 것이 아니다. 각각의 주창자들에 의해 표방되는 다양한 견해 때문에 아무것도 하지 못하게 되는 위험을 경고하고 있는 것이다. 이것은 분명 지혜가 필요한 상황이다. 요한 웨슬리(John Wesley)는 매우 박식한 사람이었지만, 자신을 "한 권의 책에 빠져 있는 사람"이라고 묘사했다. 마찬가지로 많은 청교도 목사들도 서구 문명의 위대한 업적 속에서 살아가지만, 성경을 제1의 책으로 만드는 것의 중요성에 대해 끊임없이 이야기한다.

12:13-14. 솔로몬은 세 가지 적용 포인트를 제시함으로써 전도서를 끝맺는다. 그것은 하나님을 경외하고, 그분께 순종하며, 임박한 심판에 비추어 살아가라는 것이다.

하나님을 경외하는 것은 성경의 주요 주제이지만, 좀처럼 더 이상 이야기되지 않는다. 하나님을 경외하는 것을 하나님에 대한 '건전한 존경심'으로 규정하는 흔한 방법은 이 중요한 주제에 대한 '모든' 가르침을 제대로 다루고 있는 것 같지 않다. 하나님 앞에서 공포가 적절한 반응인 때도 있다. 심지어 하나님과 언약의 관계를 맺고 있는 사람들조차도 때때로 그것을 경험한다(사 6:1-7, 계 1:17-18).

주님께 대한 순종은 하나님의 계시된 뜻에 대한 지식을 전제로 한다. 만약 우리가 성경이 무엇을 말하는지 잘 모른다면, 하나님께 순종하는 것은 불가능한 일이다. 하나님께 순종하는 것은 육체의 힘으로 되지 않는다. 오히려 그것은 '사랑으로써 역사하는 믿음'이다. 하나님의 뜻에 순종하는 것은 무거운 것이 아니다(요일 5:3, 비교. 마 11:28-

30). 그것은 기쁨이다. 그런 점에서 짐 엘리엇(Jim Elliot)의 말은 시사하는 바가 크다. "나는 체험을 통해 소년기의 가장 비현실적인 꿈들이 하나님의 뜻 가운데 거하는 엄청난 경험을 능가하지 못한다는 사실을 발견했다. 어떤 것도 그보다 더 좋을 수는 없다고 믿는다"(짐 엘리엇, 196).

마지막으로, 하나님의 심판이라는 정신이 번쩍 들게 하는 현실이 언급된다. 구약을 취합해 편찬한 마소라 유대인들이 13절과 14절을 바꾸어놓았다는 사실을 주목하는 것은 흥미롭다. 14절을 책의 끝에 놓기에는 너무 '불길한' 기록으로 간주되었기 때문이다(Leupold, 301).

Main Idea 복습	죽음과 죽음을 면할 수 없다는 현실은 생각하기에 불쾌한 주제처럼 보일지 모르지만, 실제로는 현명한 삶을 만들어낸다.

결론

우리의 나이를 받아들이자

얼마 전에 나는 퇴자협회(American Association of Retired Persons)의 웹 사이트를 들여다보고 있었다. 그런데 무엇보다 흥미로운 것은, 미국 퇴자협회가 더 이상 그 호칭을 사용하고 싶어하지 않는 것처럼 보인다는 사실이다. 그것은 틀림없이 잠재적인 회원들로 하여금 너무 늙었다고 느끼게 만든다. 그리고 50세에도 그 조직에 가입할 수 있는 자격이 주어진다는 사실을 감안할 때 약간은 아이러니가 아닐 수 없다. 그것은 분명 얼마나 많은 50세들이 은퇴할 수 있을까 하는 의문을 불러일으킨다!

어찌되었든 그 웹 사이트는 나로 하여금 우리가 나이를 부정하려고 애쓸 때 얼마나 어색하고 어리석은지에 대해 곰곰이 생각하게 만들었다. 솔로몬은 지금까지 이 마지막 장들에서 더 좋은 방법을 제시해주었다. 우리는 '젊은 날'을 만끽해야 한다. 젊은 날은 몇 가지 큰 장점을 지니고 있기 때문이다. 그러나 우리는 인생의 후반기 동안에도 계속해서 하나님이 그분의 목적을 드러내실 수 있게 해야 한다. 그보다 못한 무언가에 안주하는 것은 어리석은 일이다.

▣ 진리 알기

- 특히 젊은 시절에 하나님에 대한 지식에 근거해서 행동하면 인생의 후반기에 좋은 열매를 맺게 될 것이다.
- 오늘날의 문화는 젊음을 우상화하고, 이상적인 것으로 묘사한다. 성경적 관점은 우리가 그 삶의 시기를 만끽하도록 유도하지만, 인간의 연약함에 대해 진지한 태도를 유지하도록 이끈다.

▣ 적용하기

- 한 연로한 그리스도인과 면담해보라. 전도서 12장에 묘사되어 있는 내용 가운데 어떤 것이 그 또는 그녀에게 가장 도전적이었는지 설명해달라고 부탁하라.
- 만약 당신이 젊다면 그리고 하나님이 허락하신다면, 당신도 언젠가 늙게 될 것에 대비하여 준비를 시작하라.

삶의 적용

우리의 죽을 운명을 직시하자

젊은 사람이나 늙은 사람이나 똑같이 노화 과정을 어리석음으로 맞이할 수 있다 (Kierkegaard, 41, Houston, 205). 인간의 죽을 운명을 솔직하게 직시할 수 있는 사람은 자유를 누리며 심지어 유머까지도 찾게 된다. 조지 부시(George Bush) 전 대통령의 말은 매우 기억할 만하다.

> 여름이 끝나가고 파도가 약간 높아지며 바람이 좀 더 차지면, 나는 몇 가지 기록을 남기게 될 것이다. 잊지 않도록 적어두어 늙어가는 것에 대한 이 보고서에 추가할 수 있도록 말이다. 혹시 다리가 더 쉽게 구부러지고, 관절이 덜 아프며, 드라이브가 더 멀리 나가고(골프와 관련하여), 기억이 다시 되살아나게 하는 새로운 약이 갑자기 발표될지 누가 알겠는가. 그러면 갯바위에서 떨어지는 것에 대한 모든 두려움도 사라지게 될 것이다(조지 부시, 626).

위대한 예술가 미켈란젤로는 노화에 대해 올바른 태도를 보임으로써 모범이 되었다. 미켈란젤로가 88세였을 때, 그를 기념하여 한 메달이 주조되었다. 한쪽 면에는 그의 프로필이 담겨 있었고, 다른 쪽 면에는 지팡이를 들고 한 마리 개에게 인도를 받는 눈먼 순례자와 함께 시편 51편의 한 구절이 새겨져 있었다. "그러하면 내가 범죄자에게 주의 도를 가르치리니 죄인들이 주께 돌아오리이다" (13절). 그 예술가 자신이 스스로를 늙고 연약하지만 하나님의 뜻에 순종하는 모습으로 그리고 싶어하면서 그 시편을 선택했던 것이다(Guinness, 240).

기도

하나님 아버지, 결국은 제가 죽게 될 것이라는 사실을 직시하고 그렇게 함으로써 하나님 나라의 영광을 위해 살 수 있는 용기를 주십시오. 예수님의 이름으로 기도합니다. 아멘.

심층 연구

A. 근심으로 떠나게 하라(11:10)

한 주석가는 '근심(또는 '짜증', NASB)' 을 "어떤 것이든 삶의 참 의미와 관련하여 우리를 오도하거나 주의를 분산시키거나 속이는 것" 이라고 정의한다(Moore, 「Ecclesiastes」, 137). 이것은 그 단어의 중요한 부분인 분노의 측면을 충분히 묘사하고 있지 않다. 표준적인 참고 문헌은 그것을 "짜증나게 하거나 선동하거나 흥분시키거나 마음을 자극하여 격앙된 상태로 만들어 특정 행동을 유발하는 것" (Harris et al., 451)이라고 설명함으로써 그 단어의 핵심을 좀 더 충분히 반영하고 있다. 한 유명한 주석가는 그 단어가 '분노와 노여움' 을 포함하고 있다고 봄으로써 정확히 해석하고 있다(Swindoll, 339, 비교. Eaton, 146).

B. "여러 책을 짓는 것은 끝이 없고"(12:12)

이 언급은 지금까지 많은 논란을 불러일으켰다. 심지어 한 교부는 이단적인 아폴리나리우스(Apollinarius)와 이 구절을 함께 언급하며 그의 거짓 가르침이 지나친 집필 활동과 관련이 있다고 주장했다(Basil the Great, 302). 그러나 어거스틴 같은 여러 교부들도 많은 글을 남겼다.

일부 해석가들은 그 표현이 세속적인 문학을 언급하는 것이라고 믿는다. 예를 들어, 라이리 주석 성경(Ryrie Study Bible)은 전도서 12장 12절에 대해 다음과 같이 간단히 주석을 달고 있다. "세속적인 문학에 지나치게 몰두하는 것에 대한 경고" (Ryrie, 1,000). 하나님께 순종하라는 내용이 곧이어 나오고, '세속적인' 책들은 사람들을 잘못된 길로 인도할 수 있기 때문에 그것이 정확한 해석일지도 모른다. 하지만 그런 관점은 몇 가지 중요한 문제를 제기한다.

우선, 어거스틴과 칼빈처럼 중요한 비기독교 작품을 아는 것의 중요성을 강조하며 몸소 실천했던 믿음의 거장들을 찾는 것은 어렵지 않은 일이다. 사도 바울은 말할 것도 없다(행 17:22-28). 그들이 잘못한 것일까? 그것은 하나님에 대한 그들의 사랑을 손상시키지 않고, 오히려 그들의 사역을 강화했던 것처럼 보인다.

둘째로, 단순히 성경을 읽기만 하는 것은 일부 사람들을 불행에 빠뜨려왔다. 만인의 길(The Way International)이라는 이단 종교의 창시자 빅터 폴 위어일(Victor Paul Wierwille)을 생각해보라. 그는 다양한 교리에 대해 의견을 달리하는 기독교인들을 참지 못해 3천 권에 달하는 그의 장서를 쓰레기 하치장에 쌓아놓았다. 그런 다음, 하나님께 사도 시대 이후 알려져온 것과는 다른 진리를 가르쳐달라고 요구했다. 그 결과는 그리스도의 신성과 같은 기독교 신앙의 기본 교리에 대한 거부였다.

비기독교 문학에 대한 '지나친 몰두'가 문제라고 지적하는 라이리의 주석은 분명 일리가 있지만, 동일한 경고가 특정 '그리스도인' 서적에 대해서도 내려져야 한다. 적어도 그것이 전도서 12장 12절에 대한 현명한 적용일 것이다. 그런 책들에 너무 많은 시간을 투입하는 것은 많은 사람들에게 영적으로 해를 입힐 수 있다. 일부 책들은 하나님과 그리스도인의 삶에 대해 편향되거나 부정확한 가르침을 담고 있을 가능성이 적지 않기 때문이다. 다시 말해, 위어일이 쓰레기장에 버린 책들 가운데 일부는 적절한 본거지를 찾은 것이다!

고안

A. 들어가는 글

1. '공경할 만한 늙은 삼촌의 마지막 조언' 이야기로 시작하라.
2. 배경 설명: 현명한 삶은 궁극적인 현실에 대한 올바른 준비로 귀결된다.
3. 적용: 솔로몬은 우리가 회피하는 경향이 있는 진리를 다시 한 번 상기시키면서 전도서를 끝맺고 있다.

B. 본문 이해

1. 근면의 역할(11:1-6)
2. 젊은이들에게 주는 교훈(11:7-12:1)
3. 노화 과정의 잔인한 현실(12:2-8)
4. 결론(12:9-14)

C. 결론: '우리의 나이를 받아들이자' 를 읽어주라.

토의 질문

1. 진정으로 삶을 즐기는 젊은이들을 찾기가 왜 그렇게 어려운가? 특히 그들에게 너무 많은 것을 제공해주는 오늘날의 문화 속에서 말이다.

2. 노화 과정이 당신의 몸에서 어떻게 일어날지에 대해 생각해본 적이 있는가? 그런 생각들이 과연 시간 낭비일까?

아가 서문

종종 솔로몬의 노래라고 불리지만, 이 책의 히브리 제목은 "노래 중의 노래(Song of Songs)" 이다. 그것은 히브리 언어가 '최고의 노래(The Best Song)' 를 표현하는 방법이다. 아가서는 결혼 관계에 있는 한 남자와 여자 사이의 깊고 진실한 사랑을 묘사한다. 이 책의 주제는 아무리 보아도 기본적으로 성(性)에 관한 것이다. 하나님이 한 남자와 한 여자에게 의도하셨던 친밀함과 육체적 즐거움이 멋지게 그려지며 매력적으로 우리 앞에 드러난다(비교. 창 2:15-25).

이 책은 의심할 여지없이 결혼 안에서 누리게 되는 육체적이고 친밀한 사랑의 기쁨을 노래하는 러브 송이다. 이 책의 독특한 메시지 가운데 하나는 섹스가 하나님의 선물이라는 것이다. 그분의 좋은 선물이므로 우리가 누려야 한다는 것이다. 아가서는 한 남자와 한 여자 사이의 사랑과 헌신이 지니고 있는 가치와 아름다움을 대담하게 선포한다. 이 책은 매우 비유적이고, 시적인 언어를 사용하고 있지만, 인간의 사랑을 찬양하려는 의도를 간파하기는 어렵지 않다. 이 책에 등장하는 사랑하는 사람들의 말은 결혼 관계 속에서 서로에게 자신을 완전히 내어주는 것으로 표현되는 아름다운 관계를 묘사하고 있다.

아가서 안에서 '사랑하는 자(lover)' 라는 용어는 남성 또는 신랑을 의미하고, '내 사랑(darling)' 이라는 단어는 여성 또는 신부를 가리킨다. 사랑하는 자에 대한 내 사랑의 욕망이 달콤하게 그려지고 아름답게 울린다. 마찬가지로 사랑하는 자도 내 사랑에게 강렬한 애정을 품고 있다. 우발적인 불륜이나 일시적인 열병 따위는 없다. 마음으로부터 우러나오는 서로에 대한 진실한 사랑이 있을 뿐이다. 이별은 견디기 어려운 것이다. 아가서에서 고통과 슬픔의 애절한 표현들은 이별에 의해 촉발된 것이다. 그러나 여기서는 이별이 사랑의 끝을 의미하지 않는다. 이 책의 메시지는 성적 매력이 참 사랑의 헌신과 밀접하게 관련되어 있다는 것이다. 아가서는 인간의 사랑을 찬양하는 성경적인 노래다. 따라서 결혼 관계 속에서 평생의 배우자들 간에 이루어지는 육체적 관계가 매우 긍정적으로 묘사되어 있다. 더욱이 그 관계는 하나님의 경이롭고 은혜로운 선물이다.

아가서는 모든 기혼 부부가 들어야 할 메시지를 담고 있다. 결혼을 앞두고 있는 사람들에게 유용한 내용도 들어 있다. 그 언어와 생각의 아름다움은 성적, 육체적 관계를 세상보다 훨씬 더 높은 수준으로 끌어올린다. 또한 성적 감정을 주장하고 그것을 받아들인다. 그것은 하나님의 백성을 위한 그분의 계획의 일부다. 아가서의 저자는 우리를 위해 아주 섬세하고 매력적인 방식으로 여러 편의 아름다운 사랑의 시를 기록하고 있다. 그리고 그 시들을 통해 결혼이 하나님께 영광을 돌리고 한 남자와 한 여자에게 만족을 가져다주는 관계로 발전하는 데 필요한 지침을 제공해주고 있다.

저자

이 책의 제목은 "솔로몬의 노래 중의 노래(Solomon's Song of Songs)" 로 기록되어 있다(문자적으로는 '솔로몬에게 속한 노래 중의 노래'). 이 문구의 의미는 솔로몬에 '의한' 노래나 솔로몬을 '위한' 노래, 솔로몬에 '대한' 노래 등이 될 수 있다. 전통적으로 아가서는 솔로몬의 작품으로 간주되지만, 성경 본문은 그런 결론을 강요하지 않는다. 이 책에서 솔로몬은 일곱 번 거명되고(1:1, 5, 3:7, 9, 11, 8:11-12), 다섯 차례 왕으로 언급된다(1:4, 12, 3:9, 11, 7:5). 이 노래가 솔로몬과 그의 '사랑(darling)' 에 관한 것이라는 사실에 대해서는 의심의 여지가 거의 없다. 그러나 아가서는 칠백 인의 후비와 삼백 인의 빈장을 두었거나(왕상 11:1-3), 일천 여인 중에서 한 사람도 얻을 수 없었던(전 7:28) 남성에게는 상상할 수도 없는 것처럼 보이는 한 여인과의 관계의 특성을 묘사한다. 따라서 아가서는 솔로몬이 평생에 단 한 번 경험했던 진정한 사랑을 소개하는 것일 수도 있고(아마도 그의 첫 번째 아내였을 것이다), 혹은 그가 동경했던 이상적인 사랑에 대한 표현일 수도 있다.

만약 솔로몬이 아가서의 저자라면(그 전통적인 견해를 거부할 만한 특별한 이유가 없다면), 아마도 (1) 결혼한 직후 그리고 일부다처의 죄를 저지르기 이전의 젊은 시절에 썼거나 (2) 말년에 하나님이 의도하신(그리고 자신이 이루지 못한) 이상적인 사랑에 대해 곰곰이 생각하며 기록했을 것이다. 아가서의 어법과 스타일은 한 저자의 작품임을 반영한다. 실제로 아가서는 "미적 아름다움을 추구하고 저자의 주요 테마 가운데 일부를 강화하기 위해 설계된 잘 짜여진 구성"(Dorsey, 199)과 놀라운 통일성을 드러내고 있다.

기록 연대

솔로몬이 저자임을 받아들인다면, 아가서는 그의 재위 기간 중에 쓰였을 가능성이 매우 높다. 주전 971년과 931년 사이의 어떤 시점이었을 것이다. 6장 4절에서 고대 가나안 성읍인 디르사(Tirzah)가 예루살렘과 함께 언급된 점은 아가서의 기록 연대가 주전 10세기까지 거슬러 올라간다는 사실을 뒷받침한다고 볼 수 있다. 디르사는 솔로몬이 죽고 남왕국과 북왕국이 분열된 이후 약 50년 동안 북왕국의 수도 역할을 했고, 주전 9세기경 파괴되었다. 디르사와 예루살렘의 아름다움을 비교한 것이 솔로몬 시대에는 잘 맞아떨어지지만, 그의 죽음 이후 왕국의 분열과 경쟁 시대에는 어울리지 않는 것 같다(Carr, 146-147).

해석의 역사

아가서는 분명 성경 전체에서 해석하기 어려운 책 가운데 하나다. 유대교는 자체적으로 이 책이 정경에 포함되어야 하는 이유에 대해 논쟁한 바 있다(비교. Mishnah Yadaim 3:5). 유대인들은 아가서가 여호와와 이스라엘 간의 사랑을 표현하고 있다고 비유적으로 해석했다. 교회는 그리스도와 그의 교회 또는 그리스도와 신자 사이의 관계에 대한 이야기라고 풀이했다. 이 접근 방식을 따랐던 클레르보의 베르나르도(Bernard of Clairvaux: 1090-1153년)는 죽기 전까지 여든 여섯 차례나 아가서에 대한 설교를 했지만 겨우 2장까지밖에 나가지 못했다!

일부 해석가들은 그 노래 속에서 향촌의 젊은 처녀를 유혹해 그녀의 사랑하는 목자로부터 빼앗으려는 솔로몬의 시도를 보아왔다. 다른 해석가들은 그것이 솔로몬과 파라오의 딸 사이의 결혼이라고 주장해왔다. 델리취(Delitzsch)는 솔로몬과 술람미 여인 사이의 관계로 본다. 그 관계 속에서 술람미 여인은 그의 마음을 일부다처주의로부터 빼앗아 부부간의 사랑이라는 가장 고상한 수준으로 끌어올린다. 그리고 거기서 한 걸음 더 나아가 하나님의 백성에 대한 그분의 사랑을 묘사한다. 따라서 아가서는 지금까지 비유적으로 그리고 예표적으로 해석되어왔다.

아가서는 지금까지 시리아의 결혼식 노래 모음집이나 이교도의 풍요의 신 숭배 전례문집, 단절된 사랑의 노래를 담고 있는 선집, 심지어 희곡 등으로 간주되어왔다. 그러나 이 책은 문자적으로 혹은 자연스럽게 해석하는 것이 최선이다. 그렇게 하지 않을 이유가 전혀 없고, 창세기 1-2장을 볼 때 그렇게 읽는 것이 자연스럽기 때문이다.

게다가 이 책은 세 사람(솔로몬과 술람미 여인, 사랑하는 목자 등)이 아니라 두 사람(솔로몬과 술람미 여인)을 등장시키고 있다. 솔로몬이 사랑하는 목자고, 술람미 여인이 그의 사랑인 것이다. 아가서는 그들의 구애와 결혼식, 성숙해가는 결혼 생활 등에 대해 이야기하고 있다. 이 노래는 통일성과 논리적 전개를 모두 보여주는 서정시로서 그 언약의 관계 속에서 이루어지는 사랑과, 결혼과, 육체적 즐거움을 찬양하고 있다.

아가서는 인간 관계에서 사랑이 가장 중요하다는 사실을 강조하고 있다. 특히 하나님과 신자 사이의 사랑과 유사한 남편과 아내 사이의 사랑을 언급하면서 말이다. 그것은 하나님이 주신 하나 됨(oneness)을 기념하여 이루어지는 남편과 아내 사이의 육체적, 성적 즐거움의 목적과 아름다움에 초점을 맞춘다. 그런 종류의 사랑은 똑같이 열정적인 영적 친밀감이 없이는 경험될 수 없다. 아가서는 대화 형식으로 되어 있지만, 독백이 주를 이룬다. 이 노래는 참으로 문학적 걸작이고, 지금까지도 '최고의 노래' 로 남아 있다.

정경에서의 위치

영어 성경에서는 아가서가 구약의 다섯 시가서(욥기와 시편, 잠언, 전도서, 아가 등) 사이에 위치해 있다. 히브리 경전에서는 아가와 룻기, 예레미야애가, 전도서, 에스더 등 다르게 구성된 다섯 책과 함께 분류되어 있었다. 유대인들은 이 다섯 책을 다섯 "메길롯(Megilloth)" 이라고 부른다. 다섯 작은 두루마리라는 뜻이다. 각각의 책은 유대교에서 기념되는 서로 다른 주요 절기에 읽혀졌다(그리고 지금도 실천적인 유대인들에 의해 읽혀지고 있다). 아가서는 유월절에, 룻기는 칠칠절에, 예레미야애가는 아빕(Ab)월 9일에, 전도서는 장막절에, 그리고 에스더는 부림절에 읽혀졌던 것이다. 배리 웹(Barry Webb)이 이야기하듯이, "유월절의 낭독서로 아가를 선택한 것은 최근 사목적인 관점에서 매우 현명한 선택으로 묘사되어왔다. 구속이 단순한 교리나 의식으로 격하되지 않도록 지켜주었기 때문이다" (배리 웹, 28).

다시 말해, 유대인들은 아가서를 여호와와 그분의 백성 간의 사랑 이야기로 여겼다. 따라서 매년 유월절에 그 책을 읽음으로써, 그들이 애굽의 노예 생활에서 해방된 것은 "여호와께서 그들을 사랑하셨고" 아브라함과 이삭과 야곱에게 "맹세하신 것을 지키시기 위함이었다" (신 7:8, 우리말성경)는 사실을 그들에게 상기시켰다. 그들은 마음을 다하고 성품을 다하고 힘을 다하여 그들의 하나님 여호와를 사랑하기 위해 구속되었다(신 6:5). 아가서는 해마다 그들에게 하나님과 그 백성 사이의 사랑을 상기시켰던 것이다.

폴 하우스(Paul House)는 아가서와 구약의 나머지 지혜 문학 간의 관계에 대해 몇 가지 흥미로운 의견을 제시했다. 잠언 도처에서 정숙한 아내를 얻으려고 애쓰는 것의 중요성이 강조되고 있다는 사실에 주목하다보면, 그 주제는 훌륭한 아내에 대해 언급하는 마지막 부분(잠 31:10-31)에서 절정을 이룬다. 그는 룻기가 한 고결한 여인이 그녀의 남편과 가족, 공동체 등과 상호 작용하는 방법을 적절히 예시해주는 역할을 한다고 지적하면서 다음과 같이 결론 내린다.

> 만약 잠언 31장이 적절한 배우자를 찾는 것에 대해 신뢰할 만한 조언을 제공하고, 룻기가 의로운 사람들을 결혼으로 결합시키는 하나님의 방법을 보여준다면, 아가서는 한 남자와 한 여자 사이의 자유롭고 열정적인 사랑을 예시해준다. 전도서는… 인간의 사랑이 창조주에 대한 존경과 사랑을 대신할 수 없다는 사실을 분명히 이야기한다. 따라서 아가서는 정경으로 인정받은 정황 속에서 소개되고 제한된다(폴 하우스, 464).

아가서의 정경에서의 위치와 관련하여 마지막으로 한 가지 더 주목할 것이 있다. 아가서가 다섯 차례나 솔로몬을 왕으로 부르고 있다는 사실이다(1:4, 12, 3:9, 11, 7:5). 성경 전체에 비추어볼 때, 아가서의 남성을 '왕'이라고 부름으로써 전달되는 왕과 메시아에 대한 암시는 그냥 넘어갈 수 없는 부분이다. 성경 도처에서 발견되는 다시 오실 왕에 대한 소망을 간략하게 요약해보면, 아브라함은 왕들이 그에게서 나오게 되리라는 약속을 받았다(창 17:16). 모세는 이스라엘이 여호와께서 택하신 왕을 갖게 될 날에 대해 이야기했다(신 17:15). 한나는 하나님이 힘을 주시고 높이시게 될 왕에 대해 노래했다(삼상 2:10). 다윗은 그의 후손 가운데 한 사람이 영원히 다스릴 것이며, 심지어 여호와의 아들이 되리라는 약속을 받았다(삼하 7:12-14). 시편은 종종 하나님의 왕에 대해 노래한다(시 2:6-12, 45편, 110편). 선지자들은 예기된 통치자의 오심을 선포한다(미 5:2, 슥 9:9). 그리고 신약에 이르면, 예수님이 "당신은 하나님의 아들이시요 당신은 이스라엘의 임금이로소이다"(요 1:49)라는 고백을 듣게 된다.

때때로 아가서의 비유법이 과도한 것은 사실이지만, 결혼 관계가 그리스도와 교회 사이의 관계에 대한 세상적인 묘사로 해석되어야 하는 것은 분명하다(엡 5:32). 우리는 아가서에서 왕과 그의 신부 사이의 관계에 대한 이상적인 묘사를 접한다. 그리고 그 묘사는 에덴동산에 어울리는 이미지로 가득 차 있다(아 4:12-5:1). 아가서가 인간의 사랑에 관한 것이라는 사실은 변함이 없지만, 인류 역사상 가장 위대한 그 노래가 인간의 사랑만을 담고 있는 것은 아니다. 참으로 아가서는 하나님의 사랑의 아름다움을 노래하고 있다.

이 책의 목적

첫째로, 아가서는 한 남자와 한 여자 사이의 참된 사랑, 다시 말해 하나님이 본래 의도하셨던 사랑의 본질에 대한 계시다. 아가서는 매우 중대한 사랑의 요소가 '상호만족(mutual satisfaction)' 이라고 밝힌다. 존 파이퍼(John Piper)가 기록했듯이, "결혼 생활 속에 그렇게 많은 불행이 존재하는 이유는 남편과 아내가 그들만의 쾌락을 추구하기 때문이 아니라, 배우자의 즐거움 속에서 그것을 추구하지 않기 때문이다. 남편과 아내에 대한 성경적 명령은 배우자의 기쁨 속에서 자신의 기쁨을 추구하라는 것이다"(존 파이퍼, 175).

우리는 감정적, 육체적, 영적, 지적 모든 차원에서 배우자로부터 안식을 얻는다. 우리가 배우자 안에 있을 때, 하나님이 우리의 마음을 만족시키시기 때문이다. 상호만족은 보완적일 뿐만 아니라 배타적이기도 하다. 참된 만족은 배타성에 대한 헌신을 요구한다. "다른 모든 사람을 포기하라!"가 기본적이다(비교. 창 2:23-24). 게다가 사랑은 한 사람이 삶에서 경험할 수 있는 가장 강렬한 감정으로 간주된다. 당신은 그것을 살 수도 요구할 수도 없다(아 8:7). 사랑은 참으로 죽음같이 강하다(아 8:6). 아가서는 사랑을 가꿀 수 있는 현실을 증언한다. 우리는 평생 동안 사랑을 키워나가야 한다.

둘째로, 아가서는 우리에게 여러 가지 참된 사랑의 열매를 보여준다. 참된 사랑 속에는 배우자 안에서 누리는 안식이 있고(아 3:1, 8:5), 배우자와 함께 누리는 기쁨이 있으며(아 1:4), 배우자를 위해 솟아나는 용기가 있다(아 3:2, 8:6).

이 책의 이면에 숨겨져 있을 법한 이야기

솔로몬 왕은 주전 10세기경에 살았던 인물이다. 그는 이스라엘의 가장 현명하고 부유한 왕이었다. 솔로몬은 이스라엘 전역에 포도원을 소유하고 있었고, 그 가운데 일부는 갈릴리 최북단 레바논 산맥 기슭 부근에 있는 바알하몬(Baal Hamon) 가까이에 있었다. 솔로몬은 그 포도원에 방문했다가 술람미(Shulammite)라고 불리는 한 시골 처녀와 마주쳤다. 그녀는 그의 마음을 사로잡았고, 그들은 곧 사랑에 빠졌다. 솔로몬은 한동안 그녀를 정기적으로 찾아가 그녀의 사랑을 얻기 위해 애썼다.

마침내 솔로몬이 그녀에게 청혼했다. 술람미 여인은 자신이 솔로몬을 정말로 사랑하는지 그리고 왕궁에서 행복할 수 있을 것인지에 대해 심각하게 고민했고, 결국 그의 청혼을 받아들였다. 그녀 역시 그를 사랑했기 때문이다.

솔로몬은 결혼 행렬을 파견해 자신의 새로운 신붓감을 예루살렘 왕궁으로 데려오게 했다. 그리고 거기서 결혼식을 올렸다. 그들의 첫날밤에 대한 내용이 세밀하고 아름답게 묘사되면서 아가서의 전반부가 끝난다.

아가서의 후반부는 결혼 생활의 즐거움과 문제점을 다룬다. 술람미 여인이 어느 날 밤 솔로몬의 성적 접근을 거부하자, 그가 떠나버렸다. 그녀는 자신의 어리석음을 깨닫고 일어나 솔로몬을 찾아나섰고, 결국에는 그를 찾았으며, 그들은 화해의 시간을 갖고 친밀함을 회복했다.

새로운 왕후는 왕궁에서 사는 동안 자주 자신이 성장했던 레바논 산지를 그리워했다. 그녀는 마침내 솔로몬에게 휴양차 자신을 그곳에 데려가달라고 부탁했다. 그는 동의했고, 아가서는 술람미 여인의 친정 방문과, 성행위의 즐거움, 서로에 대한 상호적이고 헌신적인 사랑의 맹세 등으로 끝을 맺는다.

아가서가 오늘날 우리에게 주는 메시지

아가서는 자유롭고 자연스럽게 이루어지는 인간의 사랑의 아름다움을 보여주기 때문에 성경의 중요한 부분이다. 이것을 소홀히 다뤄온 것이 교회에는 큰 손실이었다. 많은 결혼 관계가 그 어느 때보다도 살아남기 위해 몸부림치고 있는 이때에 아가서를 다시 주목하고 연구하는 것은 의미심장한 진전이 될 것이다. 이 아름다운 노래의 화자들은 처음부터 끝까지 극적이고 매력적이다. 이 작품의 매우 비유적인 표현들은 지금까지 해석과 관련하여 많은 불일치를 초래했지만, 이 노래를 진심으로 서로를 사랑하는 두 사람의 대화로 이해하는 것이 최선이다.

결혼 관계와 영적 관계를 비교하는 내용이 성경에 자주 등장하다보니, 많은 사람들은 한걸음 더 나아가 이 책을 구속의 신비 속에서 이루어지는 사랑의 더 큰 결합을 예시하는 것으로 보아왔다. 구속의 사랑 이야기에 대한 이 책의 암시와는 상관없이, 결혼 관계의 아름다움과 황홀한 즐거움을 묘사하는 가운데 그 신성함을 보여주는 책을 성경에서 발견한다는 것은 신선한 일이다. 이 책은 우리의 창조주이자 구속자이신 하나님의 귀중한 선물이다. 우리가 그것을 소홀히 다룬다면 큰 대가를 치르게 될 것이다.

아가 1:1-8

사랑 이야기를 어떻게 시작할 것인가

"신부는 신랑에게 이렇게 말한다. '당신을 남편으로 맞아들이다니 저는 참으로 행운아예요.' 혹은 남편이 아내에게 이렇게 말한다. '당신과 결혼한 것에 대해 행운의 별들에게 감사해.' 그것은 참으로 끔찍한 신학이다! 우리의 삶은 행운이나 행운의 별들에 의해 통제되지 않는다. 하나님은 누가 우리의 배우자가 될지 이미 정해놓으셨다. 그분이 우리를 묶어주시는 것이다."

- 척 스윈돌(Chuck Swindoll)

하나님은 우주적인 낭만주의자시다. 그분은 아름다운 사랑 이야기의 운명을 정하실 뿐만 아니라 그것을 즐기신다. 아가서는 그런 사랑 이야기의 초상화를 그리며, 처음부터 우리가 잘 출발할 수 있는 원리를 제공한다. 당신은 한 남자와 한 여자의 사랑 이야기를 어떻게 시작할 것인가?

들어가는 글

아이들과 의심 많은 어른들의 눈을 통해서 본 사랑과 연애 그리고 결혼

아이들의 눈을 통해서 본 사랑과 연애와 결혼은 어떤 모습일까? 나는 우연히 아이들이 내놓은 대답을 접하게 되었고, 그 가운데 일부는 우리의 흥미를 불러일으킬 만하다.

"결혼할 사람을 어떻게 결정할 것인가?" 라는 질문에, 열 살인 앨런(Allen)은 이렇게 말했다. "같은 것을 좋아하는 누군가를 찾아야죠. 예를 들어, 당신이 스포츠를 좋아한다면 그녀도 그것을 좋아해야겠죠. 군것질도 계속해야 하구요." 열 살의 크리스틴(Kristin)은 이렇게 대답했다. "다 크기 전까지는 아무도 결혼할 사람을 결정하지 못해요. 하나님이 이미 다 정해놓으셨잖아요. 그러니 첫눈에 반하는 사람을 찾아야겠죠."

"두 사람이 결혼한 사이인지 아닌지 낯선 사람이 어떻게 구별할 수 있을까?" 라는 질문에 여덟 살의 데릭(Derek)은 이렇게 말했다. "결혼한 사람들은 보통 다른 사람들과 이야기할 때 행복해 보여요." 에디(Eddie)라는 이름의 한 소년은 "그들이 같은 아이들에게 소리 지르고 있는지를 보고 판단해야죠" 라고 대답했다.

"사람들은 왜 데이트를 할까?" 라는 질문에 여덟 살의 리네트(Lynette)는 여성의 관점에서 아주 솔직한 대답을 내놓았다. "데이트는 즐겁게 놀기 위한 거 아닌가요. 사람들은 서로에 대해 알기 위해 그것을 이용해야 한다고 생각해요. 찬찬히 들어주면 남자 아이들도 할 얘기가 있거든요."

그리고 "어떻게 하면 결혼을 성공적으로 만들 수 있을까?" 라는 질문에 나이답지 않게 총명한 일곱 살짜리 남자아이가 이렇게 말했다. "아내에게 예뻐 보인다고 말하세요. 혹시 예뻐 보이지 않더라도 말이에요."

현재 워싱턴에서 작가이자 사업가로 활동하는 한 사람의 눈을 통해 본 사랑과, 연애와, 결혼은 어떤 모습일까? 필립 하비(Philip Harvey)에 의해 제기된 그 의견은 결코 위에서 조사한 미숙한 아이들의 그것만큼 희망적이거나 긍정적이지 않다.

> 이혼의 합리적인 수준은 유동성이 높은 건강한 사회의 한 징후일 수도 있다. 남성과 여성이 그 어느 때보다도 긴 수명을 누리고 있는 사회에서 30년 또는 40년 또는 50년 동안 한 사람과만 교분을 맺는다는 것은 매우 부적절한 것일지도 모른다… 대부분의 미국인들이 도덕적 견지에서 이혼을 무조건 반대하는 것은 우리 인간이 실제로 어떻게 행동하는지에 대한 현실적인 수용보다는 이상적인 상태에 대한 동경이 빚어낸 결과인 것이다….
>
> 75년 이상의 긴 세월 동안 한 사람 이상의 배우자를 가질 수 있는 자유는 긍정적인 것일 수도 있다. 자녀를 양육하는 기간 동안의 이상적인 동료가 중년기 이후에는 이상적인 동료가 되지 않을 수도 있지 않은가? 우리가 50대와 60대 그리고 그 이후를 살아가는 삶의 방식의 차이가 자녀를 함께 양육했던 배우자와는 다른 사람과 사는 것이 아주 적절한 여러 상황 때문일지도 모른다고 주장하는 것이 비합리적인 것인가? …자녀의 이해 관계에 아주 높은 우선순위가 주어져야 한다. 하지만 그 점을 감안하더라도 이혼의 합리적인 수준은 유동성이 높은 건강한 현대 사회가 지니고 있는 하나의 특징일 가능성이 높은 것처럼 보인다(필립 하비, "Divorce for the Best", 〈워싱턴포스트〉, 2000. 8. 11).

한 남자와 한 여자가 해로하는 것에 대해 상당히 비관적으로 예언하는 사람이 비단 하비만은 아니다. 제임스 답슨(James Dobson)은 2000년 1월에 발간된 그의 회보 〈포커스 온 더 패밀리(Focus on the Family)〉에서 자신이 〈워싱턴포스트(The Washington Post)〉 지에서 발견한 한 기사에 대해 다음과 같이 논평했다.

> 휴스턴 출신의 독신 '미래학자' 샌디 버치스테드(Sandy Burchsted)는 앞으로 백 년 후에는 보통의 미국인이 적어도 4번 이상 결혼을 하고 수치에 대한 두려움 없이 일상적으로 혼외 정사에 빠지게 될 것이라고 예측한다. 현재 2100년의 결혼에 대해 책을 쓰고 있는 버치스테드는 1999년 7월 세계미래학회(World Future Society)의 한 컨퍼런스에서 장래에 결혼의 네 가지 유형이 될 거라고 생각하는 것에 대해 밝혔다. 첫 번째 유형은 '얼음을 깨는 결혼(icebreaker marriage)'이라고 불린다. 보통 5년 정도 지속되는 이 결혼에서 커플들은 함께 살아가는 방법

을 배우고, 섹스 경험을 얻게 될 것이다. 일단 환멸감이 들기 시작하면 그 커플이 이혼하는 것은 완벽하게 수용 가능한 일이 될 것이라고 버치스테드는 주장한다. 만약 그 당사자들 가운데 한 명이 다시 결혼하기로 마음먹는다면, '양육하는 결혼(parenting marriage)' 에 들어서게 되고, 그 결혼은 15년에서 20년 정도 지속될 것이다. 그 커플들은 자녀 양육을 주요 목표로 간주하게 될 것이다. 미래에는 자녀 양육이 핵가족이 아니라 공동체적인 환경 속에서 이루어지게 될 것이지만 말이다.

두 번째 결혼이 끝나면, 커플들은 버치스테드가 '자기와의 결혼(self-marriage)' 이라고 부르는 유형에 들어서게 될 것이다. 그 관계는 자기 발견과 자아 인식에 초점을 맞추게 될 것이다. "우리는 결혼을 의식적이고 진화적인 과정으로 봅니다." 버치스테드는 말한다. "따라서 그 결혼은 의식적으로 자아를 진화시키는 것이 될 것입니다." 마지막으로, 21세기의 사람들이 적어도 120세까지 살게 될 것이라는 이론의 결과로 생겨나게 될 네 번째 유형의 결혼이 있다. 버치스테드는 이 말년의 결혼을 '영혼의 동반자와의 결합(soul-mate connection)' 이라고 부른다. 그것은 '축복된 결혼 생활과 공유된 영성, 육체적 일부일처, 평등한 협력 관계' 등으로 특징지어진다. 〈워싱턴타임스(The Washington Times)〉는 버치스테드의 이론이 "여성들이 재정적으로 좀 더 독립적이 되어가고, 결혼과 출산의 관계가 좀 더 '느슨해지며', '연속적인 일부일처제' 가 좀 더 수용 가능한 것이 되고, 혼외 정사가 과거에 비해 대중의 비난을 덜 받으면서 자주 일어나는 풍조" 에 근거하고 있다고 말한다(Cheryl Wetzstein, "Researchers See Marriage as a Weakening Institution", 〈워싱턴타임스〉, 1999. 10. 28).

본문 이해

사랑 이야기를 어떻게 시작할 것인가

Main Idea	솔로몬은 올바른 관계를 시작하는 데 도움이 될 만한 원리를 제공한다.

A. 배우자와 함께함으로써 얻을 수 있는 보상을 기대하라(1:1-4)

Supporting Idea	참된 사랑은 많은 축복을 수반한다.

1:1. 이 책의 제목은 '노래 중의 노래' 또는 '솔로몬의 최고의 노래'다. 열왕기상 4장 32절은 솔로몬이 일천 다섯 곡의 노래를 지었다고 말한다. 그러나 그 모든 것들 가운데 이것이 그의 노래 중의 노래다. 그의 최고 작품이라는 말이다. 2세기경 활동했던 랍비 아키바 벤 요셉(Akiba ben Joseph)은 아가서에 대해 이렇게 말했다. "온 세상에서 아가서가 이스라엘에게 주어졌던 날 만큼 귀한 것은 없다. 모든 성경이 거룩하지만, 아가서는 가장 거룩한 책이다" (Mishnah Yadaim 3:5).

다시 말해, 이 노래는 주전 1000년경 예루살렘에서 인기 순위 1위곡이었던 것이다! 열왕기상 4장 29-31절은 또 하나님이 솔로몬을 축복하셔서 그의 모든 동시대인들보다 뛰어난 지혜를 주셨다고 가르친다. 여기서 솔로몬은 결혼과 연애의 문제를 들여다본다. 결혼은 하나님의 좋은 선물이다. 그것은 축복이 되어야 하고, 보람이 되어야 한다. 솔로몬은 우리를 위해 어떤 종류의 보상을 약술하고 있을까?

1. 결혼의 육체적 즐거움을 소망하라.

1:2. 결혼은 육체적 열정과 즐거움이 해방되는 상황이다. 입맞춤은 욕망과 애정의 보편적인 표현이다. 6장 13절에서 술람미 여자라고 불리는 여인은 그녀의 사랑하는 자가 그녀에게 깊게 그리고 되풀이해서 키스하기를 바라는 마음을 표현한다. 촉각과 미각이

둘 다 동원되었고, 그 결과로 생긴 욕망은 그녀가 통제할 수 없을 정도였다. 그녀는 말했다. **네 사랑이 포도주보다 나음이로구나.** 술람미 여인은 그의 로맨틱하고 열정적인 입맞춤을 그런 식으로 묘사함으로써 이렇게 말하고 있었던 것이다. 나는 당신의 입술이 내 입술에 와닿고 포개지는 느낌이 달콤하고 강력하며 황홀하다는 사실을 깨닫게 됩니다. 그것은 나를 붕 뜨게 만들고 어지럽게 만듭니다. 우리가 발견한 그 열정적인 키스는 섹스보다도 훨씬 더 건강하고 로맨틱한 결혼의 징후다. "보통 1분 정도 지속되는 열정적인 키스는 당신의 관계에 대해 많은 것을 드러낸다. 섹스보다 훨씬 더 친밀한 것으로 간주되는 열정적인 키스는 배우자와 잘 지내지 못하고 있을 때 첫 번째로 시도해야 할 일 가운데 하나이다"(「Marriage Partnership」, 10).

여러 해 전 나는 독일에서 시행된 한 조사에 대해 들어본 적이 있다. 그 조사는 만약 남편이 매일 아침 출근하기 전에 아내에게 키스를 한다면, 그렇지 않은 사람보다 (1) 5년 정도 더 오래 살고, (2) 병에 걸릴 확률이 50퍼센트 정도 낮아지며, (3) 20에서 30퍼센트 정도 더 많은 돈을 벌게 될 것이라는 사실을 밝혀냈다! 잠언 5장 18-19절은 "네가 젊어서 취한 아내를 즐거워하라 그는 사랑스러운 암사슴 같고 아름다운 암노루 같으니 너는 그 품을 항상 족하게 여기며 그 사랑을 항상 연모하라" 고 말한다.

2. 결혼의 사적인 즐거움을 경험하라.

1:3. 2-7절에는 '사랑' 이라는 단어가 반복적으로 등장한다. 면밀히 살펴보면, 사랑이 지·정·의(知情意)와 연결되어 있음을 알 수 있다. 사랑은 우리의 지성과 욕망을 연결해 줄 뿐만 아니라, 그것들이 적절히 균형을 이루도록 한다. 사랑은 여러 가지 방식으로 표현되는 즐거운 경험이어야 한다. 사랑은 육체적인 면을 가지고 있지만, 단지 육체적인 것만은 아니다. 아가서는 사랑하는 사람들이 서로를 즐겨야 할 네 가지 영역을 우리에게 알려준다.

a. 그들의 향기를 즐겨라.

로맨스의 육체적 애무에 대한 생각이 포도주에 취하는 느낌뿐만 아니라 그가 사용하는 향유의 향긋한 냄새까지 떠올리게 만들었다. 그는 풍미를 지니고 있었을 뿐만 아니라, 좋은 향기도 풍기고 있었던 것이다. 본문 그대로 그는 이를 닦고 구강 세정제를 사용했다. 비누로 목욕을 한 다음 '좋은 향유'를 몸에 발랐다. 이것은 어느 시대 어느 남자에게나 훌륭한 조언이다! 우리는 이미 로맨스와 사랑을 추구하는 데 미각과 촉각, 후각 등이 동원되는 것을 보고 있다. 여기에 자신의 여인이 매력적이라고 여기는 민감한 한 남자가 있었다. 그녀도 감사하는 마음으로 똑같이 반응했다.

b. 그들의 명성을 즐겨라.

그의 키스는 취하게 만드는 힘이 있었고, 그의 향기는 활력을 불어넣어주는 것이었으며, 그의 명성은 의문의 여지가 없었다. 네 이름이[그의 명성과 인격을 의미한다] 쏟은 향기름 같으므로. 한 사람은 그 또는 그녀의 육체적 외모 이상의 존재다. 한 인간의 참된 모습은 피부 속에 가려져 있다. 현명한 사람은 데이트할 때 자신이 관계를 맺고 있는 사람들과 함께 상대방에 대한 의견을 형성할 뿐만 아니라, 다른 사람들이 말해주어야 하는 것에 대해서도 경청하고 주의를 기울일 것이다. 그 육체적 매력이 강렬할지라도 여론에 귀를 기울이게 될 것이다. 그가 정직한가? 믿을 만한가? 그녀는 평온한 마음을 지니고 있는가? 침착한 사람인가? 그가 플레이보이로 알려져 있지는 않은가? 그녀에겐 자신을 믿는 친구들이 있는가? 우리는 데이트하는 사람과 결혼을 고려하는 사람에 대해 다른 사람들이 뭐라고 이야기하는지 신중하게 고려해야 한다. 우리는 모두 맹점을 가지고 있다. 사랑은 참으로 맹목적인 것이 될 수 있다. 우리의 감정이 현명한 의사 결정을 뒤집게 내버려두어서는 안 된다. 설사 그것이 우리를 아프게 하더라도 말이다.

술람미 여인은 그 남자가 존경받고 있다는 사실을 알았다. 그는 고결한 인격자로 널리 알려져 있었던 것이다. 그녀는 그에게 육체적으로 끌렸을 뿐만 아니라 그를 존경할 수 있었다. 감탄하는 마음으로 그를 바라볼 수 있었던 것이다.

c. 그들의 친구를 즐겨라.

1:4. 솔로몬은 선망의 대상이었다. 그는 참으로 훌륭한 결혼 상대였다! 3절은 "처녀들이 너를 사랑하는구나"라고 말한다. 4절에서는 바로 그 여인들이 술람미 여인의 행운에 대해 이렇게 소리친다. 우리가 너를 인하여 기뻐하며 즐거워하니 네 사랑이 포도주에 지남이라. 다른 여인들의 감탄은 그 남자에 대한 술람미 여인의 사랑과 존경을 더욱

가치 있는 것으로 만들어주었다. 본질적으로 그들은 이렇게 말하고 있었던 것이다. "만약 당신이 그를 차지하지 못하고 붙들지 못한다면, 우리가 그를 쫓아다닐 거예요." 어떤 여인이든 그런 남자를 자기 사람으로 만든다면 행운일 것이다.

d. 그들의 신실함을 즐겨라.

잠재적인 경쟁 상대들이 기회를 엿보고 있지만, 이 여인은 자기 남자와의 관계를 너무나도 확신한 나머지 다른 사람들이 그에게 쏟아붓는 칭찬과 감탄을 기뻐할 수 있었다. 사랑은 분명 질투가 많지만(비교. 8:6), 그 유대 관계가 확고할 때는 관대할 수도 있다. 그녀는 적절한 때에 그에게 "나를 데려가 주세요, 어서요"(4절, 표준새번역)라고 요청할 수 있고, 그가 그렇게 해줄 것이라는 사실을 알고 있었던 것이다. 그는 그녀의 왕이었고, 그녀는 그의 왕후였다. 그들의 사랑은 왕실과 관련된 근엄한 것이었다. 한 편에서 보면, 그녀는 그를 공적으로 다른 사람들과 함께 공유할 수 있었다. 그러나 다른 한편에서 보면, 그녀는 그를 자신만의 것으로 소유하고 있었고, 그들 둘만이 공유하는 것들이 존재했다. 그것도 은밀하게 말이다. 그는 그녀를, 아니 그녀만을 자신의 침실인 침궁으로 데려갔다. 그녀는 이미 결혼 첫날밤(4:1-5:1) 절정을 이루게 될 사랑을 고대하고 있었다. 그들의 사랑은 또 다른 사람과는 결코 공유될 수 없는 독점적인 것이었다.

〈글래머(Glamour)〉지는 한 조사에서 남성들에게 어떤 결혼 서약이 가장 지키기 힘든지 물었다. 19퍼센트의 응답자는 "아플 때나 건강할 때나" 사랑하는 것이라고 말했다. 또 다른 19퍼센트는 "부하게 살든지 가난하게 살든지" 사랑하는 것이라고 대답했다. 남성들의 60퍼센트는 "다른 모든 사람들을 포기하는 것"이 가장 지키기 힘든 서약이라고 말했다(〈Entertainment Today〉, 1997. 1. 2). 여자는 자기 남자의 신실함에 자신감을 가지고 있어야 한다. 술람미 여인은 솔로몬으로부터 그것을 얻었다. 4절은 처녀들(또는 친구들)의 판단에 대해 그의 긍정으로 끝을 맺는다. **처녀들이 너를 사랑함이 마땅하니라.** 에베소서 5장 33절은 그것을 잘 말해준다. "여러분도 각자 자기 아내 사랑하기를 자기 사랑하듯 하고"(HCSB).

B. 배우자와 함께함으로써 겪게 되는 현실을 받아들여라(1:5-7)

Supporting Idea	결혼은 현실이다. 오르막이 있으면 내리막도 있다. 좋을 때도 있고, 힘들 때도 있을 것이다.

1:5-6. 결혼은 보상으로 로맨스를 가지고 있지만, 힘든 면과 현실도 가지고 있다. 결혼을 앞두고 있는 남성들은 이렇게 생각할지도 모른다. '와우! 하루 종일 침대에서 함께 보낼 수 있을 거야.' 글쎄, 당신에게 알려줄 것이 있다. 바라건대, 당신은 침대와 다른 장소에서 종종 황홀한 시간을 즐기게 될 것이다. 그러나 대부분의 시간을 침대 밖에서 보내게 될 것이며, 당신의 결혼을 만들어가려고 애쓰는 과정에서 맞닥뜨리게 될 현실에 정면으로 직면해야 할 것이다. 한 남자가 한 여자와 함께 살 때 직면해야 하는 두 가지 현실에 주목하라. 그런데 이것이 결코 전부가 아니다. 그저 시작일 뿐이다.

1. 여자는 자기 외모에 대해 상반된 감정을 지닐 수 있다.

여자는 변한다. 그것은 여성의 특권이다. 그들의 유전자에 이미 심겨져 있는 특성이다. 그들은 변한다. 그리고 빠르게 자주 변할 수 있다. 남자는 방심하지 말고 민감해야 한다. 기상 레이더처럼 저 멀리 수평선에 무엇이 있는지 볼 수 있어야 한다.

한 여자가 자신의 외모에 대해 어떻게 생각하는지는 그녀에게 매우 중요하다. 그것이 바로 그녀의 자존감의 근거가 되기 때문이다. 그녀는 특히 자신이 평생을 함께할 남자에게 매력적인지 알고 싶어한다. 그러나 남자들이여, 우리는 그녀의 외모에 대해 우리가 생각하는 것보다 그녀 자신이 생각하는 바가 그녀에게 더 중요하다는 사실을 이해해야 한다.

a. 그녀는 자신의 외모에 만족하고 있을지도 모른다.

술람미 여인은 자신이 자연미를 가지고 있다는 사실을 알았다. 그녀는 자신이 예쁘고 매력적이라고 생각했다. 자신의 외모가 사랑스럽고 아름답다고 믿었다. 그는 남자들이 시각의 창조물이라는 사실과, 그들이 보는 것에 의해 움직인다는 사실에 민감했다. 그녀는 그가 자신을 바라볼 때 그의 눈에 비치는 자신의 모습을 좋아하게 될 것이라고 확신하고 있었다. 그녀는 자신에 대해 "내가… 아름다우니"라고 말할 수 있었다.

b. 그녀는 자신의 외모에 대해 방어적일지도 모른다.

검게 그을린 피부가 솔로몬 시대에는 좋은 것이 아니었다. 여인들은 흰 살결과 '실내에서 가꾸어진 외모' 를 높이 평가했다. 그것이 부유한 도시 처녀의 높은 사회적 지위를 상징했을 것이다. 그에 반해 술람미 여인은 햇빛에 심하게 그을려 거무스름했다. 그녀는 자연의 태양뿐만 아니라 그녀에게 강제로 포도원 일을 시켰던 남자 형제들에 의해 부정적인 '대우를 받아' 온 시골 처녀였다. "그녀는 태양과 남자 형제들의 분노에 의해 이중으로 데었던 것이다"(Gledhill, 104). 게달의 장막은 "사막 주변 지역에서 흔히 볼 수 있는 베두인족의 천막으로, 그들 사이에서는 꽤 흔한 검은 염소의 털로 만들어진다"(Carr, 78). 솔로몬의 휘장은 다른 유추를 이끌어낸다. 그 커튼은 "아주 정교한 솜씨로 만들어진" 아름답고 귀한 물건이었을 것이다. "그녀는 자연의 힘에 의해 단련된 상태지만 여전히 아름답다"(Garrett, 387).

c. 그녀는 자신의 외모에 낙담하고 있을지도 모른다.

그녀는 포도원을 돌보기 위해 밭에서 열심히 일했다. 그 결과로 그녀 자신의 포도원, 다시 말해 그녀의 몸은 소홀히 취급되어 왔다. 아가서에서 포도원은 그 여인의 몸에 대한 비유로 여러 차례 사용될 것이다. 자신이 원하는 대로 시간과 관심을 기울여 돌볼 수 없었던 그녀의 육체적 외모는 결코 최선의 상태가 아니었다. 적어도 그녀가 생각하기에는 말이다. 그녀의 아픔과 불안감을 감지하는 것은 어렵지 않다.

탐 글레드힐(Tom Gledhill)은 이렇게 기록했다.

> 그녀의 포도원은 그녀의 본질적인 여성스러움을 전달하는 모든 것을 상징한다. 그녀의 용모와 안색, 의상, 성적 매력 등 그녀가 한 남자에게 매력적으로 보이게 만들어주는 모든 요소들을 말한다… 이 구절들에서 우리는 자신의 자아상과 관련된 문제들에 직면하게 된다. 우리는 자신을 어떻게 보고 있을까? 우리가 거울을 통해 자신을 바라볼 때, 우리 눈에 비친 모습을 좋아할까? 우리의 모든 기벽과 이상한 성미, 한계 등에도 불구하고 우리 자신을 있는 그대로 받아들일 수 있을까? 우리는 자신이 보이는 방식을 좋아할까? 아니면 항상 다른 누군가처럼 되기를 바라고 있을까?(탐 글레드힐, 105).

한 여자의 외모는 그녀의 삶 속에서 매우 중요한 요소다. 한 남자의 입장에서는 굉장한 민감성과 이해가 요구된다. 남성들은 반드시 자기 아내를 칭찬하고 세워주어야 한다.

2. 여자는 남편의 부재에 대해 염려할 수 있다.

결혼에 있어 안정감은 중요하다. 남자는 그의 여자가 자신을 칭찬해줄 때 그것을 느낀다. 여자는 그녀의 남자가 곁에 있을 때 안정감을 느낀다. 건강치 못한 별거가 장기간 지속된다면, 결혼은 병들 수밖에 없다. 그것도 심하게 말이다.

a. 남편의 부재는 개인적 슬픔의 근원이 될 수 있다.

1:7. 이 구절은 솔로몬이 어디론가 가버렸음을 말해준다. 우리는 그 이유를 듣지 못하지만, 본문에 묘사된 이미지는 그가 삶의 일상적인 책무에 관여하고 있었음을 암시한다. 여기서의 그림은 양 떼를 돌보는 목자의 임무이다. 그녀는 그가 곁에 없음을 아쉬워했다. 그를 애타게 그리워했다. 너무나 솔직하게 이야기한 것이 그녀의 마음을 드러냈지만, 그녀의 사랑하는 자의 마음까지도 흥분시켰을 것이다. 정오가 되면 양들은 잠들 것이고, 다른 목자들은 휴식을 취할 것이기 때문에, 그들만의 시간이 있을 것이다. 신경 쓰일 것도, 방해할 사람도 없을 것이다. 게다가 우리는 지금 상상력이 아주 풍부한 여인을 보고 있다. 그들의 만남은 외부의 탁 트인 공간에서 이루어질 것이다. 어쩌면 나무 그늘 아래일 수도 있고, 임시로 지어놓은 오두막이나 은신처일 수도 있을 것이다. 그녀는 그의 부재를 슬퍼하면서도 그들이 함께 있는 시간을 어떻게 하면 새롭고 즐거우며 기억할 만한 추억으로 만들 것인지에 대해 계획을 세우고 있었던 것이다. 그러나 당신이 그들과 함께하지 않는다면, 그들을 사랑할 수 없다.

b. 남편의 부재는 개인적 수치의 근원이 될 수 있다.

베일을 쓰고 양 떼와 목자들 사이를 돌아다니는 것은 당황스러운 일이었을 것이다. 그것은 그녀가 창녀이거나 상중(喪中)인 여자라는 인상을 줄 수 있었다. 적어도 그 날만은 말이다. (나중에는 그녀가 결혼 첫날밤 자신의 남편을 위해 침실의 은밀함 속에서 베일로 자신을 치장하게 된다[비교. 4:1].) 창녀에게는 많은 남자가 있지만, 자기 사람이라고 부를 수 있는 남자는 아무도 없다. 그녀가 가리키며 "그 남자는 내 남자요, 나는 그의 여자다"라고 말할 수 있는 사람이 아무도 없다는 것이다. 그녀는 그가 자신의 남자이고, 자신이 그의 여자라는 사실을 조금도 의심하고 싶지 않았다. 그들의 정절과 서로에 대한 헌신을 조금이라도 의심하는 것은 수치스러운 일이 될 것이기 때문이었다.

술람미 여인은 평생 동안 또 다른 사람에게 자신을 헌신하는 데는 대가가, 다시 말해 지불해야 할 값이 있다는 사실을 알고 있었다. 그녀는 결혼 관계가 때로는 세간의 주목을 받는 일이 되어 유리 어항 속에 갇혀 있는 것처럼 면밀히 관찰당할 수도 있다는 사실을 인식하고 있었다. 그녀는 이미 그런 사실들을 알고 있었기 때문에 그런 도전을 기꺼이 받아들이고 부끄럽지 않게 행동했던 것이다.

C. 배우자와 함께함으로써 생길 수 있는 위험을 받아들여라(1:8)

Supporting Idea	우리는 배우자를 점점 더 알아가야 한다. 그에 대해 연구하라. 그녀에 대해 더 많은 것을 배우라.

로맨스는 위험한 비즈니스다. 당신은 기회를 잡는다. 그리고 모든 것을 건다. 그러나 당신에게 유리하게 승률을 높이는 방법이 있다. 8절은 술람미 여인을 향한 부드러운, 어쩌면 장난스럽기까지 한 책망으로 이해하는 것이 최선이다. 그녀는 자신의 남자와 '연결되기를' 고대하고 있었다. 그녀가 무엇을 해야 했을까?

1. 그를 어디서 찾을 수 있는지 알아야 한다.

1:8. 술람미 여인은 여인 중에 어여쁜 자야라고 불리지만, 그녀의 남자가 어디에 있는지 몰라 놀림을 당하고 있다. 아마도 아직은 그녀가 그를 알아야 할 만큼 알지 못했던 것 같다. 무엇보다도 결혼은 평생 배워야 하는 과정이다. 우리는 자기 배우자의 필요와 기질, 재능, 약점, 성향 등에 대한 지식에서 점점 자라가야 한다. 그를 사랑하기 위해서는 그를 알아야 할 뿐만 아니라, 우리가 그를 원할 때 어디에서 어떻게 찾아야 하는지 알아야 한다.

2. 그를 찾을 수 있는 곳으로 가야 한다.

지식은 행동을 수반해야 한다. 우리가 관계에서 무엇을 해야 할지 알면서도 그것을 행동으로 옮기지 않는 경우가 얼마나 자주 발생하는가? 술람미 여인은 기본적으로 솔로몬이 걸어간 것으로 알려져 있는 낯익은 길이나 발자취를 따라가라는 충고를 듣는다. 만약 그녀가 낯익은 길을 따라간다면, 그를 찾게 될 것이다.

Main Idea 복습	솔로몬은 올바른 관계를 시작하는 데 도움이 될 만한 원리를 제공한다.

결론

결혼은 힘든 일이지만 투자할 만한 가치가 있다

덴버 대학의 연구원 하워드 마크맨(Howard Markman)과 스콧 스탠리(Scott Stanley)는 좋은 결혼이 성공하고, 나쁜 결혼이 실패하는 이유를 우리가 부분적으로나마 이해할 수 있도록 도움을 준다. 행복한 결혼에 기여하는 것은 섹스도, 돈도, 얼마나 많이 싸우느냐도 아니다. 결혼 생활을 현명하게 이끌어가는 부부들은 상대의 영향을 받아들이는 것을 두려워하지 않는다. 그들은 매일같이 여러 가지 사소한 방식으로 유대감을 형성하고, 서로 떨어져 있을 때는 정기적으로 상대방에 대해 생각하며, 화를 가라앉히기 위해 때때로 타임 아웃을 취하고, 논쟁 중에는 냉각제로 유머를 사용하며, 싸울 때는 좀 더 부드럽게 시작한다. 심지어 충돌이 일어날 때조차도 그들이 보이는 긍정적인 행동과 부정적인 행동(단순히 '음음' 또는 '그래' 하는 것에서부터 팔을 가볍게 두드리는 것에 이르기까지)의 비율은 5대1 정도다. 불안정한 결혼의 0.8대1과는 대조적으로 말이다(Shirley Barnes, "Keeping It Together", 〈시애틀 트리뷴〉, 1998. 8. 2).

다음은 신뢰할 만한 조언들이다. 우리는 상대방으로부터 영향을 받아야 한다. 주님이 우리에게 영향을 미쳐야 한다. 우리는 상대방으로부터 배워야 한다. 우리는 하나님으로부터 배워야 한다. 우리는 서로에 대한 지식에서 자라가야 한다. 솔로몬과 술람미 여인은 좋은 출발을 했다. 멋지게 시작했다. 우리는 그들에게서 배울 수 있다.

▣ 실제적인 원리와 적용

- 육체적이고 관능적인 욕망과 친밀한 성적 결합을 바라는 것은 로맨틱한 사랑의 특징이며, 결혼이라는 유대 관계 속에서 이루어진다면 좋은 것이다(포도주처럼 달콤할 뿐만 아니라 우리를 취하게 한다).
- 한 사람의 성격은(신체적 외모와 향기도 마찬가지지만) 배우자를 선택하고 즐기는 데 있어 매우 중요하다.
- 먼저 당신의 단점을 인정하되, 하나님이 당신의 삶에서 역사하시는 데 있어 그것들이 지니고 있는 특별한 가치와 가능성을 인식하라(단점은 당신을 겸손하게 만들어주는 놀라운 가시들이며, 결혼 관계에서 겸손할 필요가 없는 사람이 어디 있겠는가!).
- 우리는 평생 동안 또 다른 사람에게 자신을 헌신하기 전에 그와 관련된 대가를 염두에 두어야 한다.
- 그리스도인이 그 또는 그녀의 배우자와 맺고 있는 관계는 종종 유리 어항 속에 들어 있는 것처럼 면밀하게 관찰을 당하게 될 것이다! 그 도전을 받아들이고 부끄럽지 않게 살아가라.

삶의 적용

결혼에 대한 생각을 시작하기

만약 우리의 결혼을 하나님이 의도하시는 수준까지 끌어올리려 한다면, '나' 보다는 '우리' 에 더 초점을 맞추고 자아보다 상대방을 더 존중하는 원리로 결혼을 이끌어가야 한다. 우리가 따라야 할 것은 그리스도의 마음을 품는 것이다(빌 2:3-5).

다음은 우리의 사려 깊은 '생각'과 '헌신'이 필요한 일곱 가지 영역이다.

교육적으로

- 결혼에 대해 공부하라. 그것에 대해 뛰어난 학생이 되라.
- 이성에 대해 연구하라. 적어도 그 또는 그녀에 대해서 만큼은 전문가가 되려고 노력하라(평생의 모험을 위해 준비하라!).
- 당신의 배우자에 대해 연구하라. 그 또는 그녀를 정말로 알아가라.

성적으로

- 평생에 걸쳐 서로에게 신실하라. 지금 경계를 정하고 그것들을 훼손하지 않겠다고 약속하라.
- 두 사람의 필요와 욕구 사이에 존재하는 차이를 알라.
- 절제를 훈련하라(유혹을 피하고 뿌리쳐라).
- 절대 섹스를 가지고 흥정하지 말라. 기혼 매춘부가 되지 말라(즐기려면 대가를 지불해!). 그것은 양쪽 모두 패배하는 어리석은 짓이다.
- 당신과 배우자가 하기로 결심하는 모든 것에는 반드시 상호 동의가 있어야 한다(고전 7:1-7). 만약 한쪽 배우자가 아니라고 말할 수 없다면(환경이 그것을 정당화하는데도), 그 또는 그녀가 자신이 노예가 아니라고 어떻게 확신할 수 있겠는가?
- 당신의 배우자가 당신과 똑같은 욕구와 바람을 가지고 있을 것이라고 기대하지 말라. 양립할 수 있는 욕구를 위해 노력하라.

개인적으로

- 두 사람의 관계에 영향을 미치는 일방적인 결정을 하지 말라.
- 자존감을 위해 당신의 배우자에게 주로 의존하지 말라. 하나님을 바라보라.
- 당신의 실수를 깨끗이 인정하라. "미안해, 용서해줄 거지?"라는 마법의 말을 주저하지 말라(엡 4:32).
- 배우자의 죄를 다루기 전에 먼저 당신 자신의 죄를 다루라(갈 6:1).

공적으로

- 내밀한 사안에 대해서는 비밀을 유지하라.
- 당신의 배우자를 절대 공개적으로 또는 다른 사람 앞에서 비난하지 말라.
- 당신이 옷 입는 방식에 주의하라. 당신의 동기와 분별력을 점검하라.

육아와 관련하여

- 공동으로 교육 방침을 정하고 그것을 고수하라(엡 6:1-4).
- 자녀 앞에서 훈육에 대해 논쟁하지 말라.
- 사랑으로 대하고, 징계 후에는 항상 유대감을 회복하라.
- 자녀의 행위와 나이, 성숙도 등에 적절한 방식으로 훈육하라.

재정적으로

- 공동으로 재정적 우선순위를 정하고 그것을 고수하라.
- 단지 집세를 내고 식료품을 살 수 있는 돈을 번다고 해서 '우월한 지위'를 주장해서는 안 된다는 사실을 기억하라. 집안을 깨끗하게 유지하고 살림을 효율적으로 이끌어가는 것도 똑같이 중요하고 감사와 칭찬을 받을 만하다.
- 가정을 유지하기 위해 수고를 분담하는 모든 사람은 재정이나 생산하는 모든 것을 공유해야 한다.

관계적으로

- 서로를 진지하게 대하라(그러나 너무 심각하지 않게).
- 서로를 양육하라(엡 5:29-30).
- 문제 해결 전략을 세우라.
- 항상 정중하고 예의바르게 행동하라. 당신의 배우자를 좋은 친구처럼, 그것도 가장 절친한 친구처럼 대하라.
- 당신의 배우자와 가족과 함께 시간을 보내라(양과 질 모든 면에서).
- 섹스를 강요하지 말고 친밀함과 애정을 위해 양보하라(남성들이여, 듣고 있는가?).
- 서로를 동등하게 대하라. 본래부터 동등하기 때문이다.

- 서로에게 솔직하라. 항상 사랑 안에서 참된 것을 말하라(엡 4:15).
- 당신 삶의 모든 측면에서 배우자에게 실제적이고 관계적인 우선순위를 부여하라.
- 성내기를 더디 하고 말하기도 더디 하며 듣기는 속히 하라(약 1:19).
- 해가 지도록 분을 품지 말라(엡 4:26).
- 당신의 배우자를 기쁘게 하는 데 관심 갖는 것을 절대 멈추지 말라(빌 2:3-4).
- 한마음을 추구하고, 불일치에 의해 위협받지 말라(빌 2:2).
- 서로의 권리와 필요를 존중하라(고전 7:1-7).
- 당신의 뜻을 상대방에게 강요하지 말라. 평온하고 온순한 마음으로 대하며, 강압이 아닌 설득을 하라.
- 서로에게 최고의 친구가 되어주기 위해 노력하라.
- 감정보다는 사실을 다루려고 노력하라.
- 서로를 조종하기보다는 서로에게 봉사하라.
- 당신의 배우자를 다른 모든 사람보다 우선하라. 자녀까지도 포함해서 말이다.
- 창조주가 정해놓으신 결혼 구조를 존중하라(엡 5:21-33).
- 접근할 수 있고, 가르칠 수 있으며, 바로잡을 수 있어야 한다(심지어 배우자에 의해서, 그리고 특히 배우자에 의해서).
- 모든 것을 통제하려고 시도하지 말라.
- 부드러움과, 연민과, 사랑의 관심으로 서로를 대하라.
- 당신의 사랑하는 사람을 위해 기꺼이 희생하라.
- 당신 자신의 삶을 위해 당신의 책무를 소홀히하지 말라.
- 의사소통하기를 주저하지 말고 기꺼이 귀를 기울이라.
- 이혼을 경멸하고, 그것은 결코 대안이 될 수 없을 것이라고 정해놓으라.
- 가능한 한 배우자와 함께 자주 식사를 하라.
- 가능하면 언제든지 당신 자신을 위해 하고자 하는 활동을 당신의 배우자가 다른 것들 때문에 바쁜 때로 미루라.
- 당신의 배우자를 위해 시간을 내려고 노력하는 것을 단지 그렇게 하는 것이 너무 불가능해 보인다는 이유만으로 그만두지 말라.

기도

하나님 아버지, 제가 지금까지 내린 의사 결정 가운데 가장 중요한 것은 저의 죄를 회개하고, 구원받기 위해 당신의 아들 예수 그리스도를 믿은 것이었습니다. 제가 앞으로 내리게 될 두 번째로 중요한 의사 결정은 결혼 관계 속에서 누구와 평생을 보내게 될 것인지에 대한 결정이라고 믿습니다. 제가 그 언약의 중대성을 인식할 수 있도록 도와주십시오. 무엇보다도 저를 그 관계에 적절한 사람으로 만들어주시기를 간구합니다. 저는 영원히 지속될 사랑을 갈망합니다. 당신을 영화롭게 할 결혼을 소망합니다. 당신의 말씀을 취해 제 마음 깊은 곳에 심으시어 당신이 저를 위해 예비하신 것과 사람에게만 만족하게 하옵소서. 예수님의 이름으로 기도합니다. 아멘.

심층 연구

A. 섹스

섹스는 하나님의 아이디어였다. 믿기 어렵겠지만 하나님이 그 환상적인 아이디어를 생각해낸 분이시다. 그분은 우리의 '즐거움' 과 '생식' 을 위한 놀라운 선물로 그것을 주셨다(창 1:26-31). 하나님은 섹스 지지자이시다. 그분은 그것을 믿는다. 그것을 찬성하신다. 노래 중의 노래(또는 솔로몬의 노래)에 대한 우리의 연구는 그 점을 분명하게 밝혀준다. 이 선물은 '협력' 과 '보호' 를 위해 의도된 것이다. 하나님이 의도하신 대로 섹스와 결혼을 함께 경험하고 누린다면, 이생에서 우리의 기쁨과 축복을 능가할 수 있는 것은 거의 없다(창 2:18-25).

그렇다면 무엇이 문제인가? 그렇게 많은 결혼이 이혼으로 끝나는 이유는 무엇인가? 점점 더 많은 사람들이 결혼 안과 밖 모두에서 그들의 성생활에 만족하지 못하는 이유는 무엇인가? 나는 그 답이 실제로는 간단하다고 생각한다. 하나님이 섹스와, 사랑과 교제와, 결혼에 대해 말씀하시는 것을 우리가 잊거나 무시하고 살아왔기 때문이다. 우리는 '결혼에 대한 주님의 매뉴얼(Master' s Manual for Marriage)' 을 읽거나 명심하는 데 실패해왔고, 많은 사람들이 지불해온 그 대가는 참으로 컸다. 하지만 우리가 하나님의 방식대로 행동하고자 한다면, 상황은 달라질 수 있다.

하나님은 결혼의 친밀하고, 로맨틱하며, 성적인 측면에 너무나 관심이 많으시고 뚜렷한 생각을 가지고 계셔서 온전히 그 주제만을 다루는 성경을 우리에게 주셨다. 그것이 바로 아가서다.

이 세상에서 하나님의 아들 예수 그리스도와 개인적인 관계를 맺는 것 이외에 가장 좋은 것은 결혼과 가정이다. 우리가 하나님의 방식대로 결혼과 가정을 꾸려나갈 때, 그것만큼 좋은 것은 없다. 놀라운 최고의 축복이다. 아가서는 우리에게 하나님의 방식대로 결혼하는 방법을 가르쳐준다. 하나도 빼먹지 않고 알려준다. 그 아름다운 사랑의 노래는 한 남자와 한 여자가 결혼 속에서 즐겨야 할 깊고 참된 사랑을 묘사하고 있다. 그것은 성공적인 결혼이 '헌신'을 요구하고, '수고'를 필요로 하지만 우리가 모든 것을 투자할 만한 가치가 있다는 사실을 가르쳐준다. 아가서는 육체적이고, 친밀하며, 성적인 사랑의 기쁨을 노래한다. 섹스는 좋은 것이며, 하나님의 선물이다. 그것은 누려야 하고 자주 즐겨야 하는 것이다. 이 하나님의 좋은 선물은 한 남자와 여자가 결혼 관계 속에서 서로에게 자신을 완전히 내어줄 때 가장 완벽한 모습을 드러낼 것이다(고전 7:1-7).

하나님은 '가벼운 섹스(casual sex)'에 대해 아무것도 모르신다. 실제로는 그런 것이 존재하지 않기 때문이다. 종종 가벼운 섹스라고 불리는 것은 항상 그 대가가 크다. 성 접촉을 통해 전염되는 질병과 뜻밖의 임신, 심리적 영적 상처 등이 바로 그것이다. 그것은 우리가 섹스라는 하나님의 좋은 선물을 가볍게 다루어왔기 때문이다. 성적 매력은 필연적인 것으로 하나님이 의도하신 것이다. 그러나 우리가 하나님의 계획을 따르지 않는다면, 그분의 최선을 놓칠 뿐만 아니라 그 과정에서 고통스럽고 비극적인 결과를 경험하게 될 것이다.

아가서는 섹스의 목적과 위치를 설명한다. 그것은 하나님이 설계하셨던 바로 그대로다. 우리가 하나님이 계획하신 방식대로 사랑을 만들어나갈 때, 헌신적인 관계에서 안정감을 누리고, 아낌없는 애정의 기쁨을 경험하며, 방해받지 않는 포기 속에서 또 다른 사람에게 자신을 완전히 내어줄 수 있는 용기를 발견하게 된다(잠 5:1-23).

B. 솔로몬

솔로몬은 다윗의 열 번째 아들이자 밧세바의 둘째 아들이었다. 그는 이스라엘의 세 번째 왕이 되어 40년간 통치했다(주전 971-931년). 다윗과 밧세바의 첫 번째 아들이 죽은 후 태어난(삼하 12:24) 그는 자신의 어머니와 나단 선지자가 개입하여 솔로몬이 왕위를 계승케 하겠다는 다윗의 결정을 확실하게 얻어낸 후에 왕위에 오르게 되었다(왕상 1-2장). 솔로몬은 그의 지혜와 건축 사업, 무역과 행정적 전문성을 통해 창출된 그의 부등으로 기억되고 있다.

솔로몬은 또 잠언 삼천과 일천 다섯 곡의 노래를 기록한 것으로 기억되고 있다(왕상

4:32). 그의 지혜는 성경에서 한 아이를 서로 자기 아들이라고 주장했던 두 창녀에 대한 이야기(왕상 3:16-28)와 스바 여왕의 방문(왕상 10장)에서 드러난다.

솔로몬의 성전은 그의 건축 프로젝트 가운데 가장 유명했지만(왕상 5-8장), 그것은 결코 유일한 것이 아니었다. 솔로몬은 예루살렘을 방어하는 데 도움이 되는 많은 성읍을 요새화하였고, 그의 왕국에 필요한 물자들을 비축하기 위해 '국고성(store-cities)'을 건설하였으며, 병거 부대를 위해 군사 기지를 세웠다(왕상 9:15-19). 예루살렘의 성전 경내는 여러 건물들로 이루어져 있었고, 그 가운데는 솔로몬의 궁전과 "레바논 나무궁", "기둥의 낭실"이라는 홀, "보좌의 낭실"이라는 홀, 그의 아내 가운데 한 명인 애굽의 바로의 딸을 위한 궁전 등이 포함되어 있었다(왕상 7장, KJV).

솔로몬은 이스라엘을 과거의 지파 경계와는 일치하지 않는 행정 구역으로 나누었고(왕상 4:7-19), 그 행정 구역들이 중앙 정부의 필요 물자를 공급하게 만들었다. 이 제도는 홍해와 나중에 소아시아로 알려진 지역 사이의 중요한 남북 교역로에 대한 통제와 함께 솔로몬이 엄청난 부를 축적하는 통로가 되었다.

솔로몬은 위대한 강점뿐만 아니라 큰 약점도 갖고 있었다. "700명의 아내와 후궁 그리고 300명의 첩"(왕상 11:1, KJV)은 솔로몬이 조약을 맺은 많은 왕국에서 왔다. 솔로몬은 그의 아내들이 자기 모국의 신들을 섬기게 내버려두었고, 심지어 예루살렘 안에 그 신들을 위한 제단을 세워놓았다(왕상 11:7-8). 이 영적 타협은 그의 아버지 다윗에게서는 볼 수 없었던 솔로몬의 약점을 말해준다.

솔로몬은 예수님의 조상이었고(마 1:6-7), 염려에 대한 예수님의 가르침 속에서 언급된다(마 6:29, 눅 12:27). 예수님은 스바 여왕이 솔로몬을 보기 위해 먼 길을 찾아왔으며 "솔로몬보다 더 큰 이가 여기 있다"고 말씀하셨다(마 12:42, 눅 11:31). 스데반은 다윗이 하나님의 처소를 준비하고자 했지만, "그를 위하여 집을 지은" 사람은 솔로몬이었다고 말했다(행 7:47).

C. 지리적 참고 사항

아가서는 고대 팔레스타인 지역의 수많은 장소를 언급한다. 거기에는 북쪽 이스라엘 지역(사론, 레바논, 헤르몬, 갈멜)과 남쪽 유다 지역(예루살렘, 엔게디)이 모두 포함된다. 이 지리적 윤곽은 온 이스라엘이 통일되어 있었고, 심지어 요단강 동쪽 지역까지도 이스라엘의 지배하에 있었던 시기를 반영하고 있다. 이런 여건은 솔로몬의 사후까지 이어지지 못했다.

1장 5절에 언급되어 있는 게달은 본래 '강력한', '거무스름한', '검은' 등의 뜻을 지닌 인명이었다. 이스마엘의 둘째 아들에게 주어진 이름이었다(창 25:13, 대상 1:29). 그 이름이 성경의 뒷부분에서는 게달의 이름을 딴 것으로 보이는 족속에 대한 언급으로 등장한다. 그 집단에 대해서는 알려진 것이 거의 없다. 게달의 후손들은 팔레스타인 남쪽 지역과 이집트 동쪽 지역을 차지했던 것으로 보인다(창 25:18). 그들은 장막에서 살며(시 120:5, 아1:5), 낙타뿐만 아니라 양과 염소 등을 키워(사 60:7, 렘 49:28-29, 32) 저 멀리 두로까지 가서 팔기도 했던(겔 27:21) 유목민이었던 것 같다. '게달의 장막'은 그 장막을 만드는 데 사용되는 검은 염소의 거무스름하고 아름다운 털을 언급하는 것이었다.

D. 문화적 식견

아가서의 이미지는 위대한 번영의 시대를 반영한다. 그것은 아가서가 솔로몬 시대에 쓰였다는 견해를 지지해준다. 이 시기에 예루살렘은 이 책에 언급되어 있는 향료와 향수, 사치품 등은 물론이고 엄청난 양의 금과 대리석, 귀금속 등을 보유하고 있었다(아 5:14-15, 왕상 10:14-22 참고).

E. 포도주

이 술은 발효된 포도로 만들어졌고, 포도는 고대 팔레스타인 지방 전역에서 재배되었다. 심지어 강수량이 부족한 지역에서도 밤에는 무성히 자라는 포도원을 지탱하기에 충분할 정도의 이슬이 내렸다. 포도주는 한쪽 끝에 작은 배출구가 있는 큰 돌통에서 포도즙을 짜냄으로써 만들어졌다. 그 포도즙을 홈통으로 모아 큰 항아리에 부은 다음 차가운 바위 저장통에 보관하여 발효시켰다. 성경은 술 취함과 지나친 탐닉을 정죄하지만, 포도주를 전형적인 고대 식사의 일부로 묘사하고 있다. 아가서에서는 포도주가 취하게 하는 기쁨과 달콤함의 상징이다.

교안

A. 들어가는 글: '아이들과 의심 많은 어른들의 눈을 통해서 본 사랑과 연애 그리고 결혼' 이야기로 시작하라.

B. 본문 이해

1. 배우자와 함께함으로써 얻을 수 있는 보상을 기대하라(1:1-4)
   a. 결혼의 육체적 즐거움을 소망하라.
   b. 결혼의 사적인 즐거움을 경험하라.
2. 배우자와 함께함으로써 겪게 되는 현실을 받아들여라(1:5-7)
   a. 여자는 자기 외모에 대해 상반된 감정을 지닐 수 있다.
   b. 여자는 남편의 부재에 대해 염려할 수 있다.
3. 배우자와 함께함으로써 생길 수 있는 위험을 받아들여라(1:8)
   a. 그를 어디서 찾을 수 있는지 알아야 한다.
   b. 그를 찾을 수 있는 곳으로 가야 한다.

C. 결론: '결혼에 대한 생각을 시작하기' 를 읽어주라.

토의 질문

1. 당신은 데이트 상대나 배우자를 만나기 전에 바람직한 예방 수단에 관심을 기울이는가? 이 문제는 대부분의 사람들이 생각하는 것보다 훨씬 더 중요하다!

2. 당신은 파트너가 멀리 떨어져 있을 때, 그 또는 그녀를 그리워하는가? 만약 그렇다면, 그것은 건강한 징후인가, 건강치 못한 징후인가? 솔직하려고 노력하라.

3. 당신의 파트너는 어떤 명성을 지니고 있는가? 당신은 다른 사람들이 말하는 것을 진심으로 들을 수 있는가?

4. 딱 맞는 사람이 되는 것은 딱 맞는 사람을 찾는 것보다 더 중요하다. 당신은 그것을 믿는가?

5. 당신은 자기 자신을 어떻게 보는가? 당신은 긍정적인 자존감을 가지고 있는가, 아니면 부정적인 자존감을 가지고 있는가?

6. 하나님은 바로 지금 당신을 어떻게 보고 계시는가? 기뻐하고 계시는가?

아가 1:9-14

칭찬의 힘

"나는 기분 좋은 칭찬 한 마디에 두 달 동안 살 수 있다."

- 마크 트웨인(Mark Twain)

말은 강력한 무기다. 말로 축복할 수도 있고 저주할 수도 있으며, 세울 수도 있고 무너뜨릴 수도 있다. 우리가 결혼 생활 속에서 함께 성장하면서 격려와 존경의 말로 배우자를 칭찬하는 것은 우리의 사랑을 강화시켜주고 우리의 관계를 성장시켜 줄 것이다.

들어가는 글

축복의 선물

게리 스몰리(Gary Smalley)와 존 트렌트(John Trent)는 그들의 탁월한 책 「축복의 선물(The Gift of the Blessing, 요단)」에서 우리가 사랑하는 사람들을 저주하기보다는 축복할 수 있는 방법에 대해 몇 가지 성경적이고 실제적인 조언을 제공하고 있다. 우리의 결혼과 배우자와 관련해서는 그들의 조언이 필수적이다.

> 하나님은 우리가 긍정과, 본질적인 가치에 대한 수용과, 격려와, 무조건적인 사랑 등에 의해서만 충족될 수 있는 감정적, 육체적 필요를 갖도록 우리를 만들어놓으셨다. 우리 모두는 다른 사람들로부터 '축복'을 받고자 하는 욕구와 필요를 가지고 있다. 그 다른 사람들에는 우리의 하늘 아버지가 포함되어 있지만, 우리의 배우자도 포함되어야 한다. 우리가 총체적인 참된 축복을 받고자 한다면, 그 어느 것도 제외되어서는 안 된다.
>
> "축복의 필수적인 요소에는 다섯 가지가 있다.
>
> *의미 있는 접촉*. 여기에는 손잡기와 포옹하기, 키스하기 등 사랑과 애정을 전달하려는 목적으로 이루어지는 모든 형태의 신체 접촉이 포함된다.
>
> *음성화된 언어*. 이 요소는 관련된 시간과 전달되는 메시지로 사랑과 존재감을 보여줄 수 있다. 그 반복적인 특성은 필수적이다.
>
> 높은 *가치의 표현*. 이것은 우리가 다른 사람들에게 그들이 인간으로서 갖고 있는 본질적 가치와 소중함을 확인시켜주는 메시지를 전달하는 것과 관련되어 있다. 그들을 가치 있는 사람으로 칭찬하는 것이 핵심이다.
>
> *특별한 미래에 대한 묘사*. 이것은 축복의 독특한 예언적 측면이다. 그 미래가 다른 사람들에게 실현될 것이라고 믿는 우리의 말은 그들에게 무엇을 말해줄까? 다른 사람들에 대한 우리의 현재 묘사가(별명이) 그들의 장래 태도와 행동에 어떤 기초를 놓게 될까? 예를 들면, 아이들이 부모와 친구들의 과거 기대나 예측을 실현

하는 경우가 얼마나 많은가. 좋든 나쁘든 말이다. 장래 가능성에 대해 격려하는 긍정적인 말은 저주하기보다는 축복하는 것이 될 것이다.

행동으로 나타내는 능동적인 헌신. 이 특징은 하나님과 인간 모두를 향한 것이다. 하나님을 향해서는 다른 사람들을 그분의 축복과 뜻에 맡겨야 한다. 사람을 향해서는 다른 사람들을 축복하는 데 필요한 것이 무엇이든 시간과 에너지와 자원을 사용하는 데 개인적으로 전념해야 한다" (게리 스몰리·존 트랜트, 1993).

다른 사람을 축복하는 것은 우리의 말과 행동을 모두 수반한다. 말도 중요하고, 행동도 중요하다. 이 말과 행동이 이따금씩 이루어져서는 안 된다. 끊임없이 반복되어야 한다. 또한 구체적이고, 희생적이며, 육감적이어야 한다. 아가서 1장 9-14절은 당신의 배우자를 칭찬하는 데 힘이 있다는 사실을 말해준다. 여기서 우리는 배우자를 칭찬하고, 축복하는 방법의 중요하고 필수적인 측면들을 보게 된다.

본문 이해

배우자를 칭찬하는 것의 힘

Main Idea	배우자를 칭찬하는 것은 만족스럽고 의미 있는 관계에 필수적이다.

A. 당신의 칭찬은 구체적이어야 한다(1:9-10)

Supporting Idea	칭찬의 말은 포괄적이지 않고 명확해야 한다.

1:9. 9절에서는 무대가 목동의 검소한 세상에서 이집트 파라오의 화려한 세상으로 바

꿨다. 솔로몬은 술람미 여인이 자신의 외모와 그의 부재에 대해 양면적인 태도를 보이며 불안해한다는 사실을 알고 있었다(1:5-8). 그녀에게는 솔로몬이 그녀를 축복해주고, 긍정해주며, 그녀가 최고라고 말해주는 것이 필요했던 것이다. 그것이 바로 그가 했던 일이다.

1. 그녀가 특별하다고 말해주라.

솔로몬은 그녀를 내 사랑(my darling, NKJV에서는 "my love")이라고 부르며 시작했다. 이것은 솔로몬이 술람미 여인을 그런 식으로 부른 첫 번째 경우다(그러나 마지막은 아니다. 비교. 1:15, 2:2, 10, 13, 4:1, 7, 5:2, 6:4). 솔로몬은 반복적으로(아홉 번이나!) 그녀에게 자신의 사랑을 표현했다. 6절에서 그녀에게 상처를 주었던 그녀의 형제들과는 달리, 솔로몬은 그녀를 부드러운 사랑의 손길로 대하려고 한다. 그녀의 공급자이자 보호자, 더 나아가 그녀의 연인이자 친구가 되어주려고 하는 것이다.

그런 다음 솔로몬은 무언가를 했다. 만약 오늘날 미국에서 어느 남자가 그렇게 한다면, 결코 벗어나지 못할 구덩이에 빠진 자신을 발견하게 될지도 모르는 일이다. 그는 자신의 사랑하는 사람을 말에 비유했던 것이다! 그는 구체적으로 그녀가 **바로의 병거를 끄는 암말**(또는 암망아지) 같다고 말했다. 우리는 그런 언급에 아연실색하게 된다. 그러나 술람미 여인은 굉장히 영광스러웠을 것이다. 바로의 병거를 끄는 종마들 사이에 암말이 하나 있다면 굉장한 소란을 불러일으켰을 것이다. 그녀는 남성들의 세상에 유일하게 존재하는 여성에 비유된 것이다! 그녀가 얼마나 놀라운 가치를 지니고 있었는가. 그가 판단하기에는 그녀가 너무나도 소중했던 것이다. 그녀는 그뿐만 아니라 다른 사람들에게도 동경의 대상이었다. 그럼에도 불구하고 그는 그녀의 마음을 사로잡은 행운아였다. 그녀는 비길 데 없는 특별한 존재였던 것이다.

2. 그녀가 아름답다고 말해주라.

1:10. 솔로몬은 이제 그녀가 불안을 느끼는 영역 가운데 하나에 초점을 맞춘다. 그것은 그녀의 외모다. 그녀의 **두 뺨**은 사랑스럽고 아름다웠다. 두 뺨에 드리워져 있는 귀고리는 그녀의 미모를 더욱 돋보이게 하는 장신구였다. **구슬 꿰미로** 장식되어 있는 그녀의 목 역시 아름다웠다. 그녀는 우아하고 인상적이었다. 위엄이 느껴지는 기품이 그녀

의 인격에서 흘러넘쳤다. 병거를 끄는 말들의 고삐는 종종 아름답고 정교한 장신구들로 꾸며졌는데, 솔로몬은 여기서 사랑스런 암말의 이미지를 떠올렸는지도 모른다. 하지만 그가 자신의 사랑의 아름다움을 응시할 때마다 그것은 항상 그의 마음속 깊은 곳에 자리잡고 있었다. 그녀의 장신구는 그녀의 외모를 반감시키는 것이 아니라 돋보이게 했다. 솔로몬은 "지나치게 장식된 크리스마스 트리"를 바라보고 있었던 것이 아니다(Gledhill, 113). 그녀에 대해서는 과장되거나 지나친 것이 전혀 없었다. 어쩌면 꾸밈없는 아름다움이 최고의 아름다움인지도 모른다. 솔로몬의 생각에는 그녀에게 필적할 만한 사람이 없었기 때문에 그녀에게도 그렇게 말했다.

말은 강력한 무기다. "몽둥이와 돌멩이는 내 뼈를 부러뜨릴 수도 있지만, 말은 결코 나를 다치게 할 수 없다"는 것은 사실이 아니다. 내 눈 위에는 어렸을 때 사촌이 야구 방망이로 내 눈을 쳐서 생긴 상처가 하나 있다. 내 오른쪽 귀에도 상처가 하나 있다. 언젠가 형과 레슬링을 하며 장난을 하던 도중 형이 보디 슬램으로 나를 대리석 커피 테이블 위에 넘어뜨려 생긴 상처였다. 다행히도 어머니는 외출 중이셨다. 내 아래턱 바로 밑에도 상처가 하나 있다. 중요한 풋볼 경기를 앞둔 어느 금요일 밤, '불인더링(bull-in-the-ring)' 이라는 태클 연습을 하다가 한 친구(내 생각에!)가 그의 풋볼 헬멧으로 내 턱을 들이받아 생긴 상처였다. 솔직히 말해서, 그 세 사건 모두 내게 심각한 고통을 주었다. 정말로 아팠다! 그러나 그 세 사건 가운데 어느 것도 내 삶의 다른 시기에 내게 퍼부어졌던 몇 마디 말만큼 심한 상처를 주지는 않았다.

스티브 스티븐스(Steve Stephens)는 우리에게 상기시킨다. "건강한 결혼은 일상적인 삶의 긴장에서 벗어날 수 있는 안전한 피난처다. 우리는 배우자로부터 긍정적인 말을 들을 필요가 있다." 그런 다음, 우리가 배우자에게 말해야 할 서른 일곱 가지를 열거한다. 어떤 배우자도 다음과 같은 말들로 축복받게 될 것이다.

- "잘했어요!"
- "당신 정말 멋져요."
- "그거 정말 좋았어요."
- "오늘 아주 멋있어 보여요."
- "당신이 없으면 뭔가 빠진 것 같아요."

- “그동안 당신이 나를 위해 해준 것들이 다 고마워요.”
- “당신이 내 삶에서 최우선이에요. 아이들과 직장, 친구들 그 어떤 것보다도 말이에요.”
- “당신이랑 결혼해서 정말 행복해요.”
- “당신은 나의 가장 좋은 친구예요.”
- “다시 살게 된다 하더라도 난 당신이랑 결혼할 거예요.”
- “오늘 당신이랑 같이 있고 싶었어요.”
- “오늘 당신이 보고 싶었어요.”
- “오늘 당신 생각이 떠나질 않았어요.”
- “당신 옆에서 깨어날 수 있다는 게 정말 좋아요.”
- “나는 언제까지나 당신을 사랑할 거예요.”
- “당신이 웃을 때 그 빛나는 눈을 보고 있으면 얼마나 좋은지 몰라요.”
- “언제나 그랬던 것처럼 당신 오늘도 예뻐 보여요.”
- “당신을 믿어요.”
- “나는 언제나 당신을 신뢰할 수 있어요.”
- “당신을 보면 기분이 좋아져요.”
- “당신과 결혼한 것이 정말 자랑스러워요.”
- “미안해요.”
- “내가 잘못했어요.”
- “무엇이 좋을까요?”
- “당신 생각은 어때요?”
- “당신 의견을 듣고 싶어요.”
- “당신은 아주 특별한 사람이에요.”
- “당신 없는 삶은 상상할 수도 없어요.”
- “내가 좀 더 좋은 배우자가 될 수 있다면 좋겠어요.”
- “무엇을 도와줄까요?”
- “나를 위해 기도해주세요.”
- “오늘 당신을 위해 기도하고 있어요.”

- "우리가 함께하는 모든 순간이 소중해요."
- "나를 사랑해줘서 고마워요."
- "나를 받아줘서 고마워요."
- "내 배우자가 되어줘서 고마워요."
- "당신은 나의 하루하루를 더욱 밝게 만들어줘요."

(스티브 스티븐스, "37 Things to Say to Your Spouse", in 「Stories for the Heart」, compiled by Alice Gray, Multnomah, 1996, 177-178).

당신의 칭찬은 구체적이어야 한다. 그것은 당신 배우자의 마음을 파고들어 로맨스의 환경을 조성해줄 것이다. 친밀한 관계의 양상을 만들어가는 데는 필수적인 것이다.

B. 당신의 칭찬은 희생적이어야 한다(1:11)

Supporting Idea	행동은 때때로 말보다 더 크게 말한다.

1:11. 술람미 여인에 대한 솔로몬의 칭찬은 다른 사람들의 찬사를 불러일으켰다. 4절의 친구들, 다시 말해 예루살렘 여자들(5절)이 솔로몬이 자기 연인을 기리는 데 합류했던 것으로 보인다. 우리가… 만들리라에 주목하라. 우리가 자신의 배우자에 대해 공개적으로 이야기하는 것은 종종 그 또는 그녀에 대한 다른 사람들의 의견에 영향을 미치게 될 것이다. 솔로몬은 술람미 여인에게 그녀가 특별하고 아름답다고 말했다. 그녀는 최고였다. 그녀는 말뿐만 아니라 행동으로도 최고의 대우를 받을 만했다. 한 남자가 자신의 아내에게 축복이 되고자 할 때, 항상 명심해야 할 두 가지를 여기에 소개한다.

1. **구체적이 되라.** 솔로몬은 은을 박은 금 사슬을(또는 장신구가) 술람미 여인에게 선물했다. 글레드힐은 이런 식으로 자유롭게 의역한다. "오 아리따운 여왕이시여, 우리는 더 많은 왕권을 상징하는 왕관과 귀중한 보석들과 반짝이는 은을 박아 넣은 금빛 고리로 당신을 장식해드릴 것입니다"(Gledhill, 66). 소크라테스는 이렇게 말했다. "반드시 결혼하라. 만약 당신이 좋은 아내를 얻는다면 행복하게 될 것이고, 나쁜 아내를 얻는다

면 철학자가 될 것이다."

문제는 한 남자가 좋은 아내를 '얻는' 것이라기보다 그가 그녀를 사랑하고 돌보는 방식으로 좋은 아내를 '획득하는' 것이라고 나는 확신한다. 여자들은 구체적이고 창의적인 아이디어를 좋아한다. 데이트하자고 아내를 밖으로 불러내고서 어디를 가든, 무엇을 하든 상관없다고 말하는 남자는 여자를 모르는 것이다. 사랑과 칭찬은 구체적인 것이다.

주디 보드너(Judy Bodner)는 그녀의 책 「사랑이 죽어갈 때: 절망적인 결혼을 구하는 방법(When Love Dies: How to Save a Hopeless Marriage)」에서 남자들을 돕기 위해 그런 상황에서 활용할 수 있는 몇 가지 힌트를 제공한다. (1) 메모와 사랑의 편지를 주변에 남겨두라. (2) 휴가를 구체적으로 계획하라. (3) 둘만이 지낼 수 있는 시간을 따로 떼어놓으라. (4) 서로 감정을 나누라. (5) 침실을 매혹적이고 유쾌한 곳으로 아름답게 꾸며 성관계를 매력적인 것으로 만들라. 현명한 남성들이 마음에 새길 만한 훌륭한 제안들이 아닐 수 없다.

2. 진실하라. 솔로몬의 선물은 마음에서 우러나온 순수한 것이었다. 그는 그녀를 매수하거나 유혹하려고 한 것이 아니다. 그의 바람은 그녀를 축복하는 것이었다. 그녀의 마음에 호소하는 방식으로 그렇게 하는 것이었다. 값비싼 금귀고리 선물은 그 목적을 훌륭하게 성취했을 것이다. 솔로몬은 그녀에게 '사랑의 언어'를 말하는 방법을 터득했다(혹은 적어도 터득해가는 과정에 있었다). 게리 채프먼(Gary Chapman)은 그의 멋진 책 「5가지 사랑의 언어(The Five Love Languages, 생명의 말씀사)」에서 모든 사람은 5가지 사랑의 언어 가운데 적어도 한 가지를 말한다고 지적한다. 일부 사람들은 다양한 방언으로 여러 가지를 말할 준비가 되어 있기도 하다. 그러나 남편과 아내가 동일한 사랑의 언어로 말하는 것은 드문 일이다. 무엇보다도 반대되는 것이 매력적이지 않은가. 채프먼은 5가지 사랑의 언어를 다음과 같이 밝힌다.

- 긍정의 말
- 선물받기
- 봉사의 행위
- 질 높은 시간

• 신체 접촉

내 경우에는 아내 샬럿(Charlotte)과 내가 각각 2가지 사랑의 언어를 가지고 있는 것이 분명하다. 당연한 일이겠지만, 그것들은 서로 다르다. 그녀의 것은 선물받기와 질 높은 시간이고, 내 경우에는 긍정의 말과 신체 접촉이다. 나는 샬럿에게 선물을 가져다줄 때마다 그녀의 심금을 울린다. 값은 결코 문제가 되지 않는다. 정말로 중요한 것은 그 생각이다. 내가 우리 둘을 위해 시간을 떼어놓을 때마다 그녀는 긍정적이고 수용적인 태도로 반응한다. 나는 샬럿의 사랑의 언어가 그녀의 청소년기와 어느 정도 관련이 있지 않나 생각해볼 때가 종종 있다. 사실 그녀의 부모는 알코올 중독자로 그녀가 어린 소녀일 때 이혼했다. 그녀는 내게 자신의 생일날과 크리스마스는 지극히 평범했다고 말했다. 그녀가 아홉 살쯤 되었을 때 그녀는 오빠와 언니와 함께 어느 고아원에 맡겨졌고, 그곳에서 이후 10년을 보내야 했다. 그 기간 동안 초기 몇 번을 제외하고는 그녀의 어머니나 아버지를 결코 만나보지 못했다. 가족과 함께 시간을 보내거나 가족으로부터 선물을 받아본 적이 전혀 없었던 것이다.

나는 그 경험이 그녀에게 두 가지 사랑의 언어를 각인시켰다고(적어도 어느 정도는) 확신한다. 한 가지 더 덧붙이고 넘어가자면, 샬럿이 고아원에 있는 동안에 그녀에게 놀라운 일이 일어났다. 그녀가 예수 그리스도를 자신의 구세주와 주님으로 받아들였고, 하나님이 그녀의 완벽한 하늘 아버지가 되어주신 것이다. 그 이후로 하나님은 그녀를 오늘날과 같이 아름답고 경건한 여인으로, 아내와 어머니로 빚어주셨다.

내 사랑의 언어는 아내의 것과 전혀 다르다. 나는 그녀가 나를 칭찬해주고 말로 확신을 심어줄 때가 좋다. 그것은 내게 세상을 의미한다. 나는 또 그녀가 만져주는 걸 좋아한다. 그것도 여러 장소에서 여러 가지 방식으로 만져주는 것이다! 구체적으로 한 가지를 말하자면, 내 발이 특히 그것을 필요로 한다. 나는 내 발을 문질러주는 것을 무척 좋아한다. 나는 천국에 갈 때를 대비해 두 천사를 미리 요청해두었다. 왼발을 문질러주고 마사지해줄 천사 한 명과 오른발을 문질러주고 마사지해줄 천사 한 명을 말이다. 나는 어느 날 저녁 샬럿이 〈센스 앤 센서빌리티(Sense and Sensibility)〉라는 영화를 함께 보러 가자고 요청했던 때를 기억한다(시간과 관련된 그녀의 사랑의 언어). 그것이 액션으로 가득 찬 스릴러가 아니라 여성 취향의 영화라는 사실을 금방 알아차릴 수 있었다.

나는 재빨리 그 많은 시간을 도저히 '낭비'('포기'를 의미한다)할 수 없는 이유를 늘어놓기 시작했다.

놀랍게도 그녀는 내게 따지지 않았다. 그녀는 알았다고 말하며 돌아서더니 가볍게 한마디 던졌다. "이해해요. 하지만 당신이 팝콘과 영화를 곁들인 두 시간짜리 발마사지를 놓치게 돼서 유감이군요."

그 말에 대한 내 반응은 말할 것도 없다. "몇 시에 시작하는데?" 서로에 대한 지식에서 자라가는 부부는 상대방의 사랑의 언어를 말하는 방법을 터득하게 될 것이다. 그들은 그것을 구체적으로 그리고 진실하게 행하게 될 것이다.

C. 당신의 칭찬은 육감적이어야 한다(1:12-14)

Supporting Idea	사랑과, 충실함과, 갈망은 우리가 배우자를 칭찬하는 독특한 방법들이다.

1:12. 술람미 여인은 솔로몬의 사랑의 서곡에 감격함으로 반응했다. 그녀의 불안은 이미 사라졌다. 그녀의 염려도 그의 사랑의 말과 행동으로 진정되었다. 그녀는 이제 그 은혜를 갚는다. 우리는 지금 그 두 사람이 사랑의 게임에서 서로를 능가하려고 애쓰는 모습을 보고 있다. 그것은 여러 구절에서 계속될 것이다. 한 커플이 참여할 수 있는 얼마나 멋진 콘테스트인가! 그 여인은 자기 남자에 대해 강한 욕망을 가지고 있었다. 그들은 사적이고, 육체적이며, 육감적이었다. 그들은 또 구체적이고 열정적이었다. 우리는 어떻게 의도적으로 우리의 욕망과 감정을 배우자에게 알릴 것인가?

1. 욕망은 사랑에 의해 알려진다.

그 남자가 다시 한 번 왕으로 또는 왕의 신분으로 불린다. '긴 의자'나 상에 기댄다는 것은 휴식과 이완의 시간을 암시한다. 남자들은 기본적으로 '가정의 지원과 평온함'을 필요로 한다(이 부분에 대해서는 나중에 다룰 예정이다). 술람미 여인은 그녀의 남자가 무엇을 필요로 하는지 알았고 그것을 공급했다. 그녀의 향수인 나드(nard)는 값비싼 것이었다. 그것은 "인도 히말라야 지역에서 자생하는 한 식물에서 추출된 것으로, 그 이국적인 향기의 희소성과 그로 인한 가치 때문에 '사랑의 묘약'으로 인기가 많았던 것이다" (Carr, 84-85). 술람미 여인은 그의 자긍심과 후각에 호소하면서 그녀 자신이 자극받았던 것처럼 자기 남자로부터도 동일한 것을 이끌어내려고 노력했다.

2. 욕망은 충실함에 의해 알려진다.

1:13. 그 여인은 참으로 에로틱한 말로 나의 사랑하는 자는 내 품 가운데 몰약 향낭이요라고 고백했다. 로이드 카아(Lloyd Carr)는 이렇게 말한다.

> 몰약은 남부 아라비아에서 자생하는 나무로부터 채취된 수지질의 끈끈한 액체다… 그것은 나드처럼 액체 형태로 작은 병에 담겨지기도 했지만, 고체 형태로 사용되기도 했다. 그런 경우에는 몰약을 작은 천 주머니나 향낭에 담아 몸에 지닐 수 있었다… 몰약은 유지(乳脂)와 혼합되었고… 그 유지가 몸의 열에 의해 녹을 때, 몰약의 향기가… 방 안 전체에 퍼지곤 했다(로이드 카아, 85).

술람미 여인은 솔로몬을 달콤한 향기가 나는 귀중한 꾸러미에 비유했다. 그녀가 밤새 젖가슴 사이에, 다시 말해 그녀의 심장 가까이에 품고 자는 그 향낭에 비유한 것이다. "솔로몬에 대한 그녀의 생각은 그녀 앞에서 일어나는 향기만큼이나 향기롭고 상쾌한 것이다… 그녀는 평화롭게 잠든 밤 동안 솔로몬에 대한 그 향기로운 생각을 품고 있는 것이다" (Glickman , 37). 깨질 수 없는 친밀한 사랑의 유대와, 갈망과, 충실함이 그녀의 젖가슴 사이에 깃들어 있었다. 그녀의 두근거리는 심장에 기댄 채 말이다. 사실상 말로 표현할 수 없는 관계와 헌신이 존재했던 것이다.

노먼 베일즈(Norman Bales)는 "이혼의 위험" 이라는 제목의 기사에서 이렇게 말한다. "아마도 이혼의 가장 강력한 억제제는 헌신일 것이다. 모든 결혼은 어느 시점에서 시험받게 될 것이다. 그 시험에서 살아남는 사람들과 그렇지 못한 사람들 사이의 차이는 무엇인가? 그 목록의 상단에는 헌신이 놓여 있다" (노먼 베일즈, 〈All About Families Newsletter〉, 2000. 7. 26). 술람미 여인과 솔로몬 사이에는 헌신(충실함)이 존재했다. 그는 밤새 귀중한 향수로 그녀의 젖가슴 사이에 놓여 있었다. 그녀의 심장 가까이에 말이다.

3. 욕망은 갈망에 의해 알려진다.

1:14. 술람미 여인은 다시 한 번 솔로몬을 나의 사랑하는 자라고 불렀다. 그들의 사랑은 독점적인 사랑의 관계였다. 그는 한 여자만을 사랑하는 남자였고, 그녀는 한 남자만을 따르는 여인이었던 것이다. 그러나 그녀는 더 많은 것을 말했다. 그는 엔게디 포도원의 고벨화 송이처럼 신선한 존재였다. 고벨이라는 관목은 3미터 정도까지 자란다. 백황색 꽃들이 포도송이처럼 엉켜 있으며 장미 같은 향기를 풍긴다. 아열대 식물인 고벨은 예루살렘 남쪽의 사해 서안에 위치한 엔게디 오아시스에서 자란다. 보기에 아름답고, 향기도 달콤하지만, 건조한 사막 기후에서는 매우 희귀한 식물이다.

인상적인 비유가 아닐 수 없다. 솔로몬은 사막에서 놀라운 기쁨과 양식을 공급해주는 오아시스와 같았다. 그는 또 극히 희귀한 존재로 더없이 귀중한 가치를 지니고 있었다. 마치 술람미 여인이 이렇게 말하는 것처럼 보인다. "당신을 만나기 전까지 내가 본 것은 오로지 남성들로 이루어진 사막뿐이었어요. 당신은 아름다움과 향기를 지닌 나의 오아시스랍니다. 당신을 만나기 전까지는 어떤 남자도 내게 신선함을 주지 못했죠. 나는 당신에 대해 꿈을 꿉니다. 당신에 대해 생각합니다. 그리고 우리에 대해 꿈꾸며 우리에 대해 생각합니다." 작은 칭찬에서 흘러나오는 그 열정이 정말 놀랍지 않은가? 침실에서의 열정에 앞서 다른 모든 방에서의 열정이 우선이다. 당신의 배우자를 칭찬하는 데는 정말로 힘이 있다.

Main Idea 복습	배우자를 칭찬하는 것은 만족스럽고 의미 있는 관계에 필수적이다.

결론

건강한 로맨스를 위해서는 친절과 존경이 필요하다

토미 넬슨(Tommy Nelson)은 "친절은 존경의 표시이고, 로맨스를 위해서는 존경이 필요하다"고 말했다(토미 넬슨, 26). 우리는 지금까지 서로를 깊게 그리고 진심으로 존경하는 커플을 보았다. 뿐만 아니라 상대방의 필요에 민감하고, 상대방을 축복하려는 의지가 굳으며, 서로의 사랑의 언어를 말하는 방법을 터득해가는 커플을 살펴보았다. 우리는 지금까지 멋진 것을 보았다. 우리가 지금까지 본 것이 우리의 경험이 될 수도 있다. 우리가 하나님의 방식대로 로맨스를 이루어간다면 말이다.

결혼이 건강하고 활기차기 위해서는 다음 다섯 가지 요소에 끊임없이 관심을 기울여야 한다. (1) 의사소통과, (2) 재정 문제, (3) 섹스, (4) 자녀, (5) 인척 관계 등이 그것이다. 만약 뒤의 네 가지 가운데 어떤 것이든 문제가 생긴다면 기억해두라. 의사소통이 깨져 있는 것이다. 평생을 동행하는 데는 대화가 필요하다. 그것도 정기적으로 말이다. 우리가 결혼 생활에 성공하려면 심각한 대화에서부터 일상적인 잡담에 이르기까지 말로 연결되어야 한다. 칭찬의 말은 '좋은 관계'의 필수적인 요소가 될 것이다. 어느 현자는 그것을 이렇게 적절히 표현했다. "연애는 남자가 무의미하지만 달콤한 말을 속삭일 때 시작되고, 달콤한 말을 전혀 하지 않을 때 끝이 난다."

■ **실제적인 원리와 적용**

- 당신의 배우자를 독특하고 특별한 존재로 칭찬하는 것은 그 또는 그녀의 열등감과 불안감에 대한 놀라운 치유책이다(1:9-11, 14).
- 보석은 한 개인의 외모를 반감시키는 것이 아니라 돋보이게 하는 것이어야 한다(1:10-11).
- 작은 것들이 관계에서는 큰 의미를 지닐 수 있다(1:10-11).
- 말로 배우자를 칭찬하는 것은 종종 그 또는 그녀에 대한 다른 사람들의 의견에 영향을 미치게 될 것이다(1:11).
- 우리는 사랑하는 사람을 생각만 해도 정신적, 육감적 즐거움이 충만해질 수 있도록 노력해

야 한다(1:12-14).

• 배우자에 대한 사랑을 표현하는 데 모든 감각이 동원되어야 한다(1:9-14).

▣ 요약

• 사랑은 말로 표현해야 한다(1:9).

• 사랑은 유형적으로 나타나야 한다(1:10-11).

• 사랑은 하나님이 우리에게 주신 배우자를 소중히 여기고, 보호하며, 열애하는 것이어야 한다. 당신 삶에서 그 누구도 그 또는 그녀와 비교될 수 없다는 사실을 전달하라(1:9, 12-14).

삶의 적용

혼전 조사표

함께 대답해야 할 기본 사항:

얼마나 오랫동안 서로를 알아왔습니까? ______________________

약혼한 지는 얼마나 되었습니까? ______________________

주거 문제는 어떻게 계획하고 있습니까?

□ 주택 임차? □ 주택 구입? □ 친지와의 동거?

교회에 출석하고 있습니까? ______________________

만약 그렇다면, 어느 교회입니까? ______________________

얼마나 자주 출석하고 있습니까? ____________________

함께 출석하고 있습니까? ____________________

그 상태를 계속 유지할 계획입니까? ____________________

가정 예배를 계획하고 있습니까? ____________________

만약 그렇다면, 언제입니까? ____________________

서로의 이상과, 목표와, 평생의 일에 대해 의논해본 적이 있습니까? __________

그 부분에 대해 생각이 일치합니까? ____________________

성경을 읽고 있습니까? □ 매일? □ 함께?

의견 차이와 논쟁이 일어날 때 어떻게 해결할 계획입니까? ____________

신랑:

당신은 약혼녀의 어떤 매력에 끌렸습니까? ____________________

당신이 그녀에게서 발견하는 가장 중요한 자질 세 가지는 무엇입니까?

1. ____
2. ____
3. ____

당신이 아내에게서 발견하고 싶은 가장 중요한 자질 세 가지는 무엇입니까?

1. ____
2. ____

3. ____

남편은 집안에서 아내를 돕기 위해 얼마나 많은 일을 해야 한다고 생각하십니까?

____

당신은 구체적으로 어떤 계획을 갖고 있습니까?

____

결혼을 준비하는 데 있어 당신이 지금까지 성관계에 대해 알고 있는 지식의 출처는 무엇이었습니까?

□ 부모 □ 서적 □ 학교 □ 형제자매 □ 교회(목사) □ 친구

당신과 예수 그리스도와의 관계는 어떻습니까? 그분이 당신의 삶에 어떤 의미를 지니고 있습니까?

____

당신은 지금 죽으면 천국에 갈 확신이 있습니까?

____

그 이유는 무엇입니까?

____

신부:

당신은 약혼자의 어떤 매력에 끌렸습니까? ____________________

당신이 그에게서 발견하는 가장 중요한 자질 세 가지는 무엇입니까?

1. ____________________

2. ____________________

3. ____________________

당신이 남편에게서 발견하고 싶은 가장 중요한 자질 세 가지는 무엇입니까?

1. ____________________

2. ____________________

3. ____________________

당신은 직장을 바라고 있습니까, 아니면 전업 주부를 바라고 있습니까?

____

결혼을 준비하는 데 있어 당신이 지금까지 성관계에 대해 알고 있는 지식의 출처는 무엇이었습니까?

□ 부모 □ 서적 □ 학교 □ 형제자매 □ 교회(목사) □ 친구

당신은 데이트로 얼마나 많은 밤을 외출할 것으로 기대합니까?

____

어떤 종류의 오락이 남편과 아내가 즐기기에 적절하다고 생각하십니까?

____

몇 명이 이상적인 자녀 수라고 생각하십니까?
당신 경우에는 어떻습니까?

____

당신과 예수 그리스도와의 관계는 어떻습니까? 그분이 당신의 삶에 어떤 의미를 지

니고 있습니까?

____

당신은 지금 죽으면 천국에 갈 확신이 있습니까?

____

그 이유는 무엇입니까?

____

기도

하나님 아버지, 말은 참으로 강력한 무기입니다. 그런데 좋든 나쁘든 그 영향력을 잊어버릴 때가 가끔 있습니다. 당신의 말씀이 혀를 길들이기가 얼마나 어려운지 가르쳐 주시지만, 주님 제 혀도 통제되어야 합니다. 당신에 의해 제어되어야 합니다. 제 혀가 제 마음과 연결되어 있다는 사실을 잊지 않게 도와주십시오. 제 마음에 있는 것이 결국 입을 통해 나오게 된다는 사실을 기억하게 해주십시오. 저를 당신의 성령과, 사랑과, 지혜로 채워주십시오. 제가 저주하지 않고 축복하는 말을, 상처 주지 않고 도와주는 말을 하게 해주십시오. 당신이 제 삶의 주인이듯이, 제 혀의 주인도 되어주십시오. 예수님의 이름으로 기도합니다. 아멘.

심층 연구

A. 엔게디

엔게디(En Gedi)는 문자적으로 '새끼 염소에 적당한 장소'를 의미한다. 그것은 예루살렘으로부터 남동쪽으로 약 56킬로미터 정도 떨어진 사해 서안의 주요 오아시스였다. 이스라엘에서 유일한 자연 폭포가 엔게디에 위치해 있다. 엔게디의 샘물은 풍부한 편이고, 식생은 아열대다. 성경과 성경 외적 자료가 모두 엔게디를 질 좋은 대추야자 열매와 향수에 사용되는 방향성 식물(1:14), 약용 식물 등의 출처로 묘사하고 있다. 그곳은 향수에 사용되는 중요한 식물이자 그 지역의 주요 소득원인 발삼(balsam)의 주요 산지였다. 엔게디는 사해 동안에서부터 남쪽으로 내려와 엔게디의 서쪽에 이르는 대상들의 교역로 상에 놓여 있었던 것으로 보인다.

아브라함 시대에 하사손다말(대하 20:2)이라고도 불렀던 엔게디는 아모리 족속의 거주지였다가 그돌라오멜에 의해 복속되었다(창 14:7). 지파별로 땅을 분할할 때는 유다에게 할당되었다(수 15:62). 다윗은 사울로부터 도피하고 있을 때, 엔게디 지역에 들어가 숨었다(삼상 23:29). 사울이 엔게디 근처의 어느 동굴에 있을 때는 다윗이 사울의 옷자락을 베기만 하고 그의 목숨을 살려준 일도 있었다(삼상 24장).

B. 몰약

몰약은 고대 근동 지역에서 다양한 용도로 사용되던 향기 나는 수지(樹脂)였다. 그것은 향료와 함께 거래되었고(창 37:25), 관유를 만드는 재료로 사용되었으며(출 30:23), 향수로도 쓰였고(에 2:12, 아 1:13), 방취를 위해 옷 속에 두었으며(시 45:8), 선물로 주어졌고(마 2:11), 예수님의 시체를 방부 처리하는 데 사용되었다(요 19:39).

본문에서는 술람미 여인의 젖가슴 사이에 있는 작은 주머니가 달콤한 향기를 풍기는 몰약을 담고 있었다. 그 지역의 굉장한 열기로 인해 그녀는 자연히 땀을 흘렸을 것이고, 그것이 몰약을 녹여 은은한 향기를 풍겼을 것이다. 그녀의 젖가슴 사이에 놓인 몰약은 솔로몬이 그녀의 마음속에서 차지하고 있는 특별한 자리를 말하는 것이기도 하다.

C. 병거

병거는 나무와 가죽으로 만들고 보통은 말이 끄는 이륜 운반 기구였다. 주전 3000년 전에는 메소포타미아 지역에서 널리 사용되었고, 주전 1800-1600년경에는 힉소스(Hyksos)인들에 의해 가나안과 이집트에 전해졌다. 병거의 주요 기능은 전사가 올라타고 전투를 수행하는 것이었다. 또한 사냥과, 고관 수송, 국가 행사, 종교 의식 등에도 사용되었다.

성경에 처음으로 언급된 것은 애굽의 병거였다(창 41:43, 46:29, 50:9). 블레셋 족속의 철병거는 금속판으로 보강되어 이스라엘의 병거보다 군사적으로 더 강력했다(삿 1:19, 4:3, 13-17, 삼상 13:5-7).

병거는 솔로몬의 군대와 상거래에 중요한 부분이었다(왕상 4:26, 9:15-19, 10:28-29). 아합 통치하의 이스라엘의 군사력은 동원할 수 있는 병거의 수로 인해 주목할 만했다. 앗시리아의 기록에 따르면, 아합은 주전 853년 칼카르(Qarqar) 전투에 2,000대의 병거를 투입했다.

교안

A. 들어가는 글: '축복의 선물' 이야기로 시작하라.

B. 본문 이해

1. 당신의 칭찬은 구체적이어야 한다(1:9-10)
   a. 그녀가 특별하다고 말해주라.

b. 그녀가 아름답다고 말해주라.

2. 당신의 칭찬은 희생적이어야 한다(1:11)

a. 구체적이 되라.

b. 진실하라.

3. 당신의 칭찬은 육감적이어야 한다(1:12-14)

a. 욕망은 사랑에 의해 알려진다.

b. 욕망은 충실함에 의해 알려진다.

c. 욕망은 갈망에 의해 알려진다.

C. 결론: '건강한 로맨스를 위해서는 친절과 존경이 필요하다' 를 읽어주라.

토의 질문

부부 친밀도 테스트

(각각의 질문에 대해 빈번하다는 4, 충분히 자주는 3, 충분치 않다는 2, 드물다는 1, 전혀 없다는 0으로 대답하라.)

얼마나 자주 서로에게 애정을 보이는가? __________

얼마나 자주 서로의 농담에 소리내어 웃는가? __________

얼마나 자주 서로에게 다정한 말을 건네는가? __________

얼마나 자주 다른 사람들 앞에서 배우자를 칭찬하는가? __________

얼마나 자주 성관계를 즐기는가? __________

얼마나 자주 서로에게 장난을 치는가? __________

얼마나 자주 대화하면서 서로의 눈을 쳐다보는가? __________

얼마나 자주 서로에게 깜짝 이벤트를 제공하는가? __________

얼마나 자주 "부탁해요"라고 말하는가? ________________

얼마나 자주 "미안해요"라고 말하는가? ________________

(당신의 점수를 모두 더해 10으로 나누라. 당신이 학교 다닐 때처럼 4.0 만점의 점수를 얻게 될 것이다.)

아가 1:15-2:7

사랑의 불꽃을 돋우라

"인간이라는 존재의 중심에는 또 다른 사람과 친밀해지고 사랑받고 싶은 욕망이 자리잡고 있다."

- 게리 채프먼(Gary Chapman)

사랑의 불꽃을 돋우기 위해서는 서로에 대한 칭찬과 바람이 분명하게 그리고 반복적으로 표현되어야 한다.

들어가는 글

결혼은 사라지고 가벼운 섹스와 낮은 수준의 헌신이 확산된다

〈로이터 뉴스 서비스(Reuters' News Service)〉는 2000년 6월 6일자에 이렇게 보도했다.

> 로맨스와 결혼은 사라지는 반면, 가벼운 섹스와 낮은 헌신의 관계가 미국의 젊은이들 사이에 확산되고 있다고 연구 조사자들이 말했다.
>
> 러트거스 대학(Rutgers University)의 결혼 문제 연구소(National Marriage Project)에 의해 실시된 한 연구는 20대의 젊은 남녀들이 그 전 세대들과는 달리 데이트할 때 결혼 상대자를 찾는 데 관심이 없다는 사실을 발견했다. 대신에 그들은 "조건 없는 섹스(Sex Without Strings)와 반지 없는 관계(Relationships Without Rings)" 에 더 많은 관심을 보인다.
>
> "오늘날의 독신자들의 상황은 결혼 지향적이지도 않고, 과거만큼 로맨틱한 사랑에 헌신적이지도 않다"고 뉴저지 러트거스 대학의 사회학 교수이자 결혼 문제 연구소 공동 책임자인 데이빗 포피노(David Popenoe)는 말했다.
>
> 물론 오늘날의 미국 젊은이들이 1960년대에 존재했던 것 같은 '자유 연애(free love)' 라는 개념을 만들어내지는 않았다. 그 차이는 오늘날의 젊은이들이 과거 세대보다 경제적, 성적 자기 만족에 더 많은 관심을 보인다는 점이다.
>
> 미국의 요즘 젊은이들은 즐기는 것과 돈 버는 것에 더 많은 관심을 가지고 있는 반면, 결혼으로 이어지는 지속적인 관계를 형성하는 것과 가족을 부양하는 것에는 관심을 덜 기울인다.
>
> 그 보고서는 미국의 젊은이들이 (1) 동거하는 것을 결혼을 위한 테스트나 결혼에 대한 대안으로 선호하고, (2) 섹스는 즐기기 위한 것이므로 아무런 조건도 필요없다고 생각하며, (3) 이혼에 대한 두려움을 갖고 있고, (4) 결혼(그리고 이혼)을 잠

재적인 경제적 부채로 간주한다고 말했다.

하지만 이상하게도 그 연구에 참여했던 젊은 남녀 대부분이 언젠가는 그들의 감정적, 정신적 필요를 만족시켜줄 누군가를 만나 결혼하게 될 것이라고 예상했다.

문제는 그들이 현재 보이고 있는 욕심 많은 짝짓기 습성(mating habits)이 그 목표의 성취로 쉽게 이어지지 않는다는 데 있다고 연구 조사자들은 말했다. 바바라 데포 화이트헤드(Barbara Dafoe Whitehead)는 그 연구에 참여한 사람들이 그들 부모의 높은 이혼율 때문에 서로 지속적인 관계를 맺는 것을 기대하지 않는다고 말했다. 대신에 그들은 자기 자신에게 더 많이 초점을 맞추었다.

그 연구에 참여한 20대 초반의 남녀들은 유사한 짝짓기 습성과 목표를 공유하고 있는 반면, 20대 후반으로 갈수록 남성보다 훨씬 더 많은 여성이 헌신적인 관계를 원했다. 그러나 여성들도 유망한 배우자들의 집단과 배우자를 찾을 가능성에 대해 점점 더 관심을 잃어가고 있었다.

화이트헤드는 이렇게 말했다. "우리는 로맨틱한 사랑과 연애가 전혀 새로운 무언가에 길을 내주고 있음을 의미하는 엄청난 변화를 보고 있는 것인지도 모른다. 혹은 우리가 문화적 어리석음의 시대에 살고 있는 것일 수도 있다."

오늘날의 짝짓기와 결혼 세태를 보여주는 얼마나 비극적이고 현실적인 그림인가. 하지만 〈워싱턴포스트(2000.9.11)〉의 아이리스 크래스노우(Iris Krasnow)는 HBO의 대히트작 〈섹스 앤 더 시티(Sex and the City)〉에 대한 논평을 통해 그 모든 것을 균형 잡힌 시각으로 이해하는 데 도움을 준다. "싱글로 지내면서도 더블을 바라본다(Being Single, Seeing Double)"라는 제목의 기사에서 그녀는 이렇게 적고 있다.

나는 지금 HBO의 〈섹스 앤 더 시티〉의 빛나는 네 스타를 찍어놓은 〈타임(Time)〉지 최신호의 표지를 보고 있다. 그들은 내가 지금까지 만나 본 어떤 사람보다도 더 지저분하게 이야기하고 섹스를 더 많이 하는 여자들이다. 앞줄 중앙에 완벽하게 밝은 색으로 염색된 곱슬머리가 헝클어진 상태로, 어깨끈이 없는 가슴까지 파인 흰색 드레스를 입은 여인이 바로 사라 제시카 파커(Sarah Jessica Parker)다. 도톰해 보이는 그녀의 입술은 윤기가 나고 각도에 따라 색이 달라 보이는 자줏빛이다. 고양이의 녹색 눈을 연상시키는 그녀의 눈빛은 "나를 지금 가지세요" 라고 말한다.

여기저기 배회하며 저녁 시간을 즐기기 위해 차려 입은 그 여인들은 "짝을 낚아채는 방법(How to Snag a Mate)" 이라는 제목의 기사에 어울리는 표지 모델처럼 보인다. 〈섹스 앤 더 시티〉의 고혹적인 네 주인공들은 "점점 더 많은 여성들이 결혼을 거부하고 독신 생활을 받아들이고 있다. 그들이 행복할까?" 라는 질문으로 규정되는 요즘의 추세를 지적하듯, "누가 남편을 필요로 하는가?" 라는 이야기의 예고편을 보여준다.

머리에 떠오르는 첫 단어들 가운데 행복은 없다. 그들은 분명 외관상 근사해 보이지만, 내면으로부터의 참된 기쁨을 발산하지 못한다. 너무 오랫동안 너무 많이 데이트해온 독신 여성이라면 누구나 그 이유를 말해줄 수 있다. 도시에서의 섹스는 한순간은 좋은 것 같지만, 오래 지속되는 만족을 가져다주는 티켓은 결코 아니다. 대부분의 미국인들이 여전히 결혼하기를 선택하는 데는 예부터 전해 내려오는 그럴 만한 이유가 있다. 독신은 외롭다. 인간은 장기간의 교분을 필요로 한다.

대부분의 여성은 회전목마를 타듯이 쉴 새 없이 파트너를 바꾸는 교제를 원치 않는다. 그들은 탈색한 머리의 매력적인 금발 뒤에 감춰져 있는 존재의 본질을 들여다볼 줄 아는 파트너를 찾고 싶어한다. 대부분의 여성은 이따금 다리 털 면도를 건너뛰어도 자기 남성의 눈에는 여전히 아름답다고 느낄 수 있기를 원한다.

요점은 남성과 여성 모두 정말로 중요한 깊은 내면은 변하지 않았다는 것이다. 우리 모두는 단 한 명도 예외 없이 사랑을 찾고 있다. 오래오래 지속될 사랑을 찾고 있다. 하지만 우리가 일단 그것을 찾는다면, 어떻게 평생 동안 유지할 것인가? 솔로몬은 "사랑의 불꽃을 돋움으로써" 라고 말했을 것이다.

하나님의 말씀은 오래오래 지속되는 사랑, 다시 말해 날마다 그 불꽃을 돋우어 열정적으로 타오르게 할 필요가 있는 사랑에 관심이 많다. 그런 사랑이 어떻게 성취될 것인가? 우리는 아가 1장 15절- 2장 7절에서 세 가지 유용한 제안을 발견하게 된다. (1) 당신의 배우자를 칭찬하라. (2) 그들의 공급을 널리 알려라. (3) 정열을 위해 준비하라.

본문 이해

사랑의 불꽃을 돋우라

Main Idea	배우자에 대한 칭찬과 바람은 그 또는 그녀가 이해하고 음미할 수 있도록 분명하고 정확한 언어로 표현해야 한다.

A. 당신의 배우자를 칭찬하라(1:15-2:2)

Supporting Idea	당신의 배우자의 매력과, 사려 깊음과, 독특함을 공언하라.

배우자를 칭찬하는 것은 아가서에서 계속 되풀이되는 주제다. 그것이 건강한 결혼의 필수 요소이기 때문이다. 우리는 계속해서 남자가 자기 여자를 칭찬하고, 여자가 자기 남자를 칭찬하는 것을 보게 된다. 정중하고 친절한 말로 이루어지는 의사소통은 오래 지속되는 사랑의 관계를 얻고 구축할 수 있는 화폐다. 우리는 앞서 배우자에게 그리고 배우자에 대해 긍정적인 말을 할 때 생겨나는 축복들을 열거한 바 있다. 어쩌면 마음이 불편해질지도 모르지만, 우리가 말해서는 안 되는 것들을 일부 살펴보는 것도 도움이 될 것이다.

스티브 스티븐스는 그런 면에서 큰 도움이 된다.

> 당신이 사랑하는 사람과 불건전한 커뮤니케이션을 갖는 것만큼 고통스러운 일은 없다. 우리가 연결되고, 우리의 영혼이 맞닿는 것은 바로 커뮤니케이션을 통해서다. 만약 그 연결 부분이 오염된다면, 전체 관계가 망가지는 것은 시간 문제일 것이다. 의사소통의 과정에서는 [때때로] 말해야 하는 것보다 말하지 말아야 할 것을 아는 것이 지혜가 필요하다.
>
> 그래서 나는 몇몇 가까운 친구들을 불러 모아 배우자에게 무엇을 말하지 말아야 하는지에 대해 물어보았다. 다음은 그들이 대답한 내용이다.

- "내가 그렇게 말했잖아요."
- "당신은 정말 꼭 당신 어머니 같아요.
- "당신은 항상 기분이 안 좋아 보여요."
- "당신은 전혀 신경 안 쓰잖아요."
- "그건 당신 잘못이에요."
- "당신, 도대체 왜 그래요?"
- "당신은 모든 게 다 불만이잖아요."
- "도대체 당신을 기쁘게 해줄 방법이 없군요."
- "당신이 한 대로 받는 거죠."
- "도대체 왜 내 말을 듣지 않는 거예요?"
- "좀 더 책임감 있게 할 수 없어요?"
- "도대체 무슨 생각을 하고 있었던 거예요?"
- "당신은 구제불능이에요."
- "내가 왜 당신을 참고 사는지 모르겠어요."
- "내가 당신한테 얼굴이 새파랗게 질릴 정도로 얘기할 수도 있지만, 그게 아무 소용없잖아요."
- "내가 원하는 대로 할 거예요."
- "싫으면, 그냥 상관하지 말아요."
- "뭐든지 좀 제대로 할 수 없어요?"
- "그건 멍청한 짓이었어요."
- "당신은 항상 자기 생각만 해."
- "날 사랑한다면서 그것도 못 해줘요."
- "당신은 정말 어린애 같아."
- "당신이 먼저 그랬잖아요."
- "당신도 한번 똑같이 당해보세요."
- "도대체 뭐가 문제예요?"
- "당신을 정말 이해할 수 없어요."
- "언제나 그렇게 당신만 옳아야 하는 거예요?"

(“27 Things Not to Say to Your Spouse”, 「Stories for the Heart」, 175-176).

솔로몬과 술람미 여인은 둘 다 말의 중요성을 알고 있었다. 두 사람 모두 사랑의 불꽃을 돋우는 데 관심이 많았다. 그들은 누가 상대방을 ‘더 높이고(outpraise)’ ‘더 칭찬할(outcompliment)’ 수 있는지 알아보기 위해 그들의 시합을 계속한다. 그들의 칭찬 가운데 특히 어떤 부분이 우리에게 도전이 되는가?

1. 그 또는 그녀의 매력을 칭찬하라.

1:15. 솔로몬은 자기 신부에게 내 사랑아, 너는 어여쁘고 어여쁘다라고 말했다. ‘내 사랑’ 은 ‘여보’ 로 해석될 수도 있다. 솔로몬이 그녀의 외모를 칭찬한 것이 이번이 처음은 아니다. 아마도 한 번으로 충분치 않았을 것이다.

솔로몬은 또 술람미 여인에게 네 눈이 비둘기 같구나라고 말했다. “아름다운 눈은 한 여인에게 있어 완벽함의 보증이었다(비교. 창 29:17의 라헬과 레아). 랍비의 전통은 아름다운 눈을 아름다운 인품과 동일시한다”(Carr, 86). 솔로몬은 그녀의 두 눈을 들여다보면서 얌전함과, 차분함과, 순결함과, 소박함을 보았다. 그녀의 눈은 내면이 기쁨으로 밝게 빛나는 여인의 생생한 증거였다. 우리의 눈은 매우 중요한 의사소통의 수단이다. 말을 제외하고는 가장 중요하고 효과적인 의사소통 수단인 것이다.

우리가 텍사스의 달라스에서 살고 있을 때, 한 심술궂은 여인이 우리 교회에 출석하고 있었다. 나는 종종 반농담조로 달라스에 보름달이 뜨는 어느 날 밤, 그녀가 빗자루를 타고 도시를 선회하는 모습을 볼 수 있을 것이라고 말하곤 했다. 그러던 어느 주일 우리는 예배 후에 그 여인과 최대한 친절하게 말하면서 대화를 끝마친 다음, 집으로 가기 위해 밴에 올라탔다. 샬럿과 나는 네 아들이 있고, 그 중 첫째와 둘째는 쌍둥이다. 그 쌍둥이(아마도 당시 여덟 살이나 아홉 살쯤 되었을 것이다) 가운데 하나가 미리 차에 타고 있다가 우리가 막 출발하려고 하자 이렇게 말했다. “아빠, 엄마하고 아빠가 대화하던 그 여자를 아세요? 그 여자 무서워요.” “나도 무섭단다!”라는 말이 목구멍까지 올라왔지만, 간신히 참고 다른 아빠들처럼 점잖게 말했다. “오, 그래? 그녀가 왜 무서울까?” 그 아이의 대답이 이랬다. “얼굴은 미소짓지만, 정말 심술궂은 눈을 갖고 있어요.”

눈은 때때로 우리의 말보다 더 크게 말한다. 술람미 여인은 그저 얼굴로만 미소짓고 있었던 것이 아니다. 그녀의 눈도 미소짓고 있었다. 솔로몬은 그녀의 매력과 외적 아름다움뿐만 아니라 그녀의 내적 아름다움에도 사로잡혀 감탄하고 있었던 것이다. 무엇보다도 눈은 마음의 창이 아닌가.

1:16. 술람미 여인은 이제 자기 남자의 찬사에 보답한다. 그것은 기꺼이 그리고 솔직하게 표현되었다. **나의 사랑하는 자야, 너는 어여쁘고 화창하다.** '어여쁘다(handsome)'라는 단어는 15절에서 '어여쁘다(beautiful)' 라고 해석된 히브리어와 동일한 단어다. 남성형이라는 점만 제외하고 말이다. "그 단어는 아가서에 14번 등장하지만, 남성형으로 쓰인 것은 오직 이번뿐이다"(Carr, 86).

그녀의 칭찬의 말 속에 강렬함이 있다. 그녀는 계속해서 그가 **화창하다**(charming) 혹은 '유쾌하다(pleasant)' 고 말했다. 솔로몬은 그녀의 영혼을 진정시켜주었다. 그녀를 안심시켜주었고, 그녀의 마음을 평온하게 만들어주었다. 15절에 언급된 그의 친절한 말은 사려 깊은 것이었다. 그 말은 그녀에게 필요한 시점에 전달됨으로 인해 그녀의 심금을 울렸다. 그런 말은 중요하다. 그 말의 배후에 있는 남자는 필수적이다. 여자는 그녀의 개인적, 감정적 필요를 이해하고 존중하는 남자에게 감동한다. 그녀는 대화하는 남자, 다시 말해 의사소통이 되는 남자를 사랑한다. 여자는 "당신은 내가 가장 사랑하는 사람이야"라고 남성답게 열정적으로 말해주는 남자에게 끌린다. 그녀는 자신을 그런 식으로 대해주는 남자에게 열과 성의를 다해 반응할 것이다.

1:17. 술람미 여인은 계속해서 "우리의 침상은 푸르고(our bed is verdant)" (16절)라고 지적함으로써 솔로몬에 대한 칭찬을 이어갔다. **우리 집은 백향목 들보, 잣나무 석가래로구나**(The beams of our house are cedars, our rafters are firs). '우리의(our)' 라는 단어가 세 번이나 등장한다. 그들의 보금자리를 준비하는 그의 사려 깊음이 안정감의 원천이었다. 그녀의 두 눈이 차분함과 평온함을 말해주었던 것은 놀랄 일이 아니다. 존 스네이스(John Snaith)는 흥미롭게 주석을 달았다. "아모스 6장 4절의 '침상' 은 특별히 연회에 사용되는 멋지고 화려한 침상을 말한다. 따라서 여기에 언급된 침상도 결코 낡은 침상이 아니다"(Snaith, 25).

사려 깊음은 솔로몬의 든든하고 견실한(심지어 왕실에 속한) 보금자리를 공급했다. 그들의 가정은 안전하고 안정적일 것이다. 그것이 바로 하나님이 한 남자에게 기대하시는 책임이다. 그들의 가정은 성적이고 육감적일 것이다. "우리의 침상은 무성한 잎으로 뒤덮여 있고" (16절, HCSB). 그것은 생기가 넘치고, 신선하며, 풍성한 결실을 맺는다. 그들의 가정은 또 활동과 성장의 장소가 될 것이다. 그것이 바로 하나님이 부부의 잠자리에서 좋은 것이라고 말씀하시는 정열적인 섹스에 도움이 되는 환경이다. 솔로몬은 결코 무감각한 남성이 아니었고, 술람미 여인은 그의 사려 깊음을 제대로 이해하고 인정했던 것이다.

2. 그 또는 그녀의 독특함을 확인하라.

2:1-2. 술람미 여인은 스스로를 사론의 수선화요 골짜기의 백합화로 보았다. 그러자 솔로몬이 덧붙였다. 여자들 중에 내 사랑은 가시나무 가운데 백합화 같구나. 이 여인은 솔로몬에게 매우 독특하고, 희귀하며, 특별했던 것이다. 그의 말은 그녀의 마음과 자존감을 새로운 수준으로 끌어올렸다. "사론의 수선화"는 좀 더 정확히 표현해서 "골짜기의 가을 야생화" (Patterson, 45)이다. 사론(Sharon)은 갈멜 산에서 이집트 경계까지 펼쳐져 있는 해안의 낮은 평원 지대로 야생화가 무성하게 자라는 곳이었다. "골짜기의 백합화"는 여섯 개의 잎사귀와 여섯 개의 꽃잎으로 이루어진 사랑스런 하얀 꽃을 언급하는 것일지도 모른다. "이 꽃은 특히 결혼식과 관련되어 있다" (Patterson, 45).

술람미 여인은 솔로몬의 칭찬 때문에 스스로를 아름다운 야생화로 보았다. 어떤 정원사에게도 길들여지지 않은 자유로운 들꽃 말이다. 그녀는 독특했다. 그녀는 유일무이하게 솔로몬의 것이었다. 그녀는 자연스런 아름다움과 자기 남자에 대한 자연스런 욕망을 지니고 있었다. 아무도 그 따지 않은 꽃을 기르지 않았다. 그것은 그녀의 남편, 다시 말해 솔로몬에게만 유보된 임무요, 특권이었던 것이다.

가시나무 가운데 백합화라는 솔로몬의 언급은 독특함의 이미지를 강화해줄 뿐이다. 술람미 여인은 단지 많은 꽃 사이에 있는 하나의 꽃이 아니었다. 그녀는 가시덤불 가운데 핀 아름다운 야생화 백합이었다. 그녀는 꽃이었고, 다른 모든 여인은 가시덤불이었다. 비교해서 말하자면, 다른 여인들은 고통을 가져다주는 전혀 탐탁지 않은 존재였다. 그녀만이 그의 사랑이었다. 그녀는 온통 가시덤불로 뒤덮인 세상에서 유일한 꽃과 같은 존재였다. 그런 칭찬이 다른 여인들로 하여금 그에게 박수갈채를 보내게 만들지는 않았을 것이다. 하지만 그것은 그의 사랑이 그를 흠모하게 만들었을 것이다. 그에게 있어서는 그녀와 같은 또 다른 여인이 있을 수 없었다. 이것이 바로 사랑의 불꽃을 돋우는 방법이다.

B. 그들의 기여를 공언하라(2:3)

Supporting Idea	당신이 배우자로부터 얻는 보호와 기쁨을 다른 사람들이 알게 하라.

2:3. 3절은 구체적이고 육감적이다. 사랑의 열정이 전속력을 내고 있다. 솔로몬은 지금까지 술람미 여인이 자신에게 가져다주는 몇 가지 참된 기쁨과 그녀가 자신의 삶에서 유일한 여인이라는 사실을 그녀에게 말해주었다. 그녀가 그들의 관계 속에서 느끼는 확신은 그녀를 해방시켜 훨씬 더 무조건적으로 그녀 자신을 내어주게 만든다. 솔로몬은 지금까지 로맨틱한 분위기를 만들어왔다. 그는 자기 신부의 긍정적인 특징과 재능에 초점을 맞춤으로써 그녀의 기분을 북돋아주었다. 그녀의 반응은 경외감 그 자체다.

1. 그들이 당신을 어떻게 보호해주는지 다른 사람들에게 말하라.

숲 속의 살구나무나 사과나무는 당신이 발견하기를 기대하지 못할 만큼 드문 것이다. 그것은 물론 맛이 달콤하고 필요한 영양분을 공급해줄 것이다. 솔로몬은 그녀가 가시나무 같은 여자들 사이에 있는 꽃 같은 여인이라고 말했다. 술람미 여인은 솔로몬이 흔한 나무들 사이에 있는 특별한 나무라고 말했다. 그를 발견하는 것은 그녀에게 큰 기쁨을 가져다주었고, 그녀는 그의 그늘 속에 앉아 있기로 마음먹었다. 그녀는 그를 즐거워했다. 그로부터 위로와 보호를 받았던 것이다. 그것은 오직 그만이 해줄 수 있는 것이었고, 과거에는 결코 경험해보지 못한 것이었다. "나는 결코 사랑을 알지 못했는데, 당신이 내게 찾아왔어요"라는 노랫말이 술람미 여인의 마음의 노래였을 것이다.

2. 그들이 당신을 어떻게 기쁘게 해주는지 다른 사람들에게 말하라.

사과는 일부 고대 사람들에게 육감적이고 에로틱한 특징을 지니고 있다고 여겨졌다. 술람미 여인은 솔로몬의 그늘 아래서, 다시 말해 그의 빈틈없는 돌봄 속에서 안정되고 안전했다. 그녀는 이제 육체적 친밀함을 갈망했다. 사랑의 행위와 성적 결합을 간절히 바랐다. 그녀는 꾸밈없이 말했다. 그 실과는 내 입에 달았구나. 그 어투는 순결하고 적절하다. 음란하거나 도를 넘은 것이 아니다. 매우 암시적이고 에로틱하다. "나는 그 사람 안에서 발견하는 것들을 좋아합니다. 맛보고, 냄새 맡고, 느끼는 것들이 달콤하여 그는 나로 하여금 점점 더 많은 것을 원하게 만듭니다." 로맨스는 참으로 성적 결합을 위해 우리를 준비시키는 환경이다. 그들은 결혼 첫날밤을 고대하고 있었기 때문에(4:1-5:1), 정열의 불꽃이 억제되면서도 활활 타오르고 있었다.

C. 열정을 위해 준비하라(2:4-7)

Supporting Idea 사랑을 재촉하지 말라. 시간을 주라.

이 구절들은 로맨스의 주제를 계속 이어간다. 흥미롭게도 격려와 경고가 모두 존재한다. 섹스는 강력한 선물이다. 취하게 만드는 성질을 가지고 있다. 좋든 나쁘든 놀라운 잠재력을 지니고 있다. 세울 수도 있고 무너뜨릴 수도 있으며, 기쁘게 할 수도 있고 파괴할 수도 있다. 솔로몬은 최대한의 섹스와, 최대한의 안전과, 최대한의 만족을 보장하기 위해 우리에게 몇 가지 추가적인 지침을 제공한다. 그것이 바로 하나님이 태초부터 계획하셨던 아주 멋진 섹스다.

1. 적절한 장소에서 사랑을 하라.

2:4. 그 남자는 자기 신부를 잔칫집으로 데려갔다. 문자적으로는 '포도주의 집(the house of wine)' 이다. 이 장면은 결혼 초야의 잠자리를 예견한다. 사랑을 자극할 정도로 매우 아름다운 널따란 포도원이 보이는 곳인지도 모른다. 여하튼 그곳은 그들만을 위해 독점적으로 할애된 장소일 것이다. 포도주의 이미지는 그들이 도취되어 나누게 될 달콤한 사랑을 다시 한 번 말해준다.

2. 올바른 헌신으로 사랑을 하라.

그 사랑이 내 위에 기로구나라는 문구는 그녀의 사랑하는 자의 보호적인 사랑과, 그가 그녀를 데려갔던 안전한 장소를 말한다. 그것은 또 솔로몬 왕이 그녀에게 품었던 사랑이 모든 사람에게 분명했다는 사실을 증명한다. 솔로몬은 그녀에게 사적으로 이야기한 것을 공적으로 부인하지 않았다. 그는 단 둘이 있을 때는 따뜻하고 친절하면서 다른 사람들과 함께 있을 때는 차갑고 냉소적이지 않았다. 솔로몬은 그녀에 대한 자신의 사랑을 부끄러워하지 않았다. 그는 모두가 보는 것을 기뻐했다. 그녀가 그의 사랑을 점점 더 확신하는 것은 놀랄 일이 아니다.

로이드 카아는 어려운 것이 분명해 보이는 이 부분의 히브리 원문을 일부 학자들이 훨씬 더 두드러지게 육감적으로 해석한다고 주석을 달고 있다. "그리고 나에 대한 그의 바람은 사랑 행위를 하는 것(love-making)이었다." 혹은 좀 더 간략히 표현하자면, "그의 의도는 사랑 행위를 하는 것이었다"(로이드 카아, 91). 솔로몬은 그녀를 원했고, 그녀 역시 그를 원했다. 그들은 딱 맞는 파트너였다. 그들은 올바른 열정을 지니고 있었고, 적절한 장소를 가지고 있었다. 그러나 아직은 필수적인 요소가 모두 갖추어지지 않았다.

3. 적절한 방식으로 사랑을 하라.

2:5. 술람미 여인은 자신이 성대한 연회 한가운데 있다고 말했다. 그녀는 그들의 사랑 행위에 대해 생각하고 있었던 것이다. 그녀의 마음은 곧 다가올 결혼의 기쁨에 넋을 잃고 있었다. 성경은 우리가 자신의 배우자를 즐거워해야 하며, 우리가 그렇게 할 때 하나님이 미소지으신다고 가르친다. 술람미 여인은 그 순간의 격정에 너무 압도된 나머지 현기증을 느꼈다. "내가 상사병에 걸렸으므로(For I am lovesick, NKJV)"는 NIV 영어 성경에 내가 사랑하므로 병이 났음이니라(I am faint with love)로 번역되어 있다. 여기서 '나'는 강조 어법이다. "나 자신은 그 순간의 환희 때문에 황홀경에 빠져 있답니다." 그녀가 그 모든 것을 포기하고 갑자기 중단시키고 싶었을까?

오히려 그녀는 자신을 강화시키고 회복시켜줄 건포도와 사과를 요구했다. 더 많이 즐길 수 있도록 말이다. 내 힘을 돕고(strengthen) 나를 시원케 하라(refresh)는 명령형이다. 그녀는 계속 즐기는 데 필요한 영양분을 요구했다. 건포도와 사과는 둘 다 매우 에로틱하고 육감적인 것으로 간주되었다. 그녀가 지니고 있는 욕망의 의도나 강렬함에는 의문의 여지가 없다. 그 모든 것이 솔로몬 측에 초래했을 상호적인 반응은 도저히 상상할 수 없을 것이다.

2:6. 사랑의 격정 속에서도 술람미 여인은 그들의 관계의 따뜻함과, 친밀함과, 든든

함을 놓치지 않았다. 그는 한 손으로 그녀의 머리를 받치고 다른 손으로 그녀를 껴안았다. '안다(embrace)' 라는 단어가 구약에서 "우호적인 인사(창 48:10)와 성적 결합(잠 5:20) 모두에" 사용되었다는 사실은 흥미롭다(Carr, 93). 솔로몬은 그녀의 친구이자 사랑하는 사람이었다. 둘 다 그녀에게 중요했다. 둘 다 모든 여자에게 중요하다. 어떤 남성도 그 사실을 잊어서는 안 된다.

4. 적절한 시점에 사랑을 하라.

2:7. 성관계는 적절한 장소에서 적절한 사람과 적절한 방식으로 적절한 시점에 이루어져야 한다. 아무 때나 좋은 시간이 아니다. 참으로 적절한 시점이 있다. 그것은 하나님이 정하신 시점이다. 7절은 아가서에서 반복되는 주제이고(비교. 3:5, 8:4), 그 반복은 중요성을 강조한다. 너무나 중요한 나머지 맹세의 형태를 띠고 있다. **부탁한다**(charge)는 단어는 '엄명하거나 촉구하는 것' 을 의미한다. 술람미 여인은 일단의 여성들(**예루살렘 여자들**)을 향해 이야기하면서 애욕을 적절한 속도로 추구하라고 경고했다. **노루와 들사슴**은 둘 다 아름다운 암컷들로, 한창 때는 성적으로 활발하고 왕성하다. 술람미 여인은 대개 남자들이 성적으로 더 활발하고 관심이 많은 것으로 간주되지만, 하나님이 여자들도 성욕을 지닌 성적인 존재로 창조하셨다는 사실을 이해하고 있었다.

우리 모두는 통제를 벗어나 우리의 이성과 의지를 모두 무시하고 엄청난 상처와 폐해를 초래하는 욕정에 휩쓸리기 쉽다. 우리는 정말 잘 이해해야 한다. 하나님은 섹스를 결혼이라는 유대 관계 속에서 한 남자와 한 여자 사이에서 누릴 수 있는 놀라운 선물로 우리에게 주셨다. 그분의 그 계획은 결코 변하지 않을 것이다. 그분은 '우리의 행복을 방해하거나 우리의 즐거움을 빼앗으려고' 그런 계획을 하신 것이 아니다. 그것이 그분에게 영광을 돌리는 일이고, 우리에게 유익이 되기 때문에 그렇게 하신 것이다.

그래서 술람미 여인은 우리에게 경고한다. **내 사랑이 원하기 전에는 흔들지 말고 깨우지 말지니라.** 즉 적절한 시점을 말하는 것이다. 정열은 그 표현 장소가 부부의 잠자리일 때 정말 멋지다. 듀앤 가렛은 그것을 이렇게 표현하고 있다. "소녀들은 적절한 시점에 적절한 사람이 찾아올 때까지 성적으로 일깨워지지 않도록 스스로 조심해야 한다. 성적 각성의 자연스러운 기쁨이 미성숙한 실험에 의해 파괴되기 때문이다"(듀앤 가렛, 392-393).

Main Idea 복 습	배우자에 대한 칭찬과 바람은 그 또는 그녀가 이해하고 음미할 수 있도록 분명하고 정확한 언어로 표현해야 한다.

결론

참된 성행위는 결혼 안에서 발견되는 놀라운 선물이다

최고의 섹스는 결혼 안에서의 섹스다. 정말 멋진 섹스는 부부간의 섹스다. 최선의 섹스는 그리스도인 부부의 섹스다. 왜냐하면 예수 그리스도와의 관계를 통해 섹스를 삶의 가장 아름다운 측면의 하나로 보기 때문이다. 당신은 주는 것이 받는 것보다 더 즐겁고, 육체적 즐거움도 영적일 수 있으며, 남성과 여성이 성적 즐거움에 대해 동등한 권리를 가지고 있다는 사실을 이해하게 된다. 또 성관계의 본질이 단순히 육체적 쾌락에 있는 것이 아니라 그 이상의 것이라는 사실을 깨닫게 된다. 하나님은 우리에게 위대한 선물을 주셨다. 우리 모두 하나님이 설계하신 대로 그것을 즐기자. 당신이 상상했던 것보다 훨씬 더 큰 기쁨을 발견하게 될 것이다. 그러나 다음 단계로 넘어가기 전에 이 중요한 주제에 대해 현실적으로 생각해보자.

남성에게 있어 로맨스는 두 글자로 된 단어, 즉 섹스이다. 여성에게는 로맨스가 많은 것을 의미할 수 있다. 남성이 이해하기에는 너무 어렵지만, 여성에게 있어 로맨스는 섹스를 포함할 수도 있고 포함하지 않을 수도 있다. 실제로 여성은 매우 흥미로운 것 가운데 일부에서 로맨틱한 것을 발견한다. 예를 들어, 만약 남자가 아내와 함께 기도하거나, 설거지를 도와주거나, 차고를 청소하거나, 따뜻한 거품 목욕물을 받아주고 촛불을 켠다면, 그녀는 자주 그 속에서 로맨틱한 것을 발견할 것이다. 그 모든 것이 남성의 귀에는 이상하게 들리지만, 여성의 마음에는 심금을 울린다. 분명한 것은 로맨스의 영역에 관한 한, 남성과 여성이 다르게 엮어져 있다는 사실이다.

남성에게 있어 로맨스는 매우 시각적이다. 그것은 그들이 보는 것이다. 여성에게 있어 로맨스는 극히 관계적이고 인격적이다. 그것은 그들이 느끼는 것이다. 남성은 참으로 시각의 창조물이다. 그들은 보는 것에 의해 더 잘 움직인다. 반면에 여성은 청각과 마음의 창조물이다. 그들은 듣는 것과 느끼는 것에 의해 더 잘 움직이기 때문이다. 이 점은 너무나 중요해서 잠시 주제를 벗어나 짚고 넘어갈 만한 가치가 있다. 남자들은 무엇이 그들에게 로맨틱하다고 말할까? 다음 목록은 게리 채프먼의 놀라운 책 「성장하는 결혼을 향해(Toward a Growing Marriage)」에 나와 있는 15가지 제안 사항이다. 총망라된 내용은 아니지만, 남자가 로맨스 영역에서 어떤 속내를 가지고 있는지 여성이 이해하고자 할 때 유용하리라 생각된다.

1. 잠잘 시간에 매력적인 여성이 되라. 머리에 무언가를 꽂거나 얼굴에 이상한 것을 붙이지 말라. 할머니 가운이나 파자마 말고 다른 것을 입어라.
2. 당신이 나와 함께 있는 것을 즐기고 있다는 사실을 드러내기를 부끄러워하지 말라.
3. 내가 집에 있을 때 좀 더 매력적으로 입어라(추리닝, 슬리퍼 등은 절대 사절).
4. 나의 관심을 끌 수 있는 것들을 하라. 남자는 시각에 의해 쉽게 흥분된다는 사실을 기억하라.
5. 섹스에 대해 좀 더 솔직하게 의사소통하라.
6. 내가 낮 동안에 보인 모순된 행동 때문에 밤에 죄책감을 느끼지 않게 하라(충분히 다정다감하지 못한 점 등).
7. 내가 남자로써 갖고 있는 필요와 욕구를 좀 더 잘 인식해주라.
8. 더 많은 욕구를 보여주라. 그리고 애무와 전희가 당신만큼이나 내게도 중요하다는 사실을 이해해주라.
9. 어긋나버린 일상사로 인해 계속 심란한 상태에 빠져 있지 말라.
10. 즐거운 체하려고 애쓰지 말라. 나에 대해 솔직하게 반응하라.
11. 섹스를 거부하거나 마지못해 응함으로써 나를 응징하려고 시도하지 말라.
12. 나를 애인처럼 대하라.
13. 우리의 성생활을 개선하기 위해 당신이 할 수 있는 것과 관련하여 내 제안에 귀를

기울여주라.

14. 내가 부족한 모습을 보일 때 용서해주라.
15. 당신이 바라는 성적 파트너가 되기 위해 내가 할 수 있는 것을 말해주라.

한편, 아내들은 그들의 로맨스와 성관계를 보다 의미 있게 만들 수 있는 방법과 관련하여 남편들에게 어떤 제안을 해왔을까? 게리 채프먼은 다시 한 번 우리가 그 부분을 이해하는 데 유용한 목록을 제공한다.

1. 더 많은 애정을 보여주라. 틈틈이 내게 관심을 기울여주라. 직장에서 돌아오면 나를 껴안고 키스하며 나의 하루에 대해 물어봐달라(그리고 내 주변에 머물며 내 말에 귀를 기울여주라!).
2. 내가 정말로 아플 때 좀 더 애정 어린 모습을 보여주라.
3. 나를 있는 그대로 받아들여라. 심지어 내가 단점을 드러낼 때도 수용하라.
4. 잠자리 말고 다른 때도 사랑한다고 말해달라. 때로는 그저 "사랑해"라고 말하기 위해 전화하라. 다른 사람들 앞에서 내게 "사랑해"라고 말하기를 부끄러워하지 말라.
5. 내가 목욕하거나 샤워하는 동안에 라디오에서 감미로운 음악을 찾아놓거나 조명을 어둡게 하고 촛불을 켜놓으라.
6. 그리스도를 우리 가정의 주인으로 모셔라.
7. 부부 관계 후에 나를 껴안고 애무하며 다정한 말을 해주라.
8. 섹스를 시작하기 적어도 한 시간 전부터 달콤하고 사랑스런 분위기를 조성해주라.
9. 아침에 내가 말하는 것에 관심을 보여주라.
10. 저녁 설거지나 주방 청소를 도와주라.
11. 상대적으로 로맨틱하지 않은 활동(TV 시청이나 자동차 운전, 쇼핑 등)을 하는 동안에도 내게 로맨틱한 관심을 가지라(손을 잡거나 키스 등).
12. 나를 자주 칭찬해줌으로써 내가 성적으로 매력적이고 로맨틱하다고 느끼게 도와주라.
13. 당신이 지금 갖고 있는 문제와 승리에 대해 나와 함께 기도해주라. 당신에 대한

내 자신의 필요를 표현할 수 있게 하라.

14. 사랑 행위를 의례적인 활동으로 접근하지 말라. 매시간을 새로운 경험으로 만들어주라.
15. 나에 대해 말할 멋진 무언가를 생각해놓았다가 다른 사람들 앞에서 자주 이야기하라.

이상은 우리가 사랑의 불꽃을 돋우기 위해 함께 노력할 때 남성과 여성이 모두 귀담아들어야 할 현명한 조언들이다.

삶의 적용

섹스에 대해 생각하기

한 사람은 남성이고, 한 사람은 여성이라는 이유만으로도 결혼한 커플들은 보통 섹스에 대해 상당히 다른 욕구와, 태도와, 접근 방식을 가지고 있다. 게다가 많은 사람들이 다양한 믿음과 기대를 가지고 결혼을 맞이할 것이다. 아래의 태도 평가 도구는 그런 차이에 대한 토론을 유도하기 위해 설계된 것이다. 당신의 배우자와 함께 평가해보고 서로에 대해 무엇을 배울 수 있는지 알아보자.

〈 태도 평가 도구* 〉

	동의함	잘 모르겠음	동의하지 않음
섹스는 삶의 가장 아름다운 측면 가운데 하나이다.			
받는 것보다 주는 것이 더 즐겁다.			
육체적 즐거움은 세속적인 것일 뿐, 영적인 것은 아니다.			
섹스는 주로 육체적 해방감을 위한 것이다.			

〈 태도 평가 도구 * 〉

	동의함	잘 모르겠음	동의하지 않음
우리의 종교적 신앙은 성행위에 대한 우리의 태도에 가장 큰 영향을 미친다.			
남성과 여성은 성적 즐거움에 대해 동등한 권리를 가지고 있다.			
결혼한 부부가 행하기에는 부적절하다고 생각되는 성적 활동들이 있다. 만약 동의한다면, 그것들을 열거해보라. 1. ______ 2. ______ 3. ______ 4. ______			
섹스가 참으로 만족스러운 것이 되기 위해서는 동시적인 오르가즘으로 이어져야 한다.			
성적 공상은 정상적인 것이다.			
남성은 항상 성적 활동에서 공격자가 되어야 한다.			
일반적으로 여성은 남성만큼 섹스를 즐기지 않는다.			
성행위와 관련하여 여성보다는 남성에게 더 많은 자유가 허용되어야 한다.			
성관계의 질은 육체적 즐거움 이상의 것이다.			

* Clifford and Joyce Penner의 〈Sexual Fulfillment in Marriage: A Multimedia Learning Kit(Family Concern, Inc., 1977)〉에서 원용. Penner 부부(2 N. Lake Avenue, Suite 610, Pasadena, CA 91101)를 통해 입수.

기도

하나님 아버지, 결혼과 관련해서는 결혼식 전이든 후이든 당신에 대한 신뢰와 저의 인내가 필수적임을 고백합니다. 적절한 시점을 기다리며 적절한 방식과 올바른 헌신으로 부부 생활에 접근할 수 있도록 저의 믿음과 순종을 붙들어주십시오. 저의 몸이 당신께 속해 있다는 사실을 잊지 않게 도와주십시오(고전 6:19-20). 당신은 예수님의 보배피라는 대가를 지불하시고 저를 사셨습니다! 지금부터 영원까지 제 몸으로 당신께 영광을 돌리게 해주십시오. 예수님의 이름으로 기도합니다. 아멘.

심층 연구

섹스와 관련된 성경적 원리

- 결혼 안에서의 성관계는 거룩하고 선한 것이다. 하나님은 친밀한 부부 관계를 장려하시고 그 중단에 대해 경고하신다(고전 7:5).
- 성관계에서의 즐거움은 건전하면서도 당연한 것이다. 부부의 몸은 서로에게 속한 것이다(잠 5:15-19, 고전 7:4).
- 한 사람의 성은 다른 사람 중심이어야 한다는 원칙에 의해 성적 즐거움이 추구되어야 한다(한 사람의 몸에 대한 '권리'는 결혼 관계 안에서 배우자에게 주어지는 것이기 때문이다, 빌 2:3-4).
- 성관계는 정기적이고 정상적이어야 한다. 적당하거나 정확한 주당 횟수는 정해져 있지 않지만, 양쪽 모두 적절한 성적 만족을 제공하여 '불타오르는' 정욕이나 다른 곳에서 만족을 찾고자 하는 유혹에 빠지지 않도록 조심해야 한다(고전 7:9).
- 만족의 원칙은 양측이 (결혼 관계 안에서 그 또는 그녀에게 '마땅히 주어져야 할') 성적 즐거움을 상대방이 요구하는 만큼 자주 제공해야 한다는 것을 의미한다. 물론 다른 성경적 원리들(절제, 자신보다는 상대방을 기쁘게 해주려고 노력하는 것 등)도 적용된다. 성관계에 대한 한 사람의 배려는 배우자의 요청을 받아들이게 한다.
- '권리'의 원리에 따라 결혼한 사람들 사이에 어떤 성적 흥정도 있어서는 안 된다("당신이 …해주지 않으면, 관계를 갖지 않을 거야"). 어떤 쪽도 그런 흥정을 할 수 있는 권리를 갖고 있지 않다. 그것은 일종의 '매춘'이므로 반드시 피해야 한다.
- 성관계는 평등하고 상호적이다. 성경은 남성이나 여성에게 우선적인 권한을 부여하지 않는다. 상호적인 자극과 상호적인 관계의 개시는 정당한 것이다(아가서에서

계속 되풀이되는 주제임).

- 양측 모두에게 안전하고, 기쁘며, 즐겁고, 만족스러운 것은 무엇이든지 수용 가능하다. 각자의 몸은 상대방에게 속해 있다(고전 7:4). 어느 쪽도 상대방에게 고통스럽고, 해로우며, 역겨운 것을 요구해서는 안 된다.

고안

A. 들어가는 글: '결혼은 사라지고 가벼운 섹스와 낮은 수준의 헌신이 확산된다' 이야기로 시작하라.

B. 본문 이해

1. 당신의 배우자를 칭찬하라(1:15-2:2)
   a. 그 또는 그녀의 매력을 칭찬하라.
   b. 그 또는 그녀의 독특함을 확인하라.
2. 그들의 기여를 공언하라(2:3)
   a. 그들이 당신을 어떻게 보호해주는지 다른 사람들에게 말하라.
   b. 그들이 당신을 어떻게 기쁘게 해주는지 다른 사람들에게 말하라.
3. 열정을 위해 준비하라(2:4-7)
   a. 적절한 장소에서 사랑을 하라.
   b. 올바른 헌신으로 사랑을 하라.
   c. 적절한 방식으로 사랑을 하라.
   d. 적절한 시점에 사랑을 하라.

C. 결론: '참된 성행위는 결혼 안에서 발견되는 놀라운 선물이다' 를 읽어주라.

토의 질문

1. 당신의 배우자를 위해 '로맨틱한' 분위기를 만드는 데 어떤 사고와 노력을 기울일 수 있을까?

2. 당신 배우자의 긍정적인 특징이나 재능에 집중함으로써 그 또는 그녀를 세워줄 수 있는 몇 가지 긍정적인 방법들을 생각해보라.

3. 사랑의 기쁨과 기회를 탐색하라. 당신을 안내해줄 세 가지 성경적 원리는 (1) 이타적인 사랑과, (2) 상호 동의, (3) 그리스도와 같은 순종과 겸손 등이다.

4. 의사소통이 친밀한 관계를 위해 정말로 필수적인가? 왜 그런가, 혹은 왜 그렇지 않은가? 당신의 의사소통 기술에 대해 어떻게 평가하는가?

5. 적절한 배우자와의 적절한 순간은 기다릴 만한 가치가 있는 것인가? 왜 그런가?

6. 고린도전서 13장은 사랑의 불꽃을 돋우는 방법에 대해 우리에게 무엇을 말해주는가? 4-8절은 특히 결혼에 어떻게 적용될 수 있는가?

아가 2:8-17

봄바람

"우리는 결혼 생활에서 열심히 노력해야 한다. 그것은 세상에서 가장 재미있는 일이지만, 여전히 노력이 필요한 일이다."

- 앤 오틀런드(Anne Ortlund)

우리가 결혼을 준비할 때, 그 '봄바람'과 같은 느낌의 기쁨 속에서도 상황을 솔직하게 바라보고 몇 가지 어려운 질문을 던질 필요가 있다. 기억하라. 관계는 독특하게 민감한 것이다. 특별히 결혼 관계는 더욱 그렇다.

들어가는 글

남자는 개, 여자는 고양이!

나는 종종 남자는 개와 같고, 여자는 고양이와 같다는 말을 해왔다. 그럴 만한 이유가 있다. 생각해보라. 남자는 개와 무척 흡사하다. 만약 당신이 그를 먹여주고, 칭찬해주며, 정기적으로 함께 놀아준다면, 행복한 남자를 소유하게 될 것이다. 반면에 여자는 훨씬 더 복잡하고 신비로워서 고양이와 매우 흡사하다. 고양이 한 마리가 방안으로 걸어들어온다. 당신이 그것을 쳐다보자, 그것도 당신을 쳐다본다. 그것이 당신 곁으로 다가와 야옹거리며 달콤하고 부드럽게 당신 다리에 몸을 비빈다. 그러더니 갑자기 돌아서서 방을 나가버린다. 그것을 보고 당신은 "정말로 귀여운 고양이야"라고 말한다.

그러나 몇 분 후에 그 고양이가 다시 방안으로 들어온다. 당신이 쳐다보자, 그것도 당신을 쳐다본다. 그러더니 갑자기 예고도 없이 당신 얼굴을 향해 뛰어올라 눈을 할퀴려고 한다! 몇 분 전에는 달콤하고 부드럽게 다가왔던 바로 그 고양이가 말이다. 그 고양이가 방 밖에 있는 동안 무슨 일이 있었던 것이다. 당신은 무슨 일이 있었는지 전혀 모른다. 하지만 그것은 분명 그 고양이의 기분을 순식간에 바꾸어놓았다.

나는 확실히 고양이와 여자 사이에서 몇 가지 의미 있는 유사성을 보게 된다! 몇 년 전 내가 이렇게 유추하는 것을 들은 적이 있는 한 친구가 남자는 개이고 여자는 고양이라는 내 논지를 강화해주고 뒷받침해주는 추가적인 증거들을 내게 보내주었다. 지금쯤 어딘가에 있을 그 똑똑한 친구의 통찰력을 함께 나누고자 한다.

고양이일까? 여자일까? 어쩌면 둘 다인지도 모른다! 왜 그럴까?

1. 그들은 자신이 원하는 것을 한다.
2. 그들은 좀처럼 당신 말에 귀 기울이지 않는다.
3. 그들은 완전히 예측불허다.
4. 그들은 행복하지 않을 때 우는 소리를 낸다.
5. 당신이 놀고 싶을 때, 그들은 혼자 있고 싶어한다.

6. 당신이 혼자 있고 싶을 때, 그들은 놀고 싶어한다.
7. 그들은 당신이 그들의 모든 비위를 맞춰주기를 기대한다.
8. 그들은 쉽게 우울한 기분에 젖는다.
9. 그들은 당신을 돌아버리게 만들고 큰 돈을 쓰게 만들 수 있다.
10. 그들은 사방에 털을 남긴다.

결론: 고양이는 모피 코트를 입은 작고 어린 여자다.

개일까? 남자일까? 어쩌면 둘 다인지도 모른다! 왜 그럴까?

1. 그들은 집안에서 가장 편안한 가구에 쭉 뻗고 누워 하루 종일 뒹군다.
2. 그들은 반 블록 떨어진 곳에서 음식물 포장을 뜯는 소리까지도 들을 수 있지만, 당신 소리는 잘 듣지 못한다. 심지어 당신과 같은 방에 있을 때도 말이다.
3. 그들은 사방에 장난감을 놓아둔다.
4. 그들은 행복하지 않을 때 으르렁거린다.
5. 당신이 놀고 싶을 때, 그들도 놀고 싶어한다.
6. 당신이 혼자 있고 싶을 때도 그들은 여전히 놀고 싶어한다.
7. 그들은 구걸하는 일을 썩 잘한다.
8. 당신이 그들을 먹여주고 칭찬해준다면, 그들은 영원히 당신을 사랑할 것이다.
9. 그들은 그들의 입으로 정나미 떨어지는 짓을 하고도 당신에게 키스하려고 시도한다.
10. 그들은 멍청해 보이면서도 동시에 사랑스러워 보일 수 있다.

결론: 개는 모피 코트를 입은 작고 어린 남자다.

그렇다. 남자와 여자는 정말로 다르다. 그들은 몇 가지 매우 중요한 점에서 서로 다르다. 우리는 결혼에서 정말로 '사소한 일에 신경 쓰게' 된다. 그리고 그것이 바로 '작은 여우'(15절)다. 만약 우리가 그런 결혼의 골칫거리들을 방치하면 파멸의 원인이 될 수도 있다.

우리의 손바닥에 땀이 나고, 심장이 고동치며, 안절부절 못하게 만드는 누군가와 평생을 보내고자 기대한다면, 결혼의 현실을 유심히 들여다볼 필요가 있다. 아울러 몇 가지 어려운 질문도 스스로에게 해볼 필요가 있다.

본문 이해

봄바람

Main Idea	우리가 결혼에 대해 생각할 때, 어렵고 바람직한 질문들을 스스로에게 해볼 필요가 있다. 결혼은 하나님이 우리에게 주신 가장 위대한 선물 가운데 하나지만, 우리가 함께 '끝까지 가고자' 한다면 결혼식 전과 후에 열심히 노력하는 것이 요구된다.

A. 질문 1: 그의 행동은 투명한가?(2:8-9)

Supporting Idea	당신의 (잠재적인) 배우자를 조심스럽게 연구하고 지켜보라. 그 또는 그녀의 의도가 투명하고 분명한가?

2:8-9. 장면은 이제 성읍과 궁전에서 다시 전원과 술람미 여인의 집으로 바뀌었다. 사랑하는 그 커플의 혼례일이 이제 며칠밖에 남지 않은 상태다. 그래도 혼례식이 이루어지는 시점까지는 모든 말과 행동이 주의 깊게 평가되어야 한다. 중대한 의사 결정과 관련해서는 너무 많은 정보란 있을 수 없다.

한 개인의 가장 중요한 의사 결정은 그 또는 그녀가 예수 그리스도를 구세주로 신뢰할 것인지의 여부이다. 두 번째로 중요한 의사 결정은 그 또는 그녀가 누구와 결혼할 것인가이다. 결혼 전에 너무 적은 정보를 가지고 있는 경우가 있는데, 그 결과는 종종 비극적이다. 술람미 여인은 현명한 여자였다. 그녀는 솔로몬을 깊이 연구했다. 그녀는 그가 하는 모든 행동을 유심히 지켜보았다. 그가 진짜 괜찮은 사람인가? 믿을 만한 사람인가? 그의 참된 의도는 투명한가? 그녀는 어떤 단서들을 모았을까?

1. 그 또는 그녀의 행동을 유심히 지켜보라.

"행동이 말보다 더 크게 말한다"는 것은 자명한 이치다. 솔로몬이 행동할 때, 술람미 여인은 유심히 지켜보았고, 자신이 본 것을 마음에 들어했다. 8-17절에서 그녀는 다섯 번이나 솔로몬을 나의 사랑하는 자라고 부른다. '나의'와 '사랑하는 자' 두 단어 모두 중요하다. 달콤한 연애가 한동안 진행되어왔다. 모든 것이 잘 되어가는 것처럼 보였고, 두 사람의 마음이 잘 엮어져가고 있었다. 술람미 여인은 솔로몬의 행동이 그녀의 마음의 소리와 일치한다는 사실을 발견했을까?

실제로 그랬다. 그녀는 솔로몬이 자신을 찾아오면서 부르는 소리를 들었다. 그녀는 그의 민첩함(달리고… 넘어오는구나)과 매력(힘과 자태와 아름다움으로 유명한 노루와도 같고 어린 사슴과도 같아서)에 찬사를 보냈다. 그의 접근은 그녀에 대한(오직 그녀만을 바라는) 욕망의 표시였다. 솔로몬은 자신의 애정에 대해 공개하는 것을 부끄러워하지 않았다. 그는 술람미 여인의 집 벽에 가까이 다가가면서 그것을 분명히했고, 아무도 술람미 여인에 대한 그의 감정을 의심하지 않았다.

2. 그 또는 그녀의 눈을 유심히 들여다보라.

"눈은 마음의 창이다." 솔로몬은 창으로 들여다보며 창살 틈으로 엿보았다. 그의 눈은 말했다. 그것도 큰소리로 말하며 술람미 여인에 대한 그의 욕망을 분명히했다. 솔로몬은 그녀를 원했지만, 명예와 존경심을 가지고 그녀에게 접근했다. 그는 꿰뚫어보는 듯한 사랑의 시선으로 가까이 다가갔지만, 결혼을 통해 그들의 삶이 결합되기 전까지는 어느 정도 거리를 유지할 것이었다. 술람미 여인은 그가 가지고 놀기를 바라는 섹스 장난감 이상의 존재였다. 그녀는 당시뿐만 아니라 나중에도 그가 최고의 행실로 대해야 할 만큼 멋진 여인이었던 것이다. 그의 현재 행동은 그가 장래에 보일 행동의 징후이기도 했다.

여러 해 전, 나는 다른 주에서 가정 생활에 대한 컨퍼런스를 열기로 되어 있었다. 출발하기 일주일 전쯤, 나는 상심한 한 여인으로부터 익명의 우편 엽서를 받았다. 다음은 그녀가 쓴 내용이다.

애킨(Akin) 박사님께,

결혼에 관한 컨퍼런스가 열리기 전에 제 엽서를 먼저 받으셨으면 좋겠습니다… 저는 최근에 저희 교회에 다니는 한 남자와 결혼했습니다(그는 당신의 세미나에 참석할 예정입니다). 지난 발렌타인 때 그는 그 로맨틱한 휴일을 무시해버렸고, 저는 큰 상처를 받았습니다. 저는 제 직장 동료들이 꽃을 받는 모습만 지켜봐야 했죠. 게다가 그는 제 친구 앞에서 그 일에 관해 저를 놀리기까지 했답니다. 제 어머니는 제가 당연히 예상해야 했다고 말씀하셨습니다. 우리가 데이트할 때 그가 저에게 꽃을 준 적이 한 번도 없었다는 거죠. 이기적이고 사소하게 들릴지도 모르지만, 저는 무척 실망했답니다!

저는 직장에서 돌아오면 요리와 쇼핑뿐만 아니라 모든 집안일을 도맡아서 합니다. 하지만 그가 가끔이라도 감사의 마음을 표현한다면 개의치 않을 것입니다. 그가 제게 선물을 할 때는 제 생일날과 크리스마스뿐이랍니다. 그가 한 번이라도 저를 사랑한다는 이유만으로 무엇인가를 선물한다면 제겐 큰 의미가 있을 것입니다. 저는 운동도 열심히 하면서 멋지게 보이려고 노력합니다. 그의 옷을 다림질해주고, 그가 좋아하는 음식도 요리해주죠. 그는 주식에 수천 달러를 투자하면서도 저를 위한 로맨틱한 선물에는 한 푼도 사용한 적이 없습니다. 꽃이 결국 시들게 될 것이라는 사실은 저도 알지만, 너무나 아름답잖아요. 제 사랑도 결국 시들게 될까봐 두렵습니다. 저를 위해 기도해주세요.

이렇게 뭘 모르는 남편이 있다니! 이 남자는 아마도 자신의 아내를 사랑하지만, 그것을 어떻게 표현해야 할지 잘 모르는 것 같다. 사실은 전혀 모르는 것처럼 보인다. 그는 결혼 전에도 무감각했고, 결혼한 후에도 여전히 무감각하기 때문이다. 그러나 이 여인 역시 그것을 예상해야 했다. 우리는 그 남자가 투명하지 않다고 비난할 수 없다. 그녀가 보았던 것을 그녀가 받아들였기 때문이다. 알다시피 투명성은 양방향 길이다. 그 또는 그녀가 지금 무엇을 보여주고 있는가? 당신은 지금 무엇을 보고 있는가? 우리는 한편으로는 완벽하게 드러내려고 노력하고, 다른 한편으로는 솔직하게 평가해야 한다.

B. 질문 2: 그의 말은 부드러운가?(2:10-14)

Supporting Idea	말은 강력한 무기이면서 동시에 뛰어난 전령이다. 주의 깊게 귀를 기울여보라.

〈USA 투데이(USA Today)〉는 우리의 대화 내용보다 대화 방식을 살펴보는 것이 결혼 생활의 성공 그 여부를 훨씬 더 잘 예측할 수 있다는 사실을 발견한 한 연구에 대해 보도한 바 있다.

> 정부가 후원하는 한 새로운 연구에 의하면, 신혼 부부들이 서로에게 이야기하는 방식을 보면 어느 커플이 이혼하게 될 것인지 87퍼센트의 정확도로 예측할 수 있다. 그것은 그들이 실제로 말하는 내용보다 더 정확하다. 시애틀 소재 워싱턴 대학에서 10년간의 연구 끝에 나온 그 결과는 무엇이 결혼을 지켜주는지를 규명하기 위해 국립정신보건원(National Institute of Mental Health)이 후원하고 있는 거대 연구 프로젝트에 추가된다.
>
> 인터뷰에 응한 결혼 생활 6개월 이하의 부부 가운데 끝까지 견디게 될 커플은 이미 서로를 '장밋빛 안경을 통해' 바라본다고 이 논문의 공 저자 시빌 카레르(Sybil Carrere)는 말한다. "서로를 향한 그들의 행동은 긍정적이죠." 이혼하게 될 사람들은 이미 서로를 '뿌옇게 흐려진 렌즈를 통해' 바라보기 때문에 냉소적인 모습을 보이며 서로에 대해 좋은 말을 할 수가 없다(Karen S. Peterson, "Sweet Nothings Help Marriages Stick", 〈USA 투데이〉, 2000. 3. 30).

우리가 어떻게 이야기하느냐 하는 것은 우리가 무엇을 말하느냐 하는 것만큼 중요하다. 다정한 태도와 부드러운 말투는 상대방의 귀를 수용적으로 만들어줄 것이다. 술람미 여인은 세 번째로 솔로몬을 "나의 사랑하는 자"라고 불렀다. 그는 점잖고 부드러운 목소리로 말했고, 그녀는 귀를 기울였다. 우리는 잠재적인 배우자나 평생의 반려자에게서 어떤 것들을 귀담아들어야 할까?

1. **칭찬을 귀담아들어라.**

2:10, 13. 10절과 13절에서 솔로몬은 술람미 여인에게 일어나서 함께 가자고 초대한다. 그는 다시 한 번 자신의 의도를 투명하게 드러냈다. 어휘 선택에 있어서도 신중을 기했다. 솔로몬은 그녀를 나의 사랑, 나의 어여쁜 자라고 불렀다. 술람미 여인은 그의 마음과 눈에 기쁨이었다. 그는 그녀를 사랑했고, 그녀가 거부할 수 없을 정도로 아름답다는 사실을 발견했던 것이다. 그는 자신의 속마음을 감추지 않았다. 자신이 어떻게 느끼는지 그녀가 알 것이라고 가정하지 않았다. 그는 자신이 어떻게 느끼는지 그녀에게 말했고, 그녀를 공개적으로 그리고 분명하게 칭찬했다.

2. **세세한 것들을 귀담아들어라.**

2:11-13. 솔로몬은 로맨스에 관한 한, 틀에 박히지 않은 사람이었다. 그는 여인의 마음을 사로잡는 방법이 종종 세세한 것, 작은 것들에 있다는 사실을 이해하고 있었다. 11-13절에서 솔로몬은 술람미 여인에게 섹스를 하자고 요청한 것이 아니라, 전원을 함께 산책하자고 초대했다. 술람미 여인은 그것을 로맨틱하게 여겼을 것이다. 게다가 솔로몬이 가는 겨울과 오는 봄을 묘사했던 세부 내용은 놀랄 만한 것이다. 특히 남성에게 있어서는 말이다. 세세한 것에 대한 그의 관심은 도처에 있는 모든 남성들에게 모범이 된다. 솔로몬의 정교한 묘사는 이중적인 초점을 가지고 있을 가능성이 매우 높다. 봄철은 보편적으로 사랑의 시기다. 사랑에 빠지는 것은 되풀이해서 봄철을 경험하는 것과 같다. 모든 것이 신선하고, 새로우며, 활기차다. 사랑에 빠져 있을 때는 그저 모든 것이 다르게 보인다. 전에는 놓치거나 간과했던 것들이 눈에 들어오고 우리의 관심을 끈다.

사랑에 빠져 있는 이 젊은 커플에게는 겨울도, 궂은 날도 사라져버렸다. 꽃들은 꽃망울을 터뜨리고, 새들은 노래하며, 봄기운이 완연하게 느껴지고 있었다. 당신도 그 모습을 보고 그 향기를 맡을 수 있었을 것이다. 당신이 어디를 돌아보든 사랑을 발견할 수 있었을 것이다.

3. **열정을 귀담아들어라.**

2:14. 두 사람이 사랑에 빠져 있을 때는 둘이서만 시간을 보내고 싶어한다. 솔로몬은 술람미 여인을 나의 비둘기라고 부르며 다시 한 번 초대장을 내밀었다(비교. 1:15).

비둘기는 온화하고 아름답다. 비둘기는 종종 사람 눈에 띄지 않도록 안전하게 가려진 바위틈에 둥지를 튼다. 솔로몬은 술람미 여인을 그런 비둘기에 비유하며 그녀에게 그를 향해 나오라고 재촉했다. 술람미 여인은 하나님이 그녀의 삶 속에 딱 맞는 사람을 데려다주시기까지 자신을 안전하고 확실하게 지켜왔던 것이다. 그녀는 결혼을 위해 자신을 지켜왔다. 이제 딱 맞는 사람이 도착해 그녀에게 자신을 향해 나오라고 요청하는 것이다.

솔로몬이 그녀의 아름다운 얼굴을 보고 그녀의 부드러운 목소리를 듣고 싶다고 말했을 때, 우리는 그의 요구에서 열정을 느끼게 된다. 킬(Keel)의 주석은 솔로몬이 한 말의 핵심을 정확히 짚고 있다. "그 얼굴이 매혹적인 만큼이나 그 목소리 역시 홀딱 반할 정도다(또는 '달콤하다', 비교. 잠 20:17)… 보통의 해석('유쾌한', '사랑스러운' 등)은 이 작은 노래에 생기를 불어넣은 그 강렬함을 제대로 표현하기에 너무나도 밋밋하다"(킬, 107).

크레이그 글릭맨(Craig Glickman)은 이렇게 기록했다.

> 참된 사랑의 바람직한 징후는 의사소통을 하고자 하는 욕망이다. 당신이 너무나도 사랑하는 그 사람에 대해 모든 것을 알고자 하는 바람이다. 화제로 삼기에 너무나도 사소해 보이는 세세한 내용이란 있을 수 없다. 한 사람의 어떤 기분이나 감정도 상대방에게는 중요하다. 그리고 당신이 세세한 사항과 감정까지 신경 쓰는 것은 그 사람에 대해 너무나도 많은 관심을 가지고 있기 때문이다. 좋은 친구에게는 사소하거나 지루한 것이어도 사랑하는 사람에게는 열정적이고 진심어린 관심을 받게 된다… 사랑하는 사람의 목소리는 아무리 단순해도 매력적이고 특별한 법이다. 전화번호부에 나와 있는 내용을 읽어주더라도 상대방은 그저 넋을 잃고 그 목소리에 귀를 기울이게 될 것이다(크레이그 글릭맨, 47-48).

C. 질문 3: 그의 신념은 확고한가?(2:15)

Supporting Idea	결혼에서는 작은 것들이 큰 것이 될 수 있다.

2:15. "여우는 고대 세계에서 포도밭을 망치는 것으로 악명이 높았다… 일부 고대 자료들도 여우가 특히 포도를 좋아했다는 사실을 말해준다"(Snaith, 41). 여기서 작은 여우는 관계 속에 몰래 숨어들어와 너무 늦을 때까지 아무 예고도 없이 막대한 피해를 입히는 위험과 문제들을 상징한다. 부부는 아무리 최상의 관계 속에 있더라도 잠재적으로 파괴적인 문제에 취약하다. "1온스의 예방은 1파운드(약 16온스)의 치료의 가치가 있다"는 격언은 분명 진리다. 부부는 작은 여우를 잡고자 하는 신념에 있어 단호하고 확고해야 한다. 잡으라는 단어는 명령형이다. 주님의 명령인 것이다. 우리는 이 문제와 관련하여 적어도 두 가지 중요한 진리를 마음에 새겨야 한다.

1. 문제는 보통 작은 것들에 있다.

여우는 작은 동물이다. 여우는 숨는 데도 뛰어나기 때문에 당신이 좀처럼 알아차리지 못한다. 피해가 발생한 후에야 여우가 왔다갔다는 사실을 깨달을 뿐이다. 역할 책임과 갈등 해결, 삶의 목표, 기대 수준, 재정, 섹스, 영적 양립성, 대인 관계의 양립성, 사회적 양립성 등과 같은 이슈들은 관계 속에서 그저 자연스럽게 해결되지 않는다. 결혼 생활이 성장하고 발전하려면 그런 문제들이 지속적으로 다뤄지고 해결되어야 한다.

2. 기억하라, 관계는 특별히 민감한 것이다.

솔로몬은 말했다. 우리의 포도원에 꽃이 피었음이니라. 포도원은 여우의 공격에 취약한 상태였고, 우리의 결혼 역시 마찬가지다. 우리는 필요하고 불가결한 방어를 제공해야 한다. 우리의 말과, 행동과, 태도 속에서 우리의 관계를 극진히 돌보고 성장시키기로 결심해야 한다. 현명한 커플이라면 결혼의 성공 가능성을 숙고하면서 많은 문제들을 고려하게 될 것이다. 그것이 작은 여우를 잡는 데 도움이 될 것이다. 그것들이 직시하지 않으면 큰 문제가 될 수도 있는 여러 가지 작은 문제들을 다루고 있기 때문이다.

1. 성경이 남편은 사랑의 리더가 되고, 아내는 순종적인 조력자가 되어야 한다(엡 5:21-33)고 말할 때, 그것이 무엇을 의미하는지에 대해 토론하고 합의에 이르렀는가?
2. 상대방에게 항상 진실만을 말하기로 합의했는가?(엡 4:15)

3. 상대방을 절대로 공개적으로 비난하지 않기로 서약했는가?
4. 의견 불일치가 발생할 때 의사 결정을 어떻게 할 것인지 합의했는가?
5. 두 사람 모두 부부로서 의사소통을 하는 데 있어서의 친밀함과 그것이 요구하는 노력에 대해 헌신할 것인가?
6. 두 사람 모두 그리스도인으로서 완전히 성숙한 단계에 이르도록 서로를 돕기 위해 하나님께 쓰임받기를 원하는가?
7. 당신은 파트너의 인생관과 가치관을 좋아하는가?
8. 당신은 개인적으로 어떤 대가나 희생을 치르더라도 당신의 결혼을 성공적으로 이끌기 위해 헌신할 준비가 되어 있는가?
9. 솔직한 토론을 통해 혼전 성관계의 기준을 마련했는가? 그래서 각자가 그 결정이 하나님께 영광을 돌린다고 느끼고 있는가?(고전 6:18-20)
10. 남성들은 시각적인 것에서 육체적인 것으로 옮겨가기 때문에 유혹을 방지하기 위해서, 배우자와의 건강한 성관계를 필요로 한다는 사실을 장래 아내가 인식하고 있는가?
11. 여성들은 감정적인 것에서 성적인 것으로 옮겨가기 때문에 말과 실제적인 방식으로 표현되는 사랑을 필요로 한다는 사실을 장래 남편이 인식하고 있는가?
12. 당신은 상대방이 당신에게 충실할 것이라고 확신하는가(다시 말해, 많은 이성과 함께 있는 그 또는 그녀를 신뢰할 수 있겠는가)?
13. 당신이 예수 그리스도를 구세주로 믿게 된 날이나 시기를 확인할 수 있는가?(요 1:12, 롬 10:9-10, 13)
14. 파트너가 예수 그리스도를 믿고 있다는 확신을 가지고 있는가?
15. 파트너가 당신과 비슷한 영적 헌신의 라이프 스타일을 보여왔는가?
16. 어떤 교회에 출석할 것인지 그리고 교회 활동에 어느 정도 참여할 것인지 결정했는가?
17. 당신은 파트너와 함께 편안하게 감정과 소망과 목표를 나누는가?
18. 당신은 파트너와 떨어져 있을 때 어떤 감정적 고통을 경험하는가?
19. 당신은 관계 속에서 유연성을 유지하려는 자발적인 태도를 보여왔는가?
20. 당신은 지금까지 파트너의 잘못을 용서하고, 화해하며, 그 일을 잊어버릴 수 있었

는가?(엡 4:32)

21. 양측 부모가 당신들의 의향에 동의하는가?
22. 당신 파트너의 삶을 형성하는데 영향을 끼쳤던 요인을 살펴보기 위해 그 또는 그녀의 가족을 객관적으로 바라본 적이 있는가?
23. 당신은 파트너를 존경하고, 당신이 깊이 존경하는 사람들에게 그 또는 그녀를 소개하는 것을 자랑스럽게 생각하는가?
24. 당신은 일반적으로 자신이 똑같은 사람들을 좋아한다는 사실을 발견하는가?
25. 갈등을 일으킬지도 모를 두 사람의 사회적 배경의 차이를 관찰해본 적이 있는가?

이런 유형의 질문을 다루는 것은 유용하고 건전한 방어를 제공해줌으로 작은 여우가 피해를 일으키는 것을 극히 어렵게 만들어줄 것이다.

D. 질문 4: 그는 인생을 걸 만한 가치가 있는 사람인가?(2:16-17)

Supporting Idea	신뢰는 의미 있고, 행복하며, 지속적인 결혼을 만들어가는 데 있어서 없어서는 안 될 기초다.

솔로몬과 술람미 여인은 그들의 로맨스에 대해 현실적이었다. 그들은 서로를 사랑했지만, 문제를 피할 수 없다는 사실도 알고 있었다. 그들은 문제가 일어났을 때 대응할 수 있는 초기 전략을 가지고 있었다(15절). 하지만 그들이 끝까지 가는 데 필요한 것들도 가지고 있었을까? "죽음이 우리를 갈라놓을 때까지"라는 말에 대해 진지하게 생각해보았을까? 나는 그들이 그랬을 것이고, 우리도 그래야 한다고 믿는다. '그 또는 그녀가 정말로 나를 사랑하는지 어떻게 알 것인가?' 그리고 그 또는 그녀가 평생 나를 사랑해줄 것인가?

1. 서로에게 속해 있다는 사실을 알아야 한다.

2:16. 건강한 관계 속에는 확신과 헌신이 있다. 각자가 상대방의 사랑과 헌신에 대해 알게 될 것이다. 술람미 여인은 확신 가운데 말할 수 있었다. 나의 사랑하는 자는 내게 속하였고 나는 그에게 속하였구나. 그들은 친밀하고 독점적인 사랑을 즐기고 있었다. 90퍼

센트의 미국인들과 마찬가지로 그들도 혼외 정사가 잘못된 것이라고 믿고 있었다. 그러나 배우자를 속이고 바람피우는 것으로 알려진 35퍼센트의 여성과 45퍼센트의 남성들과는 달리(〈사이콜로지 투데이〉, 2000. 7/8, p. 10), 그들은 서로에게 진실하기로 다짐했다. 그가 백합화 가운데서 양 떼를 먹이는구나라는 표현은 그녀가 제공해야 했던 사랑과 즐거움을 솔로몬이 즐기고 있었다는 사실을 암시한다. 다시 한 번 강조하건대, 그녀는 그들의 관계를 확신하고 있었기 때문에 그에게 기꺼이 자신을 주었던 것이다. 결혼생활의 기쁨과 성적 즐거움을 극대화하기 위해서는 안심이 필수적이다.

2. 서로가 원하고 있다는 사실을 알아야 한다.

2:17. 그 커플은 부부간의 결합과 성적 극치를 갈망했다. 그들은 서로에게 속해 있었기 때문에 중간을 가로막는 아무 장벽 없이 서로를 원하고 있었다. 무엇을 즐길 것인지 미리 생각해두었던 술람미 여인은 솔로몬에게 노루와도 같고 어린 사슴과도 같은 민첩함과, 활력과, 아름다움으로 자신에게 다가오라고 초대했다(비교. 9절). 베데르 산(NIV "rugged hills", NKJV "mountains of Bether")은 문자적으로 '갈라져 있는 언덕이나 산(hills or mountains of separation)' 이다. 이는 술람미 여인의 젖가슴에 대한 그리 섬세하지 못한 표현인 것처럼 보인다(비교. 4:6). 그녀는 뜨거운 욕망과 열정으로 그를 환영했다. 날이 기울고(문자적으로, '바람이 불고') 그림자가 갈 때까지(다시 말해, '밤새') 나의 사랑이 되어 우리 사랑의 열매를 즐기세요.

술람미 여인은 개인적으로 자신을 평가하는 데 있어 큰 발전을 해왔다. 그녀의 삶 속에 들어온 이 남자의 무제한적인 사랑이 큰 변화를 가져왔던 것이다. 그녀는 이제 하나님이 본래 창조하신 여인의 모습이었다. 그 둘이 합쳐진 모습은 각기 혼자 있을 때보다 훨씬 더 좋아 보이고 아름다웠다. 사랑은 우리가 하나님의 방식대로 온 마음을 다해 추구할 때 그런 결과를 가져오게 될 것이다.

Main Idea 복습	우리가 결혼에 대해 생각할 때, 어렵고 바람직한 질문들을 스스로에게 해볼 필요가 있다. 결혼은 하나님이 우리에게 주신 가장 위대한 선물 가운데 하나지만, 우리가 함께 '끝까지 가고자' 한다면 결혼식 전과 후에 열심히 노력하는 것이 요구된다.

결론

여덟 마리 암소의 가치를 지닌 아내

노먼 라이트(Norman Wright)는 "여덟 마리 암소의 가치를 지닌 아내"에 관한 이야기를 전해준다. 그가 그것을 잃어버렸는지 궁금해하기 전에, 여러 차례 읽으면서 하나님이 그 이야기를 통해 우리에게 소중한 무언가를 가르쳐주시지 않는지 살펴보자.

> 결혼 당시 우리 부부는 둘 다 불안한 마음을 갖고 있었고, 아내는 나를 기쁘게 해주려고 최선을 다했다. 내가 그녀에게 얼마나 지배적이고 무심했는지 당시에는 깨닫지 못했다. 결혼 초기의 내 행동은 그녀를 훨씬 더 위축되게 만들었다. 나는 그녀가 자신만만한 여성이었으면 했다. 머리를 높이 쳐들고 어깨를 쭉 펴기를 원했다. 그러면서도 여성답고 관능적이기를 원했다.
>
> 그녀가 변하기를 내가 원할수록, 그녀는 더욱더 위축되고 자신 없어했다. 나는 그녀가 내가 원하는 모습과는 정반대의 사람이 되도록 조장하고 있었던 것이다. 나는 내가 말보다는 오히려 몸짓 언어로 그녀에게 압박을 가하고 있다는 사실을 깨닫기 시작했다.
>
> 하나님의 은혜로 나는 환상 속의 여인이 아니라 내가 결혼한 여자를 사랑해야 한다는 사실을 깨달았다. 나는 수잔(Susan)을 있는 그대로 사랑하기로 서약했다. 하나님이 창조하신 본래의 모습대로 말이다.
>
> 그 변화는 아주 흥미로운 방식으로 내게 찾아왔다. 애틀랜타로 여행하던 도중, 나는 〈리더스 다이제스트(Reader's Digest)〉의 한 기사를 읽게 되었다. 나는 그것을 복사했고, 그 이후로 지금까지 당시의 깨달음을 마음속 깊이 새기며 살아왔다. 그것은 남태평양에서 살고 있는 조니 링고(Johnny Lingo)라는 한 남자에 관한 이야기였다. 섬 사람들은 모두 그 남자를 극구 칭찬했다. 그런데 그가 아내를 찾게 되었을 때, 사람들은 못 믿겠다는 듯이 머리를 가로저었다. 그들에겐 아내를 얻는 대가로 장인에게 암소를 지불하는 관습이 있었다. 보통 네 마리에서 여섯 마

리면 높은 대가로 간주되었다. 그러나 조니 링고가 선택한 여성은 평범한 얼굴에 깡마른 체구를 가졌으며 어깨를 구부린 채로 걸었다. 그녀는 숫기도 없고 부끄러움도 많이 타는 비사교적인 여성이었다. 그런데 모두를 깜짝 놀라게 한 것은 조니가 제공한 대가였다. 그녀에 대한 대가로 여덟 마리나 되는 암소를 제공했던 것이다! 모두들 그 일에 대해 낄낄거리며 웃었다. 그의 장인이 그를 속였다고 생각했기 때문이다.

결혼식이 끝나고 여러 달이 지난 후, 미국에서 온 어느 방문객이 사업차 그 섬에 들렀다가 우연히 조니 링고와 여덟 마리 암소의 가치를 지닌 그의 아내에 관한 이야기를 듣게 되었다. 조니와 그의 아내를 만나 본 그 방문객은 소문이 완전히 잘못된 것이라는 사실을 깨닫게 되었다. 그녀는 숫기가 없고 부끄러움을 많이 타는 그저 그런 여성이 아니었다. 아름답고, 기품이 있으며, 자신감에 차 있었던 것이다. 방문객이 그 변화에 대해 물었을 때, 조니 링고의 대답은 아주 간단했다. "저는 여덟 마리 암소의 가치를 지닌 여자를 원했습니다. 제가 아내에 대해 그만큼을 지불하고 그런 식으로 대하자, 그녀도 자신이 여덟 마리 암소의 가치를 지닌 여자라는 사실을 믿기 시작했죠. 아내는 자신이 섬의 다른 어떤 여자보다도 가치 있는 존재라는 사실을 발견한 것입니다. 가장 중요한 것은 아내가 자신에 대해 어떻게 생각하느냐 하는 것입니다"(노먼 라이트, "The Eight-Cow Wife", 〈Marriage Magazine〉, 2000. 5/6).

▣ 진리 알기와 적용하기

- 결혼을 망치는 것은 바로 작은 것이다. 부지중에 숨어 들어와 당신의 관계를 파괴할 수 있는 작은 여우를 항상 경계하라.
- 서로에 대한 지식에서 자라가라. 당신의 배우자에게 좀 어렵지만 깊이 있는 질문을 던져보라. 당신 자신에게 좀 어렵지만 깊이 있는 질문을 해보라.
- 의사소통과 배경, 포부와 목표, 자녀 수와 양육 방법, 기대 수준, 인척 관계, 재정 상태와 부채, 섹스에 대한 태도, 알코올과 약물, 성적으로 노골적인 표현물 등에 대한 태도 등과 같은 잠재적인 문제들을 찾아내고 해결하라.

삶의 적용

혼전 토의 질문

결혼을 준비하는 데 있어 너무 많은 정보란 있을 수 없다. 결혼이 잘 시작되고, 잘 지속되며, 잘 마무리되기 위해서는 당신이 결혼할 사람에 대해 제대로 아는 것이 필수적이다. 다음은 결혼을 앞두고 있는 커플들이 '서약' 하기 전에 함께 토론해야 할 중요한 질문들이다.

1. 사랑은 당신에게 무엇을 의미하는가? 그것은 어떤 모습인가?
2. 당신이 사랑하는 사람이 성숙한 사람이라고 생각하는가?
3. 당신이 사랑하는 사람을 기쁘게 해주기 위해 어떻게 노력하고 있는가?
4. 보통 누가 우선인가? 당신인가, 당신이 사랑하는 사람인가?
5. 당신은 얼마나 자주 그리고 어떤 방식으로 사랑하는 사람에게 온정과, 애정과, 감사를 표현하는가?
6. 당신은 결혼하면 어떤 활동들을 독립적으로 계속하기를 바라는가?
7. 당신의 결혼이 얼마나 오래 지속되기를 기대하거나 바라는가? 그 이유는 무엇인가?
8. 당신 스스로 생각할 때, 당신의 강점과 약점은 무엇인가?
9. 결혼 생활에서 무엇이 당신의 책임(역할)이라고 생각하는가?
10. 당신 부모의 행복 또는 불행의 정도는 어느 정도라고 생각하는가?
11. 당신의 부모 그리고 당신의 형제나 자매에 대해 어떤 감정을 가지고 있는가?
12. 당신은 불화와 다툼이 있는 집안에서 자랐는가? 그 차이와 문제들이 당신 부모에 의해 어떻게 해결되었는가?
13. 당신은 어느 쪽의 편을 들었는가? 당신은 어느 쪽의 사랑을 더 받았는가?
14. 당신은 부모가 논쟁할 때 어떻게 대처했는가?
15. 당신은 결혼하면 당신 부모를 어떻게 대할 것인가? 장인 장모를 어떻게 대할 것

인가?

16. 당신은 결혼 첫해에 당신의 부모나 장인 장모와 얼마나 많은 시간을 보내고 싶은가? 그 이후에는?
17. 당신의 부모나 장인 장모와 얼마나 가까이 살 계획인가?
18. 만약 어떤 문제를 당신의 부모나 아내의 부모와 함께 해결해야 한다면, 누가 그것을 다루어야 한다고 생각하는가?
19. 당신의 결혼이 당신 부모의 결혼처럼 되겠는가, 장인 장모와 결혼처럼 되겠는가? 아니면 두 경우와 다르게 되겠는가? 그 이유는 무엇인가?
20. 당신이 사랑하는 사람은 어느 쪽 부모와 더 가까운가?
21. 당신은 어떤 형태의 오락을 좋아하는가? 당신이 사랑하는 사람도 같은 종류의 오락을 즐기는가?
22. 당신은 사랑하는 사람의 친구들을 좋아하는가?
23. 당신에겐 많은 친구들이 있는가? 그들과 얼마나 가까운가?
24. 결혼한 후에는 친구들을 어떻게 선택할 것인가? 친구들과 함께 시간을 보낼 것인가?
25. 하나님이나 영적 문제에 대한 당신의 감정이 사랑하는 사람과의 관계에 영향을 미치는가?
26. 당신은 교회에 정기적으로 출석하는가? 당신이 사랑하는 사람도 그렇게 하는가? 결혼하면 함께 정기적으로 출석할 것인가?
27. 당신은 예수 그리스도와 개인적인 관계를 맺고 있는가? 만약 그렇지 않다면, 그렇게 하고 싶은가?
28. 당신이 갖게 될 미래의 자녀가 교회에서 양육받으며 하나님을 사랑하도록 가르칠 것인가?
29. 당신의 삶의 목표는 무엇인가?
30. 당신은 아플 때 동정과 주목받기를 좋아하는가?
31. 대체로 당신은 동성과의 교제만큼이나 이성과의 교제도 즐기는가? 결혼 후에는 그것을 바꿀 의향이 있는가?
32. 당신은 얼마나 많은 칭찬이 필요하다고 느끼는가?

33. 당신의 장래 배우자가 가족의 소득 가운데 적절한 금액을 당신에게 별도로 설명하지 않고 마음대로 사용할 수 있도록 허락하는 것이 좋은 아이디어라고 생각하는가?
34. 당신은 다른 사람들 앞에서 사랑하는 사람을 놀리기를 좋아하는가? 그 이유는 무엇인가?
35. 누가 더 똑똑한가? 당신은 그것에 대해 어떻게 느끼는가?
36. 당신은 늘 우울함을 느끼는가? 당신이 사랑하는 사람에게서도 그것이 늘 눈에 띄는가?
37. 당신은 자신을 '말이 많은 사람'으로 인식하는가, 아니면 '남의 말을 들어주는 사람'으로 인식하는가?
38. 당신 둘은 어떤 관심사나 스포츠, 취미 등을 공유하고 있는가?
39. 당신은 아이들을 좋아하는가? 얼마나 많은 자녀를 원하는가? 그 또는 그녀는 몇 명의 자녀를 원하는가?
40. 당신은 가족 계획과 자녀 양육 문제에 대해 당신의 생각을 표현할 것인가?
41. 결혼 생활에서 재정 문제는 어떻게 다룰 것인가? 부채에 대한 당신의 생각은 무엇인가?
42. 당신은 예산을 사용할 계획인가? 예산 계획을 세우려고 시도해본 적이 있는가?
43. 당신은 어떤 성적 경험을 가지고 있는가? 사랑하는 사람이 그것을 알고 있는가?
44. 당신은 다가오는 결혼에서 애정과 섹스에 대한 욕구를 표현할 수 있겠는가?
45. 당신의 성적 욕구가 당신이 사랑하는 사람보다 더 강하다고 생각하는가, 아니면 덜 강하다고 생각하는가? 그 문제에 대해 충분히 토론했는가? 아니면 전혀 하지 않았는가?
46. 당신의 성적, 애정적 욕구가 당신이 사랑하는 사람보다 더 강하다고 생각하는가, 아니면 덜 강하다고 생각하는가?
47. 소위 성(性)지식에 관해 누가 당신에게 정보를 주거나 가르쳐주었는가? 당신은 그 분야에 대해 충분한 지식을 가지고 있는가?
48. 당신은 보통 생일이나 특별한 날들을 기억하는가? 그런 날들을 어떻게 인지하는가?

49. 결혼 생활에서 문제를 스스로 해결할 수 없을 때 상담자로부터 전문적인 도움을 받는 것에 대해 어떻게 생각하는가?
50. 당신은 행복하게 살고 있는 부부들을 많이 알고 있는가?

기도

하나님 아버지, 결혼은 정말 진지한 문제입니다. 저는 정말로 누구를 얻게 될 것인지 그리고 어떤 상황에 처하게 될지 알 필요가 있습니다. 저의 장래 배우자에 대해 어렵지만 바람직한 질문들을 나 자신에게 할 수 있는 지혜와 용기를 주십시오. 제가 '결혼 서약' 을 하기 전에 너무 많이 알기보다 오히려 너무 적게 알 수 있다는 사실을 깨닫게 도와주십시오. 봄바람은 좋게 느껴지지만, 조만간 겨울이 올 것이라는 사실을 압니다. 결혼을 현명하게 준비할 수 있도록 인도해주십시오. 무엇보다도 이 결정이 제가 남은 생애를 함께 보내게 될 사람을 포함하고 있기 때문에 더욱 당신께 의지합니다. 예수님의 이름으로 기도합니다. 아멘.

심층 연구

여우

여우는 고대 세계에서 유해한 동물로 유명했다. 당시 시인들도 여우에 대해 기록을 남겼는데(Theocritus of Comatas, c. 주전 275년), 여우는 "동화와 속담에서 교활하고 수수께끼 같은 창조물"로 묘사되었을 뿐만 아니라 "간사한 뱀과 비교되기도" 했다(Landy, 240). 그런 역사적, 문학적 통찰력을 감안할 때, 오늘날 우리의 결혼 속에 몰래 들어와 파괴를 일삼으려고 시도하는 여우의 활동에는 어떤 것들이 있을까? 나는 7가지를 강조하고 싶다.

경고 1(역할 반전의 여우). 하나님이 남편과 아내에게 정해주신 역할이 뒤바뀌거나 남용될 때, 결혼은 곤경에 빠지게 될 것이다.

경고 2(친밀감 침체의 여우). 초기의 감각적인 사랑이 친밀감으로 발전하지 못할 때, 결혼은 곤경에 빠지게 될 것이다.

경고 3(침묵 또는 담쌓기의 여우). 결혼은 정기적이고 진심어린 의사소통에 의해 뒷받침되지 않을 때 어려움에 빠지게 될 것이다.

경고 4(잘못된 시간 사용의 여우). 건강한 부부 관계를 구축하고 유지하기 위해 필요한 둘만의 시간을 결혼 밖에 있는 힘이나 사람이 빼앗을 때, 결혼은 곤경에 빠지게 될 것이다.

경고 5(외부 간섭의 여우). 실제적이고 개인적인 욕구가 점점 더 결혼 밖에서 만족될 때, 결혼은 곤경에 처하게 될 것이다.

경고 6(권태의 여우). 만약 결혼 서약이 조건적인 것으로 생각되고, 결혼이 더 이상 하나님 앞에서의 신성한 언약으로 간주되지 않으며, 이혼이 불행한 상황에 대한 가능한 대안으로 여겨지기 시작한다면, 결혼은 곤경에 빠지게 될 것이다.

경고 7(오해의 여우). 만약 남자와 여자가 서로 얼마나 다른지를 이해하고, 감사하며, 즐기지 못한다면, 결혼은 어려움에 빠지게 될 것이다.

고안

A. 들어가는 글: '남자는 개, 여자는 고양이!' 이야기로 시작하라.

B. 본문 이해

1. 질문 1: 그의 행동은 투명한가?(2:8-9)
   a. 그 또는 그녀의 행동을 유심히 지켜보라.
   b. 그 또는 그녀의 눈을 유심히 들여다보라.
2. 질문 2: 그의 말은 부드러운가?(2:10-14)
   a. 칭찬을 귀담아들어라.
   b. 세세한 것들을 귀담아들어라.
   c. 열정을 귀담아들어라.
3. 질문 3: 그의 신념은 확고한가?(2:15)
   a. 문제는 보통 작은 것들에 있다.
   b. 기억하라, 관계는 특별히 민감한 것이다.
4. 질문 4: 그는 인생을 걸 만한 가치가 있는 사람인가?(2:16-17)
   a. 서로에게 속해 있다는 사실을 알아야 한다.
   b. 서로가 원하고 있다는 사실을 알아야 한다.

C. 결론: '여덟 마리 암소의 가치를 지닌 아내' 를 읽어주라.

토의 질문

우리가 작은 여우를 잡으려면, 그것이 매일 발생하게 될 전투라는 사실을 인식해야 한다. 어제의 승리는 내일의 전투를 위해 충분치 않을 것이다. 참으로 우리가 서로 관계 속에서 매일 조금씩 성장해가는 것이 절대적으로 필요하다. 여러 해 전, 해리 채핀(Harry Chapin)은 "우리는 조금씩 성장했다네(We Grew Up a Little Bit)"라는 제목의 노래를 작곡했다. 그는 발라드 가수였다. 해리 채핀은 많은 해답을 갖고 있지는 않았지만, 분명 적절한 질문을 제기하는 방법을 알고 있었다. 그 노래의 가사에 귀를 기울여 보고, 그것이 당신의 마음과 서로에 대한 헌신에 도전이 되지는 않는지, 적어도 우리가 결혼이라고 부르는 그 멋진 관계 속에서 매일 조금씩 성장해가도록 도전하고 있지는 않는지 살펴보자.

> 우리는 일찍 그리고 약간 늦게 결혼했다네.
> 아기가 너무 일찍 나왔지만, 어떤 것들은 도저히 기다릴 수 없었지.
> 우리는 이제 막 시작하고 있었지만, 그해 우리가 조금 성장했다는 것은 아주 분명한 사실이었다네.
> 나는 검침원으로 취직되었고, 당신은 집안일에 매달렸지.
> 내가 야간 학교에 다니기 시작하자, 당신은 결국 혼자가 되어버렸지.
> 그러나 내가 직장 생활을 하는 동안, 당신은 또 다른 아이를 갖게 되었지.
> 그리고 우리는 조금 성장했다네. 우리는 조금 성장했다네.
> 우리는 그해 조금 성장했다네.
> 그들이 나를 사무직에 앉혔고, 그 젊은이는 무척 바빠졌지.
> 우리는 쉐이커 하이츠(Shaker Heights)에 집을 장만했고, 당신은 혼자서 그 이사를 감독해야 했다네.
> 우리는 당시 수표를 사용하고 있었고, 내가 엔지니어로 일하는 동안 당신은 아이들의 기저귀를 갈고 있었지.

그리고 우리는 해마다 아주 빠르게 성장하고 있었다네.

그러나 나는 킬로와트(kilowatts)에 싫증이 났고, 당신은 아이들에 지치게 되었지.

나는 밤늦게 귀가하기 시작했고, 그것은 곧 당신의 모습이 되었지.

우리는 따로 파티에 가곤 했지. 당신은 엉덩이를 흔들었고 나는 곁눈질을 했지.

그리고 우리는 더 빠르게 성장하고 있었다네. 우리는 점점 더 빠르게 성장하고 있었다네.

우리는 매년 점점 더 빠르게 성장하고 있었다네.

당신은 침묵 속에 사는 방법을 터득했고, 나는 거짓말로 살아가는 방법을 터득했지.

그리고 우리 둘 다 우리의 눈동자 안에 커져가는 빈 공간을 간과했었지.

내가 맥주에 절어 사는 동안, 당신은 진토닉에 절어 살게 되었지.

그리고 지난해 우리는 조금 더 성장했다네.

오늘 직장에서 그들은 나를 모른 체하고 대신 존(John)을 승진시켰지.

집에 돌아와서는 당신이 차를 심하게 망가뜨린 걸 발견했지. 내가 이성을 잃었었지.

내가 당신을 때리다니 믿을 수가 없지만, 갑자기 분노가 치밀어올랐지.

아, 무엇이 잘못된 것일까?

당신이 거기 앉아 울고 있을 때, 나는 당신이 누구인지 생각해봤지.

지금까지 나와 함께 살아온 파트너이면서, 낯선 사람이면서, 친구이면서, 적이더군.

우리는 여기 잿더미 위에 서 있다네. 그것은 아주 분명한 사실인 것 같다네.

사실은 우리가 매년 그렇게 많이 성장하지 못했던 거지.

그래서 당신은 우리가 아무것도 이룬 게 없다고 말하지. 그래, 그것이 우리가 지금까지 살아온 결과라는 걸 나도 안다네.

그러나 나는 여전히 우리가 다시 시작할 수 있을까 하는 생각을 떨쳐버릴 수가 없다네.

나는 의문과 호기심과 두려움으로 가득 차 있지.

그러나 우리가 조금씩 성장할 수 있을까? 우리가 조금씩 성장할 수 있을까?
우리가 올해 조금 성장할 수 있을까?
(해리 채핀, "We Grew up a Little Bit", 〈Dance Band on the Titanic〉, Electra/Asylum Records, 1977, 허락 하에 게재)

아가 3:1-5

사랑하는 자의 악몽

"성공적인 결혼은 항상 삼각형 모양이다. 그리고 그 꼭지점에는 남자와 여자 그리고 하나님이 계신다."

- 세실 마이어즈(Cecil Myers)

하나님은 결혼과 가정을 만드신 분으로서 그것들을 설계하실 때 자신이 무엇을 하고 있는지 잘 알고 계셨다. 결혼과 섹스, 가정, 자녀 등과 같은 이슈에 관해서는 참으로 하나님이 '가장 잘 알고 계신다.'

들어가는 글

섹스와 결혼과 자녀에 대해서는 하나님이 가장 잘 알고 계신다

결혼은 현존하는 가장 위대한 것들 가운데 하나다. 린다 웨이트(Linda Waite)와 매기 갤러거(Maggie Gallagher)는 「결혼에 대한 옹호(The Case for Marriage)」라는 제목의 책에서 일반적인 통념에 반하여 결혼한 사람들이 "더 행복하고, 더 건강하며, 재정적으로도 더 잘된다"고 설득력 있게 주장한다. 놀랍지 않은가? 우리는 지금 대중 문화 속에서 우리 가운데 상당수가 이미 알고 있는 것을 발견하고 있다. 하나님이 가장 잘 아신다는 사실 말이다! 그렇다. 심지어 과학적인 연구조차도 결혼과 가정에 대한 창조주의 아이디어를 정당화하고 있는 실정이다. 예를 들어, 섹스에 대한 증거를 살펴보면 하나님이 가장 잘 아신다는 사실을 발견하게 된다.

하나님이 섹스에 대해 가장 잘 아신다.

1. 1993년 6천8백만 명의 미국인들이 성병을 갖고 있다는 보도가 있었다(Patricia Donovan, "A Prescription of Sexually Transmitted Diseases", 〈Issues in Science and Technology〉, 1993, vol. 9, no. 4, p. 40). 지금도 매년 대략 천5백3십만 명의 미국인들이 성병에 걸리고, 네 명 가운데 한 명은 20세 미만의 청소년이다. 1998년 미국에서 가장 흔한 법정 전염병 열한 가지 가운데 다섯 가지가 성병이었다. 그리고 거기에는 음부 포진(herpes)과 인유두종 바이러스(human papillomavirus: HPV)가 포함되어 있지 않다. 질병통제예방센터(Centers for Disease Control and Prevention: CDC)가 그 질병들에 대한 데이터를 수집하지 않기 때문이다. HPV는 90퍼센트 이상의 자궁경부암과 전암(precancer)을 일으켜 매년 약 5천 명의 미국 여성들의 사망을 유발하고 있다.

섹스 파트너의 숫자는 성병에 걸릴 가능성과 밀접하게 연관되어 있다. CDC의 연구 결과는 평균적으로 섹스를 일찍 시작한 사람일수록 더 많은 섹스 파트너를 가지고 있을 가능성이 높다는 사실을 분명하게 보여주고 있다. 따라서 결혼 전까지는 성적 활동을 미루어 성병을 예방하라. 게다가 결혼 이후에는 성병에 걸릴 확률을 무시해도 좋을 정도다. 따라서 더 많은 결혼은 더 적은 성병을 의미한다(Joe S. McIlhaney, "Improve Nation: Boost Marriage", 〈Knight Ridder/Tribune News Service〉, 2000. 9. 29).

그리고 명심하라. 많은 성병은 치료가 불가능하고, 당신을 불임으로 만들 수도 있으며, 일부는 치명적일 수 있다. 만약 우리가 그저 하나님의 방식대로(한 남자와 한 여자가 평생 동안 결혼이라는 언약 안에서) 섹스를 한다면, 한 세대 안에 모든 성병이 사라질 것이라는 사실은 놀라운 현실이다.

2. 우리는 이제 섹스가 결혼할 때까지 기다리는 사람들에게 더 만족스럽다는 사실을 알고 있다. 스토니 브룩(Stony Brook)의 뉴욕 주립대학과 시카고 대학의 연구원들에 의해 공동으로 실시된 〈유에스 뉴스 앤 월드 리포트(U.S. News & World Report)〉에 의해 '가장 권위 있는 것' 으로 평가되는 성(性)에 대한 한 조사는 성적으로 활동적인 모든 사람들 가운데 육체적으로나 감정적으로 가장 만족하고 있다고 대답한 사람들은 기혼 부부라는 사실을 밝혀냈다(Robert T. Michael, John H. Gagnon, and Edward O. Lauman, 〈Sex in America: A Definitive Survey〉, Boston: Little, Brown & Co., 1994, 124).

한 저자는 그것을 좀 더 솔직하게 표현하고 있다.

> "미국에서 결혼을 장려하는 것은 행복한 남성과 여성이 훨씬 더 많아지는 데 기여하게 될 것이다." 〈섹스 인 아메리카(Sex in America)〉는 부부의 섹스가 다른 모든 섹스를 능가한다고 보고했다. 예를 들면, "기혼 여성은 결혼한 적이 없거나 동거하지 않는 여성에 비해 보통 또는 항상 오르가즘을 경험하는 비율이 훨씬 더 높았다(75퍼센트 대 62퍼센트)." 그리고 조사자들은 "섹스를 가장 많이 하고 가장 많이 즐기는 사람들은 기혼자들이다" 라고 기록했다(Joe S. McIlhaney, "Improve Nation: Boost Marriage").

3. 섹스는 결혼 안에서 더 좋을 뿐만 아니라, 평생 단 한 명의 섹스 파트너를 갖는 것

이 최선이다. 우리는 이제 "한 명 이상의 섹스 파트너를 갖게 될 때 육체적, 감정적 만족이 저하되기 시작한다"는 사실을 알고 있다(Michael 외, 125). 최고의 섹스는 경건한 섹스다. 하나님이 섹스에 대해 가장 잘 아신다.

하나님은 결혼에 대해서도 가장 잘 아신다.

1. 우리는 결혼한 사람들이 동거하는 커플보다 더 건강한 결합을 유지하고 있다는 사실을 발견했다. 워싱턴 주립대학의 연구는 "동거하는 커플들이 결혼한 부부들보다 덜 건강한 관계를 가지고 있다"는 사실을 밝혀냈다(Jan E. Stets, "The Link Between Past and Present Intimate Relationship", 〈Journal of Family Issues〉, 1993, vol. 114, p. 251).

2. 결혼한 사람들은 행복의 모든 척도에서 대체로 더 낫다. UCLA의 연구원들은 "동거자들이 이후의 결혼에서 동거해본 적이 없는 부부들보다 불륜과 알코올, 약물, 독립 등의 문제로 인해 더 많은 어려움을 경험했다"고 설명했다(Michael D. Newcomb and P. M. Bentler, "Assessment of Personality and Demographic Aspects of Cohabitation and Marital Success", 〈Journal of Personality Assessment〉, 1980, vol. 44, p. 21). 실제로 동거가 선행된 결혼은 동거가 선행되지 않은 결혼보다 깨질 가능성이 50에서 100퍼센트 정도 더 높다(William Axinn and Arland Thorton, "The Relationship Between Cohabitation and Divorce: Selectivity or Casual Influence?", 〈Demography〉, 1992, vol. 29, p. 358).

3. '아내 구타'는 좀 더 정확하게 '여자 친구 구타'로 불려야 한다. 〈결혼과 가정 저널(Journal of Marriage and the Family)〉에 의하면, "공격적인 행동은 결혼한 배우자들 사이에서보다 동거자들 사이에서 적어도 두 배 이상 흔하다"(Jan E. Stets, "Cohabiting and Marital Aggression: The Role of Isolation", 〈Journal of Marriage and the Family〉, 1993, vol. 53, pp. 669-670).

4. 결혼한 커플은 더 좋은 육체적, 정신적 건강을 누린다. UCLA의 생물행동과학자 로

버트 쿰즈(Robert Coombs) 박사는 행복과 결혼 관계에 대한 130건 이상의 연구를 재검토하여 "둘 사이에 밀접한 관련이 있다"는 결론을 내렸다. 결혼한 사람들은 알코올 중독과 자살, 정신과 치료 등에서 훨씬 더 낮은 비율을 보이는 반면, 스스로 행복하다고 답하는 경우가 훨씬 더 많다(로버트 쿰즈, "Marital Status and Personal Well-Being: A Literature Reviews", 〈Family Relations〉, 1991, vol. 40, pp. 97-102).

5. 결혼 관계에 있는 사람들은 다른 어떤 범주에 있는 사람들보다 더 낮은 비율의 심각한 우울증을 경험했다(Lee Robins and Darrel Regier, 「Psychiatric Disorders in America: The Epidemiologic Catchment Area Study」, New York: Free Press, 1991, p. 72). 100명당 우울증의 연간 발생 비율은 다음과 같다.

기혼자(이혼한 적이 없는)	1.5
결혼한 적이 없는 사람	2.4
한 번 이혼한 사람	4.1
동거자	5.1
두 번 이혼한 사람	5.8

기혼자와 독신자의 정신 건강에 관한 최근 연구는 전국적으로 거의 1만3천 명에 달하는 사례를 살펴보았다. 기혼 여성들은 독신 여성들보다 자신의 정서적 건강이 '훌륭한 상태'라고 대답할 확률이 약 33퍼센트 정도 더 높았다. 반면 독신 여성들은 기혼 여성들보다 자신의 정서적 건강이 '형편없는 상태'라고 대답할 확률이 두 배 이상 높게 나타났다.

6. 매사추세츠 대학의 연구원들은 결혼한 사람들이 이혼하거나 별거하고 있는 사람들보다 질병이나 강박감, 장애 등을 덜 경험한다고 말한다. 그들의 설명은 이렇다. "건강 조사에서 가장 일관되게 나타나는 관찰 결과 가운데 하나는 결혼한 사람들이 다른 관계에 있는 사람들보다 더 좋은 건강을 누린다는 사실이다"(Catherine K. Relssman and Naomi Gerstel, "Marital Dissolution and Health: Do Males or Females Have

Greater Risk?", 「Social Science and Medicine」, 1985, vol. 20, p. 627). 특히 남성들에 관한 한 연구는 49세의 기혼 남성 열 명 가운데 아홉 명은 65세까지 생존하는 데 반해, 독신 남성의 경우에는 열 명 가운데 여섯 명만이 생존하게 된다는 사실을 밝혀냈다.

7. 독신 남성과 여성은 공격당할 위험이 훨씬 더 높다고 1994년에 미국 법무부가 보고했다(U.S. Department of Justice, Office of Justice Programs, Bureau of Justice Statistics, "Criminal Victimization in the United States, 1992", NCJ-145125, 1994. 3. 31). 일반적인 가중 폭행의 대상이 되는 1,000명당 비율은 다음과 같다.

남성

기혼자	5.5
이혼 또는 별거 중인 사람	13.6
미혼자	23.4

여성

기혼자	3.1
이혼 또는 별거 중인 사람	9.1
미혼자	11.9

하나님이 결혼에 대해 가장 잘 아신다.

하나님은 자녀에 대해서도 가장 잘 아신다.

1. 자녀를 양육하기에 가장 좋은 장소는 결혼한 아버지와 어머니가 함께 사는 가정이다. 일반적으로 부모가 함께 살며 양육한 자녀들이 모든 분야에서 더 뛰어나다. 이 분야에서 가장 권위 있는 연구는 프린스턴 대학의 사라 맥라나한(Sara McLanahan) 박사에 의해 진행되었다. 그녀는 「편부모 아래서 성장하기(Growing Up with a Single Parent)」에서 "부모의 인종이나 교육적 배경과는 상관없이, 편부모만 있는 가정에서 성장한 아이들은 평균적으로 양부모와 함께 살며 성장한 아이들보다 뒤떨어진다" 고 했다

(Sara McLanahan and Gary Sandefur, 「Growing Up with a Single Parent」, Cambridge: Harvard University Press, 1994, p. 1).

2. 아동기의 어느 기간 동안 양부모 가운데 한 사람과 떨어져 살아온 성인들은
- 고등학교를 중퇴할 가능성이 두 배 높다.
- 20세 이전에 아이를 가질 가능성이 두 배 높다.
- 20대 후반에 학교를 중퇴하고 실직하여 빈둥거릴 가능성이 1.5배 높다.

유타 대학에서 실시한 한 연구는 부모의 이혼이 어린 자녀들에게 상처를 주는 이유는 아이들이 종종 심한 스트레스로 신경질적인 어머니에게 맡겨지기 때문이라고 말했다(〈Family in America〉, 2000. 2, p. 2).

3. 아버지가 없는 아이들은 더 낮은 학업 성취도와 더 많은 인지적 지적 결함, 늘어나는 적응 문제, 성 심리 발달 문제에 있어 높은 위험성을 가지고 있다(George Rekers, "Research on the Essential Characteristics of the Fathers Role for Family Well-Being." Testimony before the Select Committee on Children, Youth and Families, U.S. House of Representatives, 99th Congress, 2nd session, 1986. 2. 25, 59-60). 폭력적인 아이들은 아버지와 함께 살지 않을 가능성이 11배 더 높고, 결혼하지 않은 부모와 함께 살 가능성이 6배 더 높다. 양부모와 함께 살지 않는 아이들은 학교에서 정학당하거나 퇴학당할 가능성이 4배나 더 높게 나타난다(〈Business Daily〉, 1997. 11. 12).

헤리티지 재단(Heritage Foundation)은 2000년 6월에 이렇게 논평했다. "매년 백 만 명의 아이들이 그들의 부모가 이혼하는 것을 보고 있다. 14-18세 십대들의 42퍼센트만이 '최초의 가정', 다시 말해 결혼한 두 부모가 본래대로 유지되고 있는 가정에서 살고 있다." 부모가 이혼한 아이들은 "분노와 두려움, 슬픔, 근심, 거부, 충돌하는 충성심, 낮은 자신감, 고조된 불안, 외로움, 더 우울한 기분, 자살에 대한 더 많은 생각 등을 경험한다"고 패트릭 페이건(Patrick Fagan) 박사와 로버트 렉터(Robert Rector)에 의해 만들어진 "이혼이 미국에 미치는 영향(The Effects of Divorce on America)"이라는 제목의 헤리티지 보고서는 말한다.

본래대로 유지되고 있는 가정의 아이들에 비해서 부모가 이혼한 아이들은 깜짝 놀랄 만한 위험들에 직면해 있다. 그들은 소년원에 구금될 가능성이 12배나 높고, 편모에 의해 육체적으로 학대받을 가능성이 14배나 높으며(그녀가 동거한다면 그 위험성은 33배나 더 높으며), 임신하게 될 가능성이 3배 더 높고, 남성의 경우 자살할 확률이 6배가 더 높다.

그 보고서는 또 이렇게 적고 있다. "부모가 이혼한 아이들의 상당수는 나중에 역기능적인 성인이 된다. 심지어 부모가 이혼한 후 30년이 지난 시점에도 상당수 장성한 자식의 소득과 건강, 행동 등에서 부정적인 장기 효과가 분명하게 나타났다." 그들은 더 많은 연애 실패 경험과 더 많은 수의 섹스 파트너를 가지고 있으며, 동거할 가능성이 두세 배나 높고, 약혼녀를 덜 믿는 경향이 있으며, 그들에게 덜 헌신적이고, 이혼할 가능성도 두 배나 높다. 두 사람 모두 이혼 가정 출신일 때는 결혼 초기에 이혼할 가능성이 620퍼센트나 더 높게 나타난다. 그러므로 "한 세대의 불안정한 결혼은 다음 세대로 대물림된다"(Mike McManus, "Heritage Foundation Calls for Political Leadership on Marriage", 〈Ethics & Religion〉, 2000. 6. 22, Column #982).

러트거스(Rutgers) 대학의 유명한 가족 학자 데이빗 포피노(David Popenoe) 박사는 그 문제에 관한 심각한 논쟁은 있을 수 없다고 설명한다.

> 나는 증거의 무게가 한쪽 면에 너무 결정적으로 쏠려 있는 다른 일련의 데이터를 거의 알지 못한다. 대체적으로 아이들에게는 양부모가 모두 있는 가정이 바람직하다… 만약 가족 구조에 대한 우리의 지배적인 견해가 오로지 학문적 증거에만 근거하고 있다면, 현재의 논쟁이 애초부터 일어나지 않았을 것이다(데이빗 포피노, "The Controversial Truth", 〈뉴욕타임스〉, 1992. 12. 26, A-21).

게다가 펜실베이니아 대학의 한 사회학자는 이렇게 말했다. "대부분의 연구는 계부모 가족의 자녀들이 편부모 가족의 자녀들보다 더 잘하지 못한다는 사실을 보여준다. 실제로 많은 증거들이 평균적으로 재혼 가정의 아이들이 뒤진다는 사실을 암시한다" (Frank F. Furstenberg Jr., "History and Current Status of Divorce in the United States", 〈The Future of Children〉, 4, no. 1, Center for the Future of Children,

Spring 1994, p. 37). 계부모 가정이 미국에서 두 번째로 빠르게 늘어나는 가족 구조라는 사실을 지켜보는 것은 근심스러운 일이다. 가장 빠르게 늘어나는 가족 구조는 결혼 밖에서의 출생에 의해 만들어진다(David Blankenhorn, 「Fatherless America: Confronting Our Most Urgent Social Problem」, New York: Basic Books, 1995, p. 307).

4. 심지어 한쪽 부모의 죽음조차도 이혼이나 유기에 의해 한쪽 부모를 잃는 것만큼 어린이에게 파괴적인 영향을 미치지는 않는다. 왜냐하면 한 배우자의 죽음으로 인한 편부모 가정은 다른 편부모 가정과는 확연하게 구분되는 자연적인 방어 메커니즘을 가지고 있기 때문이다. 워싱턴 디씨에 소재한 아동 병원(Children' s Hospital)의 아동 정신과 의사 제임스 이건(James Egan) 박사는 "죽은 아버지는 잃어버린 아버지보다 더 유능한 아버지다"라고 도발적으로 주장한다(제임스 이건, M.D., "When Fathers Are Absent." 달라스 소재 National Fatherhood Initiative 주최 National Summit on Fatherhood에서의 연설에서, 1994. 10. 27).

아버지나 어머니가 죽을 때는 여전히 그 가정에서 권위와, 영향력과, 도덕적 리더십의 자리를 유지한다. 죽음으로 인해 떠난 부모는 보통 긍정적인 평판을 남기게 마련이다. 그들의 사진이 벽에 남아 있고, 긍정적으로 이야기된다. 그리고 아동의 부정적인 행동을 한 마디 주의로 바로잡을 수 있다. "아빠(또는 엄마)가 그런 행동을 용인하시겠니?"라고 말이다. 그러나 그 아버지가 아이를 버렸거나 누군지 확인된 적이 없다면, 그 질문에 대한 대답은 "알게 뭐예요?" 나 심하면 "그게 누군데요?" 일 것이다.

"아이들은 어떻게 슬퍼하나(How Kids Mourn)"라는 제목의 기사에서 〈뉴스위크(Newsweek)〉는 이렇게 보도했다. "존스 홉킨스(Johns Hopkins)의 사회학자 앤드루 첼린(Andrew Cherlin)은 '한쪽 부모의 죽음은 불안과 우울증, 수면 장애, 학습 부진, 공격성 등을 포함하여 파괴적인 심리적 결과를 초래할 수 있다' 고 말한다. '그러나 다른 많은 것들도 마찬가지 영향을 미칠 수 있고, [죽음에 의해] 한쪽 부모를 잃는 것이 실제로는 이혼보다 덜 파괴적이다. 그리고 그것은 놀라운 통계다. 대부분 죽음이 더 힘들 거라고 생각하기 때문이다.' " ("How Kids Mourn", 〈뉴스위크〉, 1997. 9. 22, p. 58).

사실 그것은 전혀 놀라운 것이 아니다. 크든 작든 한 아이가 죽음으로 인해 한쪽 부모를 잃을 때, 그 또는 그녀는 이런 식으로 생각한다. "만약 아빠가 여기 있을 수 있다면, 여기 있었을 거야. 하지만 그는 죽었으니 그렇게 할 수가 없어." 반면에 한 아이가 유기나 이혼으로 한쪽 부모를 잃으면, 그 또는 그녀는 다르게 생각한다. "만약 아빠가 여기에 있기를 원했다면, 여기 있었을 거야. 내 짐작으론 그가 여기에 있고 싶지 않은 것 같아. 그리고… 그것은 틀림없이 내 잘못일 거야." 그것은 이혼으로 인해 상처 입은 아이들이 겪는 파괴적인 후유증이다. 그리고 그 상처는 종종 성인기까지 따라간다는 사실을 우리는 알고 있다. 이 분야에 대한 주요 저서 주디스 월러스타인(Judith Wallerstein)의 「이혼의 예기치 않은 유산(The Unexpected Legacy of Divorce)」을 참고하라.

그리고 새로운 천 년이 시작되는 지금, 훨씬 더 강력하게 결혼을 찬성하는 추가적인 새로운 연구가 나왔다. 앞에서 언급했듯이, 시카고 대학의 사회학 교수 린다 웨이트와, 뉴욕 소재 미국 전통가치연구센터(Institute for American Values) 결혼 프로젝트(Marriage Project)의 이사 메기 갤러거는 그들의 초베스트셀러 「결혼에 대한 옹호: 왜 결혼한 사람들이 더 행복하고, 더 건강하며, 재정적으로도 더 잘되는 걸까(The Case for Marriage: Why Married People Are Happier, Healthier and Better Off Financially)」에서 남편과 함께 사는 기혼 여성들은 독신이거나, 별거 중이거나, 이혼한 상태이거나, 동거하는 자매들에 비해 가정 폭력이나 심지어 낯선 사람으로부터의 폭력에 의해 희생자가 될 가능성이 훨씬 더 낮다. 대부분의 여성에게 있어 결혼은 안전한 장소인 것이다. 결혼은 결혼 파트너들의 관계를 바람직하게 변화시킨다. 다른 유형의 '파트너십' 이 할 수 없는 방식으로 서로와 가족의 행복에 지대한 관심을 갖게 하는 것이다.

결혼의 공개적인 약속은 "당신이 자신과 사랑하는 사람에 대해 생각하는 방식을 변화시키고, 미래에 대해 생각하고 행동하는 방식을 변화시키며, 다른 사람들과 기관들이 당신을 대하는 방식도 변화시킨다." 결혼에 대한 광범위한 데이터 조사는 일반적으로 결혼한 사람들이 결혼하지 않은 동료들보다 육체적으로나 정신적으로 훨씬 더 건강하다는 사실을 보여준다. 그들은 심지어 한 사람의 소득으로만 살더라도 훨씬 더 풍요로우며, 여성들은 더 안전하고, 남성의 경우에는 폭력의 위험도가 높은 배경을 가지고 있더라도 범죄를 저지를 가능성이 훨씬 더 낮으며, 그들의 독신 동료들이나 심지어 동거하고 있는 사람들보다도 더 만족스러운 성생활을 한다고 보고되고, 전반적으로 다른 어떤 관계의 '결합'에 있는 사람들보다 훨씬 더 행복하다(Betsy Hart, "Both Sexes Thrive in Marriage", 〈Scripps Howard News Service〉, 2000. 10. 6).

하나님이 가장 잘 아신다. 그 증거는 압도적이고 명백하다. 그분은 섹스와, 결혼과, 자녀에 대해 가장 잘 아신다. 그럼에도 불구하고 우리는 거룩하게 제정된 이 제도에 접근할 때, 여전히 의심과, 걱정과, 불안과, 의문을 품을 수 있다. 두려움은 우리를 거의 마비시킬 수도 있다. 내가 어떻게 알 수 있을까? 그 사람이 내게 딱 맞는 사람인지 어떻게 확신할 수 있을까? 지금까지 '결혼에 대한 옹호론'이 나 자신의 마음속에서 긍정적인 판정을 받았는가? 나는 당신이 이 문제를 풀고자 시도할 때 솔로몬에 의해 우리에게 주어진 네 가지를 명심하도록 권하고 싶다.

본문 이해

사랑하는 자의 악몽

Main Idea	하나님은 결혼을 정확히 딱 맞게 설계하셨다.

A. 결혼은 성적 열정을 즐기기에 딱 맞는 곳이다(3:1-2)

Supporting Idea	결혼 안에서의 섹스는 보호와 즐거움을 극대화한다.

3:1-2. 많은 학자들은 아가서의 이 부분이 술람미 여인이 솔로몬과 결혼하기 바로 전 어느 날 밤 꾸었던 꿈이라고 믿는다. 처음에는 그것이 유쾌한 꿈이 아니었다. 사실은 악몽에 더 가까웠다. 그럼에도 불구하고 우리는 그 한가운데서 그녀가 솔로몬에게 품었던 열정적인 사랑을 배우게 된다. 우리는 또 열정에 대한 충고뿐만 아니라 열정과 결혼

의 관계에 대한 조언도 얻게 된다.

1. 이 사람이 딱 맞는 짝이라고 확신하라.

솔로몬에 대한 그녀의 욕망과 열정은 밤새 이어질 정도로 중대사였고 강렬한 것이었다. 그녀의 생각은 그에게 완전히 사로잡혀 있었다. 그녀는 솔로몬이 곧 그녀와 합치게 될 자신의 침상에서 그가 지금 자기 곁에 있기를 바라며 밤새 그를 갈망했다. 이 구절에서 '찾기(seeking)'와 '발견하기(finding)'의 테마가 네 번이나 등장하는 것은 흥미로운 대목이다. 찾다(NIV "looked", NKJV "sought")로 번역된 단어는 '바라다, 동경하다, 갈망하다'를 의미할 수도 있다. 그 단어 안에 열망이 담겨져 있다. 열정이 있다. 그녀의 마음속에는 확신이 있었다. 마음에 사랑하는 자를 찾았구나. 솔로몬은 그녀에게 딱 맞는 남자였던 것이다.

2. 딱 맞는 순간을 위해 자신을 지켜라.

그녀는 솔로몬을 찾거나 추구하였지만, 발견하지는 못했다. 그녀는 자리에서 일어나 한밤중에 성 안을 돌아다녔다. 중동 지역에서 그것은 젊은 여성에게 꽤 위험하고 부적절한 것이었다. 그러나 그것은 그녀가 꿈을 꾸고 있었다는 사실을 뒷받침한다. 솔로몬에 대한 그녀의 욕망이 너무나 커서 적절한 몸가짐도 포기하고 마음에 사랑하는 자를 찾아나섰던 것이다. 그럼에도 불구하고 그녀는 솔로몬을 발견하지 못했다. 왜일까? 대답은 간단하다. 그가 거기에 없었기 때문이다. 그런데도 술람미 여인은 결혼 첫날밤을 위해 자신을 지켜왔다. 그렇게 함으로써 하나님과 그녀의 남편을 모두 존중했던 것이다.

우리가 지금까지 언급해왔듯이, 섹스는 하나님의 좋은 선물이므로 당연히 즐겨야 하지만 오로지 결혼 안에서만 누려야 한다. 히브리서 13장 4절은 침소가 더럽혀져서는 안 된다고 가르친다. 그곳은 하나님이 성적 열정의 즐거움을 누리고 만끽하라고 말씀하신 장소인 것이다.

솔로몬은 현재 그녀의 침상에 함께 있지 않고 심지어 성 안에도 없지만 곧 나타날 것이었다. 술람미 여인은 딱 맞는 순간을 위해 자신을 지켜왔다. 그녀는 그 순간이 '지금'이기를 바라며 자신과 함께 있지 않은 솔로몬을 그리워했다. 이것이 바로 우리가 결혼 안에서 서로에게 품기를 바라시는 하나님의 열정이다. 그것은 당신이 딱 맞는 사람을 찾았다는 징후가 될 것이다. 결혼은 성적 열정을 즐기기에 딱 맞는 곳이다. 결혼은 멋진 섹스를 발견하기에 딱 맞는 곳이다.

B. 결혼은 잠재적인 문제를 점검하기에 딱 맞는 곳이다(3:3)

Supporting Idea	우리는 건강한 관계를 가로막는 장벽들에 대해 주의 깊게 생각해야 한다.

3:3. 술람미 여인은 그녀의 꿈속에서 솔로몬을 찾다가 성중의 행순하는 자들을 만났다. 그녀의 꿈속에서 행순하는 자들의 의미는 분명치 않다. 그들은 전혀 중요하지 않은 무언가를 의미할 수도 있다. 반면에 권위 있는 중요 인물, 다시 말해 소중한 도움을 줄 수 있는 지혜자나 조언자를 의미할 수도 있다. 그들은 "성을 돌아다니는"(NKJV) 사람들이었다. 그들은 그 거리의 물정에 밝았다. 그들은 인류의 습성을 관찰해왔다. 그들은 많은 것을 보아왔다. "그들은… 알고 있다." 흥미롭게도 그들은 그녀를 발견했고, 그녀는 그들에게 물었다. 내 마음에 사랑하는 자를 너희가 보았느냐? 이 단순한 조우로부터 두 가지 교훈을 배울 수 있다.

1. 건전한 포기로 당신의 배우자를 찾아라.

그녀는 다시 한 번 솔로몬을 내 마음에 사랑하는 자라고 불렀다. 그녀는 누구든지 심지어 낯선 사람이라 하더라도 자신이 어떻게 느끼는지 알게 되는 것을 부끄러워하지 않았다. 그녀는 솔로몬을 사랑했고, 그를 찾고 있었다. 그를 그리워했고, 그를 필요로 했다. 그의 부재로 인한 그녀의 불안은 정상적이고 당연한 것이었다. 그들이 결혼한 후 시간이 경과함에 따라 떨어져 있을 때는 서로를 그리워하지만 두려움과 불안을 가라앉히는 확신이 점차 생겨나는 것은 그들의 관계가 건강하다는 징후다. 그들이 떨어져 있는 것을 즐기는 날이 온다면, 그것은 그들의 결혼이 심각한 상황에 처해 있다는 증거가 될 것이다.

2. 유용한 조언으로 당신의 배우자를 찾아라.

술람미 여인이 솔로몬을 찾으면서 도움을 요청한 사실은 결혼 전에 많은 질문을 하는 것이 현명하고 바람직한 처사라는 사실을 다시 한 번 상기시킨다. 우리는 다른 사람들과 서로에게 질문을 해야 한다. 당신이 누구와 함께 남은 생애를 보내게 될지에 관한 그 엄청난 의사 결정을 하기 전에 많은 정보를 확보한다는 것은 불가능한 일이다.

C. 결혼은 자연적인 보호를 경험하기에 딱 맞는 곳이다(3:4)

Supporting Idea	우리는 배우자 안에서 안정감을 찾고 경험해야 한다.

3:4. 로맨스와 관련된 경우가 종종 그렇듯이 술람미 여인의 인내도 소기의 성과를 거두었다. 행순하는 자들이 떠나자마자, 그녀가 사랑하는 사람 솔로몬이 거기에 있었다. 솔로몬이 그녀의 사랑을 깨닫도록 했고, 우리도 당연히 모방해야 할 그녀의 행동 두 가지를 주목하라.

1. 그를 붙잡으라.

그녀는 솔로몬을 붙잡고 놓지 않았다. 술람미 여인은 결코 소극적인 여성이나 주저하는 연인이 아니었다. 이 순간에는 그녀가 적절하게 그리고 열렬하게 적극적이었다. 그녀는 자신의 남자를 찾았고, 다시는 그를 놓치지 않을 작정이었다. 술람미 여인은 그를 꽉 붙잡고 놓지 않으려 했다. 그녀는 솔로몬이 필요했고, 그를 원했다. 그녀는 솔로몬이 자신과 함께 있을 때 보호받고 있다는 안정감을 느꼈던 것이다.

2. 그를 높이라.

그녀는 솔로몬을 자기 어머니의 집으로 데려갔다. 그곳 역시 편안함과 안정감을 느낄 수 있는 장소였을 것이다. 그녀는 솔로몬이 자신의 남은 생애를 함께 보내고 싶은 남자라는 사실을 확신했던 것이다. 솔로몬 측의 저항의 기미는 전혀 없다. 그녀가 솔로몬을 사랑하고 원하는 만큼, 솔로몬도 그녀를 사랑하고 원했던 것이다. 솔로몬은 그녀의 관심과 의도로 인해 높여졌다. 참으로 그를 위한 여인이 아닐 수 없었다. 아플 때나 건강할 때나, 좋을 때나 궂을 때나, 죽음이 그들을 갈라놓을 때까지 그들은 서로의 곁에 있게 될 것이었다.

D. 결혼은 영적 인내를 경험하기에 딱 맞는 곳이다(3:5)

Supporting Idea	사랑 행위에는 딱 맞는 사람과, 딱 맞는 장소와, 딱 맞는 시점이 있다.

3:5. 결혼은 딱 맞는 사람을 찾는 것만큼 딱 맞는 사람이 되는 것도 중요하다. 당신이 딱 맞는 사람이 될 때, 하나님을 기다릴 수 있고 그분의 계획과 타이밍을 모두 신뢰할 수 있다. 당신이 딱 맞는 사람이 될 때, 언제라도 하나님이 딱 맞는 다른 사람을 당신의 삶 속에 보내주실 수 있는 것이다. 우리는 아가서에서 두 번째로(비교. 2:7) 인내와 기다림을 요구하는 후렴구를 듣게 된다. 그 후렴구는 맹세와 서약의 형태를 띠고 있다. 그 서약이 노루와 들사슴의 이름으로 맹세되고 있지만, 궁극적으로는 술람미 여인이 그 아름답고 활동적인 동물들의 창조주께 도움을 기대하고 있었다고 나는 믿는다. 그녀의 충고는 무엇이었을까? 어떤 면에서 우리는 1절로 완전히 되돌아간다.

1. 딱 맞는 사람을 기다리겠다고 하나님께 서약하라.

우리는 지금까지 딱 맞는 사람을 어떻게 확인할 수 있는지에 대해 좋은 조언을 얻었다. 인내하라. 주님을 기다리라. 하나님은 항상 그분께 선택을 맡기는 사람들에게 최선의 것을 주신다.

2. 딱 맞는 시점을 기다리겠다고 하나님께 서약하라.

하나님의 시점은 항상 최적의 시점이다. 우리가 기다렸다가 그분의 스케줄에 따라 로맨스와 결혼과 섹스를 할 때, 우리가 처음부터 알았어야 했을 것을 발견하게 된다. 하나님은 가장 잘 아신다!

Main Idea 복습	하나님은 결혼을 정확히 딱 맞게 설계하셨다.

결론

딸기색으로 해줄까,
부드러운 와인색으로 해줄까?

나는 수잔 엘러(Suzanne Eller)가 쓴 "딸기색으로 해줄까, 부드러운 와인색으로 해줄까(Berry Mauve or Muted Wine)?"라는 제목의 이야기를 우연히 읽게 되었다. 우리가 결혼을 옹호할 때 아름다운 증거를 제공해주는 이야기가 아닐 수 없다. 당신도 동의하게 될 것이다.

> 그는 내가 병실에서 비통하게 흐느끼는 것을 발견했다. "왜 그래?" 그는 우리 두 사람 모두 울 만한 이유가 있다는 사실을 알면서도 물었다. 나는 지난 48시간 동안 내 유방에서 암 덩어리가 발견되어 림프절에까지 전이되었고, 뇌에도 종양 같은 것이 있다는 사실을 알게 된 것이다. 우리는 둘 다 32세로 세 어린 자녀를 두고 있었다.
>
> 리처드(Richard)는 나를 꽉 껴안으며 위로하려고 애썼다. 우리 가족과 친구들은 우리를 압도하고 있는 평온함에 감탄했다. 예수님은 내가 암에 걸렸다는 사실을 알기 전에도 우리의 구세주로서 위로가 되시는 분이었고, 진단 이후에도 여전히 마찬가지였다. 그러나 리처드에게는 자신이 잠시 방을 비운 사이에 내 끔찍한 현실이 마침내 나를 무너뜨린 것처럼 보였던 것이다.
>
> 리처드는 나를 꼭 안으며 위로하려고 노력했다. "너무 힘들 거야, 그렇지?" 그가 말했다.
>
> "그게 아니에요." 나는 울면서 서랍에서 막 찾아낸 손거울을 집어들었다. 리처드는 어리둥절한 표정을 지어 보였다.
>
> "이 정도일 줄은 몰랐단 말이에요." 나는 충격의 눈으로 거울에 비친 내 모습을 바라보며 흐느꼈다. 나 자신을 알아보지 못할 정도로 나는 심하게 부어 있었다. 수술이 끝난 직후 내가 잠든 상태에서 신음 소리를 내자 선의의 친구들이 고통이라

고 생각되는 것을 완화시켜주기 위해 자가 투여 약물을 아낌없이 밀어넣었고, 불행히도 나는 모르핀에 알레르기 반응을 일으켜 소시지처럼 부어올랐던 것이다. 내 목과 어깨, 가슴 등이 수술에서 사용되었던 베타딘(betadine) 용액으로 얼룩져 있었지만, 목욕을 하기에는 아직 이른 시점이었다. 내 겨드랑이에는 수술 부위에서 나오는 분비액을 배출하기 위해 고무 튜브가 달려 있었다. 내 유방의 일부를 잃은 왼쪽 어깨와 가슴은 가제로 단단하게 싸매져 있었고, 내 긴 곱슬머리는 뭉쳐져 하나의 큰 더미를 이루고 있었다. 지난 48시간 동안 1백 명이 넘는 사람들이 나를 보러 찾아왔고, 줄곧 갈색과 흰색으로 얼룩져 퉁퉁 부은 상태로 헝클어진 머리에 화장기 하나 없이 회색 가운을 입고 있었던 이 여성을 그들 모두가 지켜보았다. 도대체 나는 어디로 사라진 걸까?

리처드는 나를 다시 눕히고 방을 나갔다. 그는 잠시 후 복도에 있는 손수레에서 샴푸와 컨디셔너 등이 담긴 작은 병들을 잔뜩 안고 돌아왔다. 그는 옷장에서 베개를 몇 개 꺼낸 다음, 의자 하나를 세면대 쪽으로 끌고 갔다. 그리고 내 집적 장치를 풀고 나서 내 겨드랑이에서 나온 긴 튜브를 자기 셔츠 주머니에 쑤셔넣었다. 그러고는 나를 들어올려 의자 쪽으로 옮겼다. 집적 장치 스탠드와 그 밖의 모든 것까지 말이다. 그는 나를 조심스럽게 자기 무릎에 앉히고 내 머리를 그의 팔로 받쳐 세면대 위로 가져가 따뜻한 물을 틀어 내 머리를 적시기 시작했다. 그는 내 머리에 샴푸와 컨디셔너 병들을 부어 내 긴 곱슬머리를 감기고 헹궈주었다. 그러고나서는 머리에 타올을 둘러씌우고 나를 튜브와 집적 장치 스탠드와 함께 다시 침대로 데려갔다. 그는 내가 조금도 불편하지 않도록 이 모든 수고를 너무나 조심스럽게 해주었다.

평생 자기 머리도 드라이어로 말려본 적이 없는 남편은 헤어 드라이어를 꺼내 머리를 말려주었고, 그러면서 내내 머리 손질법을 알려주는 시늉을 하며 나를 즐겁게 해주었다. 그런 다음, 지난 12년 동안 나를 지켜본 경험을 살려 계속해서 내 머리를 다듬어주었다. 나는 그가 입술을 깨물며 어떤 미용 학교 학생보다도 더 심각한 표정을 지을 때 웃지 않을 수 없었다. 그는 수술 부위를 건드리지 않으려고 조심하며 따뜻한 목욕용 타올로 내 어깨와 목을 닦아준 후 로션을 발라주었다. 그런 다음, 메이크업 가방을 열어 얼굴에 화장을 해주기 시작했다. 나는 그가 마스카

라와 블러쉬를 하려고 애쓸 때 우리가 웃음을 터뜨렸던 일을 결코 잊지 못할 것이다. 나는 그가 떨리는 손으로 내 속눈썹에 마스카라를 할 때, 눈을 크게 뜨고 숨을 멈추었다. 그는 화장지로 내 뺨을 부드럽게 문질러 블러쉬한 부분을 마무리해주었다. 그는 마지막으로 두 립스틱을 집어들었다. "어느 것이 좋아? 딸기색을 해줄까, 부드러운 와인색으로 해줄까?" 그는 캔버스에 그림을 그리는 화가처럼 내 입술에 립스틱을 바른 다음, 조그만 거울을 내 앞에 내밀었다.

나는 다시 사람이 되어 있었다. 약간 부어 있었지만, 어깨 위로 부드럽게 드리워진 내 머리는 향긋한 샴푸 냄새를 풍겼고, 이제야 내 자신을 알아볼 수 있었다.

"어때?" 그가 물었다. 나는 다시 울기 시작했다. 이번에는 너무나 고마워서였다. "안 돼, 여보. 내 화장 솜씨를 다 망치게 된단 말이야" 라고 그가 말하자, 나는 웃음을 터뜨리고 말았다.

우리 삶의 고난기였던 그 기간 동안, 내가 5년 이상 생존할 가능성은 겨우 40퍼센트였다. 그게 벌써 7년 전의 일이고, 나는 웃음과, 하나님의 위로와, 멋진 남편의 도움으로 그 힘든 시기를 이겨낼 수 있었다. 우리는 올해 열아홉 번째 결혼기념일을 축하할 것이고, 우리 아이들은 이제 십대다. 리처드는 그 비극의 한가운데서 틀림없이 허무와 어리석음처럼 보였을 것들을 이해하고 있었다. 우리가 늘 당연한 것으로 여겨 왔던 모든 것이, 다시 말해 내 건강과 내 아이들이 성장하는 모습과 그들의 미래를 계속 지켜보게 될 것이라는 사실이 그 기간 동안 뿌리째 흔들렸기 때문이다. 리처드는 친절을 베푸는 작은 행동으로 나를 정상으로 되돌려놓았다. 나는 앞으로도 늘 그 순간을 우리 결혼 생활의 가장 사랑스러운 몸짓 가운데 하나로 기억하게 될 것이다.

(From「Chicken Soup for the Couple' s Soul」, edited by Jack Canfield, Mark Victor Hansen, Mark and Chrissy Donnelly, and Barbara De Angelis [Deerfield Beach, FL: Health Communications, Inc., 1999]. © 1998 by T. Suzanne Eller.)

▣ 진리 알기와 적용하기

당신의 배우자에게 매일 기본적으로 줄 수 있는 선물로는 어떤 것들이 있을까?

- 애정
- 긍정
- 우의
- 칭찬
- 감정적 지원
- 격려
- 설렘
- 신의
- 우정
- 집수리
- 열심히 일하는 것
- 도움
- 가사
- 통찰력
- 이야기를 들어주는 것
- 충실
- 물질적 지원
- 변화를 받아들이는 자세
- 질서
- 육체적 사랑
- 책임감
- 뿌리
- 안정감
- 지원
- 시간

- 이해
- 이타심
- 기꺼이 시간을 함께 보내고자 하는 마음
- 기타:

삶의 적용

남성과 여성은 어떤 식으로 다를까?

1. 남성과 여성은 서로 다르게 의사소통을 한다.

- 듣는 것이 남성에게는 어려운 일이지만, 여성에게는 행복을 가져다준다.
- 말하는 것이 남성에게는 두려울 수 있지만, 여성에게는 친밀감을 더해준다.
- 남성은 사실을 전하는 경향이 있지만, 여성은 감정을 나누기를 원한다.
- 남성은 해결책을 제시해야 할 것처럼 느끼지만, 여성은 긍정과 다짐을 원한다.
- 남성은 분리해서 생각하는 경향이 있는 반면, 여성은 좀 더 통합적으로 생각한다.
- 남성은 대화 속에 들어 있는 암시에 반응하지 않지만, 여성은 민감할 뿐만 아니라 간접적으로 표현한다.

2. 남성과 여성은 로맨스를 다르게 본다.

- 로맨스가 남성에게는 섹스를 의미하지만, 여성에게는 많은 것을 의미할 수 있다.
- 로맨스가 남성에게는 매우 시각적인 것이지만, 여성에게는 극히 관계적이고 인격적인 것이다.
- 로맨스가 남성에게는 눈에 보이는 것이지만, 여성에게는 느끼는 것이다.

3. 남성과 여성은 다른 필요를 가지고 있다.

- 여성은 소중히 여겨진다는 느낌을 필요로 하지만, 남성은 성공적이라는 느낌을 필요로 한다.
- 여성은 들어주는 것을 필요로 하지만, 남성은 칭찬받는 것을 필요로 한다.
- 여성은 상호 의존적이기를 원하지만, 남성은 자급자족하기를 원한다.

4. 남성과 여성은 자존감을 다르게 본다.

- 여성은 관계적인 순간들을 소중히 여기지만, 남성은 직업적인 성취를 소중히 여긴다.
- 여성은 무관심을 두려워하지만, 남성은 실패를 두려워한다.

5. 남성과 여성은 시간에 대해 다르게 생각한다.

- 남성은 시간에 대해 생각하지 않지만, 여성은 시간의 양과 질을 중요하게 생각한다.
- 남성은 시류를 따르지만, 여성은 특별하고 창의적인 아이디어를 음미한다.

6. 남성과 여성은 자녀를 다르게 키운다.

- 어머니는 양육하지만, 아버지는 의지가 되는 힘과 자녀의 자존감을 공급한다.
- 어머니는 자녀들에게 감정적 지원을 제공하지만, 아버지는 안정감을 제공한다.

기도

하나님 아버지, 두려움과 염려를 가지고 결혼에 접근하는 것이 정상인 줄 압니다. 무엇보다도 평생 영향을 미치게 될 중요한 의사 결정이기 때문입니다. 당신의 도움과 지혜와 인도하심이 필요합니다. 그 어느 때보다도 당신의 뜻이 제 삶 가운데서 이루어지기를 원합니다. 삶의 모든 영역에서 당신의 방법이 최선인 줄 압니다. 제 결혼과 관련하여 당신이 제게 바라시는 것만을 원합니다. 당신께 영광이 되고, 제게는 유익이 되는 결혼을 원합니다. 제가 당신을 기다리고 당신의 타이밍을 신뢰할 수 있도록 도와주십시오. 예수님의 이름으로 기도합니다. 아멘.

심층 연구

A. 행순하는 자들(Watch men)

이 남자들은 성벽(비교. 5:7, 삼하 13:34, 18:24-27, 왕하 9:17-20, 시 127:1, 사 52:8, 62:6)과 성문(비교. 느 3:29, 11:19, 13:22) 위에 배치된 파수꾼들이었다. 그들은 분명 질서와 안전을 제공하기 위해 특히 밤에 성읍을 순찰하기도 했을 것이다. 술람미 여인이 한밤중에 혼자서 밖을 돌아다니는 것은 극히 이상하고 위험한 일이었을 것이다. 특히 여성이었기 때문이다. 이것은 그녀가 꿈을 꾸고 있었다는 사실을 뒷받침해준다. 그것은 또 솔로몬에 대한 그녀의 욕망과 사랑을 강조하기도 한다. 그녀는 솔로몬을 찾기 위해 자기 생명의 위험도 돌아보지 않고 그가 옆에 있어주기를 바랐던 것이다.

B. 어미 집(Mother's House)

이 표현은 두 가지 의미로 이해할 수 있다. 첫째로, 그것은 실제적인 집을 의미한다. 아마도 그녀의 어머니 집에 있는 침실이었을 것이다. 아가서에서는 이곳이 안정감과 친밀감의 장소다. 그것은 어쩌면 이 장소의 안전함과 은밀함 속에서 사랑의 행위를 하자는 초대일 것이다. 둘째로, 그것은 '잉태(conceived)' 라는 개념과 함께 여성의 자궁이나 성기를 의미할 수도 있다. 만약 이런 해석이 정확하다면, 사랑의 행위를 하자는 그 초대는 훨씬 더 분명하고 직접적인 것이 된다. 고대 근동 지역의 시문학이 지니고 있는 유동성을 감안할 때, 그런 이해도 충분히 가능하다.

교안

A. 들어가는 글: '섹스와 결혼과 자녀에 대해서는 하나님이 가장 잘 알고 계신다' 이야기로 시작하라.

B. 본문 이해

1. 결혼은 성적 열정을 즐기기에 딱 맞는 곳이다(3:1-2)
   a. 이 사람이 딱 맞는 짝이라고 확신하라.
   b. 딱 맞는 순간을 위해 자신을 지켜라.
2. 결혼은 잠재적인 문제를 점검하기에 딱 맞는 곳이다(3:3)
   a. 건전한 포기로 당신의 배우자를 찾아라.
   b. 유용한 조언으로 당신의 배우자를 찾아라.
3. 결혼은 자연적인 보호를 경험하기에 딱 맞는 곳이다(3:4)
   a. 그를 붙잡으라.
   b. 그를 높이라.
4. 결혼은 영적 인내를 경험하기에 딱 맞는 곳이다(3:5)
   a. 딱 맞는 사람을 기다리겠다고 하나님께 서약하라.
   b. 딱 맞는 시점을 기다리겠다고 하나님께 서약하라.

C. 결론: '딸기색으로 해줄까, 부드러운 와인색으로 해줄까?' 를 읽어주라.

토의 질문

"결혼을 앞두고 있는 젊은 커플들이 가장 자주 묻는 30가지 질문"에 대해 곰곰이 생각해보라.

1. 결혼 전의 애무는 어디에서 멈추어야 하는가?

2. 질투가 당신의 짝에 대한 사랑의 주요 부분인가?

3. 경제권을 누가 관리해야 하나?

4. 두 사람 다 일하고 있을 때, 아내의 돈은 그녀의 것인가 아니면 그들의 것인가? 만약 둘 다 일한다면, 남편이 학업을 계속하고 있는 동안 누가 가족을 부양해야 하는가?

5. 남편이 학업을 계속하고 있는 동안 아내가 가족을 부양해서는 안 되는 어떤 이유가 있는가?

6. 남편은 가사를 도와야 하는가?

7. 부부는 결혼 직후에 의지를 접어야 하는가?

8. 젊은 부부는 보험에 들어야 하는가?

9. 잦은 출장이나 비정상적인 근무 시간이 행복한 결혼에 미치는 영향은 무엇인가?

10. 우리의 과거에 대해 어느 정도까지 논의해야 하는가?

11. 사람들이 결혼하고 몇 년이 지나기 전까지는 '정말로' 사랑하지 않는다는 것이 사실일까?

12. 의견이 서로 다를 때, 어떻게 행복한 조정을 이끌어낼 수 있을까?

13. 말다툼이 결코 필요치 않다는 것이 사실일까?

14. 만약 우리가 분리된 가정에서 자랐다면, 우리 부모의 실수로부터 교훈을 얻을 수 있을까?

15. 우리가 서로 다른 두 개의 교회에 속해 있다면, 우리의 차이를 어떻게 좁힐 것인가? 그리고 자녀들에 대해서는 어떻게 할 것인가?

16. 한 부부가 어떻게 인척과 일정 거리를 유지하면서 그들이 여전히 사랑받고 있고, 필요한 존재라고 느끼게 할 수 있는가?

17. 그는 그녀가 충분히 헌신적이지 않다고 느끼고, 그녀는 그가 충분히 헌신적이지 않다고 느낀다면 어떻게 할 것인가? 만약 그들이 그 문제에 대해 이야기를 나누고도 그런 식으로 느낀다면, 권고 사항은 무엇인가?

18. 결혼 직후 얼마나 빨리 자녀를 가질 계획을 세워야 하는가?

19. 자녀를 갖는 문제를 고려할 때, 그 의사 결정은 주로 경제적인 면에서 이루어져야 하는가?

20. 피임약이나 기구는 사용하기에 안전한가? 암이나 불임으로 이어지지는 않는가?

21. 각 배우자는 섹스 전이나 섹스하는 동안에 애무에서 어떤 역할을 맡는가?

22. 모든 부부가 만족스러운 섹스를 할 수 있을까?

23. 월경 기간에 섹스를 하는 것은 해롭거나 잘못된 것인가?

24. 끊임없이 성적 욕망을 불러일으키고 그 욕망을 만족시키지 못할 위험이 남성과 여성 모두에게 있는가?

25. 여성이 클라이맥스에 도달할 때, 그것을 어떻게 아는가?

26. 여성들은 임신이나 월경 기간 동안에 감정적 변화를 경험하는가?

27. 부부가 그들의 RH 인자를 아는 것이 얼마나 중요한가?

28. 정기적으로 기도하는 시간이 중요하다고 생각하는가?

29. 결혼 생활 중에 이혼이 합리적이고 심지어 적절한 해결책인 것처럼 보일 경우가 있는가?

30. 만약 우리가 우리의 결혼 생활 속에서 일어나는 어려움을 발견한다면, 즉시 취해야 할 조치는 무엇인가?

아가 3:6-11

결혼식 날

"결혼은 당신의 남은 생애 동안에 당신 배우자와의 관계에서 필요한 모든 성적, 사회적, 영적 교제 등을 만족시키겠다는 언약적 동의를 수반한다. 따라서 그것은 최종적인 결정이다."

- 제이 아담스(Jay Adams)

그리스도인의 결혼은 하나님과 한 남자와 한 여자 사이의 거룩한 언약이다. 그것은 축하와 약속의 시간이다. 그 언약은 공적인 예식(3:6-11)과 결혼을 완성하는 사적인 행위(4:1-5:1)에 의해 증언되며, 평생 동안 이어지는 구속력 있는 약속이다.

들어가는 글

결혼 대 동거

결혼과 평생 지속되는 결혼 생활은 사라지고, 동거와 계약 결혼, 혼전 협약 등이 확산되고 있다! 만약 당신이 대중 문화의 예언자들에게 귀를 기울인다면, 그것이 당신이 얻게 되는 그림일 수밖에 없다.

모니카 슈미트(Monica Schmidt): "그것은 내게 한 장의 종이일 뿐입니다. 나는 그것 없이도 결혼했다고 생각하거든요… 더 많은 자유가 있습니다. 내가 좋아하는 것은 무엇이든지 할 수 있도록 허용되기 때문이죠."

존 닐슨(John Nielsen): "그것은 시대에 뒤떨어진 것입니다. 만약 내가 결혼했다면 그만큼만 그 관계에 헌신적이면 되는 것이죠." 존은 자신이 이혼한 부모에게 정서적으로 학대받았기 때문에 현재 치료를 받고 있는 중이라고 주장하면서 이렇게 덧붙인다. "내 회복보다 우선하는 것은 무엇이든 제거되어야 합니다. 만약 내 자신을 우선하지 않는다면, 자녀들도 스스로를 돌보지 않는 누군가를 보살피지 않을 것입니다."

동거 중인 로빈 힐(Robin Hill): "저도 마찬가지입니다. 만약 '어, 이것이 내게 전혀 유익이 되지 않네' 하는 생각이 든다면 떠나버릴 것입니다." 그녀는 결혼식과 결혼에 대한 질문을 받자, 이렇게 농담했다. "'음, 새로운 토스터기가 필요해!' 하는 생각은 들지만, 결혼에 대한 필요는 전혀 느낄 수가 없네요"(Bettina Arndt, "Cohabitors: The New Breed", 〈The Age〉, Australia, 1999. 12. 7).

프랑스에서 "시민연대협약(civil solidarity pact)"에 들어간 알린느 페스케(Aline Fesquet)와 프랭크 엠베르(Frank Embert): "우리에게 있어 그것은 우리의 관계를 한 단계 진전시키는 것이죠. 가족과 모든 부담 없이 말입니다"(Suzanne Daley, "French Couples Take Plunge That Falls Short of Marriage", 〈뉴욕타임스〉, 2000. 4. 18, 1A).

동거하는 커플의 수는 1960년 4십3만 9천 쌍에서 1998년 4백2십만 쌍으로 증가하였다(Debra Gaskill, "Shacking Up Strikes Out", 〈Kettering-Oakwood Times〉,

Dayton, Ohio, 2000. 5. 2). 그 숫자는 분명 동거가 요즘 대유행이라는 사실을 암시해준다. 그렇게 많은 커플들이 이 새로운 라이프 스타일을 채택하는 것을 보면, 그것은 틀림없이 좋은 결과를 낳고 있어야 한다. 그렇지 않은가? 하지만 틀렸다. 다음 데이터들을 생각해보자.

1. 동거 커플의 약 6분의 1만이 적어도 3년 이상 지속되고, 겨우 10분의 1 정도가 5년 이상 지속된다(Karen S. Peterson, "Wedded to Relationship but Not to Marriage", 〈USA 투데이〉, 2000. 4. 18).
2. 결혼 전에 함께 사는 것은 이혼의 위험을 높인다. 한 연구는 46퍼센트의 증가된 위험을 확인했다. 결혼 밖에서 함께 사는 것은 여성에 대한 가정 폭력의 위험과 자녀에 대한 육체적, 성적 학대의 위험을 높인다. 한 연구는 여성에 대한 가정 폭력 위험이 결혼 관계에서보다 동거 관계에서 두 배 더 높다는 사실을 발견했다. 자녀 학대에 대한 위험은 훨씬 더 높게 나타난다. 결혼하지 않은 커플은 결혼한 커플보다 낮은 수준의 행복과 안녕을 경험한다(David Popenoe, "Cohabitation: The Marriage Enemy", 〈USA 투데이〉, 2000. 7. 28).
3. 결혼 전에 함께 산 부부들은 그렇지 않은 부부들보다 결혼 생활 중에 불륜을 저지를 가능성이 더 높다(Brian Holman, "Co-habiting First May Not Improve Marriage", 〈Scripps Howard Foundation Wire〉, 2000. 8. 5).
4. 동거하는 커플들은 전년도에 그들 사이에서 '때리기와 밀치기와 물건 던지기' 등의 폭력이 있었다고 말할 가능성이 세 배 더 높다(CMFCE@smarriages.com). 파멜라 스목(Pamela Smock)은 그런 사정을 잘 요약했다.

> 상식적으로 생각하면 결혼 전 동거가 서로에 대해 알 수 있는 기회를 제공하여 성공적인 결혼의 가능성을 더 높여줄 것 같지만, 그 증거는 정반대라고 말한다. 결혼 전 동거는 더 낮은 결혼의 질과 이혼 위험의 증가로 이어지는 경향이 있다("Living Together: Facts, Myths, About 'Living in Sin'", Ann Arbor, 2000. 2 .4).

그렇다면 무엇이 문제인가? 리타 드마리아(Rita DeMaria)는 정확히 핵심을 찌르며 이렇게 말했다. "독신은 대부분의 사람들이 원하지 않는 선택이에요. 사람들은 결혼하기를 원하죠." 하지만 "어떤 사람들은 좋은 결혼을 본 적이 없거든요"(Murray Dubin, "A Mission to Remedy Marriage", 〈Philadelphia Inquirer〉, 2000. 8. 6).

훨씬 더 많은 사람들에게 있어 결혼에 대한 그들의 관점은 1, 2, 3으로 요약될 수 있다. 처음에는 '약혼' 반지가 오고, 그 다음에는 '결혼' 반지가 오며, 그 이후에는 '고통'이 찾아온다는 것이다. 일부 사람들이 보고 경험한 것을 감안할 때, 어쩌면 '결혼에 대한 반대 주장'이 그렇게 이해하기 어려운 것만은 아니다. 하나님의 거룩한 계획에 대한 이런 극단적인 회의론이 "결혼에 대한 반박: 만약 결혼이 위험하고, 실패할 수밖에 없으며, 그 대가가 크다면 뭐하러 하겠는가?(The Case Against Matrimony: If Marriage Is Risky, Doomed and Expensive, Why Bother?)"라는 라리사 필립스(Larissa Phillips)의 기사에서 날카롭게 주장되고 있다.

> 러트거스(Rutgers) 대학의 국립 결혼 프로젝트(National Marriage Project)는 최근 새로운 연구 결과를 발표했다. 1960년 이후 혼인율이 43퍼센트 떨어졌고, 점점 더 많은 젊은이들이 독신으로 남기를 선택하고 있다는 것이다. 미국 인구 조사국은 지난 주 그와 관련하여 큰 뉴스를 내놓았다. 미혼 부모에게서 태어난 유아의 수가 1930년대 이후 5배나 증가하였는데, 그 이유는 대부분 점점 더 많은 커플들이 결혼을 거부하기 때문이라는 것이다. 심지어 자녀가 태어난 이후에도 말이다. 갑자기 모두들 이 사실을 이해하려고 애쓰고 있다. 그러나 나는 이미 알고 있는 사실이기 때문에 굳이 이해하려고 애쓸 필요가 없었다.
>
> 사실 내 관심을 끄는 것은 내 세대(말하자면, X세대)의 구성원들이 덜 결혼하는 이유가 아니라, 누군가가 놀라는 이유다. 모두들(예를 들어, 베이비붐 시대에 태어난 이들은) 무엇을 기대했던 것일까? 나는 새로 태어난 아기의 결혼하지 않은 엄마로서 구세대들 사이에서 무척 화가 난 감시의 대상이지만, 그들은 편리하게도 지난 30년을 망각해온 것처럼 보인다. 그 기간 동안 내가 아는 거의 모든 사람들이 이혼으로 인해 어떤 식으로든 정서적으로 큰 피해를 입어 왔는데도 말이다. 최근에 있었던 가족 모임에서 내 남자 친구가 상대방이 특정 단어를 내놓도록 유도해야 하는 보드 게임을 하면서 "결혼하기 전에 무엇을 해야 할까요?"라고 물었다. 대

답은 물론 이혼하기였다. 내 아버지와 그의 아내는 그것이 무척 재미있다고 생각했다. 그럼에도 불구하고 나이 든 베이비붐 세대들은 그들이 남겨놓은 깨어진 맹세와 실패한 전통의 진흙탕에서 누군가 피하려고 하는 것에 대해 충격을 받고 어리둥절해하는 것 같다.

내 임신 사실을 처음으로 밝혔을 때, 40세 이상의 사람들은 경멸의 표정을 지으며 주춤했다. 그들은 "오우, 맙소사" 하고 탄식하며 못마땅함을 감추지 않곤 했다. "그러면… 당신 부모님은 어떻게 생각하세요?" 그들은 당황해하지 않는 내 모습을 이해하려고 애쓰는 기색이 역력했다. "그대로 낳을 생각이에요?" 그들은 눈을 크게 뜨고 물었다. 마치 1960년대와 1970년대 그리고 1980년대에는 그런 일이 일어나지 않았다는 듯이, 적어도 결혼의 3분의 1은 실패하지 않는다는 듯이, 그리고 조부모를 포함하여 내 가족과 남자 친구 가족의 모두가 결혼 서약을 깬 적이 없었다는 듯이 말이다. "우리 가족은 모두 결혼도 않고 애를 가지니 도대체 어떻게 된 거냐?" 중년의 삼촌(이혼한 경력이 있고 최근에는 동거하던 여자 친구와 헤어졌다)이 40세쯤 된 고모(최근에 그녀의 남편이 지금 그의 세 번째 아내가 된 한 기혼 여성과 놀아나는 바람에 이혼했고, 현재는 남자 친구와 함께 살고 있다)에게 물었다. 최악은 내 부모님의 반응이다. "결혼은 매우 중요하단다." 어머니가 말했다. "다른 방법으로는 도저히 얻을 수 없는 유대 관계를 형성하는 거란 말이야."

나는 그녀와 논쟁을 하고 싶었지만, 그녀는 새로운 남편과 함께 출국할 준비를 하고 있었다. 그들은 20시간은 족히 여행해야 할 거리에 있는 노바 스코샤(Nova Scotia)의 시골 별장에서 여름을 보내기 때문이다. "많은 연구에 의하면, 기혼 부부들이 독신자들보다 재정적으로 더 낫다고 하더라." 내 아버지의 젊은 두 번째 부인이 주장했다. 그녀가 내 아버지와 결혼했기 때문에 재정적으로 더 나아진 것은 사실일지 모르지만, 그것이 내게 어떻게 적용될지에 대해서는 확신이 서지 않았다. 나와 내 남자 친구가 결혼에 대해 생각해보았을 때, 우리는 매년 2,000달러의 세금을 추가로 부담하게 될 것이라는 사실을 발견했기 때문이다. 만약 결혼이 위험하고, 실패할 수밖에 없으며, 그 대가가 크다면 도대체 왜 그 고생을 한단 말인가?

"그냥 해야 하는 거란다." 아버지가 관대한 태도로 말했다. 내가 십대일 때, 아버지가 다시 독신 생활에 들어서면서부터 보이기 시작했던 '인생은 멋진 것 아니겠니' 하는 그런 태도로 말이다. 나의 아버지는 삶의 '의무'에 열중하는 편이다. 어떤 이유에서인지는 모르지만 말이다. 그는 비록 이혼한 아버지이긴 해도 자신이 해야 할 모든 것을 해왔고, 어머니를 비난한 적이 결코 없었다(그 문제와 관련해서는 어머니도 마찬가지였다). 그러나 내 부모가 좋게 이혼했다는 사실(그들은 정말로 그랬다)만으로 면책을 받을 수는 없다. 또한 내 삼촌들과, 고모들과, 조부모와 가족의 친구들이 정말로 이혼 외에는 다른 선택이 없다고 느꼈다는 사실이 그 결과를 바꿔주지는 못한다. 그들 모두는 여전히 이혼한 사람들이었고, 우리 세대에 모범을 보여 우리가 그들의 모범을 따라가도록 강요함으로써 결혼은 쉽고 원만하게 빠져나올 수 있는 무언가라는 사실을 보여주었던 것이다.

그들은 결혼이 그렇게 대단한 것이 아니라고 말했다. 혼전 섹스 역시 괜찮은 것이다. (그것은 그들이 아침 식탁에서 자신의 남자 친구나 여자 친구를 소개할 때 암시했던 바다. 당시 고등학교도 졸업하지 않은 우리 앞에서 말이다.) 만약 상황이 너무나 지겨워진다면, 가족들이 굳이 함께 살 필요가 없다고 그들은 말했다. 만약 그들의 삶이 잠시도 더 머물 수 없는(겉보기에) 끔찍한 결혼에서 빠져나옴으로써 개선되었다면, 나도 그들의 이혼에 좀 더 공감했을 것이다. 그러나 내가 알고 있는 사람들은 흠이 있는 인간들과 교제하기를 계속한다. 그렇게 맺어진 두 번째, 세 번째 결혼 역시 노력을 필요로 하는 것 같고 여전히 문제점을 지니고 있다.

예를 들어, 나의 어머니와 아버지는 여전히 그들의 결혼을 서로에게 괴로운 것으로 만드는 똑같은 문제들로 씨름한다. 유일한 차이는 좀 더 나이 들고 현명해지면서 그들 모두 타협하고, 희생하며, 수용하려는 마음을 좀 더 갖는 것처럼 보인다는 점이다. 나는 현재 지난 30년 동안의 일들을 한탄하거나 후회하고 있지는 않다. 내 부모가 1970년대 후반에 이혼했을 때, 우리 자녀들은 군인처럼 그것에 동의했다. 그들이 1980년대에 남자 친구와 여자 친구를 집에 데려오기 시작했을 때, 우리는 결국 그 새로운 사람들을 우리 가족으로 받아들였다. 때로는 그 새로운 사람들이 사라지기도 했다. 그리고 우리는 되풀이해서 이혼과 이별에 대처해야 했고, 또 다른 새로운 사람들을 받아들여야 했다.

괜찮다. 피곤한 일이지만 견딜 만하다. 우리 18세에서 35세에 해당하는 사람들이 아직도 데이트할 기력이 있다니 놀라운 일이다. (그리고 우리 가운데 일부는 그렇지 않을지도 모른다.) 그러나 내 경우에는 성장하면서 겪어온, 뿔뿔이 흩어지기도 하고 쪽모이 같기도 한 가족의 개념이 헌신에 대한 나의 탐색을 증가시키기만 했다. 나는 직접 이혼 문화의 고통과 무익함을 봐왔기 때문에 그것을 다시 체험하거나 내 자녀들이 부모가 낯선 사람과 시시덕거리는 것을 지켜봐야 하는 악몽을 겪게 하고 싶지 않다.

결혼하지 않겠다는 내 결정은 방탕과 반쪽짜리 헌신의 삶에 대한 욕망을 의미하지는 않는다. 오히려 정반대다… 그러나 우리는 향후 50년을 쉽게 살아가리라는 환상을 갖고 있지 않다. 베이비붐 세대의 혁신 덕분에 현재는 혼전 협약 같은 대안까지도 포함된, 약화되고 오명으로 얼룩진 계약에 의존해서 말이다. 우리가 지금까지 보아온 모든 것을 감안할 때, 관계의 무게를 우리 스스로 짊어지는 것이 흰색의 레이스에 때로 얼룩진 요대를 한 것 같은 우리 부모들의 어리석음에 기대는 것보다 훨씬 더 현명해 보인다. 고맙지만, 우리는 50주년 기념일에 이르기 위해 정부로부터 확인 도장이나 받고 축배나 돌리는 파티 이상의 것을 찾고 있다.

반면, 우리 부모들은 일부일처제보다 결혼을 더 믿는 것처럼 보인다. 아까 말했듯이, 그것도 괜찮다. 어느 세대나 주장하는 대의가 있게 마련이다. 그러나 자신의 박자에 맞춰 즐기느라 너무 반듯하거나, 너무 금욕적이거나, 너무 평범하고 지루해 보이는 모든 전통을 짓밟아버렸던 이 특정 세대가 향수에 젖은 눈빛으로 과거를 되돌아보며 내 선택에 대해 의문을 제기한다면, 나는 이의를 제기할 수밖에 없다. 우리 세대는 이혼하고 다시 결혼하기를 반복하는 어리석고 자아 도취적인 혼란에서 벗어나고 싶다. 우리에게 전수된(이혼은 결혼의 필연적이고 예기된 결론이라는) 전통은 우리가 그냥 지나치고 싶은 부분이다… 물론 결혼은 줄어들고 있는 추세지만 우리를 탓하지는 말라. 베이비붐 세대들이 그것을 시작했으니 말이다(라리사 필립스, "The Case Against Matrimony", Salon.com, 1999. 11. 18).

우리는 지금까지 들어온 이 모든 이야기를 꿰뚫는 공통된 맥락이 있다는 사실을 깨닫기 전까지는 이 모든 것에 쉽게 낙담할 수 있다. 그것은 간단한 질문의 형태로 표현될 수 있다. 이 모든 것 속에 하나님이 어디 계신가? 그분은 '예의상 주어지는 언급' 조차도 얻지 못하고 있는 것이다. 무엇보다도 결혼은 그분의 아이디어였다. 그분은 밑그림을 가지고 계신다. 그분은 계획을 가지고 계신다. 우리가 거룩한 삼위일체 하나님을 초대하여 결혼식을 기리고 결혼 생활을 인도받을 때, 결혼은 달라질 수 있다. 우리의 기대와 소망과 꿈이 근본적으로 바뀔 수 있고, 완전히 달라질 것이다. 모든 것이 더 나은 쪽으로 말이다.

여기서의 초점은 결혼을 시작하는 것, 다시 말해 결혼식에 맞춰져 있다. 아가서 3장 6-11절에 묘사된 이 내용은 참으로 아름다운 장면이다. 하나님이 우리 각자에게 계획하고 계신 결혼식에는 몇 가지 독특한 특징과 구성 요소가 있다. 하나님의 말씀은 이 본문에서 네 가지를 다루고 있다.

본문 이해

결혼식 날

Main Idea	그리스도인의 결혼식은 축하와 헌신을 포함해야 한다.

A. 근사한 결혼식은 공적인 축제가 될 것이다(3:6)

Supporting Idea	결혼식은 기쁨과 행복의 순간이 되어야 한다.

결혼식 날은 어떤 사람의 인생에서도 가장 흥분되고 중요한 날이다. 그렇기 때문에 가볍게 또는 심사숙고하지 않고 시작해서는 안 된다. 하나님의 계획은 죽음이 당신과 당신의 배우자를 갈라놓지 않는 한 당신이 그것을 한 번만 경험케 하는 것이다. 그것은 당연히 기쁨과, 웃음과, 행복과, 희망의 시간이 되어야 한다. 솔로몬은 공적 축전의 두

가지 면을 기록하고 있다.

1. 결혼식은 특별한 시간이어야 한다.

3:6. 고대 근동 지역에서는 결혼이 종교적이라기보다는 세속적인 일이었다. 따라서 대부분의 경우 집에서 이루어졌다. 결혼 예식의 중요 장면은 신랑이 신부의 집으로 이끌고 가는 행렬이었다. 신랑은 신부의 집 앞까지 가서 마중 나온 신부를 끌어안은 다음, 실제 결혼 예식이 이루어질 그들의 새로운 집으로 그녀를 에스코트해간다. 혼인 잔치는 때로 일주일 내내 이어지곤 했다. 하지만 결혼은 초야를 치름으로써 완성된다. 당시 결혼은 신랑과 신부가 서로에게 공개적으로 서약하는 특별한 의식이었다.

솔로몬과 그의 일행은 술람미 여인을 데리러 그녀의 집으로 갔다. 그 행렬이 이루는 장관은 술람미 여인을 기릴 뿐만 아니라, 모든 의미에서 그날을 적절하게 축성했을 것이다. 결혼식 날은 그저 또 다른 하루가 아니다. 평생 한 번뿐인 이벤트다. 그것은 참으로 특별하다.

2. 결혼식은 선언하는 시간이다.

솔로몬은 자신이 그 여인을 얼마나 사랑하는지 세상이 알기를 원했다. 술람미 여인이 광야에서 나와 성읍으로 들어갈 때, 연기 기둥이 그녀를 호위하는 행렬의 앞뒤에서 일어나는 것처럼 보였다. 하지만 우리는 그것이 실제로는 장사의 여러 가지 향품들과 혼합된 몰약과 유향이었다는 사실을 알게 된다. 이 향료들을 태움으로 시각과 후각을 자극했을 것이다. 또한 이 향료들은 값비싼 것들이었을 것이다. 이날은 그들이 함께 새로운 삶을 시작하는 날이었고, 서로에 대한 그들의 헌신은 열렬하고 확고한 것이었다. 그 행렬의 축하는(심지어 사치스러운 부분까지도) 그런 중요한 의식에 적절한 것이었다. 그들은 자신들의 결혼을 선언할 작정이었던 것이다.

호사스럽고, 과시하기 위한 것이 아니라면 결혼식은 축제가 되어야 한다. 축제 같아야 할 뿐만 아니라 영적이어야 한다. 그것은 우리가 자신의 배우자에게 두는 가치와, 그 또는 그녀와의 관계의 가치에 대한 공개적인 증언이 되어야 한다. 결혼식이 비밀리에 조용히 치러지는 것은 하나님의 뜻이 아니다. 그것은 공적인 일이다!

B. 근사한 결혼식은 보호의 약속을 담고 있다(3:7-8)

Supporting Idea	결혼식은 한 생명을 또 다른 사람에게 맡기는 약속을 포함하고 있다.

솔로몬은 술람미 여인을 찾아올 때 혼자 오지 않았다. 그는 그의 동료들을 데려왔다. 최고의 사람들을 대동한 것이다. 인상적인 일단의 군인들이 그를 호위하며 에스코트했다. 그들은 솔로몬이 자신과 신부가 누리게 될 결혼에 대해 두 가지를 선언할 수 있게 해주었다.

1. 결혼은 안전을 제공한다.

3:7. 이스라엘 용사 중 육십 인은 신랑의 친구들이었다. 그들은 솔로몬의 가장 친하고 믿을 만한 최측근들이었다. 그들은 왕과 그의 가족을 호위해야 하는 근위대였을 가능성이 매우 높다. 그들은 솔로몬과 동행함으로써 솔로몬이 술람미 여인에게 맹세하는 안전의 서약 역할을 했다. 그들은 이스라엘 전역에서 선발된 전사들로서 솔로몬의 '왕실 가마' 혹은 마차를 둘러싸고 있었다. 술람미 여인은 솔로몬의 보호적인 배려와 보살핌 아래서 안전했던 것이다. 솔로몬은 그녀가 보살핌을 잘 받게 될 것이라는 사실을 확신하고 안심할 수 있도록 어떤 노력도 아끼지 않았을 것이다.

2. 결혼은 안정감을 준다.

3:8. 육십 명의 용사들은 고도의 훈련을 받아 싸움에 익숙한 자들이었다. 술람미 여인은 그녀의 마음을 어지럽힐 수도 있는 두려움을 완전히 내려놓을 수 있었다. 그들은 무기를 들고 있었고, 풍부한 전투 경험을 가지고 있었다. 사악하고 부도덕한 사람들이 부끄러운 짓을 하는 데 특히 활동적인 한밤중에도 그녀는 모든 것이 안전하다고 확신하며 안심할 수 있었다. 그녀의 남자는 그렇게 조치하여 그녀의 투사이자 옹호자가 될 것이다.

이 결혼은 없어지지 않는 의구심과 풀리지 않는 의문으로 흔들리는 불안정한 상황이 결코 아니었다. 술람미 여인은 그녀를 학대할 어떤 불한당과 결혼하는 것이 아니라, 그녀를 사랑하고 보호해줄 남자와 결혼하는 것이다.

토미 넬슨(Tommy Nelson)은 결혼 예식의 정황 속에서 이 시점에 딱 맞는 유용한 조언을 제공했다.

> 결혼 예식의 안전성과 안정감 부분은 신랑 들러리나 신부 들러리 역할을 하는 사람들을 보면 분명해질 것이다. 당신의 서약에서 당신을 충분히 뒷받침해줄 경건한 사람들을 선택하라. 전반적으로 당신 결혼의 증인이 되어줄 사람은 당신을 둘러싸고 보호해주는 거룩한 울타리 같아야 한다. 결혼의 테두리 안에서 서로에게 집중할 수 있도록 도와주고, 당신의 결혼을 파괴하려고 할지도 모르는 누군가를 들어오지 못하게 막아주어야 하는 것이다.
>
> 당신과 당신의 결혼에 완전히 헌신적이지 않은 사람들, 대체로 결혼의 신성함과 가치에 충실하지 않은 사람들에게 들러리를 서달라고 부탁하지 말라. 그런 사람은 당신이 결혼 생활에서 부닥치는 문제들을 해결해나갈 수 있도록 격려해주지 않을 것이다. 그런 사람은 당신이 도움을 필요로 할 때 당신과 당신의 배우자를 돕기 위해 최선을 다하지 않을 것이다. 또한 그런 사람들은 결혼식 예행 연습에서 당신을 당황하게 할지도 모른다!(토미 넬슨, 76).

C. 근사한 결혼식은 헌신의 서약을 포함하고 있다(3:9-10)

Supporting Idea	헌신은 오늘날 너무나 많은 결혼에서 실종되어버린 핵심 단어다.

동거 관계에서 사라져버린 단어는 알파벳 'c'로 시작하는 단어, 즉 '헌신(commitment)'이다. 남자와 여자가 만나 '결혼 서약'을 할 때, 헌신은 모든 맹세 하나하나를 감싸고 있다. 그것은 육체적, 영적, 감정적, 인격적 헌신을 맹세하는 서약인 것이다. 이 본문에서는 특히 두 가지가 언급되어 있다.

1. 내가 소유한 모든 것이 당신의 것이다.

3:9-10 상. 솔로몬이 술람미 여인을 그들의 결혼식에 데려가는 데 이용했던 연은 근사한 것이었다. 그것은 돈으로 살 수 있는 최고급 자재로 만들어졌다. 나무는 레바논에

서 들여왔다. 레바논 숲에서 나는 목재는 고대 근동의 전역에서 그 수요가 대단했다 (Carr, 111). 솔로몬이 자신의 '가마' 혹은 마차를 조각했던 나무는 바로 그 숲에서 난 것이었다. 여기에 은 기둥과 금 바닥, 자색 담 등이 더해졌다. 이 모든 것은 정교하게 만들어져 아름다울 뿐만 아니라 값비싼 것들이었다. 그것은 솔로몬이 다음과 같은 말을 전하는 방식이었다. "나는 당신에게 아무것도 감추지 않을 것입니다. 내가 소유한 모든 것이 당신의 것이기 때문입니다. 당신은 앞으로도 항상 최고의 것을 얻게 될 것입니다."

오늘날에는 심지어 결혼 내에서도 우리가 소유하고 있는 모든 것이 배우자와 공유되지 않는 경우가 있다. 1999년에 나는 아마존닷컴(Amazon.com)의 결혼 부문 베스트셀러가 「당신 자신의 혼전 계약서를 작성하는 방법(How to Write Your Own Premarital Agreement)」이라는 사실을 알고 슬퍼했다. 그것은 혼전 계약에 관한 책이다. 경축 기념 명판을 내건 소스북스(Sourcebooks) 출판사의 한 광고 담당자는 이렇게 말했다. "재미있지 않아요? 사랑과 결혼에 관한 그 모든 책들을 다 제치고, 이 책이 베스트셀러가 됐다는 사실이 말이에요"(Kathy Kristof, "Love and Marriage and Money",〈L.A. 타임스〉, 2000. 9. 14).

하나님과 우리의 배우자를 기리는 결혼식은 부대 조건이나 감추어진 무언가에서 비롯되지 않는다. 만약 당신의 잠재적인 배우자에게 당신의 모든 것을 줄 만한 가치가 있다고 확신하지 않는다면, 아마도 당신의 잠재적인 배우자를 재고해야 할 것이다. 무엇보다도 먼저 당신이 왜 그 사람과의 결혼을 생각하고 있는지 곰곰이 생각해보아야 한다.

2. 내 모든 사랑이 당신의 것이다.

3:10 하. 솔로몬의 마차의 내부는 특별했다. 그것은 "예루살렘 여인들에 의해 사랑으로 입혀져 있었던"(NKJV) 것이다. 더 이상의 귀한 자재는 사용될 수 없었을 것이다. 일부 성경 연구가들은 사랑을 묘사하는 모자이크가 마차의 내부를 장식하고 있었다고 믿는다. 듀앤 가렛은 "사랑으로 입혀졌다"는 것은 '가마'와 '침상' 사이의 관련성을 암시하고, 그들의 첫날밤이 다가오고 있음을 알려주는 교묘한 힌트라고 주장했다(듀앤 가렛, 402). 어떤 것이 사실이든 간에 요점은 분명하다. 그들은 서로를 사랑하고 있었고, 그들의 결혼식에서 그 사랑을 서로에게 서약했다는 것이다.

D. 근사한 결혼은 다른 사람들의 인정을 받는다(3:11)

Supporting Idea	당신을 알고 사랑하는 사람들이 당신을 지지하게 만들라.

사회학자 바바라 데포우 화이트헤드는 이렇게 말했다. "구애는 사라지고 있고, 지속적인 결혼은 위기에 빠져 있다… 결혼이여, 안녕… 오늘날 그것은 불장난이고, 이별이며, 앙갚음이다. 모두들 행복한가?"(〈Manhattan Institutes City Journal〉, Summer 1999). 신문 칼럼니스트 수잔 필즈(Suzanne Fields)는 오늘날의 세상에서 여성들은 승리하고 있는 것이 아니라 패배하고 있으며, 그것도 크게 패하고 있다고 말한다. 그녀는 우리의 주의를 서점의 자기 계발서 섹션으로 돌려 다음과 같은 제목들을 훑어보라고 권한다. 「이별의 아픔 핸드북(The Heartbreak Handbook)」, 「그를 극복하기(Getting Over Him)」, 「증오로 인한 상처를 어떻게 치유할 것인가(How to Heal the Hurt by Hating)」, 「차였을 때: 남자에게 버려진 여성을 위한 생존 가이드(Dumped: A Survival Guide for the Woman Who' s Been Left by the Man)」, 그리고 나의 애독서 「여성의 복수에 관한 책: '이상형' 이 아주 형편없는 인간으로 밝혀질 때 앙갚음하기(The Woman' s Book of Revenge: Getting Even When "Mr. Right" Turns Out to Be All Wrong)」 등.

그런데 때로는 '이상형' 이 잘못된 남자로 판명되기도 한다. 신데렐라가 사악한 마녀로 밝혀질 때도 있다. 우리가 그런 재앙을 피할 수 있도록 솔로몬이 제시하는 결정적인 조언이 있을까? 물론 있다. 그리고 그것은 간단하다. 반드시 다른 사람들의 인정과 축복을 받으라는 것이다. 많은 사람들의 조언 속에는 지혜가 있게 마련이다.

1. 친구들이 인정해줄 것이다.

3:11. 시온의 여자들(또는 처녀들)이 결혼식 축제에 합류하기 위해 나왔다는 사실에 주목하라. 이것은 아마도 다른 곳에서 예루살렘 여자들로 신원이 확인된 사람들과 동일한 그룹일 것이다(비교. 1:5, 5:16). 그들은 솔로몬과 술람미 여인의 혼인을 반겼고, 흥분에 들떠 있었다. 그들에게는 이 사건이 기쁘고 반가운 일이었던 것이다. 그들은 술람미 여인과 함께 있는 솔로몬을 좋아했다. 그녀가 솔로몬에게서 최악이 아닌 최선을 이

끌어냈기 때문이다. 그것은 술람미 여인도 마찬가지였다. 그녀 역시 솔로몬과 함께 있을 때 더 훌륭하고 아름다운 여인이었다. 그것은 우리가 주목해야 할 좋은 징후다. 나의 배우자가 나를 더 낫게 만들고, 다른 사람들이 그것을 인지하는 것 말이다.

2. 가족들이 인정해줄 것이다.

솔로몬의 모친은 술람미 여인을 인정했다. 요즘 많은 경우에서 보듯이, 고부간의 갈등 가능성이 결혼식을 뒤덮고 있지 않았던 것이다. 그녀는 솔로몬을 위해 올림픽 월계관과 비슷한 면류관을 준비했고, 그것은 결혼식 날의 기쁨과 즐거움을 상징했다. 랍비 전승에 의하면, 주후 70년 예루살렘 멸망 이전까지는 신랑과 신부에게 화관이 씌워졌다(Snaith, 57). 이날은 왕과 그의 왕비에게 뿐만 아니라 이 멋진 행사에 참여하는 모든 이들에게 행복의 날이었다. 솔로몬과 술람미 여인을 누구보다도 사랑하는 사람들은 이 결혼이 창세 전부터 예정되어 있었고, 앞으로도 오래도록 지속될 것이라는 사실을 확신하고 있었다. 그들의 인정이 결코 보증이 될 수는 없지만, 가족과 친구 양쪽 모두가 이 결혼의 정당성을 확신하는 징후였던 것이다. 이것은 현명한 모든 커플들이 근사한 결혼식과 멋진 결혼을 경험하고자 노력할 때 주의 깊게 고려해야 할 중요한 부분이다.

Main Idea 복습	그리스도인의 결혼식은 축하와 헌신을 포함해야 한다.

결론

어느 침례교 신학 대학에서의 특별한 예배

2000년 4월 13일, 노스캐롤라이나 웨이크 포레스트(Wake Forest)에 있는 한 침례교 신학 대학의 교정에서 매우 이례적인 일이 일어났다. 손을 맞잡고 마음을 합한 약 550

쌍의 부부들이 한 예배에서 결혼 서약을 재차 다짐하며 '결혼 언약의 신성함과 영속성을 찬미하기로' 맹세하는 서약서에 서명한 것이다. 페이지 패터슨(Paige Patterson) 박사와 그의 아내 도로시(Dorothy)가 작성한 그 서약은 에베소서 5장 21-33절 말씀을 아름답게 반영하고 있으며, 남편과 아내가 결혼식 날 서로에게 맹세해야 할 헌신의 언약을 멋지게 표현하고 있다. 또한 죽음이 두 사람을 갈라놓을 때까지 결혼의 특징이 되어야 할 헌신과 약속을 잘 표현하고 있다.

남편들

소중하고 자랑스러운 나의 아내여, 오늘 나는 하나님 앞에서 당신과의 언약을 새롭게 다짐합니다. 나는 오늘 예수님이 교회를 사랑하신 것같이 희생적으로 당신을 사랑할 것을 서약합니다. 나는 항상 당신에게 충분한 경의를 표하기로 서약합니다. 나는 당신의 필요를 알려고 노력하며, 물질적으로 육체적으로 정신적으로 그리고 정서적으로 그것들을 공급할 것입니다. 나 자신보다는 당신의 안녕과, 행복과, 성공을 추구할 것입니다. 무엇보다도 나는 우리 연합의 영적 리더가 되어 그리스도와 동행함으로 영적 모범을 보이고, 우리 가족을 위해 기도하며, 성경 말씀을 가르치고, 가정 예배를 인도하기로 서약합니다. 나는 당신에게 육체적으로, 정신적으로, 정서적으로 충실할 것이며, 음란하거나 순결치 못하거나 거룩치 못한 모든 것을 멀리할 것입니다. 나는 당신에게 화를 내거나, 심하게 굴거나, 해가 지도록 분을 품지 않을 것이며, 나쁜 기억을 오래도록 남겨두지 않을 것입니다. 나는 사적으로나 공적으로 당신에 대한 달콤한 애정을 키워나갈 것입니다. 나는 우리 둘만이 함께 누리는 연합 속에서 나의 몸과 영혼을 기꺼이 당신에게 드릴 것입니다. 나는 오늘 섬김의 리더 역할을 받아들이기로 서약합니다. 그리고 하나님이 허락하신다면, 우리 자녀와 자손들에게 다정하고 용기를 북돋아주며 본이 되는 아버지가 될 것을 서약합니다. 오늘 나는 우리 둘이 살아 있는 한 이 언약을 보증합니다.

아내들

소중하고 자랑스러운 나의 남편이여, 오늘 나는 하나님 앞에서 당신과의 언약을 새롭게 다짐합니다. 나는 오늘 온 열정을 다해 당신을 사랑하고 존경할 것을 서약합니다. 나는 우리 가정을 평안과 위로의 장소로 만들 것을 서약합니다. 나는 당신을 우리 가정의 영적 리더로 존중할 것입니다. 다른 누구보다도 당신과 하나님이 주실 자손들에게 나 자신을 헌신할 것입니다. 나는 당신의 섬김의 리더십에 정중하게 순종할 것이고, 결코 해가 지도록 분을 품지 않을 것이며, 나쁜 기억을 오래도록 남겨두지 않을 것입니다. 나는 아내와 어머니로서의 책임을 하나님을 제외한 다른 어떤 것보다도 우선시할 것입니다. 또한 나 자신보다는 당신의 안녕과 행복과 성공을 추구할 것입니다. 나는 우리 둘만이 함께 누리는 연합 속에서 나의 몸과 영혼을 기꺼이 당신에게 드릴 것입니다. 오늘 나는 우리 둘이 살아 있는 한 이 언약을 보증합니다(Melissa King, "Marriage Vows Renewed by the Pattersons and 1,100 Others at Southeastern Seminary, 〈Baptist Press〉, 2000. 4. 20).

■ 진리 알기와 적용하기

- 결혼식은 둘이 하나가 된다는 공적인 증언이다.
- 결혼식은 따로 떼어놓은 시간이어야 한다. 이벤트여야 한다.
- 결혼식은 축제여야 한다. 끔찍한 경험이 되어서는 안 된다.
- 결혼식은 남자와 여자 모두의 입장에서 구속력 있는 언약에 대한 개인적인 헌신을 포함한다.

삶의 적용

행복한 결혼 생활을 유지하는 실제적인 비결

1. *꿈을 꾸어라.* 당신의 결혼이 이룰 수 있다고 믿는 모든 것에 대해 비전을 품어라. 결혼식 전부터 꿈꾸기 시작하라.

2. *흔들리지 말라.* 행복한 결혼은 철저하게 헌신된 파트너를 요구한다.
3. *신뢰 요인을 키워라.* 견고한 관계 속에 있는 배우자들은 서로에 대한 완전한 믿음과 신뢰를 가지고 있다.
4. *건강을 유지하라.* 행복한 결혼 생활은 정서적으로, 육체적으로, 영적으로 건강한 두 사람에 의해 촉진된다.
5. *화학적 반응을 위해 노력하라.* 열정과 로맨스와 애정을 극대화하라. 서로의 필요에 민감하게 반응하라.
6. *대화하는 방법을 배우라.* 뛰어난 의사소통 능력을 지닌 사람이 되라.
7. *낙심하지 말라.* 충돌은 불가피한 것이니 그것을 생산적으로 다루는 방법을 배우라. 치명적으로 다루지 말라!
8. *상호 만족스러운 성관계를 추구하라.* 결혼에서의 멋진 성생활은 친밀감에서 비롯될 뿐만 아니라, 친밀감을 형성해주는 역할도 한다.
9. *인맥을 형성하라.* 당신의 결혼을 성공적으로 만드는 데 있어 자녀와 친구들의 중요한 역할을 인식하라.
10. *영성을 추구하라.* 결혼 생활을 멋지게 하는 배우자들은 그들의 영적 삶에서 의미를 찾는다. 예수님과 동행하는 삶에서 성장할 수 있도록 노력하라.

기도

하나님 아버지, 제 결혼식이 당신을 기리고 기쁘게 해드리기를 원합니다. 저와 제 배우자가 참된 그리스도인의 결혼식이 어떤 것인지 다른 사람들에게 보여줄 수 있게 해주십시오. 저희 결혼식의 주인이신 예수님에 대한 저희의 헌신을 드러낼 수 있도록 도와주십시오. 또 저희가 서로에게 헌신을 보여줄 수 있도록 도와주십시오. 저희 결혼이 평생 동안 이어지고, 이혼이 대안이 되지 않기를 원합니다. 당신의 은혜로 저희의 결혼이 끝까지 가게 해주십시오. 예수님의 이름으로 그분의 영광을 위해 기도합니다. 아멘.

심층 연구

결혼에 관한 시

성경에는 결혼에 관한 시가 하나 더 있다. 그것은 시편 45편이다. 그것 역시 왕의 결혼식 날 그를 위해 쓰인 17절로 구성된 찬미의 노래다. 아가서의 이 본문과 마찬가지로 그것도 여러 경우에 불려졌을 가능성이 매우 높다. 보통 사람들이 그들의 결혼식에서 그 본문들을 읽거나 부르는 것이 있을 법하지 않거나 부적절한 일은 아니었을 것이다.

아가 3장 6-11절과 마찬가지로 시편 45편도 메시아와 관련된 함축을 담고 있다(시편 4장 6-7절이 히브리서 1장 8-9절에 인용되어 있다). 에베소서 5장 21-33절에서 발견되는 결혼에 관한 신약의 고전과 이 두 본문의 유사성을 보는 것은 어려운 일이 아니다. 게다가 하나님이 그리스도와 교회의 구원의 관계에 대한 비유로 결혼을 사용하신 이유는 너무나도 명백하다. 하나님의 아들 예수 그리스도는 신랑일 뿐만 아니라, 그녀의 왕이기도 한 것이다. 우연이라고 보기에는 그 유사성이 너무나도 놀랍다.

교안

A. 들어가는 글: '결혼 대 동거' 이야기로 시작하라.

B. 본문 이해

1. 근사한 결혼식은 공적인 축제가 될 것이다(3:6)

a. 결혼식은 특별한 시간이어야 한다.

b. 결혼식은 선언하는 시간이다.

2. 근사한 결혼식은 보호의 약속을 담고 있다(3:7-8)

a. 결혼은 안전을 제공한다.

b. 결혼은 안정감을 준다.

3. 근사한 결혼식은 헌신의 서약을 포함하고 있다(3:9-10)

a. 내가 소유한 모든 것이 당신의 것이다.

b. 내 모든 사랑이 당신의 것이다.

4. 근사한 결혼은 다른 사람들의 인정을 받는다(3:11)

a. 친구들이 인정해줄 것이다.

b. 가족들이 인정해줄 것이다.

C. 결론: '어느 침례교 신학 대학에서의 특별한 예배' 를 읽어주라.

토의 질문

사랑과 욕정, 무엇이 다른가?

사랑은

1. 상대방에 초점을 맞춘다. "각자 자기 일을 돌아볼 뿐만 아니라 다른 사람들의 일도 돌아보십시오" (빌 2:4, NKJV).

2. 충만함으로 이어진다. "지식을 초월하는 그리스도의 사랑을 알게 되기를 빕니다. 그리하여 우리 가운데서 역사하시는 능력을 따라 우리가 구하거나 생각하는 모든

것보다 훨씬 더 넘치게 하실 수 있는 하나님의 모든 충만함으로 충만하게 되기를 기도합니다" (엡 3:18-20, NKJV).

3. 만족을 가져다준다. "무릇 징계가 당시에는 즐거워 보이지 않고 슬퍼 보이나 후에 그로 말미암아 연달한 자에게는 의의 평강한 열매를 맺나니" (히 12:11).

4. 자제를 고무한다. "나는 내 몸을 쳐서 복종시킵니다" (고전 9:27, NKJV).

5. 성령에 따라 살기를 바란다. "너희는 성령을 좇아 행하라 그리하면 육체의 욕심을 이루지 아니하리라" (갈 5:16).

6. 그리스도를 포함한다. "주 예수 그리스도로 옷 입고 정욕을 위하여 육신의 일을 도모하지 말라" (롬 13:14).

7. 그 마음의 소원을 이루기 위해 하나님을 추구한다. "또 여호와를 기뻐하라 저가 네 마음의 소원을 이루어 주시리로다" (시 37:4).

8. 죄를 예방한다. " '네 이웃을 네 몸과 같이 사랑하라.' 그러나 만일 여러분이 서로 물어뜯고 삼키면 피차 멸망할 것이니 조심하십시오" (갈 5:14-15, NKJV).

9. 영혼을 살찌게 한다. "평강의 하나님이 친히 너희로 온전히 거룩하게 하시고 또 너

희 온 영과 혼과 몸이… 흠없게 보전되기를 원하노라"(살전 5:23).

10. 서로에게 헌신한다(자유 연애는 이율배반적인 말이다). "여러분은… 자유를 위하여 부르심을 받았습니다. 그러나 그 자유를 육체를 위한 기회로 삼지 말고 도리어 사랑으로 서로 종 노릇 하십시오"(갈 5:13, NKJV).

욕정은

1. 자기 자신에게 초점을 맞춘다. "여러분은… 자유를 위하여 부르심을 받았습니다. 그러나 그 자유를 육체를 위한 기회로 삼지 말고"(갈 5:13, NKJV).

2. 좌절로 이어진다. "너희가 욕심을 내어도 얻지 못하고 살인하며 시기하여도 능히 취하지 못하나니"(약 4:2).

3. 계속해서 더 많은 것을 원한다. "그들은… 하나님의 생명에서 떠나 있습니다… [그리고] 자신을 방탕에 내준 채 정욕으로 갖가지 더러운 일을 행했습니다"(엡 4:18-19).

4. 자신을 노예로 만든다. "여러분이 누구에게든지 자신을 종으로 드려 순종하면 그 사람의 종이 되는 것입니다… 여러분이 전에는 자기의 지체를 부정과 불법의 종으로 내주어"(롬 6:16, 19, NKJV).

5. 성령을 거스르는 것들로 육체의 소욕을 만족시키기를 바란다. "육체의 소욕은 성령을 거스리고… 육체의 일은 현저하니 곧 음행과 더러운 것과 호색과 우상숭배와

술수와 원수를 맺는 것과 분쟁과 시기와 분 냄과 당 짓는 것과 분리함과 이단과 투기와 술 취함과 방탕함과 또 그와 같은 것들이라"(갈 5:17, 19-21).

6. 그리스도를 배제한다. "저희가 마음에 하나님 두기를 싫어하매 하나님께서 저희를 그 상실한 마음대로 내어 버려두사… 곧 모든 불의, 추악, 탐욕, 악의가 가득한 자요"(롬 1:28-29).

7. 그 마음의 소원을 만족시키기 위해 죄를 짓는다. "전에는 우리도 다 그 가운데서 우리 육체의 욕심을 따라 지내며 육체와 마음의 원하는 것을 하여"(엡 2:3).

8. 사악한 욕망으로 유혹한다. "오직 각 사람이 시험을 받는 것은 자기 욕심에 끌려 미혹됨이니"(약 1:14).

9. 영혼과 싸운다. "나그네와 행인 같은 너희를 권하노니 영혼을 거스려 싸우는 육체의 정욕을 제어하라"(벧전 2:11).

10. 헌신을 회피하고 비극으로 이끈다. "그들의 아름다움을 탐내지 말고, 그들의 눈짓이 너를 유혹지 못하게 하라. 창녀는 남자를 가난에 빠뜨리고, 음녀는 그의 귀중한 목숨을 빼앗아간다"(잠 6:25-26, TLB).

(Dennis Rigstad, "Is It Love or Lust?", 〈Psychology for Living〉, 1988. 2.)

아가 4:1-5:1

결혼 첫날밤

"성(性)의 영적 아름다움은 배우자의 육체적 욕구와 필요를 성실하게 만족시키는 섬김에서 드러난다. 그리스도인의 성생활의 영적 의미는 주는 데서 발견된다."

- 게리 토마스(Gary Thomas)

그리스도인의 침실에는 하나님이 계획하신 아름다움과 축복이 모두 존재한다.

들어가는 글

성경이 섹스에 대해 말하는 것

페기 플레처 스택(Peggy Fletcher Stack)은 "주일학교에서 당신에게 섹스에 대해 가르쳐 주지 않았던 것들(What They Didn't Teach You About Sex in Sunday School)"이라는 제목의 기사에서 "많은 사람들은 성경이 섹스에 대해 단 하나의 메시지만을 담고 있다고 생각한다. 하지 말라는 메시지 말이다"라고 말했다(〈Religious News Service〉, 2000. 10. 13). 누구든 그런 말을 하는 사람은 분명 성경을 읽어본 적이 없는 사람이다. 하나님은 그분의 말씀 속에서 섹스에 대해 많은 것을 말씀하고 계신다. 그리고 그 가운데 상당수는 긍정적인 내용이다.

섹스는 하나님이 설계하신 대로 좋은 것이고, 흥미로운 것이며, 황홀한 것이고, 강력한 것이며, 하나가 되게 하는 것이다. 성경은 섹스에 관한 책은 아니지만, 성의 목적과 성의 오용에 대한 경고 그리고 아가서에 묘사되어 있듯이 이상적인 육체 관계의 아름다운 모습 등 성에 대한 완전한 신학을 담고 있다. "한 몸" 관계(비교. 창 2:24)는 남편과 아내 사이에 가능한 가장 강렬한 육체적 관계이고, 가장 깊은 영적 연합이다. 하나님은 남편과 아내가 성행위 속에서 서로의 육체적 필요를 만족시키는 이 관계를 언제나 인정하신다(비교. 잠 5:15-21).

바울은 결혼 안에서의 성욕 조절이 그리스도인의 삶, 특히 기도 생활에 영향을 미칠 수 있다는 사실을 지적한다(비교. 고전 7:5, 참고. 벧전 3:7). 남편과 아내가 모두 결혼 안에서 만족되어야 할 분명하고 동등한 성적 필요를 가지고 있으며(고전 7:3), 각자 자신의 필요가 아니라 상대방의 필요를 만족시켜야 한다(빌 2:3-5).

하나님은 여러 가지 중요한 이유 때문에 우리에게 섹스라는 좋은 선물을 주셨다. 그 목적 가운데는 지식(비교. 창 4:1), 친밀한 하나 됨(창 2:24), 위로(창 24:67), 생육(창 1:28), 인생의 즐거움(아 2:8-17, 4:1-16), 유혹을 피하는 것(고전 7:2-5) 등이 포함된다.

남편은 그의 아내에게서 만족(잠 5:19)과 기쁨(전 9:9)을 찾고, 그녀의 독특한 필요를 만족시키는 데 관심을 기울이도록(신 24:5, 벧전 3:7) 명령받는다. 아내 역시 책임을 지니고 있다. 그 가운데는 남편의 필요에 부응할 수 있는 태세(고전 7:3-5)와, 준비하고 계획하기(아 4:9-16), 관심(아 4:16, 5:2), 남성의 독특한 필요에 대한 세심한 배려(창 24:67) 등이 포함된다. 육체적, 성적 연합에서 남편과 아내가 경험하는 일체감은 두 사람 모두에게 한 남자와 한 여자의 영혼이 예수 그리스도에 대한 믿음을 통해 영적 거듭남 속에서 하나님과 함께 경험하는 훨씬 더 놀라운 하나 됨을 상기시켜야 한다(요 3장).

그리스도인의 침실에는 아름다움과 축복이 존재한다. 여기서 하나님은 많이 먹고 마시라고 말씀하신다(아 5:1). 우리는 이제 결혼 첫날밤에 이르렀다. 신랑과 신부 단 둘이만 남은 상태고, 보이지는 않지만 환영받는 손님으로 하나님만이 함께하고 계신다. 이제 그 커플은 우리 앞에서 친밀한 성적 연합으로 그들의 결혼을 완성한다. 매우 아름다운 시의 형태를 띤 이 본문은 그리스도인의 침실이 어떤 모습이고, 또 어떠해야 하는지를 우리에게 묘사해준다.

본문 이해

결혼 첫날밤

Main Idea	섹스는 결혼이라는 정황 속에서 열정적으로 누려야 할 하나님의 좋은 선물이다.

A. 만족을 주는 매혹의 장소가 되게 하라(4:1-7)

Supporting Idea	남성과 여성은 결혼 안에서 가장 기본적이고 은밀한 서로의 필요를 만족시키기 위해 노력해야 한다.

4:1-7. 이 구절들은 신랑이 신부에게 바치는 찬미의 노래다. 이제 그들의 결혼을 성적으로 완성시켜야 할 시간이 다 되었지만, 16절 이전까지는 아직 아니다. 참된 로맨스

는 성적 연합이 좀 더 자주 더 큰 만족과 함께 일어나게 될 '애정의 환경'이라고 할 수 있다. 다시 말하면, 주요 이벤트가 일어나기 전에 몇 가지 필수적인 예비 행사가 존재한다는 것이다.

불행히도 이것이 남성에게는 항상 분명치 않다. 이미 성적으로 흥분되어 있는 그는 약탈자처럼 먹잇감을 찾아 두리번거린다. 그의 신부는 분명 먹잇감이 된 것처럼 느낄 수 있다. 솔로몬은 이 부분에 대해 섬세했다. 그래서 우리가 가지고 있는 가장 중요한 성기(性器)인 마음에서부터 시작했다. 그는 자신의 새 아내가 어떻게 느낄지에 대해 생각하며, 먼저 신중하게 선택한 말들로 수용의 분위기를 만들어가기로 마음먹었던 것이다.

1. **남성들이여, 당신 아내의 언어적 지지에 대한 필요를 만족시켜라.**

4:1, 7. 이 노래의 시작 부분과 끝 부분 모두에서 솔로몬은 세 번이나 술람미 여인이 어여쁘다고 말했다. 그리고 두 번이나 그녀를 내 사랑이라고 불렀다. 7절에서는 아무 흠이 없구나라고 말한다. 그의 눈에는 그녀가 자신에게 완벽한 여인이었던 것이다.

여자는 언어적 창조물이다. 그들은 자신이 듣는 것과 느끼는 것으로 인해 감동한다. "대개 여성은 남성이 이끄는 방식대로 [자신에 대해] 생각하고 느낀다"(Nelson, 89). 남자는 여자의 귀를 통해 그녀의 가슴(마음)을 감동시키는 방법을 터득해야 한다. 이것은 그녀가 자신에 대해 기분 좋게 생각하도록 도와주어 열정적인 사랑의 행위 속에서 남편에게 자신을 내어주도록 그녀를 이완시키고, 준비시키며, 자극한다. 현명한 남자는 성관계를 위한 준비에서 적절한 말의 중요성을 이해할 것이다.

〈사이콜로지 투데이(Psychology Today)〉의 한 연구는 여성이 남성보다 결혼에 실망할 가능성이 더 높다고 주장했다. 특히 로맨스 상황에서 그렇다. 왜 그럴까?

그것은 그들이 남성에 비해 성관계에 대해 더 높은 기대치를 갖고 있기 때문에 결혼의 현실에 대해 더 부정적으로 반응한다는 것이다. 1976년에 미시간 대학의 사회문제연구소(Institute for Social Research)에 의해 실시된 한 조사에 의하면, 남편보다 더 많은 아내들이 자신의 배우자가 생각과 느낌을 더 많이 얘기해주기를 바란다고 말했다. 뿐만 아니라 남편보다 더 많은 아내들이 자신의 배우자에게 분노와 짜증을 느낀다고 전했다.

그 조사자들은 이렇게 결론내렸다. "결혼 생활에서… 여성들은 다른 여성들과의 사이에서 경험한 종류의 언어적 반응을 보이고 원하지만, 그들의 남자들은 종종 그런 식으로 반응할 줄 모르는 침묵의 파트너들이다"(Carlin Rubenstein, "The Modern Art of Courtly Love", 〈사이콜로지 투데이, 1983. 7, p. 49). 여자의 마음을 얻는 방법은 종종 귀를 통해서다. 솔로몬은 그것에 민감했다. 모든 남편이 그래야 되듯이 말이다.

2. **여성들이여, 당신 남편의 시각적 자극에 대한 필요를 만족시켜라.**

4:1-6. 여자가 귀의 창조물이라면, 남자는 눈의 창조물이다. 남자는 보는 것으로 인해 감동한다. 1-6절은 솔로몬이 자기 아내의 서로 다른 여덟 가지 신체 부위에 대해 칭찬하는 찬미의 노래다. 이것은 그녀의 언어적 지지에 대한 필요를 계속해서 만족시켜 주는 것이다. 특히 우리가 마주치는 고대 근동 지역의 이미지에 대한 자물쇠를 풀어가는 과정에서 말이다. 동시에 이 구절들은 남성에 대해 그리고 그가 섹스와 관련하여 얼마나 시각적인지에 대해 가르쳐준다. 이 구절들을 간략히 훑어보더라도 술람미 여인이 땀복이나 플란넬 옷이나 베옷 등을 입고 있지 않았다는 사실을 분명히 알 수 있다! 분명 베일만이 그녀의 눈을 가리고 있었을 것이다. 그녀의 몸의 나머지 부분은 완전히 드러나 있는 상태였고, 솔로몬은 자신이 보고 있는 것을 좋아하고 사랑했다. 그럼에도 불구하고 그의 인내와 이해는 대단히 놀라운 것이었다. 그가 모든 남성들에게 얼마나 놀라운 모범을 보이고 있는가!

4:1. 고대 근동 지역의 여성들은 그들의 결혼식 날 베일을 쓰곤 했다. 솔로몬은 말했다. **너울 속에 있는 네 눈이 비둘기 같고.** 베일은 그녀의 아름다움을 감춰주기도 하고 더해주기도 했다. 솔로몬이 그녀의 눈을 비둘기에 비유한 것은 평화와 순결, 고요함, 부드러움, 얌전함, 결백함 등의 이미지를 전달한다(비교. 1:15, 2:14, 5:2). 그녀의 눈은 그의 친절하고 긍정적인 말로 인해 자신의 마음이 평안해지고 진정되었음을 전달했다.

네 머리털은 길르앗 산 기슭에 누운 무리 염소 같구나라는 표현은 아마도 오늘날의 남성에게는 그리 큰 감흥을 주지 못하겠지만, 술람미 여인의 귀에는 사랑스러운 음악이었을 것이다. 멀리서 보이는 흑염소들이 무리를 지어 산비탈을 내려가고, 그 뒤로 석양이 붉게 물들며, 그 빛이 염소들의 검은 털에 반사되어 반짝이는 모습은 한 폭의 그림이었을 것이다. 술람미 여인은 그녀의 남편에게 자신을 내어줄 준비를 하면서 그녀의 긴 머리를 내려뜨렸다. 그녀의 목을 타고 내려와 어깨를 살짝 가린, 아름답게 웨이브 진 그녀의 머리는 솔로몬의 성욕을 자극했다. 길르앗 산은 사해 북동쪽과 요단강 동쪽의 산악지대로, 비옥한 초원으로 널리 알려져 있었다. 그들의 결혼 첫날밤인 이날에는 그녀 자신이 생기가 충만하고 비옥한 초원이었던 것이다. 그녀가 머리를 내려뜨린 것이 솔로몬에게는 그를 받아들일 준비가 되어 있다는 신호였다.

4:2-3. 이 구절은 그녀의 입의 아름다움에 초점을 맞추고 있다. 그녀의 이는 하얗고, 깨끗하며, 반짝였다. 그리고 빠진 데가 하나도 없었다. 그녀의 입술은 홍색 실 같았다. 그녀의 입은 참으로 아름다웠다. 그녀의 남자에게 유혹적일 만큼 아름답게 생겼다. 여기서 '입' 을 가리키는 데 사용된 특이한 히브리 단어 때문에 솔로몬이 염두에 두었던 것이 그녀의 입에서 비롯되는 육체적 즐거움인지 아니면 언어적 즐거움인지에 대해 일부 의문이 존재한다. 둘 중 어느 것인지에 대한 결정은 부질없는 일이다. "그녀의 입은… 사랑스러운 말이 흘러나오는 기름진 오아시스다. 물론 뜨거운 진한 키스도 가능하다" (Snaith, 61). 그녀의 입술과 말이 모두 큰 즐거움이었던 것이다.

베일 속에 감춰진 그녀의 이마 또는 뺨(관골)이 석류 한 쪽에 비유되어 있다. 그녀의 두 뺨이 욕망으로 붉어졌고, 그 두 열매의 달콤함이 솔로몬으로 하여금 그녀의 뺨에 키스하게 만들었다. 석류는 고대 세계에서 최음제로 간주되었다. 눈에 매력적이고 입에 달콤한 그 이미지가 솔로몬의 시각과 미각을 자극했던 것이다.

4:4. 그녀의 목은 층층이 쌓아올려져 솔로몬의 용사들(비교. 3:7-8)의 방패와 무기로 장식된 다윗의 망대와 같았다. 그녀는 큰 키에 기품 있는 자세로 서 있었다. 소심함으로 수줍어하지도, 위축되지도 않았다. 자신을 그렇게 열정적으로 사랑하고 칭찬해주는 한 남자 앞에서 그녀가 왜 그래야 하는가? 그 이미지는 "난공불락의 힘을 느끼게 한다. 어떤 남자도 그녀를 정복할 수 없으며, 그녀의 구혼자 역시 그녀가 지니고 있는 위엄에 경외심을 느낀다. 그녀의 사랑은 선물이지, 결코 전리품이 될 수 없는 것이다" (Garrett 1993, 405).

4:5-6. 이 구절은 술람미 여인의 유방으로 관심을 이끈다. 먼저, 그녀의 유방이 백합화 가운데서 꼴을 먹는 쌍태 노루 새끼에 비유된다. 술람미 여인의 유방은 그녀의 남편으로 하여금 사랑스럽게 만지고 애무하고 싶을 정도로 부드럽고 우아하며 매력적이다. 둘째로, 솔로몬은 그녀의 유방을 두 산으로 묘사하고 있다. 하나는 몰약 산이고, 다른 하

나는 유향(또는 향)의 작은 산이다. 두 향료 모두 사람의 몸과 신혼 잠자리에 향수로 사용되는 값비싼 것이었다(잠언 7장 17절은 창녀가 그녀의 침상에 몰약과 침향과 계피를 향수로 뿌린다는 사실을 알려준다). 이제 시각과 후각이 자극되었다. 너무나도 도취된 솔로몬은 밤새도록 자기 아내와 관계를 갖고자 했다. 날이 기울고 그림자가 갈 때까지 말이다.

시간과 부드러움은 성적으로 그리고 낭만적으로 매력적인 침실을 만드는 데 필수불가결한 쌍둥이다. 여기서 우리는 로맨틱한 전희가 천천히 진행되는 것을 보게 된다. 나는 솔로몬이 시각적으로 그리고 문자 그대로 자기 신부의 옷을 벗겼다고 믿는다. 솔로몬은 자신이 보고 있는 모든 것에 대해 구체적으로 그리고 상세하게 그녀를 칭찬했다. 받기 전에 먼저 주었던 것이다. 그는 자기 자신의 즐거움과 만족만큼이나 그녀의 즐거움과 만족에 대해서도 관심을 기울였다. 그 이상은 아니라 하더라도 말이다. 솔로몬은 그리스도가 우리를 사랑하신 것같이 그녀를 사랑했던 것이다(엡 5:25-33).

4:7. 술람미 여인이 어떻게 생겼는지 우리가 모른다는 사실에 주목하는 것은 흥미롭다. 우리가 아는 것은 그녀가 솔로몬에게 어떻게 보였느냐 하는 것이다. 솔로몬의 눈에는 그녀가 누구와도 비교할 수 없을 정도로 아름답고 매혹적이었다. 이 침실은 솔로몬과 술람미 여인 둘 다에게 만족을 주는 매혹의 장소였던 것이다.

B. 육감적인 기대의 장소가 되게 하라(4:8-11)

Supporting Idea	우리의 배우자로부터 성적 만족을 기대하는 것은 옳고 적절한 것이며, 하나님과 배우자를 존중하는 것이다.

최근의 한 연구는, 인간이 지구상에서 섹스를 재미로 보는 유일한 창조물이라고 주장한다. 돌고래와 피그미 침팬지를 제외하고는 말이다(〈U.S. News and World Report〉, 1997. 8. 4, p. 62). 글쎄 그것을 어떻게 받아들여야 할지 잘 모르겠지만, 우리 인간이 거의 예외 없이 성적 경험에 대해 생각하고 기대한다는 사실은 잘 알고 있다. 우리는 그 삶의 영역에 많은 시간과 관심을 기울인다. 사람들은 "당신이 원하는 사랑을 얻는 법(Getting the Love You Want)", "결혼의 성적 매력 회복하기(Resexing Marriage)", "섹스의 부활: 정열적인 결혼 생활 접근법(Resurrecting Sex: The Passionate Marriage

Approach)", "결혼의 섹스, 이래야 마땅하다(Marital Sex as It Ought to Be)", "뜨거운 일부일처주의(Hot Monogamy)" 등과 같은 세미나에 참석한다.

그렇다. 우리는 섹스에 대해 많이 생각하고 이야기하지만, 그것을 제대로 이해하지 못하는 경우가 너무나 많다. 적어도 하나님이 의도하신 대로는 말이다. 우리 멋대로 행해온 결과는 보기 좋지 않았다. 아마도 하나님은 그것을 옳게 유지해오셨을 것이다. 육감적인 기대와 관련하여 우리는 그분으로부터 어떤 조언을 얻게 되는가?

1. 배우자가 당신에게 나아오도록 초대하라.

4:8. 지금까지 솔로몬의 관심은 온전히 그의 아내에게 있었다. 처음 일곱 개 구절(6절)에는 하나의 1인칭 언급만이 존재한다. 성경적 섹스는 항상 자기 자신을 바라보기 전에 먼저 배우자에게 초점을 맞춰야 한다. 그런 다음, 아니 그래야만 비로소 사랑의 행위를 다음 단계로 끌어올리기에 적절한 시간이 되는 것이다. 솔로몬은 지금까지 술람미 여인을 내 사랑이라고 불러왔다. 그는 이제 그녀를 나의 신부라고 부른다. 그는 술람미 여인에게 그녀가 있던 곳을 떠나 자신에게 나오라고 요구했다. 레바논은 그녀의 집에서 가까운 곳이었다. 여기에 언급되어 있는 다른 산악 지대들도 그 광범위한 지역 내에 위치해 있다.

사자 굴과 표범 산은 아마도 술람미 여인이 가지고 있었을지도 모르는 두려움을 상징할 것이다. 솔로몬은 그녀에게 명령하지 않고 부탁했다. 그는 강요하지 않고 초대했다. 솔로몬은 그녀에게 그녀의 집과 두려움을 모두 떠나라고 정중히 요구했다. 이제는 그가 그녀를 돌보고 사랑할 것이었다. 술람미 여인은 그의 연인이고 사랑이었을 뿐만 아니라, 그의 신부이고 아내였던 것이다. 8-12절에서 솔로몬은 다섯 번이나 그녀를 나의 신부라고 불렀다. 육감적인 기대는 안전과 안심의 말로 옷 입혀져야 한다. 따뜻한 수용을 기대한다면 말이다. 솔로몬의 초대는 멋지게 전달되었다.

2. 배우자가 당신을 어떻게 매혹시키는지 알려주라.

4:9. 술람미 여인이 솔로몬의 초대에 긍정적으로 반응했던 것처럼 보인다. 9-11절의 솔로몬의 말이 그것을 확인해주는 것 같다. 그는 술람미 여인이 자신의 마음을 빼앗았다(또는 '황홀케 했다')고 말하면서 시작했다. 그녀의 사랑은 솔로몬이 그녀를 거부할

수 없을 정도로 너무나 강렬했던 것이다. 그녀의 사랑이 솔로몬의 마음을 사로잡았고, 그는 도망칠 수 없었다. 그녀의 눈을 얼핏 보거나 그녀의 목걸이에 있는 한 꿰미를 바라보는 것만으로도 그는 기절할 정도로 황홀경에 빠져버렸다. 그녀는 고혹적이었고, 그녀의 매력을 거부하기에는 그가 너무 무력했다.

그런 다음, 솔로몬은 우리의 귀에 참으로 이상하게 들리는 무언가를 말했다. 그는 다시 한 번 술람미 여인을 나의 신부라고 불렀지만, 그녀를 나의 누이라고도 언급했다. 그리고 그것은 다섯 번이나 반복된다(비교. 4:9-10, 12, 5:1-2). 강조하건대, 우리는 그 단어의 사용을 역사적인 정황 속에서 이해해야 한다. 고대 근동 지역에서 누이는 애정과 우정을 의미하는 용어였다. 그런 문자적 의미 외에도 그것은 남편과 아내가 누리는 친밀한 관계를 암시할 수 있다. 참된 연인은 참된 친구도 될 것이다. 그것은 가장 좋은 친구다. 솔로몬은 이 점을 상당히 잘 이해하고 있었다.

4:10. 반복은 종종 훌륭한 선생님이다. 10절에서 솔로몬은 다시 한 번 술람미 여인을 나의 누이, 나의 신부라고 불렀다. 그는 술람미 여인에게 그녀의 사랑이 아름답고 포도주보다 더 감미롭다고 말했다. 포도주는 달콤하고 사람을 취하게 만들지만, 이것과는 비교가 될 수 없었다. 솔로몬은 그녀의 사랑에 완전히 취해 있었던 것이다. 19세기 영국의 위대한 설교가 찰스 스펄전(Charles Spurgeon)은 그녀의 사랑이 포도주보다 더 나은 이유는 의문의 여지없이 즐길 수 있고, 결코 맛이 변하지 않으며, 절대 부작용을 일으키지 않고, 성스러운 활기를 불어넣어주기 때문이라고 말했다(Patterson, 73에서 인용).

그녀의 향기도 솔로몬의 관심을 끌었다. 이 여인의 향기(또는 향수)는 "각양 향품"(10절)보다 더 나은 것이었다. 육감적인 영역에서 후각은 시각 못지않게 남성에게 중요하다. 술람미 여인은 그것을 알고 있었기 때문에 남자를 끌어당길 수 있는 방식으로 자신을 준비했다.

4:11. 이 구절은 우리를 훨씬 더 육감적인 로맨틱한 영역으로 안내한다. 솔로몬은 말했다. 네 입술에서는 꿀방울이 떨어지고 네 혀 밑에는 꿀과 젖이 있고. 특정한 종류의 키스가 프랑스에서 시작되었다는 소문은 이 구절에 의해 잠잠해지지 않을 수 없다! 깊고, 뜨겁고, 달콤한 열정적인 키스는 적어도 이 아가서만큼이나 오랜 역사를 지닌 것이다. 가나안은 젖과 꿀이 흐르는 땅이었다(비교. 출 3:8). 하나님이 이스라엘 백성에게 자비롭게 공급해주신 기쁨과, 축복과, 만족의 땅이었다. 400년 이상 노예 생활을 해온 한 민

족에게 주어진 환희의 땅이었다. 솔로몬은 자기 신부와의 뜨겁고 긴 은밀한 키스에서 헤아릴 수 없는 기쁨을 발견했던 것이다.

그녀 자신이 좋은 향기를 풍겼을 뿐만 아니라, 그녀는 자신의 옷에도 매력적인 향수를 뿌렸다. 레바논은 백향목으로 번성했다(비교. 왕상 5:6, 시 29:5, 92:12, 104:16, 사 2:13, 14:8, 호 14:5-6). 솔로몬이 자기 신부의 옷을 벗기고 사랑의 행위를 준비하는 동안 그 백향목의 신선한 향기가 그의 코 안에 가득했던 것이다. 이 침실에서의 육감적인 교향곡에 미각과 촉각, 후각, 시각, 청각 등 사실상 모든 감각이 다 동원되었음을 알 수 있다. 우리가 즐기는 사랑의 행위는 이런 모범을 따를 때만이 그 기쁨이 증대될 것이다.

C. 특정 가용성의 장소가 되게 하라(4:12-15)

Supporting Idea	순결은 우리가 배우자에게 줄 수 있는 가장 좋은 선물 가운데 하나다.

결혼 안에서 한 개인이 그 또는 그녀의 배우자에게 줄 수 있는 가장 좋은 선물 가운데 하나는 독점적이고 흥미진진한 섹스다. 동정으로 결혼에 들어서는 것은 우리의 배우자에게 헌정하는 소중한 보물이다. 불행히도 그것은 너무나 희귀한 보물이기도 하다. 성경은 그 문제에 대해 분명한 입장을 취하고 있다. 결혼 밖에서의 어떤 섹스도 하나님의 눈에는 죄라는 것이다. 여기에는 혼전 섹스나 혼외 섹스, 변태적인 섹스(동성애, 수간 등) 등이 모두 포함된다. "음행을 피하라"(고전 6:18)는 것은 하나님의 명령이다. 술람미 여인은 성(性)에 대해 말씀하시는 하나님의 목소리에 귀 기울여왔다. 솔로몬이 결혼 첫날밤 자기 신부를 묘사하는 데 사용했던 아름다운 이미지에 주목하라.

1. 자신을 순결하게 지킬 때 하나님은 기뻐하신다.

4:12. 술람미 여인은 잠근 동산과 봉한 샘으로 묘사된다. 이것은 각각 그녀의 순결과 동정을 나타낸다. 그녀는 장래의 남편을 위해 자신을 봉해왔다. 그에게만 속해 있는 귀중한 보물을 지켜왔던 것이다. 나는 결혼을 위해 성적으로 자신을 지켜온 것에 대해 후회하는 여성을 한 번도 본 적이 없다. 그 문제에 관해서는 남성도 마찬가지일 것이다. 하지만 그렇게 하지 않은 것을 후회하는 사람들은 많이 보아왔다. 특히 여러 해 전 조시

맥도웰(Josh McDowell) 앞으로 온 한통의 편지가 생각나는데, 그 내용은 대체로 성 혁명에 의해 상처 입은 많은 사람들의 후회를 표현하고 있다.

> 친애하는 맥도웰 선생님,
>
> 혼전 섹스를 하는 것은 제 생애에서 가장 끔찍한 경험이었습니다. 그것은 세상이 나를 속여 믿게 만든 것으로 감정적으로 전혀 만족스러운 경험이 아니었죠. 마치 내 속이 다 드러나고, 내 마음이 버려진 것처럼 느꼈습니다. 하나님이 잊혀지지 않는 이 죄를 이미 용서하셨다는 사실을 저도 압니다. 하지만 제 순결을 다시는 되돌려받을 수 없다는 사실도 알죠. 제가 정말로 사랑하고 결혼하기를 바라는 남자에게 그가 유일한 남자가 아니라는 사실을 고백해야 할 날이 두렵습니다. 그가 유일한 남자였다면 얼마나 좋을까요. 저는 제 인생에 오점을 남겼습니다. 그것은 결코 지울 수 없는 오점입니다.

우리가 순결을 지킬 때, 하나님은 기뻐하시고, 우리는 보호를 받으며, 배우자는 존중되는 것이다.

2. 서로에게 기쁨을 줄 때 하나님은 기뻐하신다.

4:13-14. 솔로몬은 13-14절에서 동산의 이미지를 확대해 자신의 신부를 열매와, 꽃과, 식물과, 나무와, 향료들이 나열된 이국적인 모습으로 묘사했다. 술람미 여인은 독특하고, 귀중하며, 희귀하고, 매력적이었다. 그녀는 사랑하는 자가 꿈꾸는 환상적인 동산이었다. 한 동산에서 석류와 각종 아름다운 과수와 고벨화와 나도초와 번홍화와 창포와 계수와 유향과 몰약과 침향과 모든 귀한 향품을 발견한다는 것은 상상할 수도 없는 일이었지만, 솔로몬은 자신의 신부에게서 그 모든 것을 발견했다. 그녀가 솔로몬의 미각과, 시각과, 후각을 만족시켰을 것이다. 그는 결코 지루할 틈이 없이 그 동산에서 발견되는 다양한 즐거움을 누렸을 것이다. 매순간이 흥분의 시간이고 색다른 경험이었을 것이다.

4:15. 솔로몬은 이제 '그의 아내'를 동산의 샘이요 생수의 우물이요 레바논에서부터 흐르는 시내로 생각한다. 다른 남자들에게는 그녀가 잠겨 있고, 덮여 있으며, 봉해져 있

었다. 하지만 그녀의 남편에게는 활짝 열려 있고, 접근 가능하며, 이용 가능했던 것이다. 참으로 그녀의 사랑은 솔로몬을 위해 흘러넘치고 있었다. 그녀가 한때 다른 사람들에게 숨겨왔던 것을 이제는 아낌없는 열정과 포기로 그녀의 남편에게 준 것이다. 왜 그럴까? 이날과 이 남자를 위해 지금까지 자신을 지켜왔기 때문이다. 그녀는 결코 성적 난잡함의 희생자가 아니었다. 그녀는 고통과 슬픔의 목소리로 "저는 지금까지 17명의 파트너를 거쳐왔어요. 제가 생각해도 너무 많네요"라고 말하는 한 스물한 살 처녀의 상처를 가지고 있지 않았던 것이다(Patricia Dalton, "Daughters of the Revolution", 〈워싱턴포스트〉, 2000. 5. 21). 섹스와 관련해서 순결과 즐거움은 함께 간다. 당신의 파트너를 한정시켜라. 기다릴 만한 가치가 충분히 있다.

D. 성적 애정의 장소가 되게 하라(4:16-5:1 상)

Supporting Idea	위대한 청교도 리처드 백스터(Richard Baxter)가 한 남편과 아내에게 "변함없는 열정과 활력으로 부부간의 사랑을 유지하라"고 말한 것은 옳았다.

행복한 부부들은 섹스에 대해 뭐라고 말할까? 〈리더스 다이제스트(Reader's Digest)〉는 "작은 놀라움과, 약간의 로맨스와, 적절한 순간에 한두 마디 말만 있으면, 아무리 긴 결혼 생활에서도 사랑이 부글부글 끓는 상태가 유지될 수 있다"라는 설명문과 함께 그 질문에 답하는 기사를 내보냈다. 그 기사에 제시된 목록을 일부 인용하고, 몇 가지 다른 제안을 추가하여 여기에 12가지를 언급하고자 한다.

1. 그들은 섹스를 우선 사항으로 만든다. 그것이 그들에게 중요하기 때문이다.
2. 그들은 섹스를 위해 시간을 만든다.
3. 그들은 감정적으로 친밀한 상태를 유지한다.
4. 그들은 어떻게 만져야 하는지 그리고 그것이 어떤 작용을 하는지 알고 있다.
5. 그들은 서로의 필요를 만족시켜줌으로써 로맨스가 살아 있게 만든다.
6. 그들은 자신들의 성적 기대가 살아 있게 만든다.
7. 그들은 자신의 역할과 전희 방법을 알고 있다(침대에서 뿐만 아니라 침대 밖에서

도).

8. 그들은 서로 대화하는 방법을 알고 있다.
9. 그들은 여전히 연인이고 친구이다.
10. 그들은 유머 감각을 유지하고 있고, 어떻게 웃는지 알고 있다.
11. 그들은 서로를 기쁘게 해주기를 원한다.
12. 그들은 서로를 하나님의 성스럽고 귀중한 선물로 생각하고 소중히 여긴다.

("What Happy Couples Say About Sex", 〈리더스 다이제스트〉, 1989. 2, pp. 13-16)

술람미 여인과 솔로몬은 분명 그들의 성생활과 관련하여 '행복한 부부' 의 범주에 속한다. 이 본문에서 처음으로 술람미 여인이 말한다. 그리고 그녀의 말은 즉각적으로 그녀의 남편의 관심을 끌었을 것이다.

1. 배우자가 당신과 함께 사랑의 행위를 할 수 있도록 격려하라.

4:16. 술람미 여인은 아름답고 매혹적인 시로 솔로몬이 그녀와 관계를 맺도록 초대했다. 적절한 시점이 될 때까지 사랑을 깨우지 말아달라는 말을 두 번이나 들었던(비교. 2:7, 3:5) 그녀가 이제 말했다. "이제 때가 되었어요. 저는 당신의 것입니다. 어서 와 저를 취하세요." 북풍은 강하고 남풍은 좀 더 부드럽다. 사랑의 행위를 하는 데 있어 술람미 여인은 두 가지를 모두 원하고 필요로 했다. 술람미 여인은 그녀의 남편의 입에서 나오는 모든 말에 귀를 기울이고 있었다. 그녀가 동산의 이미지를 끌어다 이야기하고 있었기 때문이다. 술람미 여인은 그 동산이었고, 그녀의 사랑하는 자는 들어와 즐기도록 초대되었다. 그녀는 솔로몬을 초대했고, 그를 인도했으며, 그에게 자신이 어떻게 느끼고 있는지 그리고 무엇을 원하는지 말했던 것이다.

멋진 섹스는 훌륭한 커뮤니케이션의 결과다. 남자와 여자가 하나로 합쳐지면 모든 생리학적 기관이 들어맞게 되어 있지만, 섹스는 결코 단순한 기계적 결합이 아니다. 섹스는 주의 깊은 커뮤니케이션에 의해 촉진되는 인격적, 영적 결합인 것이다. 우리는 그 동산에 들어가서 그 아름다운 실과를 먹는 이미지가 의미하는 모든 것을 확실히 알 수 없다. 다만 좋은 것들이 의도되어 있다고 상상하는 것은 어렵지 않다.

2. **사랑의 행위 후에도 당신의 배우자를 격려하라.**

5:1 상. 이제 결혼이 완성되었다. 결혼 초야를 모두 치렀다. 그 커플은 실망하지 않았다. 그들은 그것을 위해 준비했고, 자신을 지켜왔으며, 그것에 대해 깊이 연구했고, 충분히 대화를 나누었다. 그들의 모든 시간과 노력이 보상받은 것이다.

4장 16절에서 술람미 여인이 솔로몬에게 '그의 동산' 에 들어오도록 초대했다는 사실은 매우 흥미롭다. 이제 5장 1절 전반부에서 솔로몬은 그녀를 나의 동산이라고 부른다. 사실 그는 이 한 구절에서 '나의' 라는 단어를 9번이나 사용하고 있다. 그 단어가 사랑의 행위 이전이 아니라 이후에 사용되고 있다는 사실을 놓치지 말라. 그는 부드러운 말로 술람미 여인을 '나의 동산, 나의 누이, 나의 신부' 라고 불렀다. 그녀에게로 들어가는 것은 참으로 동산의 즐거움이었다. 술람미 여인은 좋은 향기를 풍겼고, 좋은 맛을 냈으며, 좋은 느낌을 주었던 것이다. 솔로몬도 그녀에게 그렇게 말했다. 그들의 사랑의 행위는 만족스럽고 근사한 것이었다. 그녀는 솔로몬에게 자신에게 오라고 초대했고, 그 역시 그렇게 했다. 솔로몬은 틀림없이 두 사람이 그런 식으로 더 많은 시간을 더 자주 갖기를 기대했고, 술람미 여인이 자신에게 준 즐거움을 로맨틱하게 그리고 부드럽게 표현했을 것이다.

일리노이 주립대학의 사회학 교수 수잔 스프레처(Susan Sprecher)에 의해 실시된 한 연구에 따르면, 성적 만족은 두 사람이 섹스를 동등하게 시작하거나 때로는 여성이 먼저 주도하는 관계에서 더 큰 것으로 나타났다. 그런데 왜 그렇게 많은 커플들이 섹스를 주도하는 존재가 남성인 패턴에 빠지는 것일까? 스프레처와 다른 성 연구가들은, 사회 규범이 남성은 추구해야 하고, 여성은 추구되어야 하는 것처럼 암시하고 있다고 추정한다. 그로 인해 여성이 덜 편한 마음으로 섹스를 주도하는 경향이 있는 것인지도 모른다. 혹은 남성이 성적 활동을 주도하기 위해 좀 더 직접적인 언어적 요구나 다른 수단을 사용하는 반면, 여성은 의식적으로 인지되지 않을 수도 있는 미묘하고 간접적인 단서를 사용하는 것인지도 모른다. 자주 섹스를 주도하는 여성들은 무엇보다도 먼저 성적으로 매우 만족하는 경우가 많고, 그것이 그들로 하여금 좀 더 편하게 성욕을 표현할 수 있게 만든다고 스프레처는 생각한다.

또한 섹스를 먼저 주도하는 여성은 종종 자기 파트너의 성적 충동과 그녀에 대한 욕망을 자극하게 되고, 그것이 전체적인 패턴을 촉진하는 데 도움이 된다. 지금까지 여러 연구에서 많은 남성들이 자신의 여성 파트너가 섹스를 먼저 주도할 때 좋아한다는 사실을 확인했다. 뉴욕 시에 사는 매트 세스(Matt Sess)는 결혼한 지 8년 된 그의 아내 로라(Laura)와의 관계에서 자신이 항상 주도해왔다고 말한다. "하지만 그녀가 섹스를 먼저 주도하면 그건 정말 큰 자극이죠"라고 말한다. "자주 있는 일은 아니지만, 그럴 때면 유쾌한 놀라움이 아닐 수 없습니다"(Julie Walsh, "Who's Lighting the Fire?", 〈WebMD Medical News〉, 2000. 3. 16).

의심할 여지없이 솔로몬은 술람미 여인이 대단한 '자극'이라는 사실을 발견했고, 그녀로 하여금 그 사실을 알게 했다. 참으로 현명한 남자가 아닐 수 없다.

E. 영적 승인의 장소가 되게 하라(5:1 하)

Supporting Idea	섹스라는 하나님의 선물은 그분의 선하심과 자비의 표현이다. 그분은 신자의 침실에서 이루어지는 활동을 기뻐하신다.

5:1 하. 1절의 마지막 부분은 상당한 해석상의 논란을 불러일으켰다. 정확히 누가 사랑의 행위를 하고 있는 이 남자와 여자를 격려했을까? 일부 학자들은 그 커플의 친구들이었다고 믿는다. 하지만 이 화자가 지금까지 그들의 침실에서 일어났던 모든 일을 상세히 알고 있다는 사실은 그 가능성을 배제한다고 볼 수 있다. 다른 학자들은 그것이 4장 16절에서 의인화되었던 바람의 목소리가 다시 등장한 것이라고 믿는다. 분명 그것이 솔로몬이나 술람미 여인일 가능성은 없다. 그들은 지금 다뤄지고 있는 대상이기 때문이다.

아가서 전체에서 하나님의 이름이 직접적으로 등장하지는 않지만(그러나 8장 6절을 참고하라), 나는 여기서 말하는 화자가 하나님이라고 믿는다. 그분은 보이지는 않지만 그들의 침실에 현존하는 손님이었다. 하나님은 그 밤에 일어났던 모든 일을 지켜보셨고, 그분 자신이 그 모든 것에 대해 어떻게 생각하시는지 우리에게 말씀하셨다.

1. 결혼 안에서의 섹스는 하나님의 승인 아래 즐기는 것이다.

나의 친구들아, 먹으라. 나의 사랑하는 사람들아, 마시고 많이(또는 '깊이') 마시라. 솔로몬과 술람미 여인이 누리는 사랑은 섹스라는 선물과 함께 하나님이 그들에게 주신 것이다. S. C. 글릭맨(S. C. Glickman)은 이렇게 말했다.

> 그분은 목소리를 높여 그 밤 전체를 진심으로 승인하신다. 또한 그 커플의 사랑을 열렬히 지지하고 확인해주신다. 그분은 지금까지 일어난 일들을 즐기신다. 그들이 사랑의 샘물을 실컷 마시는 것을 보고 기뻐하신다. 그분께 속해 있는 두 사람은 그분이 의도하셨던 모든 아름다움과, 열정과, 순수함 속에서 사랑을 경험했다. 사실 그분은 그들을 독려해 더 많이… 그것이 그들이 서로에게 사랑을 주는 것에 대해 갖고 계신 그분의 마음가짐이다. 그리고 그것은 오늘날의 커플들을 향한 그분의 마음가짐이기도 하다(S. C. 글릭맨, 25).

그렇다. 하나님은 거기 계셨고, 그분이 보고 계신 것에 대해 만족해하셨다. "그분은 그 열정을 보시고, 환희의 숨소리를 들으시며, 서로의 가장 은밀한 곳을 애무하는 그 연인들을 지켜보신다. 그분은 육체적이고 세속적인 광경과 소리와 냄새의 증인이신 것이다… 하나님은 우리가 감각적인 즐거움을 누리고 그것에 푹 빠지기를 바라신다" (Dillow and Pintus, 17).

2. 결혼 안에 있는 배우자들은 하나님의 애정을 즐긴다.

하나님이 섹스라는 그분의 선물을 즐기는 그 커플을 내려다보고 계실 때, 그분의 입에서 부드러운 애정을 의미하는 표현이 흘러나왔다. 그분은 그들을 사랑하는 사람들 혹은 친구들이라고 부르셨던 것이다. 하나님은 그들을 사랑하셨고, 그분이 보고 계신 것을 사랑하셨다. 창조주가 섹스에 대해 어떻게 생각하는지 상상해보려고 시도하는 수많은 사람들의 사고에 너무나도 낯선 주장이 아닐 수 없다. 그분은 우리를 사랑하시고, 우리가 결혼의 언약 속에서 뜨거운 사랑의 행위에 몰두하고 있을 때 그 모습을 좋아하신다. 그것은 우리가 정확하고 바르게 창조주의 관점을 이해할 때 참으로 혁명적이고 변혁적일 수 있다.

우리는 다음과 같이 말한 베스(Beth)라는 여인처럼 될 수 있다.

> 내 남편을 사랑하는 것은 하나님에 대한 예배 행위가 될 수 있다. 내 남편과 내

가 성적 황홀경의 여운 속에서 흡족해하며 함께 누워 있을 때, 이 세상에서 가장 자연스러운 것은 우리가 누리는 성적 기쁨의 아름다움과 영광에 대해 나의 하나님께 감사의 기도를 드리는 것이다. 내가 무엇을 하고 있는지 의식조차 하지 못하는 사이에 내 마음은 곧바로 주님을 향해 찬양을 드린다. 섹스라는 그분의 선물은 참으로 놀라운 것이다(Dillow and Pintus, 19).

Main Idea 복습	섹스는 결혼이라는 정황 속에서 열정적으로 누려야 할 하나님의 좋은 선물이다.

결론

사랑 지수 테스트

일부 남성들은 로맨스를 준비하는 데 있어 약간의 도움이 필요하기 때문에 나는 남편과 아내가 함께 점검할 수 있도록 조디 딜로우(Jody Dillow)의 "사랑 지수 테스트(Lover' s Quotient Test)"를 약간 변형하여 포함시켰다. 당신도 알게 되겠지만, 테스트 결과를 너무 심각하게 받아들이지 말고, 충분히 진지하게 받아들이도록 권하고 싶다. 지수의 범위는 0에서부터 360까지다. 고백하건대, 나는 처음 했을 때 90이었다 (당신이 직접 결과를 확인해볼 수 있다!). 그 이후 170으로 향상되었다가 최근에 220이었다. 정말이다. 하나 이상의 영역에서 진보가 있었다.

오클라호마 로튼(Lawton)에서 있었던 한 결혼 생활 세미나에서 나는 이 재미있는 테스트를 한 번 시행한 후에 그 일을 시작하도록 동기부여를 했다. 그런데 이튿날 밤 40대 후반이나 50대 초반 정도로 보이는 아름답고 우아한 한 여인이 내게 다가와 자기 남편이 그 테스트에서 얻은 점수를 말해주었다. 그녀의 담임 목사가 나중에 내게 말하기를, 자신이 알고 있는 사람들 가운데 그녀가 가장 훌륭하고 경건한 여인일 것이라고 했다.

글쎄, 그녀의 남편은 270점을 얻었다! 그것은 이 시점까지도(그후 10년 동안 250회의 세미나를 거치면서도) 내가 확인했던 기록 중에서 최고의 점수다. 독자들도 이미 짐작하겠지만, 나는 꽤 장난기가 많은 사람이다. 그래서 이렇게 말했다. "그래요, 한 가지만 더 물어볼게요. 그가 정말로 그렇게 좋은 분인가요?" 나는 그녀의 대답을 결코 잊지 못할 것이다. "그럼요. 저는 이 세상에서 가장 멋진 남자와 결혼했다고 확신합니다." 그녀는 상냥하게 말한 뒤 정중하게 사라졌다.

하나님은 그날 밤 그 귀한 여인을 통해 내 마음에 말씀하셨다. 만약 누군가가 내 아내 샬럿(Charlotte)에게 "대니(Danny)가 그렇게 좋은 분이에요?"라고 물을 때, 그녀가 진심으로 "그럼요. 저는 이 세상에서 가장 멋진 남자와 결혼했다고 확신합니다"라고 말할 수 있다면 얼마나 좋을까. 한 남자에게, 다시 말해 한 남편에게 그것보다 더 영예로운 찬사는 없을 것이다. 그러니 사내들이여, 이 테스트를 너무 심각하게 받아들이지 말고 진지하게 받아들여라. 만약 그렇게 한다면, 그리스도인의 침실의 아름다움과 축복이 지금까지 당신이 상상해왔던 것보다 훨씬 더 크다는 사실을 발견하게 될 것이다.

사랑 지수 테스트

우리는 당신이 남편으로서 정확히 얼마나 창의적인지 알아낼 필요가 있다! 아래에 나오는 사랑 지수 테스트를 받아보자. 아래 목록에 열거된 각각의 항목에 대해 당신이 지난 6개월 동안 한 번 해본 적이 있으면 10점을 부여하라. 만약 당신이 어떤 항목이든 두 번 이상 실행한 적이 있으면, 20점을 얻게 된다. 그 결과를 너무 심각하게 받아들이지 말라. 그러나 충분히 진지하게 받아들여라!

- 당신은 주중에 그녀에게 전화를 걸어 주말 저녁에 어디에 갈 것인지는 말하지 않고 외출하자고 요청해본 적이 있는가? 비밀 데이트가 우리가 염두에 두고 있는 것이다!
- 당신은 그녀에게 하루 저녁 완전히 휴가를 준 적이 있는가? 그것은 당신이 부엌을 청소하고 아이들을 챙긴 다음, 그날 밤을 위한 준비까지 모두 마치는 것이다.
- 당신은 어느 저녁 그녀와 함께 차를 몰고 나가 안전하고 한적한 곳에 주차시켜놓고 키스하며 대화를 나눈 적이 있는가?

- 당신은 저녁 식사 후에 그녀를 위해 목욕물을 받아놓은 적이 있는가? 그것은 욕실에 향기가 나는 촛불을 켜놓고, 목욕물에 오일을 부어놓으며, 저녁 식사 후 곧바로 그녀를 욕실로 보내놓고, 그녀가 편히 목욕을 즐기는 동안 청소를 다 해놓고 아이들의 잠자리까지 챙겨주는 것이다(이 항목에서 어떤 점수든 얻기 위해서는 나중에 욕조까지 청소해놓아야 한다!).
- 당신은 직장에서 그녀에게 전화를 걸어 당신이 그녀에 대해 기분 좋은 생각을 하고 있다고 말해본 적이 있는가? (만약 당신이 그녀에게 전화를 걸어 우편물이 와 있는지 혹은 저녁이 무엇인지 물었다면, 이 항목에서는 어떤 점수도 얻지 못한다!)
- 당신은 그녀에게 사랑의 편지를 써 빠른 우편으로 보낸 적이 있는가? (보통 우편도 좋다.)
- 당신이 그녀를 사랑하는 이유를 녹음한 테이프를 만들어본 적이 있는가? 그것을 얇은 잠옷을 입고 있는 그녀에게 준 적이 있는가?
- 당신은 그녀에게 하루 휴가를 준 적이 있는가? 그녀가 하고 싶은 것을 하도록 밖으로 내보내라. 그리고 당신은 집안을 청소하고, 저녁을 준비하며, 아이들을 돌본다(아내는 내가 이 항목에서 30점을 받아야 한다고 말한다!).
- 당신은 거실에서 하와이식 파티를 하는 동안 파도 소리가 담겨 있는 특수 음향 효과 테이프를 틀어놓은 적이 있는가? 창의적인 다른 저녁 파티로 대체될 수도 있다!
- 당신은 그녀 그리고 자녀들과 함께 서로의 목표를 나누고 가족의 목표를 계획하면서 온 저녁(두 시간 이상)을 보낸 적이 있는가?
- 당신은 깜짝 주말 행사를 준비해본 적이 있는가? 당신은 필요한 예약을 하고, 이틀 동안 아이들을 돌봐줄 사람을 구한다. 그녀에게 짐을 싸라고 말하되, 어디로 갈 것인지는 알려주지 말라! (다만 그것이 슈퍼볼 결승이나 준결승전이어서는 안 된다.) 로맨틱한 어떤 장소를 준비하라.
- 당신은 지난 6개월 동안 한 번이라도 당신의 옷을 세탁기에서 꺼내 행거에 걸어본 적이 있는가?
- 당신은 그녀에게 향기 나는 로션으로 전신 마사지를 해준 적이 있는가? (없다면, 이유가 무엇인가?)
- 당신은 적어도 두 시간 이상의 로맨틱한 대화와 꿈의 공유, 아주 다양한 방식의 사

전 작업과 애무 등을 포함하여 그녀와 육체적 사랑을 나누는 시간을 가져본 적이 있는가?

- 당신은 집안에서 무언가를 그녀가 부탁하지도 않았는데 고쳐본 적이 있는가?
- 당신은 아침에 직장에 나가기 직전이나 저녁에 현관문에 들어서면서 적어도 30초 이상 열정적으로 그녀에게 키스해본 적이 있는가?
- 당신은 향수나 반지나 의류 품목 같은 작은 선물을 예고도 없이 그녀에게 준 적이 있는가?
- 당신은 그녀의 낡은 잠옷을 바꿔준 적이 있는가?

이 우스꽝스러운 테스트는 그동안 전세계의 남성들에게 제시되어 왔다. 당신의 점수를 그들의 것과 비교해보자.

200-360: 사랑하는 자다. 경이롭다! 당신이 바로 그 사람이다! 당신은 틀림없이 우리나라에서 가장 만족하는 아내 가운데 한 사람과 함께 살고 있다. 당신은 상위 1퍼센트 안에 속한다.

150-200: 훌륭하다. 잘했다! 매우 적은 사람들만이 이 부류에 속한다. 당신은 상위 10위권 후보다! 당신의 아내는 아마 잘 웃을 것이다!

100-150: 보통이다. 이런 남편은 표준에 해당되며, 보통은 사랑하는 자로서 그렇게 흥미롭지 못하다. 당신은 꾸준한 편이지만, 당신 아내의 관점에서는 로맨스 분야에서 불꽃놀이가 많지 않다.

50-100: 재주가 없는 편이다. 지루하다! 이것보다는 더 잘할 수 있다! 너무나 많은 남성들이 이 부류에 속한다. 빠른 시일 내에 위로 올라갈 수 있도록 노력하기 바란다.

0-50: 고리타분한 남편이다. 맙소사! 슬픈 일이다! '고리타분한 남편' 과 '사랑하는 자' 사이에는 엄청난 차이가 존재한다. 당신의 아내가 여전히 당신과 살고 있는 유일한 이유는 그리스도인이기 때문이다. 그녀는 무조건적인 수용에(당신에 대해서 말이다!) 별난 능력을 지니고 있다. 성경에도 그녀를 지탱해주는 몇몇 구절이 있다(조디 딜로우의 "사랑 지수 테스트" 에서 인용).

삶의 적용

성교육 질문서

성 혁명의 결과로 인간의 성에 대한 기본적인 내용을 모든 사람이 다 알고 있다는 만연된 오해가 있다. 한 그리스도인 아내는 어느 가정 잡지에 이런 글을 기고했다. "우리는 둘 다 동정인 상태에서 결혼했고, 나는 한 번도 그것을 후회하지 않았다. 그러나 나는 내 남편이 섹스에 대해 지금보다는 훨씬 더 많이 알 것이라고 생각했다. 그런데 무엇이 내게 기쁨을 가져다주는지에 대해 때로 그렇게 무지할 수 있을까?"(〈The Healthy Marriage Handbook〉, p. 85).

당신이 인간의 성에 대해 얼마나 알고 있는지 알아보기 위해 다음 질문들에 답해보라(일부 질문들에 대해서는 단순히 "예" 또는 "아니오"로 대답할 수 있다).

1. 당신은 남성과 여성의 주요 생식 기관에 대해 적절하고도 정확하게 서술할 수 있는가? □ 예 □ 아니오

2. 당신은 남성과 여성 둘 다의 경우에서 오르가즘이 무엇이고, 어떻게 달성되는지 설명할 수 있는가? □ 예 □ 아니오

3. 당신은 섹스에 관한 내용을 건전하게 논의하고 있을 때도 가끔 당황하게 되는가? □ 예 □ 아니오

4. 당신은 목사가 보통 성교육을 하기에 적격이라는 주장에 동의하는가? □ 예 □ 아니오

   만약 아니라면, 누가 적격인가? ____________________

5. 당신은 아버지가 그의 딸로부터 섹스에 관한 질문을 받았을 때, 그것에 대해 대답

해주어야 한다고 생각하는가? □ 예 □ 아니오

6. 당신의 성문제에 대한 관심을 늘 수치스러워하는가? □ 예 □ 아니오
당신이 그래야 한다고 생각하는가? □ 예 □ 아니오

7. 당신은 성교육을 하거나 토론하는 데 있어 키스와 애무보다는 애정을 보이는 다른 건전한 방법들을 논의하는 데 충분한 시간을 할애하는가?
□ 예 □ 아니오

8. 당신은 성교육이 결혼 후에도 계속되어야 한다고 생각하는가? □ 예 □ 아니오
왜 그래야 하는가? ______________________________

9. 사람들이 당신의 말과 행동을 보고 당신이 결혼에 대해 건전하고 경건한 태도를 가지고 있다는 사실을 알 수 있는가? □ 예 □ 아니오

10. 당신은 성교육의 다양한 면을 다루고 있는 성경 구절에서 도움을 얻을 수 있는가?
□ 예 □ 아니오

11. 당신은 부모로서 당신의 자녀들에게 언제 성교육을 하는가?
____

12. 다섯 살짜리 아이가 애기가 어디에서 나오느냐고 물을 때 어느 정도까지 이야기 해주어야 하는가?
____

13. 당신은 어떻게 당신의 자녀들을 현명한 성적 규범으로 이끌어줄 수 있는가?
____

14. 십대들이 왜 성적인 문제에 지나치게 관심을 갖는 것일까?

15. 참된 사랑의 주된 특징이 무엇이라고 생각하는가?

기도

하나님 아버지, 섹스라는 좋은 선물을 주신 당신의 자비에 감사를 드립니다. 최대의 보호와 즐거움, 파트너십 등을 위해 그것을 설계해주신 것 또한 감사드립니다. 저와 제 배우자가 당신의 선물을 기리고 누릴 수 있도록 도와주십시오! 우리가 사랑의 행위를 할 때마다 당신의 승인과 기뻐하심 속에서 하고 있다는 사실을 기억하게 해주십시오. 예수님의 이름으로 기도합니다. 아멘.

심층 연구

레바논

레바논은 질 좋은 백향목으로 유명했다. 오늘날에는 한때 엄청났던 산림의 극히 일부분만이 남아 있다. 한때는 팔레스타인도 엄청난 산림을 가지고 있었지만, 페니키아에는 비할 바가 아니었다. 솔로몬은 두로 왕 히람과 계약을 맺어 예루살렘 성전 건축을 위한 들보와 판자를 공급하게 했다. 백향목의 가장 주목할 만한 측면은 그 향기다. 그 냄새가 사람의 비위에는 거슬리지 않지만, 벌레들은 그것을 싫어한다. 솔로몬은 술람미 여인의 옷에서 나는 레바논 백향목의 향내가 기분 좋고 쾌적하다는 사실을 깨달았다(4:11).

일부 백향목은 37미터까지 자라지만, 대부분은 18미터에서 24미터 사이이다. 어떤 나무의 둘레는 9미터에서 12미터 정도에 이른다. 겟세마네 동산에 있던 고대의 올리브 나무와 마찬가지로, 일부 레바논 백향목도 수령이 약 2,000년 정도 되는 것으로 생각된다.

레바논 백향목은 건축 목적을 위한 목재나 판자를 공급했을 뿐만 아니라, 힘과 화려함, 장수, 영광 등의 상징이기도 했다. 에스겔은 앗수르 왕을 거대한 레바논 백향목에 비유했고(겔 31장), 다윗은 하나님의 강력한 음성이 부러뜨리게 만들었던 한 예로 레바논 백향목을 언급했다(시 29편). 레바논 백향목은 바산의 상수리나무처럼 거만하고 자고한 다른 항목들과 함께 나란히 열거되어 있고(사 2:13), 에스겔은 한 애가에서 두로의 몰락을 초래하게 될 자랑과 관련된 한 부분으로 백향목을 포함시켰다(겔 27:32). 그리고 시편 80편 10절과 아가 1장 17절, 이사야 33장, 예레미야 22장 15절, 스가랴 11장 1절 등에도 다른 언급이 나타난다.

오늘날의 레바논 사람들은 그들의 백향목을 매우 좋아한다. 백향목을 국가의 상징물로 만들었을 정도다. 백향목은 상록수의 제왕이라고 할 수 있다.

고안

A. 들어가는 글: '성경이 섹스에 대해 말하는 것' 이야기로 시작하라.

B. 본문 이해

1. 만족을 주는 매혹의 장소가 되게 하라(4:1-7)
   a. 남성들이여, 당신 아내의 언어적 지지에 대한 필요를 만족시켜라.
   b. 여성들이여, 당신 남편의 시각적 자극에 대한 필요를 만족시켜라.
2. 육감적인 기대의 장소가 되게 하라(4:8-11)
   a. 배우자가 당신에게 나아오도록 초대하라.
   b. 배우자가 당신을 어떻게 매혹시키는지 알려주라.
3. 특정 가용성의 장소가 되게 하라(4:12-15)
   a. 우리 자신을 순결하게 지킬 때 하나님은 기뻐하신다.
   b. 우리가 서로에게 기쁨을 줄 때 하나님은 기뻐하신다.
4. 성적 애정의 장소가 되게 하라(4:16-5:1 상)
   a. 배우자가 당신과 함께 사랑의 행위를 할 수 있도록 격려하라.
   b. 사랑의 행위 후에도 당신의 배우자를 격려하라.
5. 영적 승인의 장소가 되게 하라(5:1 하)
   a. 결혼 안에서의 섹스는 하나님의 승인 아래 즐기는 것이다.
   b. 결혼 안에 있는 배우자들은 하나님의 애정을 즐긴다.

C. 결론: '사랑 지수 테스트' 를 읽어주라.

토의 질문

결혼에 관한 일곱 가지 질문

1. 당신은 솔직히 결혼의 신화에 직면해본 적이 있는가? 신화에는 두 파트너가 모두 결혼 밖에서 똑같은 것을 기대하는 것도 포함될 수 있다. "내 인생에서 모든 나쁜 것이 사라질 거야" 혹은 "내 배우자가 나를 완전하게 만들어줄 거야" 하는 식으로 말이다.

2. 당신의 사랑 스타일을 구분할 수 있는가? 사랑이라는 단어는 사람들에게 서로 다른 것을 의미할 수 있으며, 열정과 친밀감, 헌신, 약속, 봉사 등에 대한 강조로 해석되는 경우가 많다.

3. 당신은 지금까지 행복의 습관을 익혀왔는가? 행복한 커플들은 그들의 환경과는 상관없이 두 파트너가 모두 행복하기로 마음먹기(의사 결정하기) 때문에 행복한 것이다. 그들은 좋을 때나 나쁠 때나 하나님을 신뢰한다.

4. 당신이 의미하는 바를 이야기할 수 있고, 당신이 듣는 것을 이해할 수 있는가? 그저 단순한 대화가 아니라 바람직한 커뮤니케이션은, 결혼이 성공할지 그저 생존하게 될지 아니면 사라지게 될지의 여부를 결정짓는 데 있어 차이를 만들어낼 수 있다.

5. 당신은 지금까지 남녀의 차이를 극복해왔는가? 남자는 화성에서 왔고, 여자는 금성에서 왔다. 사실상 남자는 흙에서 왔고, 여자는 지구에서 왔다. 그 차이를 이해하는 것이 핵심이다.

6. 당신은 좋은 싸움을 싸우는 방법을 아는가? 충돌은 불가피하지만, '공정하게 싸우는' 방법을 아는 것이 매우 중요하다.

7. 당신과 당신의 파트너는 마음이 잘 맞는 친구인가? 결혼은 두 참여자 모두의 영적 측면이 윤택해질 때 성공하게 되어 있다(Les and Leslie Parrott의 "Saving Your Marriage Before It Starts" 에서 인용).

아가 5:2-8

잠 못 이루는 밤

"사랑은 자신에게서 떠나 상대방에게로… 움직이는 마음이다."

- 댄 알렌더(Dan Allender)와 트렘퍼 롱맨(Tremper Longman) 3세

잠 못 이루는 밤은 불가피한 것일 수도 있지만, 꼭 치명적인 것은 아니다. 상대방의 필요에 대한 민감함(빌 2:3-5)이 이 결혼의 지뢰밭을 성공적으로 헤쳐 나가는 열쇠다.

들어가는 글

최고의 섹스는 부부간의 섹스다

"이혼 전염병이 영국을 휩쓸고 있는데, 변호사들은 제대로 대처하지 못하고 있다"고 〈런던 옵저버(London Observer, 2000. 1. 9)〉가 보도했다. "새천년에 찾아온 결혼 관련 집단 히스테리"의 발발은 영국의 일류 이혼 전문 법률 회사 "로이드 플랫츠 앤 컴퍼니(Lloyd Platts & Co.)"로 하여금 어떤 신규 의뢰인도 받아들이기를 거부하게 만들었다. 바네사 로이드 플랫츠(Vanessa Lloyd Platts)는 "만약 부부들이 현재의 이혼율로 계속해서 갈라서면, 10년 후에는 이혼할 사람이 아무도 남지 않게 될 것"이라고 말했다. 페미니스트 작가 나타샤 월터(Natasha Walter)는 이렇게 주장했다. "이것은 사람들이 차선에 안주하는 것을 더 이상 원치 않는다는 사실을 의미한다! 결혼은 우리가 관계를 맺는 방식을 따라가지 못하고 있다. 그리고 내가 훨씬 더 중요하게 보는 것은 많은 남성과 여성들이 사랑을 찾고는 있지만, 반드시 평생 한 파트너라는 틀 안에서는 아니라는 사실이다."

〈릴레이트(Rrelate)〉의 대변인 줄리아 콜(Julia Cole)은 새로운 세기의 시작은 관계에 대한 새로운 점검을 촉발시켰다고 말했다. 항상 제일 먼저 머리에 떠오르는 성적인 문제가… 특히 만연되어 있는 것 같다. "완벽한 점심과 완벽한 선물, 완벽한 새해 전야 등과 함께 사랑스럽고 완벽한 섹스가 존재할 것이라는 기대가 있다. 기대와 현실의 괴리는 종종 엄청나기 마련이다"(〈런던 옵저버〉, 2000. 1. 9).

분명 너무나 많은 사람들이 자신의 결혼에 대해 심각한 실망을 경험하고 있고, 문제는 종종 그것이 침실로 이어진다. 하지만 결혼 생활에서의 대부분의 문제는 침실에서 '시작되지' 않는다. 다만 상당수의 문제가 결국 침실로 '귀결될' 뿐이다. 성생활이 의미 있고, 만족스러우며, 즐겁지 않으면, 어떤 결혼도 하나님이 의도하셨던 완전한 모습을 갖추지 못할 것이다.

잠언 5장 18절은 "네 샘이 축복받게 하고, 네가 젊어서 얻은 아내와 더불어 즐거워하라"(NKJV)고 말한다. "너의 젊은 날에만"이라고 말하지 않았다는 사실에 주목하라!

1999년 2월 "국민 건강 및 사회 생활 조사(National Health and Social Life Survey)"는 지금까지 미국인의 성생활에 대해 가장 종합적인 연구를 완성했다. 그 결과가 몇 가지 흥미로운 사실과 함께 〈미국 의학 협회 학술지(Journal of the American Medical Association)〉에 게재되었다(〈World Magazine〉, 1999. 2. 27).

1. 성적으로 활동적인 독신자들이 가장 많은 성문제를 안고 있고, 섹스로부터 가장 적은 즐거움을 얻고 있다.
2. '섹스에 대해 가장 진보적인 태도'를 가지고 있는 남성들이 자신의 배우자를 만족시키지 못할 가능성이 75퍼센트 정도 더 높다.
3. 기혼 부부들이 단연코 가장 행복한 성생활 만족도를 보고했다.
4. 성적으로 가장 만족하고 있는 인구 집단은 50세에서 59세 사이의 기혼 부부들이다!

놀라운 사실이다! 그러나 뉴스는 한 술 더 뜬다. 1999년 11월 29일의 보도 자료는 시카고 대학의 조사자들이 어느 교파가 최고의 섹스를 경험하는지 알아보기 위해 설문 조사에 착수했을 때, 신자들이 교회에서 전혀 자랑을 늘어놓지 않는다는 것을 알게 되었다고 보도했다. 그들이 1994년에 시행했던 조사에 의하면, 보수주의 개신교 여성들이 단연코 가장 많은 오르가즘을 보고하고 있다. 그들 가운데 32퍼센트는 사랑의 행위를 할 때마다 오르가즘에 도달하고 있다고 말한다. 주류 개신교와 가톨릭 신자들은 5퍼센트 정도 뒤져 있었고, 어떤 종교에도 소속되지 않은 사람들은 22퍼센트 수준에 머물러 있었다.

그래서 〈뉴스위크(Newsweek)〉가 다음과 같은 질문 기사를 게재한 것인지도 모른다. "그게 정말 당신에게 좋았을까? 섹스: 당신 생애 최고의 사랑의 행위는 이제 몇 개의 나노봇(nanobots)과 한 벌의 보디슈트(body suit)면 된다"(〈뉴스위크〉, 2000. 1. 1). 기술에 의한 가상 현실 섹스를 선전하면서 말이다! 그리고 〈코스모폴리탄(Cosmopolitan)〉이 "코스모의 지금까지 가장 인기 있었던 20가지 섹스 비법"(〈코스모폴리탄〉, 2000. 1)으로 우리에게 도전하는 것인지도 모른다. 그러나 만약 당신이 최고의 섹스에 정말로 관심이 있다면, 위의 데이터에 근거해서 거듭난 배우자를 직접 찾고, 그 또는 그녀를 50세 이상이 될 때까지 옆에 붙잡아두라. 최고의 섹스가 곧 찾아올 테니 말이다!

그럼에도 불구하고 너무나 많은 커플들이 잠 못 이루는 밤을 너무나 많이 경험하며, 상처와 실망에 괴로워하고 있는 것이 사실이다. 그런 밤이 찾아올 때, 우리는 무엇을 할 것인가? 어떻게 대응해야 하는가? 제안을 하나 하고 싶다. '하나님의 말씀인 성경을 따르자.' 우리가 어떻게 하면 잠 못 이루는 밤을 피할 수 있는지에 대해 하나님의 인도하심을 구해보자.

본문 이해

잠 못 이루는 밤

Main Idea	무엇이 잠 못 이루는 밤을 초래하는지 이해하고 재연을 피할 수 있는 방법을 찾아라.

A. 사랑에 대한 욕망이 나쁜 타이밍 때문에 약화될 수도 있다는 사실을 이해하라 (5:2)

Supporting Idea	남성은 시간과 애정에 대한 여성의 필요를 이해해야 한다.

5:2. 솔로몬의 아내인 술람미 여인은 자고 있었다. 아마도 그녀는 근심과 실망으로 뒤척이며 꿈을 꾸고 있거나 반쯤 깨어 있었던 것 같다. 많은 학자들은 이것이 또 다른 꿈이 아니었을까 하고 생각한다. 문제는 아주 간단하다. 솔로몬이 또 늦었던 것이다. 본문의 흐름은 술람미 여인이 그녀의 사랑인 남편과의 로맨틱한 밤을 바라거나 기대하고 있었을지도 모른다는 사실을 암시한다. 하지만 그는 다시 밖에 나갔고, 늦게 집으로 돌아왔다. 그 이유에 대해서는 우리가 알 수 없다. 그의 욕망이 꺾이고 말았다. 왜 그런 일이 일어났을까?

1. 일이 문제를 일으킬 수도 있다.

성경은 그의 머리에는 이슬이, 그의 머리털에는 밤이슬이 가득하였다고 말한다. 이것은 히브리 대구법의 한 사례다. 요점은 분명하다. 자정이 가까웠거나 이미 지나버린 늦은 시간이었다는 것이다. 어쩌면 그가 밤늦게까지 일해야 했는지도 모른다. 있을 법한 일이다. 무엇보다도 솔로몬은 이스라엘의 왕이 아니었는가. 거칠고 냉엄한 왕의 세계에서 조정과 협력을 이끌어내기 위해 분투하는 것은 길고 힘든 하루가 요구된다. 때로는 그런 날들이 밤늦게까지 이어지기도 했다. 시간은 우리의 가장 귀중한 자산이다. 언제나 그래 왔듯이 말이다. 당신은 그것을 한순간에 한 장소에서 사용할 수 있을 뿐이다. 이 특정한 밤에는 일이 그 아내를 이겼고, 대결의 분위기가 조성되었다. 침실에서의 결전 말이다.

2. 말이 그 문제를 해결하지 못할 수도 있다.

고대 근동 지역에서는 남편과 아내가 별도의 침실을 사용하는 것이 관례인 경우가 많다. 솔로몬은 집에 돌아와 피곤한 상태였지만, 그렇게 지쳐 있지는 않았다. 무엇보다도 그는 남자가 아닌가. 사실은 그가 길고 힘든 하루를 보낸 후 아내의 정서적, 육체적 지원과 그녀와의 친밀한 교제를 필요로 했을 것이다. 이것이 바로 하나님이 남자를 엮어 놓으신 방식이다.

한 연구는 남자에게 있어 행복한 결혼의 비밀은 정서적 지원과 활동적인 성생활이라고 지적한다. 여성들은 그들의 남편이 자신에게 더 많은 관심을 가져주기를 바라겠지만 말이다. 여성들은 자신의 남편이 그들의 의견에 더 많은 관심을 가져주고, 그들의 사회 생활에서 더 적극적인 역할을 해주기를 원할 뿐이라고 말했다. 결혼 상담가 쉐론 리 유에트위(Sheron Li Yuet-Yi)는 이렇게 말했다. "섹스는 성공적인 결혼을 만들어나가는 데 필수적인 역할을 한다. 우리는 요즘 그것을 어떻게 하는지 전혀 모르는 신혼 부부들과, 너무 게으르거나 너무 피곤해서 섹스를 제대로 할 수 없는 일부 중년 부부들을 보게 된다"(〈South China Post〉, 1999. 11. 16). 때로는 우리가 기대했던 대로 침실에서 도저히 화해가 이루어지지 않는다.

솔로몬이 그의 아내에게 접근하는 방식은 정중하고 섬세했다. 어쩌면 그가 약간의 긴장을 감지했는지도 모른다. 잠겨 있는 침실 문이 경고의 의미를 전해주었을 것이다!

그가 애정을 표현하는 네 가지 호칭을 사용하고, 소유격 대명사 '나의'를 네 번이나 사용하고 있다는 사실에 주목하라.

- 나의 누이(비교. 4:9)는 그들의 우정과 그들 관계의 영속성을 강조했다.
- 나의 사랑(비교. 1:9, 솔로몬에 의해 아홉 번이나 사용되고 있다)은 그가 기뻐하고 즐거워하는 사람을 의미했다. 그녀의 아름다움을 인정하는 정황 속에서 자주 사용되고 있다.
- 나의 비둘기(비교. 2:14)는 아마도 애칭이었을 것이다. 그녀의 온화함을 묘사했다.
- 나의 완전한 자는 나의 '완벽한' 자 또는 '흠이 없는' 자를 의미한다. 타인의 사람이 아니라 전적으로 내 사람이라고 알고 있다는 의미다.

솔로몬의 칭찬과 찬사는 진심에서 우러난 것이었다. 물론 남편들이 항상 그럴 수는 없으며, 아내들도 우리의 '암호'를 해독하는 데 전문가가 될 수 있다. 루이빌(Louisville)의 한 라디오 방송국은 "남성들이 뭐라고 말할 때 정말로 의미하는 것"이라는 제목으로 이야기를 나누면서 남성들을 희생시켜 재미를 본 바 있다.

- "그것은 남자들의 일이야"는 실제로 "당신에게는 그것과 관련된 이성적인 사고 패턴이 없으니까, 그것을 논리적으로 해결할 가능성이 전혀 없다구"를 의미한다.
- "저녁 준비하는 거 도와줄까?"는 실제로 "왜 아직 준비가 안 되어 있는 거야?"를 의미한다.
- "응"이나 "물론이지", "그래, 여보" 등은 실제로 아무것도 의미하지 않는다. 그것은 남성들의 조건 반사일 뿐이다.
- "설명하기엔 너무 길어"는 실제로 "그게 어떤 효과를 발휘할지 나도 전혀 몰라"를 의미한다.
- "우리 늦겠어"는 실제로 "내가 이렇게 미친 듯이 운전하는 데는 다 그럴 만한 이유가 있다구"를 의미한다.
- "좀 쉬어, 여보. 너무 열심히 일한다"는 실제로 "청소기 소리 때문에 게임 중계를 들을 수가 없잖아"를 의미한다.

- "그거 흥미로운데, 여보"는 실제로 "당신 아직도 이야기하고 있는 거야?"를 의미한다.
- "그건 여자들의 일이야"는 실제로 "그건 힘들고 더럽고 생색이 안 나는 일이야"를 의미한다.
- "우리는 집안일을 나눠서 해요"는 실제로 "나는 어질러놓고, 그녀는 치우죠"를 의미한다.
- "내 기억력이 얼마나 나쁜지 알잖아"는 실제로 "〈에프 트룹(F Troop)〉의 주제가와, 내가 처음 키스했던 여자 친구의 주소, 지금까지 소유했던 모든 자동차의 차량 번호 등은 기억하지만, 당신의 생일은 까먹었어"를 의미한다.
- "오우, 법석 떨지 말아요. 그냥 베인 거야. 큰일은 아니라구"는 실제로 "사지가 하나 절단됐어. 병원에 가기도 전에 출혈 과다로 죽을 거야"를 의미한다.
- "이봐, 내가 이렇게 행동하는 데는 다 이유가 있다구"는 실제로 "그래 나도 빨리 그 이유가 생각났으면 좋겠어"를 의미한다.
- "그걸 못 찾겠어"는 실제로 "냉장고 안을 들여다보고 있는데, 우유병을 옮길 수는 없어. 만약 케첩이 그 뒤에 없다면, 우유병이 이기는 게 되잖아!"를 의미한다.
- "내가 이 시간에 무엇을 했지?"는 실제로 "당신 나보고 뭐 하라고 붙잡고 있었던 거야?"를 의미한다.
- "알아들었어"는 실제로 "당신이 방금 전에 말한 내용을 전혀 이해하지 못했지만, 알아들은 것처럼 보였으면 정말 좋겠어. 앞으로 3일 동안은 당신이 내게 소리 지르지 않게 말이야"를 의미한다.

때때로 말은(심지어 가장 좋은 말도) 나쁜 타이밍을 극복할 수 없고, 잠 못 이루는 밤을 방지하지 못한다.

B. 사랑을 위한 세부 사항이 너무 번거롭게 느껴질 수도 있다는 사실을 이해하라(5:3)

Supporting Idea	여자는 남자의 성적 친밀함과 즐거움에 대한 필요를 이해해야 한다.

5:3. 술람미 여인은 아마 화가 나 있었을 것이다. 그녀는 분명 마음에 상처를 입었다. 그녀가 마음에 품고 있던 가장 기본적인 필요가 그녀의 남편에 의해 충족되지 않았기 때문이다. 밥 턴불(Bob Turnbull)은 "당신의 아내가 정말로 필요로 하는 것" 이라는 글에서 아래의 네 가지가 없으면 아내들의 내면이 메마르고 시들게 될 것이라고 남성들에게 상기시킨다.

1. *시간(Time)*. 관계를 살 수 있는 화폐다. 그녀를 위해 달력의 공간을 비워두는 것은 당신이 내게 소중하다는 사실을 말해준다.
2. *대화(Talk)*. 이것은 그녀가 당신과 연결되는 방법이다. 그녀가 스트레스를 해결하는 한 방법이기도 하다(반면에 남성은 사라지거나 도망친다).
3. *다정함(Tenderness)*. 이것은 그녀의 영혼을 만족시켜 그녀를 윤택하게 만들어준다. 그녀는 자신이 소중히 여김을 받는다는 사실을 알게 된다.
4. *접촉(Touch)*. 섹스와는 상관없는 애정 어린 접촉은 아내에게 매우 중요하다. 만약 그녀가 섹스의 예비 단계로만 그것을 얻는다면, 이용당하는 것처럼 느낄 것이다. 매춘부처럼 말이다(〈Marriage Relationship〉, Fall 1999).

그가 의도했든 의도하지 않았든(아마도 의도하지는 않았을 것이다), 솔로몬은 이 '4T' 테스트를 실패했다. 적어도 그의 아내가 보기에는 말이다. 하지만 그것이 술람미 여인의 대응 방식을 정당화해주는 것은 아니었다. 그녀의 반응은 이기적이었고, 특히 남성 에고의 취약성에 무신경했던 것이다. 한때 그 남편과 아내 모두를 위해 약속을 담고 있었던 밤이 이제 막 수포로 돌아갈 상황이었다. 이런 상황을 피하기 위해 우리는 무엇을 할 수 있을까?

1. 어리석은 우선순위를 경계하라.

21세기의 미국에서는 술람미 여인의 반응이 "오늘은 안 돼요. 머리가 아프단 말이에요." 또는 "오늘은 안 돼요. 너무 피곤해서요" 정도로 해석될 것이다. 여러 성경 학자들은 내가 옷을 벗었으니라는 표현은 그녀가 현재 옷을 벗은 알몸 상태로 이불 속에 누워 있음을 암시한다고 말한다. 어쩌면 '당신이 너무 늦게까지 밖에 나가 있었으니 무언가를 놓치게 될 거야' 하는 약간의 빈정거림이 아닐까? 본질적으로 술람미 여인은 이렇게 말하고 있었다. "내 편안함이 당신의 필요나 욕망보다 더 중요해요. 내가 기다렸지만 이제는 너무 늦었어요. 유감스럽지만 말이에요. 만약 당신이 적절한 시간에 집에 돌아올 수 없다면, 어떤 특별한 관심도 내게 기대하지 말아주세요."

2. 이기적인 사람이 되는 것을 경계하라.

발을 씻는 것은 음식을 먹거나 잠자리에 들기 전에 행하는 동양의 관습이었다. 술람미 여인은 깨끗이 씻고 잠잘 준비를 했다. 그것은 술람미 여인이 솔로몬의 귀가를 기다리는 데 지쳐 있었다는 사실을 암시한다. 다시 일어나 옷을 입고 발을 재차 더럽혀야 하는 것은 너무 번거로운 일이었다. 자기중심주의는 치명적인 죄다. 그것은 자신의 길을 가로막는 것을 무엇이든 파괴할 수 있고, 또 파괴하려고 할 것이다. 그것은 결코 현실을 정확하게 파악하지 못하기 때문에 어리석기도 하다.

이 맥락에서 나는 최근에 대두되어 우리의 결혼을 위협하고 있는 새롭고 구체적인 한 가지 위험을 다루고자 한다. 컴퓨터는 20세기의 놀라운 발명품 가운데 하나다. 그것은 우리 삶의 다양한 영역에서 많은 유익을 낳았다. 하지만 결혼은 포르노와 사이버 섹스, 비현실적이고 환각적인 온라인 로맨스 등으로 너무나 많은 고통을 겪었다. "세기의 편지들(Letters of the Century): 미국 1900-1999"는 20세기 동안 변화해온 우리의 개인적 관점에 대해 무언가를 보여주기 위해 412통의 편지를 모아 편집했다. 맨 마지막으로 선정된 편지는 AOL 엘렉트라 칼럼(Electra Column)의 셜리 글래스(Shirley Glass)가 쓴 것이었다. 그것이 선정된 이유는 지난 10년을 가장 잘 포착했고, 컴퓨터 세대의 복잡한 특징이 우리를 어떻게 변화시켜왔는지를 예증해주었기 때문이다.

글래스 박사님께,

저는 2주 전 온라인상에서 아주 흥미로운 남자를 만났습니다. 여러 차례 전화로 대화하기도 했죠. 그는 재미있고, 매력적이며, 제가 원하는 모든 면을 가지고 있어요. 문제는 제가 이미 결혼한 상태이고, 미스터 원더풀(Mr. Wonderful)과는 너무 멀리 떨어져 있다는 거죠. 저는 정말로 그 남자를 사랑하는 것 같은데, 어쩌면 좋죠?

마법에 걸려 혼란에 빠져 있는 이로부터

셜리의 현명하고 직설적인 조언에 귀 기울여보라.

> 마법에 걸려 혼란에 빠져 있는 이에게
>
> 당신의 '미스터 원더풀'은 불장난을 하는 다른 누군가의 남편일지도 모릅니다. 인터넷 관계는 로맨틱한 신비성을 불러일으킨답니다. 당신이 상대방에 대해 즐거운 공상을 만들어낼 수 있기 때문이죠. 거기에다 약간의 비밀성과 감정적 친밀감, 성적 암시 등이 더해지면, 당신은 한껏 부풀려진 연애 감정을 갖게 될 수밖에 없습니다. 비가 새는 지붕이나 소란스러운 아이들처럼 일상의 짜증스러운 일들을 다루지 않고 있을 때는 매력적인 사람이 되기가 쉬운 일이죠. 당신이 그 남자에게 느끼는 사랑은 로맨틱한 이상화에 근거를 두고 있는 반면, 당신의 결혼은 현실에 바탕을 두고 있답니다. 게다가 안정적이고 장기적인 관계는 좀처럼 1단계(신혼 여행) 관계만큼 흥미롭지 않은 법이죠. 우정과 로맨스에 대한 당신의 온라인 탐색은 당신의 결혼에 대해 무엇을 암시하고 있을까요? 당신의 필요와 바람에 대해 남편과 대화해보세요. 그리고 당신의 결혼에 다시 활기를 불어넣기 위해 노력해보시기 바랍니다.

이기주의와 자기중심주의는 관계에 치명적이다. 관계를 만들어가기는커녕 해체시킬 것이다. 그것은 비현실적이고 해롭다. 그것은 죄다. 게다가 후회로 귀결될 수밖에 없다. 그것은 분명 잠 못 이루는 밤을 야기하고 수많은 외로운 밤을 만들게 될 것이다.

C. 사랑에 대한 거부는 일시적으로만 꽃필 수 있다는 사실을 이해하라(5:4-7)

Supporting Idea	결혼 생활에서 이기적이고 자기중심적인 의사 결정 뒤에는 반드시 슬픔과 실망이 뒤따른다.

5:4-5. 2-8절에서 술람미 여인은 솔로몬을 다섯 번이나 나의 사랑하는 자라고 호칭했다. 그녀는 솔로몬에게 화가 나 있었지만, 분명 그를 사랑했다. 솔로몬의 부드러운 말이

그녀의 마음을 파고들었다. 전형적인 남성이었던 솔로몬은 이제 마지막 구애로 상황 종료를 시도했다. 그는 자신의 손을 가만히 빗장 위에 올려놓았다(문틈으로 내밀었다). 이 성경의 시적이고, 상징적이며, 에로틱한 특성 때문에 수많은 학자들은 남성의 손이 때때로 남자의 성기에 대한 완곡어법으로 사용된다고 설명해왔다(비교. 사 57:8, 10, 렘 5:31, 50:15). 만약 그렇다면, 빗장이나 문틈은 여성의 성기에 해당될 가능성이 매우 높다. 다정다감하고, 섬세하며, 육감적인 이런 제안에 대한 반응은 무엇인가?

1. '노' 라고 말하는 것을 재고하는 것이 좋다.

남편 솔로몬에 대한 그녀의 '감정이 흔들렸다.' 그의 다정다감함에 감동되었던 것이다. 그녀는 일어나서(I arose)라는 말과 함께 행동에 나섰다. 여기서 1인칭 대명사 'I'는 강조 어법이다. 그녀는 이제 상황이 정리되기를 원했다. 몰약은 솔로몬에 의해 그의 사랑의 증표로 그리고 상황이 틀어진 것에 대한 유감의 표시로 남겨졌거나, 술람미 여인이 이제 막 바라게 된 성적 결합을 위해 서둘러 준비하면서 그녀의 손에 들려 있었다. 그녀는 이제 남편인 솔로몬과 성관계를 갖고자 하는 욕망을 느끼고 있었던 것이다.

많은 결혼에서 침실이 교전 지대와 전쟁터가 되는 것은 비극이 아닐 수 없다. 아내들은 그들의 남편이 항상 섹스를 원한다고 확신하고 있고, 남편들은 그들의 아내가 가능한 한 자주 '노' 라고 말하기를 좋아한다고 확신하고 있기 때문이다. 결혼 상담을 하는 한 친구가 결혼 문제를 가지고 자신을 찾아온 한 여인에 대해 말해주었다. 문제는 섹스였다. 그녀가 보기에는 자신의 남편이 오로지 섹스에만 관심을 기울이고, 그것을 위해 자신에게 끊임없이 압박을 가하는 것처럼 보였던 것이다. 그녀는 거의 진퇴양난의 상황에 처해 있었다. 그래서 도움을 구하기 위해 찾아왔던 것이다.

내 친구는 통찰력 있고 현명한 사람이어서 그 여인에게 아주 흥미로운 과제를 내주었다. 그녀에게 집으로 돌아가 다음 한 주 동안 남편과의 성관계에서 '사냥꾼' 이 되라고 요청했던 것이다. 그는 그녀에게 할 수만 있다면 하루에도 몇 번이고 되풀이해서 남편을 쫓아다니며 성관계를 가지라고 조언했다. 그러고는 주말에 자신에게 전화를 해 그 결과를 알려달라고 부탁했다. 그런데 내 친구는 그 주말에 전화를 받지 못했다. 이틀이 더 지나서야 전화가 걸려왔고, 그 여인은 이렇게 말했다. "당신의 계획이 효과가 있었던 것 같아요. 내 남편이 지금 백기를 흔들며 침실 한쪽에 누워 있거든요! 사실은 오늘 하루 종일 제가 방에 들어오면 그는 가능한 한 빨리 방 밖으로 나가려고 애쓰고 있답니다!"

그녀는 계속해서 자신들이 매우 어리석게 느껴졌다고 말했다. 그들은 15년 이상의 결혼 생활을 거친 뒤에야 자신들의 성적 취향이 똑같지는 않지만 꽤 비슷하고 분명 조화가 가능하다는 사실을 깨닫게 된 것이다. 그녀의 남편이 항상 그녀를 압박해왔던 것은 그녀가 늘 '노' 라고 말하기를 원한다고 생각했기 때문이다. 만약 그가 불을 지피지 않는다면, 그들이 결코 섹스를 하지 않게 될 것이라고 그는 생각했던 것이다. 반면에 그녀가 '저항 모드' 를 취해왔던 것은 그녀의 남편이 늘 섹스만을 하고 싶어하기 때문에 최소한 몇 번이라도 '노' 라고 말하지 않으면 그들이 항상 섹스를 하며 시간을 보내게 될 것이라고 생각했기 때문이다. 더 나은 커뮤니케이션이 이 부부에게 오랜 기간의 스트레스와 상처를 면케 해줄 수 있었던 것이다. 더 나은 커뮤니케이션은 그런 문제들로부터 우리를 구해줄 수 있다.

2. '노' 라고 말한 것에 대해 대가를 치르게 될지도 모른다.

5:6. 현대의 많은 연구에서는 부부 갈등이 있는 동안 육체적인 변화가 실제로 발생한다는 예비적인 증거를 제공한다. 예를 들어, 부부간의 갈등은 심장 박동수에 영향을 준다. 그 연구들은 또 부부 싸움이 면역 체계를 약화시키고(특히 여성의 경우), 혈압을 높이며, 심장 박동수를 증가시킬 수 있음을 보여준다. 여성의 경우에는 노한 감정을 이야기하는 것만으로도 스트레스성 육체 반응을 야기할 수 있다. 남성의 경우에는 그런 스트레스가 큰소리로 빠르게 말하거나 자리를 피해 은둔해버리는 행동을 수반하는 경향이 있다. 건강 및 장수와 관련하여 가장 큰 유익은 행복하게 결혼 생활을 하는 사람들에게 돌아간다. 행복하게 결혼 생활을 하는 사람들은 다른 어떤 집단보다 전반적으로 더 건강한 것 같다. 부부간의 갈등은 실제로 여러 가지 면에서 고통과 슬픔으로 이어질 가능성이 있다. 우리의 본문은 그 가운데 두 가지를 다루고 있다.

그가 떠날지도 모른다. "한 침대에 있는 네 개의 맨 다리보다 더 많은 것이 결혼에 딸려 있다"는 격언이 있다. 남자들은 그 아이디어를 좋아하지만, 그들의 필요는 훨씬 더 깊은 데 있다. 이본느 턴불(Yvonne Turnbull)은 "당신의 남편이 정말로 원하는 것(What Your Husband Really Wants)"에서 남편이 그의 아내로부터 얻기를 바라는 것 네 가지를 언급하고 있다.

1. 그의 치어리더가 되는 것. 남자는 아내의 승인과 칭찬을 바탕으로 번창한다.
2. 그의 옹호자가 되는 것. 아내의 존경과 격려는 남자의 영혼과 자존감을 고양시킨다.
3. 그의 친구가 되는 것. 남자는 그의 아내가 최고의 친구가 되어주기를 원한다.
4. 그를 보완해주는 사람이 되는 것. 여자는 남자를 완성시키는 데 필수적이다 (〈Marriage Partnership〉, Fall 1999).

한 독신 친구는 "혼자 사는 것은 외로운 밤을 만들지만 평화로운 하루에 도움이 된다"고 말한다. 기혼 남성은 평화로운 하루와 은밀한 밤을 모두 바라기 마련이다. 만약 그가 그것들을 얻지 못한다면, 자리를 피해버리거나(물러가거나) 심지어 관계를 끊어버릴지도 모른다. 솔로몬의 반응이 바로 그런 것이었다. 술람미 여인은 슬픈 표정으로 말했다. 내가 나의 사랑하는 자 위하여 문을 열었으나 그가 벌써 물러갔네.

그가 말하지 않을지도 모른다. 상처받은 남성은 대부분 껍질 속으로 들어가 마음을 열지 않는다. 대부분의 남편들은 그들의 아내와 육체적으로나 언어적으로 싸우지 않을 것이다. 그들은 자리를 피한 채 말하려 하지 않을 것이다. 결혼 상담가 하워드 마크맨(Howard Markman)은 이렇게 말했다. "남자들은 그들의 아내와 싸우며 시간 보내기를 원치 않습니다. 그래서 후퇴하기 시작하죠. 그것이 결혼 문제가 전개되는 전형적인 패턴입니다." 술람미 여인의 마음은 무너져내렸다. 그녀가 솔로몬을 찾았지만 그는 벌써 사라져버린 상태였고, 그의 이름을 불러보았지만 아무 대답도 없었던 것이다. 남성들은 3,000년이 지난 지금도 별로 변한 것이 없다.

3. '노' 라고 말한 것을 후회하게 될지도 모른다.

5:7. 이 구절에서 술람미 여인은 자신의 실망을 상징적으로 가장 잘 묘사하고 있다. 행순하는 자들이 문자 그대로 여왕을 때렸다는 것은 상상하기 어렵다. 그것은 그녀가 자신의 배우자가 아니라 그녀 자신에게서 느꼈던 고통을 의미한다. 나는 그것이 하나님의 성령으로부터 온 것이라고 믿는다. 만약 우리의 배우자가 우리에게 상처를 주거나 잘못을 저지르면, 우리는 하나님이 그 또는 그녀의 마음속에서 역사하시도록 어느 정도 시간을 드려야 한다. 술람미 여인은 솔로몬에 의한 심한 비난이 아니라 그녀 자신의 내면에서 일어나는 심적 고통에 반응했다. 그녀는 지금까지 일어난 일로 인해 매 맞고 멍

든 것처럼 느꼈던 것이다.

당신은 혼자가 될지도 모른다. 전국적으로 존경받는 결혼 상담가이자 워싱턴 대학의 심리학 교수인 존 고트먼(John Gottman)은 남성과 여성들이 비난과 경멸, 방어적인 태도, 담쌓기 그리고 그런 가혹한 방식들로 인해 야기된 상처를 치유하는 데 실패함으로 그들의 사랑을 죽이고 있다고 말한다. 실망에 대처하는 그런 쓸모없는 전략들이 수정되지 않는 한, 사람은 결국 혼자가 되거나 상심할 수밖에 없다. 이것이 정확히 술람미 여인이 느끼고 경험했던 것이다.

당신은 부끄러움을 당하게 될지도 모른다. 그녀의 웃옷(또는 베일)이 빼앗김을 당했다. 그녀는 마치 귀하고 소중한 모든 것이 사라져버린 것처럼 느꼈다. 왜 그럴까? 하나님이 그녀의 마음속에서 역사하셨기 때문이다. 거리감이 그 마음 가운데 점점 더 좋은 감정을 품게 만들었다. 쥐어짜고, 징징거리며, 성가시게 하는 배우자의 개입 없이, 그분만이 하실 수 있는 일을 하셨던 것이다. 그녀는 자신의 행동에 대해 진심으로 회개하고 뉘우쳤다. 이제 화해와 재결합을 위한 준비가 완료된 것이다.

D. 사랑의 추구는 증언과 함께 불타오를 수도 있다는 사실을 이해하라(5:8)

Supporting Idea	적절한 시점에 적절한 방식으로 주어지는 적절한 말은 종종 우리를 화해의 길로 인도한다.

5:8. 예루살렘 여자들은 아가서 전체에 걸쳐 중요한 순간마다 등장하는 합창단이다. 그들은 술람미 여인의 요청을 받고 그녀가 이제 말하려고 하는 것의 엄숙한 증인 역할을 부여받는다. 그것은 그녀의 진심에서 우러나오는 중요한 말이 될 것이고, 그녀의 소망을 담고 있는 말들이 온 땅에 울려 퍼지게 될 것이다.

1. 다른 사람들에게 당신의 사랑에 대해 말하라.

적절한 시점에 적절한 마음에서 우러나온 적절한 말이 여기 있다. 물론 이 말은 적절한 사람들에게 건네진다. 그녀는 솔로몬의 치어리더였고, 그는 술람미 여인의 옹호자였다. 그리고 술람미 여인은 그것을 다른 사람들에게 말했다. 이것은 그의 남성적 에고, 다시 말해 그가 남자로서 내면에 가지고 있는 실체와 본질에 크게 호소했다. 허버트 스테인(Herbert Stein)은 "남자는 왜 여자를 필요로 하는가"라는 문제를 제기하며 이렇게 적었다. (1) 그녀는 껴안고 편안함을 얻을 수 있는 따뜻한 몸이다. (2) 그녀는 친밀한 대화(관심, 이해, 신뢰 등)를 제공한다. (3) 그녀는 필요한 존재로 여겨지고자 하는 그의 필요에 기여한다. "이런 여인에게 당신은 어떤 값으로도 대체할 수 없는 존재다"(〈리더스 다이제스트〉, 1999. 12). 술람미 여인은 솔로몬에 대한 그녀의 사랑을 세상에 말했다. 이것은 그의 마음에 호소력이 있었을 것이다.

더글라스 윌슨(Douglas Wilson)은 섹스라는 맥락 속에서 이렇게 말했다.

> 가정의 중심에는 포옹과 키스, 로맨틱한 관심 등 거기에 사는 모든 사람에게 명백해야 하는 성적 관계가 존재한다… 자녀들이 그들의 아버지가 남성이고, 그들의 어머니가 여성이며, 그들이 성적 관계를 가지고 있다는 사실을 아는 것은 전혀 잘못된 것이 아니다. 오히려 그들이 모르고 있다면 무언가 잘못된 것이다(더글라스 윌슨, 「Reforming Marriage」, 109-110).

술람미 여인은 자신이 솔로몬에게 품고 있는 성적 욕망을 다른 사람들이 아는 것에 대해 전혀 두려워하지 않았다.

2. 당신의 배우자에게 당신의 사랑에 대해 말하라.

누군가 "사랑의 비극은 무관심"이라고 말했다. 알퐁스 커(Alphonse Kerr)는 "사랑은 가장 끔찍하면서도 가장 관대한 열정이며, 그 꿈 속에 다른 누군가의 행복을 포함하고 있는 유일한 것"이라고 말했다. 술람미 여인은 8절에서 이렇게 말하고 있다. "나는 당신 없이는 하루도 더 견딜 수 없어요. 내가 그와 사랑을 나누기에는 너무 허약하거나 무관심하다구요? 말도 안 되는 소리하지 마세요. 내가 어떻게 더 많이 원치 않을 수 있겠어요? 나는 지금 상사병에 걸려 있어요. 유일한 치료법은 내 남편이란 말이에요." 우리는 6장 4절 이후에서 이것에 대한 솔로몬의 반응을 발견하게 될 것이다.

Main Idea 복습	무엇이 잠 못 이루는 밤을 초래하는지 이해하고 재연을 피할 수 있는 방법을 찾아라.

결론

사랑은 시간으로 가장 잘 설명될 수 있다

사랑은 아름다운 단어다. 결혼과 가족 모두에서 그것은 때때로 시간으로 가장 잘 설명될 수 있다. 남성들은 시간에 대해 많이 생각하지 않는다. 하지만 여성들은 시간의 양과 질을 모두 중요하게 여긴다. 솔로몬은 분명 그 사실을 어렵게 깨달았다. 베이비붐 세대들은 지금까지 터무니없는 거짓말에 당해왔다. 우리는 분주한 스케줄 때문에 우리의 배우자나 자녀들에게 충분한 시간을 할애하지는 못하지만, 질 높은 시간으로 그것을 충분히 보상하고 있다고 생각해왔던 것이다.

그러나 우리는 이제 자녀에게 질 높은 시간은 충분한 시간이라는 사실을 알고 있다. 그런 면에서는 배우자도 마찬가지다. 배우자와 자녀들은 모두 당신을 필요로 할 때 당신을 원한다. 그런데 만약 당신이 거기에 없으면, 그들은 당신을 얻지 못하게 되는 것이다. 남자들은 이런 상황에서 대세를 따르는 경향이 있다. 우리는 솔직해야 한다. 우리 가운데 대부분은 그렇게 창의적이지 못하다. 이것은 비극이다. 여성들은 자신의 남자가 구체적이고 창의적인 아이디어로 그들에 대한 감사를 표현할 때 말로 표현할 수 없는 짜릿함을 느낀다.

한 남자가 아내와 데이트하는 날에 얼마나 자주 얼빠진 짓을 해왔을까? 그는 아내와 데이트하기 위해 외출한 지가 좀 되었다는 사실을 깨닫고 그녀에게 다가가 말한다. "여보, 이번 금요일 밤에 데이트 어때?" 그녀는 물론 기절하고 만다. 그는 아내를 소생시키기 위해 119에 전화를 걸어 응급 서비스를 요청하지 않을 수 없다! 그러나 그녀가 일단 제정신을 차린 후에는 재빨리 열렬한 '예스'로 반응한다. 그러고나서는 그녀가 남편의 제의를 들은 이후로 계속해서 그녀의 마음속에 부풀고 있는 질문을 던진다. "우리 뭐 할 계획이에요?"

그러자 비극적이게도 지금까지 인간의 입에서 나온 말 가운데 가장 멍청한 단어의 일부가 남성의 입 밖으로 흘러나온다. "오우, 난 뭘 하든 상관없어." 남자가 그런 말을 입 밖에 낼 때, 그는 기본적으로 아내의 마음을 짓밟고 로맨틱한 저녁 시간에 나올 수 있는 어떤 유익의 가능성을 파괴하는 것이다. 현명한 남자는 자기 아내를 데이트에 초대할 뿐만 아니라, 전체 이벤트를 계획하는 데 있어서도 구체적이고 창의적이다(베이비 시터를 챙기는 일까지도 포함해서 말이다!). 요점은 이것이다. 당신이 어디에서 시간을 보내는지 말해달라. 그러면 당신이 무엇을 사랑하는지 내가 말해주겠다.

컨트리 가수 레바 맥킨타이어(Reba McIntyre)는 여러 해 전 많은 소년 소녀들이 그들의 아버지와 관련하여 이 시간의 문제를 곰곰이 생각할 때, 비극적으로 그들의 테마가 될 수 있는 한 노래를 취입했다. 그 가사가 당신의 결혼에 대해 말하는 것들을 간과하지 말라.

가장 위대한 남자

내가 전혀 몰랐던 가장 위대한 남자가 바로 복도 저쪽에 살고 있었다네.

그리고 우리는 매일 "안녕" 이라고 말했지만, 서로에게 전혀 감동을 주지 못했지.

그는 신문을 보고 있었고, 나는 방 안에 있었다네.

그가 나를 최고로 생각하는지 내가 어떻게 알았겠는가?

내가 전혀 몰랐던 가장 위대한 그 남자를 나는 결코 알지 못하게 될 거라고 생각해.

그는 거의 매일 밤 늦게까지 일했지.

그는 결코 말이 많지는 않았지만, 그의 마음에는 너무나 많은 것이 담겨 있었다네.

그가 우리에게 주었던 모든 것이 그가 가진 모든 것이었다는 사실이 너무나 슬프다네.

세월은 흘렀지만, 기억은 또렷하다네.

그는 내 인생을 가로질러 부는 오래된 겨울바람처럼 점점 더 차가워졌지.

내가 전혀 들어본 적이 없는 그 위대한 말들을 나는 결코 듣지 못하겠지.

내가 결코 죽지 않을 거라고 생각했던 그 남자가 죽은 지 1년이 다 되었다네.

그는 일에 능했지만, 하지 못한 일이 있었지.

그는 결코 나를 사랑한다고 말하지 않았어. 내가 알고 있을 거라고 생각했던 거지.

■ 진리 알기와 적용하기

- 문제가 발생할 때, 당신의 배우자에게서 부정적인 면이 아닌 긍정적인 면을 찾아라.
- 당신이 높이 평가하는 배우자의 특징을 열거하는 것은 과거의 사랑의 감정을 되살리는 데 도움을 줄 것이다.
- 용서와 용서의 수용은 관계 회복을 위해 필수적이다.
- 인생의 파트너십은 성적 파트너십보다 우선한다.
- 당신의 사랑을 보여주는 새롭고 신선한 증거는 길고 행복한 결혼을 위한 여건을 조성하는 것이다.
- 당신의 배우자를 향한 불만에서 벗어나 감사로 나아가도록 노력하라.
- 당신의 배우자와 관련하여 교만에서 벗어나 겸손으로 나아가도록 노력하라.

삶의 적용

부부 친밀도 점검

점검은 삶에서 없어서는 안 되는 부분이다. 점검은 우리 삶의 모든 영역에서 기준에 비추어 무슨 일이 일어나고 있는지 들여다보는 것이다. 우리는 평상시 건강 검진을 받고, 직장에서는 실적 평가를 받으며, 하나님의 말씀을 듣고 그것에 비추어 우리의 마음과 행동을 점검한다. 결혼처럼 매우 중요하고 친밀한 관계에서는 교정 조치가 취해질 수 있도록 정기적인 점검이 필요하다.

현재의 관계를 당신의 관점으로 볼 때, 당신과 배우자가 관련된 다음 항목들에 대해 만족 또는 불만족 정도를 어떻게 평가할 것인가? 각 항목에서 당신의 느낌을 가장 잘 묘사하고 있는 숫자에 동그라미를 하라.

1= 매우 불만족

2= 불만족

3= 보통

4= 만족

5= 매우 만족

1. 영적 친밀도(하나님 앞에서와 예수 그리스도에 대한 헌신에서의 하나 됨)	1 2 3 4 5
2. 일 친밀도(공통의 임무를 공유하는 정도)	1 2 3 4 5
3. 지적 친밀도(아이디어와 관점의 근사한 정도)	1 2 3 4 5
4. 여가 생활 친밀도(오락과 놀이, 기타 활동 등에서의 연관성)	1 2 3 4 5
5. 정서적 친밀도(동일한 사고 방식이나 감성 수준에 있는 정도)	1 2 3 4 5
6. 위기 친밀도(문제와 고통의 근사한 정도)	1 2 3 4 5
7. 갈등 친밀도(차이를 직시하고 해결코자 노력하는 데 있어서의 이해와 결단)	1 2 3 4 5
8. 창의성 친밀도(함께 창작하는 행위를 공유하는 정도)	1 2 3 4 5
9. 헌신 친밀도(공유된 노력으로부터 얻는 상호 만족의 정도)	1 2 3 4 5
10. 미적 친밀도(아름다움과 관련된 경험을 공유하는 정도)	1 2 3 4 5
11. 성적 친밀도(성적 연합의 기쁨과 지식에서 자라가는 정도)	1 2 3 4 5
12. 의사소통 친밀도(모든 영역에서의 수용성과 개방성에 대해 느끼는 정도)	1 2 3 4 5

당신의 결혼 생활에서 친밀도 수준을 높이기 위해 당신과 당신의 배우자가 취해야 할 교정 조치에는 어떤 것들이 있는가?

기도

하나님 아버지, 이기주의는 심각한 죄이며, 제 결혼 생활과 가족에게 치명적일 수 있음을 고백합니다. 타인에게 예수님처럼 다 주셨던 분은 아무도 없었습니다. 제가 날마다 예수님처럼 될 수 있도록 도와주십시오. 특히 너무나 중요한 제 결혼 생활과 가정에서 그리하게 해주십시오. 예수님의 이름으로 기도합니다. 아멘.

심층 연구

아가서에 나오는 꽃과 나무와 향료들

1. *침향(Aloes: 4:14).* 수지와 오일을 생산하는 향기로운 큰 나무에서 채취하여 향수를 만드는 데 사용된다. 혼례복에 뿌리는 향수로 이용되었다(시 45:8).
2. *사과나무(2:3, 5, 7:8).* 힘과 달콤함과 향기의 상징이다. 살구나무를 지칭하는 것일 수도 있다.
3. *창포(Calamus: 4:14).* 인도의 습지에서 자라는 갈대 모양의 황갈색 식물이다. 사용법은 불분명하나, 문맥상 그 줄기가 달콤한 향기를 풍기는 꽃을 가지고 있었던 것으로 보인다.
4. *백향목(Cedar: 1:17, 5:15).* 내구성과 향기로 호평받는 침엽수다. 일부 백향목은 12미터 둘레에 36미터 높이까지 자란다. 이것은 솔로몬의 궁전과 마차를 만드는 데 사용되었다.
5. *계수(Cinnamon: 4:14).* 현대의 향신료와 비슷하다. 다른 향료와 함께 달콤한 향기를 만드는 데 사용되기도 했다.
6. *무화과나무(Fig tree: 2:13).* 8월 이후로 계속해서 다양한 시기에 열리는 무화과를 가리킨다. 일부는 다음해 봄까지 남아 있기도 하다.
7. *잣나무(Fir: 1:17).* 배와 건축물, 악기 등을 만드는 데 사용되는 상록수다.
8. *꽃들(2:12).* 3월과 4월의 우기 후에 생겨나는 야생화를 가리킨다.
9. *유향(Frankincense: 3:6, 4:6, 14).* 남부 아라비아에서 자라는 나무로, 수피의 절개 부분을 통해 투명한 수지를 배출하고, 그것이 작고 노란 알갱이로 경화되어 강한 향기를 낸다.
10. *고벨화(Henna Blossoms: 1:14, 4:13).* 향기 나는 흰 꽃을 가진 관목으로 3.6미터

높이까지 자란다. 잎사귀는 풀로 만들어져 머리나 손톱을 물들이는 데 사용된다.

11. *골짜기의 백합화(2:1-2, 4:5, 5:13, 6:2-3)*. 아마도 연꽃이나 아네모네(anemone)일 것이다. '빛나는 붉은색' 으로 묘사되는 흔한 '흰 백합' 은 팔레스타인 지역에 풍부했다.
12. *합환채(Mandrakes: 7:13)*. 암녹색을 띠고 양상추처럼 낮게 자라는 식물로 자줏빛 꽃과 포크 모양의 뿌리를 가지고 있다. 5월에는 작은 사과 크기의 오렌지색 열매가 열린다.
13. *몰약(Myrrh: 1:13, 3:6, 4:6, 14, 5:1, 13)*. 수피의 절개 부분으로 점성 물질을 배출하는 짧고 굵은 발삼(balsam)나무다. 그 방향성 때문에 매우 귀하게 여겨졌다. 관유와 화장품으로 사용되었고, 여성의 몸을 정결하게 하거나 수의에 집어넣는 용도로도 이용되었다.
14. *종려나무(7:8)*. 우아한 사이프러스(cypress)나 키가 큰 백향목 등과 함께 오아시스에서 발견되는 우람한 나무로, 종종 관능적이고 시적인 이미지로 사용된다.
15. *석류(4:3, 13, 6:7, 11, 7:12, 8:2)*. 얇고 단단한 껍질로 싸인 사과 모양의 열매로 장밋빛 과육을 담고 있다. 종종 최음제로 간주되었다.
16. *사론의 수선화(Rose of Sharon: 2:1)*. 튤립을 닮은 초원의 꽃으로 달콤한 향기를 가지고 있다. 사론 평원에서 풍부하게 발견된다.
17. *번홍화(Saffron: 4:14)*. 크로커스(crocus)과의 식물로 향기와 오렌지색 염료를 만들어낸다. 치료약으로 뿐만 아니라 음식으로도 사용되었고, 그 꽃은 흰색이나 자줏빛이었다.
18. *나도(Spikenard: 4:13-14)*. 향유를 추출하는 향기 나는 뿌리를 가지고 있는 식물이다.
19. *포도원(2:13, 15)*. 향기로운 꽃들이 만발한 포도 과수원이다.
20. *밀(7:2)*. 새롭게 탈곡하여 키질까지 마친 허연 색깔의 밀로, 종종 이상적인 피부색깔을 묘사하는 데 사용된다. 여기서는 아내의 사랑이라는 만족스러운 영양분을 상징하는 데 이용되었다.
21. *레바논 나무(3:9)*. 이 본문에서는 아마도 백향목을 의미할 것이다. 그것은 가치와 힘과 안정감을 상징했다.

교안

A. 들어가는 글: '최고의 섹스는 부부간의 섹스다' 이야기로 시작하라.

B. 본문 이해

1. 사랑에 대한 욕망이 나쁜 타이밍 때문에 약화될 수도 있다는 사실을 이해하라(5:2)
   a. 일이 문제를 일으킬 수도 있다.
   b. 말이 그 문제를 해결하지 못할 수도 있다.
2. 사랑을 위한 세부 사항이 너무 번거롭게 느껴질 수도 있다는 사실을 이해하라(5:3)
   a. 어리석은 우선순위를 경계하라.
   b. 이기적인 사람이 되는 것을 경계하라.
3. 사랑에 대한 거부는 일시적으로만 꽃필 수 있다는 사실을 이해하라(5:4-7)
   a. '노' 라고 말하는 것을 재고하는 것이 좋다.
   b. '노' 라고 말한 것에 대해 대가를 치르게 될지도 모른다.
   c. '노' 라고 말한 것을 후회하게 될지도 모른다.
4. 사랑의 추구는 증언과 함께 불타오를 수도 있다는 사실을 이해하라(5:8)
   a. 다른 사람들에게 당신의 사랑에 대해 말하라.
   b. 당신의 배우자에게 당신의 사랑에 대해 말하라.

C. 결론: '사랑은 시간으로 가장 잘 설명될 수도 있다' 를 읽어주라.

토의 질문

'좋은 싸움' 을 하는 방법과 관련하여 몇 가지 바람직한 원칙을 소개하고자 한다. 다음의 열 가지 아이디어에 대해 충분히 이야기를 나누고, 당신과 당신의 배우자가 얼마나 '공정하게 싸우는지' 에 대해 평가해보라.

1. 문제가 발생하면 가능한 한 빨리 대처하라. 그 문제들이 곪아 터져 고통을 야기하도록 내버려두지 말라.

2. 경청하는 기술을 마스터하라. 만약 우리가 다른 사람의 말에 귀를 기울임으로써 존중하는 자세를 보이는 데 실패한다면, 그들이 우리에게 똑같은 무례함을 보이더라도 놀라서는 안 된다. 만약 당신이 이해하지 못하겠다면, 명확한 설명을 요구하라.

3. 갈등에 대한 논의를 현재의 문제로 한정하라. 어제(또는 작년)의 더러운 세탁물 사건을 끌어내지 말라.

4. 당신의 주장을 펴고 당신의 감정을 표현하는 데 있어 '나' 로 시작하는 메시지를 사용하라. 이것은 당신이 자신의 감정에 대해 책임을 지게 해줄 뿐만 아니라, 상대방이 자신의 감정 방어 없이 당신의 감정에 대해 귀 기울일 수 있게 해준다. '너' 로 시작하는 메시지는 공격과 비난으로 인식되는 경향이 있기 때문이다.

5. '항상' 이나 '절대' 등과 같은 과장을 피하라. 그런 말은 우리가 모순된 인간으로서 무언가를 '항상' 하거나 '절대' 하지 않는 일은 극히 드물기 때문에 거의 사실이 아니다.

6. 인신 공격(험담과 비방)을 피하라. 인격적 결함을 지적하거나 다른 사람을 비하하는 것은 더 큰 불화를 불러일으킬 뿐이다.

7. 현안과 관련된 적절한 말과 행동을 사용하라. 모든 논쟁이 핏대를 올리며 싸울 만한 가치가 있는 것은 아니다.

8. 논쟁의 승패에 관심을 두지 말라. 양측이 모두 누가 '이기고' '지는' 것보다 갈등을 해결하는 데 더 많은 관심을 둘 수 있다면 더 좋을 것이다.

9. 한계를 정하라. 감정을 상하게 하거나 손해를 끼치는 언급은 회피해야 한다.

10. 용서하기로 마음먹어라. 누구나 실패한다. 만약 우리가 다른 사람들에게 실패 후에 다시 시작할 수 있는 기회를 주지 않는다면, 우리의 관계는 고통스럽게 될 것이다. 완전한 용서는 상대방에 의해 초래된 상처의 정도에 따라 시간이 걸릴 수도 있다. 용서의 마음가짐을 갖고, 당신이 진심으로 용서할 수 있는 수준에까지 이를 수 있게 하나님이 도와주시도록 지속적으로 간구하는 것이 중요하다.

아가 5:9-6:13

조화와 화해의 열쇠

"결혼은 서로를 돌보는 두 사람으로 이루어져 있을 때 번성하게 될 것이다. 한 사람은 간호사이고 다른 한 사람은 병약자라면 생존할 수도 있겠지만, 각기 간호사를 필요로 하는 두 병약자로 이루어져 있을 때는 무너질 수밖에 없다."

- 시드니 J. 해리스(Sydney J. Harris)

서로의 기본적인 필요를 만족시켜주는 것이 부부간의 조화와 화해에 필수적이다.

들어가는 글

결혼은 무시무시한 비즈니스다

결혼은 오늘날 많은 사람들에게 무시무시한 비즈니스다. 너무나 많은 불행한 커플들이 연이어 끔찍한 이야기들을 내놓다보니, 일부 사람들은 그들의 결혼 성공 가능성을 높이기 위해 무슨 일이든 하려고 할 정도다. 뉴욕의 일부 여성들은 "결혼이 성공한다(Marriage Works)"라는 제목의 강의에 등록하고 있다. 그것은 딱 맞는 배우자에 안착하는 것을 도와주는 276시간짜리 6개월 과정이며, 그 가격은 거금 9,600달러다(Abby Ellin, "A Class Feminists Might Abhor", 〈뉴욕타임스〉, 2000. 3. 5).

이 강의 외에도 이혼퇴치 센터(Divorce Busting Center)의 "사랑을 생생하게 유지하기(Keeping Love Alive)" 워크숍과 "뜨거운 일부일처주의(Hot Monogamy: 4일 과정, 커플당 1,800달러 또는 1인당 1,000달러)", 투게더사(Twogether, Inc.)의 "짝지어 친밀함으로 나아가다(Pairs Passage to Intimacy: 2일 과정, 커플당 499달러 또는 1인당 250달러)", "당신이 원하는 사랑을 얻기: 부부를 위한 워크숍(Getting the Love You Want: Workshop for Couples: 2일 과정, 커플당 575달러)", 사랑을 위한 한 쌍들(Pairs for Love)의 "사랑의 언어(Language of Love: 1일 과정, 25달러)", "당신이 정말로 나를 사랑했다면(If You Really Loved Me: 1일 과정, 커플당 225달러 또는 1인당 125달러)", "친밀함으로 가는 주말(Passage to Intimacy Weekend: 2일 과정, 커플당 450달러 또는 1인당 250달러)" 등이 있다. 나는 절박한 시간이 절박한 수단을 부른다고 생각한다.

하나님은 결혼이 빨리 끝나도록 의도하지 않으셨다. 그분은 결혼을 고통스럽게 인내하도록 의도하지도 않으셨다. 오히려 그것을 놀라우리만치 즐기도록 의도하셨다. 결혼이 짐이 되는 것은 그분의 계획이 아니었다. 그분은 그것이 축복이 되기를 원하신다. 우리가 결혼과 관련하여 최대의 만족을 경험하기 위해서는 서로를 알아가는 것이 필수적이다. 여성은 자기 남편이 남자로서 가지고 있는 독특한 필요를 이해해야 한다. 남성은 자기 아내가 여자로서 가지고 있는 독특한 필요를 발견해야 한다. 이 모든 것은 힘든 일이고, 평생 애써야 할 일이지만, 믿을 수 없을 정도로 풍성한 결실을 맺는 일이기도 하다.

존 그레이(John Gray)는 그의 베스트셀러 「화성에서 온 남자, 금성에서 온 여자(Men Are from Mars, Women Are from Venus, 동녘라이프)」로 유명세를 타며 하룻밤 사이에 백만장자가 되었다. 그의 책은 우리 모두의 심금을 울렸다. 남자와 여자는 정말로 다르다. 남자와 여자는 다르게 생각하고, 사물을 다르게 보며, 상황을 다르게 느낀다. 우리는 의도적으로 다르게 만들어졌다. 그것이 하나님이 우리를 만드신 방식이다. 그분은 우리를 남성과 여성으로 만드셨고, 그것이 보시기에 심히 좋았다고 선언하셨다(창 1:27).

그러나 존 그레이는 자신의 주장을 펼치는 데 있어 작은 실수를 하나 했다. 그것은, 남자는 화성 출신이 아니고, 여자는 금성 출신이 아니라는 것이다. 남자도 지구 출신이고, 여자도 지구 출신이며, 결혼과 섹스와 로맨스에 성공하려면 반드시 그 문제를 다루어야만 한다. 어려움에 빠지는 대부분의 결혼은 큰일 때문이 아니라 작은 일 때문이다. 그 작은 일들은 종종 남성과 여성의 차이에서 비롯된다. 우리는 분명 사소한 것에 목숨을 거는 경향이 있다.

도로시 로스비(Dorthy Rosby)는 "결혼을 어렵게 만드는 것은 함께 사는 것이다(It' s Living Together That Makes Marriage Difficult)"라는 제목의 기사에서 자신의 초콜릿을 먹어버린 남편을 총으로 쏴버린 여인에 관한 이야기를 전한다. 그녀는 이렇게 썼다. "아마도 내 손에 허시(Hershey) 초콜릿 바를 들고 그 사건 기사를 읽었던 같다. 나도 당시에는 그가 응분의 대가를 치렀다고 생각했을지도 모른다. 그러나 이제 다시 생각하니, 상습적인 초콜릿 중독자인 내가 보아도 총을 쏘는 것은 극단적이었다는 생각이 든다." 그런 다음 그녀는 이렇게 덧붙이고 있다.

> 관계를 파괴하는 것은 참으로 작은 것들이다. 마가린과 초콜릿, 수건 선반에 놓인 나일론 스타킹, 세면기에 남겨진 머리카락 등과 같은 것 말이다. 나는 언젠가 고무 밴드 하나 때문에 4시간 이상을 싸운 한 커플에 대해 들은 적이 있다. 남편이 그것을 갖고 있었는데, 아내가 그것을 원했다… 우리가 함께 살아가고 있을 때 일어나는 것은 바로 작은 일들이다. 그런 문제가 일어나는 부분적인 이유는 정반대의 것들을 서로 끌어당기게 하나님이 만드셨다는 사실이다. 저축하는 사람은 낭

비하는 사람과 결혼하고, 깔끔한 사람은 지저분한 사람과 한 쌍이 되며, 일찍 일어나는 사람이 올빼미 스타일과 맺어지는 식으로 말이다. 부부가 함께 살 때는 완전히 서로 다른 특이성들이 기상 전선처럼 모여든다(도로시 로스비, 〈First for Women〉, 1998. 2. 23, 114).

결혼 생활에서 아내는 자신의 남편을 그녀의 마음이 있는 곳에 놓아둘 필요가 있다. 반면에 남자는 자신의 아내를 사랑할 필요가 있다. 우리는 자신의 배우자가 누구인지 핵심적인 몇 가지 기본 필요를 만족시켜주는 방법을 터득함으로써 그렇게 할 수 있다. 남자의 경우에는 최소한 다섯 가지가 있고, 여자의 경우에는 적어도 일곱 가지가 있다. 윌라드 F. 할리 2세(Willard F. Harley Jr.)의 「그의 필요, 그녀의 필요(His Needs Her Needs, Grand Rapids, Revell, 1986)」는 남성과 여성의 필요를 비슷한 방식으로 들여다보는 아주 훌륭한 책이다. 이 책은 지금까지 나의 사고를 형성하는데 많은 영향을 주었고, 그 내용 가운데 상당수가 이 장에 반영되어 있다.

본문 이해

조화와 화해의 열쇠

Main Idea	서로의 기본적인 필요를 만족시켜줌으로써 결혼이 하나님의 설계대로 성장하고 성숙할 수 있다.

A. 여자는 자기 남편을 그녀의 마음이 있는 곳에 놓아두어야 한다(5:9-6:9)

Supporting Idea	남자는 그의 아내에 의해서만 충족될 수 있는 기본적인 필요를 가지고 있다.

술람미 여인은 솔로몬에 대한 지식에서 자라가고 있었다. 그들의 관계 역시 무르익어가고 있었다. 5장 2-8절을 보면 그들은 장애물에 부딪혔지만, 그것으로 인해 탈선하지는 않았다. 그 갈등으로부터 그들은 서로에 대한 더 나은 이해와, 앞으로 나아가고자 하는 더 큰 열정을 발견했다. 술람미 여인은 솔로몬의 기본적인 필요에 대해 무엇을 발견했을까?

1. 그는 칭송과 존경을 필요로 한다.

하나님은 남자를 그런 식으로 엮으셨다. 그는 자기 아내의 칭송과 존경을 바란다. 그것들을 필요로 한다(비교. 엡 5:33 하). 그녀는 어느 누구보다도 그의 가치와 그가 이루어놓은 것들을 이해하고 인정한다. 그녀는 그의 재능과 능력을 상기시키고 그가 자신감을 갖도록 돕는다. 그녀는 그의 가장 열렬한 팬이고, 그는 그녀의 영웅이다. 그녀는 자신의 남편을 자랑스러워한다. 의무가 아닌 그녀가 사랑하고 자신의 삶을 공유하기로 선택한 남자에 대한 진심어린 칭송의 표현이다. 그녀는 자신의 남편을 하나님의 선물로 본다.

제임스 답슨(James Dobson)은 1995년 2월에 발행된 그의 〈포커스 온 더 패밀리(Focus on the Family)〉라는 회보에서 결혼 생활에 대해 몇 가지 통찰력 있는 조언을 제공했다. 그는 남편과 아내 모두에게 도전하는 과정에서 칭송과 존경에 대한 남자의 필요와 관련된 이 문제를 '완벽하게 다루었다.'

> 당신의 관계에 약간의 흥분을 가미하기에 너무 늦은 것이 결코 아니다. 로맨틱한 사랑은 여성의 엔진에 힘을 공급하는 연료다. 불행히도 우리들 대부분은 먹고 살기에 너무 바빠서 애초에 우리를 한데 묶어주었던 것들로부터 멀리 표류하고 있는 경우가 많다… [그래서] 남성에게 주어지는 암시는 이런 것이다. 결혼은 관심과 돌봄으로 양육되어야 한다. 그렇지 않으면 물 없는 식물처럼 시들게 된다. 그러나 현존하는 모든 문제에는 하나 이상의 관점이 있으므로 우리는 그것의 다른 면을 들여다볼 필요가 있다. 결혼을 유지하는 임무는 오로지 남성의 책임이 아니다. 남자와 여자가 공평하게 그것을 공유해야 한다. 아내들 역시 자기 남편의 필요를 이해하고 만족시켜야 한다. 이것은 당신이 한동안 들어본 적이 없는 생각일지도 모

른다.

좀 더 구체적으로 생각해보자. 나 자신을 포함해서 그리스도인 작가들이 결혼 생활에서 남성의 책임을 과장하는 반면, 여성의 책임을 축소해서 이야기하는 경향이 있다는 것이 내 생각이다. 남성들은 지금까지 가정을 소홀히해 온 것에 대해 비난받아왔다. 물론 우리 가운데 상당수가 그런 비난을 받을 만한 것도 사실이다. 그러나 여성들도 불완전한 사람이기에 그들의 부족한 점도 다루어야 한다. 그것들 가운데 하나가 일부 아내들이 자기 남편을 칭송하고 존경하는 데 실패하고 있다는 것이다. 「남자와 결혼(Men and Marriage)」의 저자 조지 길더(George Gilder)는, 남성들이 여성의 안녕에 중요한 것보다, 사실상 여성들이 남성의 안정성과 생산성에 더 중요하다고 생각한다. 나도 동의하고 싶다.

아내가 자신의 남편을 믿고 존경할 때, 그는 성공적으로 경쟁하고 책임감 있게 살아가는 데 필요한 자신감을 얻게 된다. 그녀는 자신의 남편에게 남성적 에너지를 제어하고, 직업을 얻고 유지하며, 가정을 만들어가고, 건전한 정신으로 법 테두리 안에서 살아가며, 돈을 현명하게 써야 하는 이유를 제공한다. 여성의 긍정적인 영향이 없다면, 그는 테스토스테론의 힘을 다른 쪽으로 돌려 자신과 크게는 사회에 파괴적인 방식으로 사용하게 될지도 모른다… 여자가 남자를 위해서 해야 하는 것 가운데 그의 남성적 본능과 직접적으로 연결되는 것은 무엇일까? 한마디로 말해서, 그녀는 그의 자신감을 만들어줄 수 있다.

아내의 인정은 한 남자에게 세상을 의미한다. 그녀가 그의 편이고, 그를 사랑하며 칭송하고 있다는 사실을 아는 것은 그에게 동기를 부여하고 용기를 북돋아주는 데 기여한다(Steven Nock, "Does It Pay for Men in America to Marry and Raise Children?", 〈Insight〉, 2000. 5. 29, pp. 40-43 참고).

5:9-15. 술람미 여인은 5장 10-15절에 나오는 칭찬 목록으로 칭송과 존경에 대한 솔로몬의 필요를 만족시켰다. 여기서 그녀는 그의 외모와 인격을 모두 찬양했다. 그녀는 "내 사랑은 건강하고 강해요. 그것이 눈부시게 혈색이 좋은 것으로 나타나죠"라고 말했다(Glickman, 66). 머리털은 고불고불하고 까마귀같이 검구나. 그녀가 보기에 그는 잘생

겼다. 한마디로 매력적이었던 것이다. 머리가 정금 같다는 표현은 엄청난 부와 가치를 말하는 것이다. 솔로몬이 그녀에게 그런 존재였다는 것이다.

비둘기 같은 그의 눈에 대한 술람미 여인의 묘사는 평온함과 온화함, 침착함, 고요함, 총명함, 기민함 등을 나타낸다. 그의 두 눈 역시 젖으로 씻은 듯하고 아름답게 박힌 보석처럼 매력적이었다. 그의 뺨은 코오롱의 유쾌하고 향긋한 냄새로 인해 달콤한 향기를 머금고 있었다. 그의 입술은 그녀가 받아들이고 싶은 달콤하고 진한 키스를 가지고 있었고, 몰약의 즙이 뚝뚝 떨어지는 백합화 같았다. 그녀의 남편인 솔로몬은 그녀의 후각과 미각을 자극했고, 그녀는 솔로몬에게 그렇게 말했던 것이다.

솔로몬은 술람미 여인을 위해 육체적으로 자신을 준비해왔다. 그의 손(또는 팔)은 황옥을 물린 황금 노리개처럼 강하고 귀한 것이었다. 그의 몸은 아로새긴 상아에 청옥을 입힌 듯 멋진 모습이었다. 그의 매력과 가치는 칭송받아야 할 만큼 대단한 것이었다고 그녀는 말했다. 그의 다리는 정금 받침에 세운 화반석 기둥처럼 강건했다. 그의 형상은 키가 크고 위풍당당한 레바논 백향목의 아름다움과 웅장함에 비유될 정도로 인상적이고 놀라운 것이었다.

그의 매력은 야성미가 넘치는 남성적인 매력이었다. 술람미 여인은 솔로몬에게 그가 안으로나 밖으로나 잘생기고 귀중하다고 말했다. 외모나 인격 그 모든 면에서 말이다. 그는 그녀가 자신의 삶을 공유하고 평생을 함께하기로 선택한 남자였고, 후회는 전혀 없었다.

여자는 한 남자의 성공과 행복에 결정적인 존재다. 한 위대한 여인이 평균 이하의 남자를 훌륭한 수준에까지 끌어올릴 수 있는 것은 정말로 사실이다. 그러나 위대하지 않은 여인은 위대한 남자를 평균 이하의 수준으로 끌어내릴 수 있다. 한 여인이 자신의 남자에게 칭송과 존경을 보이는 것이 종종 그 열쇠를 제공하고 그 차이를 만들어낸다. 샌드라 알드리치(Sandra Aldrich)는, 여왕처럼 대접받고 싶은 여자는 자신의 남편을 왕처럼 대우할 필요가 있다고 말했다(샌드라 알드리치, "Husbands Don't Have Scriptwriters", 〈Today's Christian Woman〉, 1998. 3/4, pp. 36-39).

2. 그는 성적 만족을 필요로 한다.

계속되는 조사에서 남성들이 성적 만족을 제일의 필요로 꼽는다는 사실을 발견하는 것은 전혀 놀랄 일이 아니다. 성적 만족이 한 남성의 목록에서 상단을 차지할 것이라는 사실은 인정하지만, 나는 그것이 첫 번째가 아니라 두 번째라고 확신한다. 그리고 칭송과 존경을 필요로 하는 것과 성적 만족에 대한 필요가 서로 밀접하게 연관되어 있다고 확신한다. 만약 한 여성이 자기 남편의 성적 만족에 대한 필요를 만족시켜주지 못한다면, 칭송과 존경에 대한 그의 필요도 만족시켜주는 데 실패하게 될 것이다. 왜일까? 남자는 아내가 자신을 성적으로 바라지 않는다면 자신을 칭송하고 존경한다는 사실도 믿지 못하기 때문이다. 다시 말해, 그녀를 매혹시키고 성적으로 만족시킬 수 있는 그의 능력을 칭송받고 존경받고자 하는 그의 욕구와 자존감이 필수적이라는 것이다.

술람미 여인은 그것을 알았기 때문에 솔로몬을 위해 노련한 성적 파트너가 되려고 노력했다. 그녀는 무엇이 자신 속에서 최선을 끌어내는지 알아보기 위해 자신의 욕구와 반응에 대해 연구했다. 또한 만족스럽고 즐거운 성생활을 위해 그 정보를 자신의 남편과 나누었다. "섹스에 대해 의사소통하는 것이 부부의 사랑을 지켜준다"라는 제목의 기사에서 "롱아일랜드 유대 의료센터(Long Island Jewish Medical Center)"의 마이-브리트 로젠바움(Maj-Britt Rosenbaum) 박사는 반대되는 성(性)은 때때로 섹스에 대한 반대 견해를 가지고 있다고 지적한다. 그것이 해결되지 않으면 관계에 문제를 일으킬 수 있다.

전문가들은 사람들이 보통 서로 다른 성적 스타일을 가지고 있다는 사실에 동의한다. 그러나 서로의 차이에 대해 의사소통하는 커플은 종종 그것을 해결할 수 있지만, 반대되는 스타일을 거부하거나 사랑의 부족으로 보는 커플은 충돌을 피할 수 없게 된다. 상대방이 당신의 감정을 이해할 수 있게 만드는 방법은 대화밖에 없다.

그 기사는 계속해서 다음과 같은 잠재적인 갈등 영역에 대해 다루고 있다. '항상' 씨 대 '가끔' 부인, '계획적인 패티' 대 '자연스러운 것을 좋아하는 샘', '낮을 선호하는 데이비드' 대 '밤을 좋아하는 나탈리', '성급한 해리' 대 '느긋한 데니스', '어둠을 좋아하는 다이앤' 대 '빛을 사랑하는 래리', '일편단심 마이클' 대 '순간적인 기분 전환형 도나' 등이 그것이다(Gwen Yount Carden, 〈달라스 타임스 헤럴드〉, 1989. 2. 11, 1E).

5:16-6:3. 술람미 여인은 그의 입의 아름다움에 대해 언급하며 그가 전체적으로 매력적이라는 사실을 말했다. 그의 입은 달콤함 그 자체였다. 그녀가 솔로몬에게 욕망을 품

고 있었던 것이다. 그녀는 솔로몬을 원했고, 그에게도 그렇게 말했다. 그녀의 생각으로는 누가 그런 남자를 원하지 않겠는가? 6장 2-3절에서 그녀는 솔로몬이 즐거운 시간을 위해 자기 동산으로 내려갔다고 말한다. 이것은 술람미 여인 자신에 대한 언급이다(비교. 4:16). 특히 그녀가 사랑의 행위 속에서 자신을 내어주는 것을 말한다. 그녀는 솔로몬에게 향기로운 꽃밭, 다시 말해 즐거움의 장소를 제공했다. 거기서 솔로몬은 그를 만족시키고 기쁘게 해주는 것들을 받아들이고 거두어들였다. 그녀는 솔로몬에게 유용한 존재였다. 그녀는 그의 즐거움을 위해 거기에 있었다. 이 커플의 침실은 결코 지루한 장소가 되지 않을 것이다!

이 시점에서는 솔직한 것이 중요하다. 남성과 여성이 섹스에 대해 같은 관점을 가지고 같은 방식으로 접근하지 않는다는 사실을 주목할 필요가 있다. 섹스와 관련하여 남자는 '전자레인지' 같고, 여자는 '항아리 냄비' 같다는 말이 있다. 무슨 의미일까? 간단히 말해서, 남자는 시각의 창조물이어서 그들이 보는 것에 의해 움직인다는 것이다. 남자는 자신이 좋아하는 것을 보면 전자레인지처럼 금방 뜨거워질 수 있다. 반면에 여자는 항아리 냄비에 좀 더 가깝다. 그녀는 얼마 동안 서서히 끓여야 준비가 완료된다!

윌라드 할리(Willard Harley)는 결혼 생활에서 섹스를 더 자주, 더 큰 기쁨으로 즐길 수 있는 애정의 분위기를 만들어야 한다고 역설해왔다. 「관계 구조: 당신의 파트너와 다시 연결되기 위한 7단계 전략(Relationship Rescue: A Seven Step Strategy for Reconnecting with Your Partner)」의 저자 필 맥그로우(Phil McGraw)는 이렇게 말한다. "만약 당신이 만족스러운 성관계를 갖는다면, 그것은 그 관계의 가치 가운데 10퍼센트 정도에 해당된다. 그러나 만약 만족스러운 성관계를 갖지 못한다면, 그것은 약 90퍼센트가 된다"(Cecelia Goodnow, "Phil McGraw Draws Raves for 'No Bull' Approach to Rescuing Relationships", 〈시애틀 포스트〉, 2000. 3. 4).

"많은 사람들에게 있어 섹스는 모험적인 경험이기보다는 노동이 되어왔다"(Peter Marin, "A Revolution' s Broken Promises", 〈사이콜로지 투데이〉, 1983. 7, p. 55). 그러나 섹스라는 아름다운 선물이 두 사람 모두에게 활기 있고 만족스러운 것이 되지 못한다면, 어떤 결혼도 하나님이 원하시는 온전한 모습이 되지 못할 것이다. 그것은 의사소통과 이해를 필요로 한다. 만약 우리가 그것을 중요하게 생각하고, 그것이 요구하는 것에 관심을 기울인다면, 아가서가 약속하는 충만한 기쁨과 만족을 발견할 수 있을 것이다.

3. 그는 가정의 지원을 필요로 한다.

6:3. 술람미 여인은 자신이 솔로몬과 함께 즐기는 관계에 대해 큰 자신감을 표현했다. 그녀는 말했다. 나는 나의 사랑하는 자에게 속하였고 나의 사랑하는 자는 내게 속하였다. 그녀는 또 솔로몬이 그녀 앞에서와 그들의 가정 안에서 편안하다고 말했다. 그가 백합화 가운데서 그 양떼를 먹이는구나. 솔로몬은 그녀가 '육체적으로' 만족스럽다고 생각했을 뿐만 아니라, 그녀와 그들의 가정이 '정서적으로도' 만족스럽다는 사실을 발견했다. 술람미 여인은 그에게 평화와, 안식과, 위안을 제공하는 가정을 만들어왔다. 그녀는 가정을 잘 꾸려왔고, 그곳은 안식과 원기 회복의 장소였다. 술람미 여인은 모든 여성이 반드시 이해해야 할 것을 이해하고 있었다. 그것은 아내와 어머니는 그 가정의 정서적 허브라는 사실이다.

거의 모든 기혼자들에게 널리 알려져 있는 구어체 표현이 있다. 그것은 이런 식으로 이야기된다. "집에서 만약 엄마가 행복하지 않으면, 누구도 행복해질 수 없다!" 공평하지 않을지도 모르지만, 이것은 사실이다. 그것이 세상 돌아가는 이치다. 나는 여자가 그 가정의 온도 조절 장치라고 말하기를 좋아한다. 만약 그녀의 온도 조절 장치가 90내지 95도로 올라가면, 그녀에게는 별로 뜨겁지 않지만 다른 모든 사람에게는 뜨겁다. 반면에 그녀의 온도 조절 장치가 70내지 75도로 내려가면, 그녀에게는 별로 시원하지 않지만 다른 모든 사람에게는 시원하다.

남자는 자신을 지속적으로 못살게 굴고, 언어적으로 두들겨 패는 여성 주변에 머물지 않을 것이다. 그는 맞서 싸우든지, 도망쳐버리든지 두 가지 가운데 하나를 취하게 될 가능성이 높다. 대부분의 남성은 자신의 아내와 싸우려 하지 않을 것이다. 아내와 육체적으로 싸우는 것은 잘못이기 때문이다. 그것은 그들의 남성다움을 빼앗아버리고, 그들은 감옥에 가게 될 것이다(마땅히 그래야 한다). 대부분의 남성은 언어적으로도 자신의 아내와 싸우려 하지 않을 것이다. 그 이유는 간단하다. 그들은 거의 말싸움에서 지기 때문이다. 여자는 참으로 언어적 창조물이다. 보통의 남성은 하루에 10,000에서 12,000 단어 정도를 말한다고 한다. 반면에 여성은 평균적으로 하루에 20,000에서 25,000 단어 정도를 말하며, 한바탕 열이 오르면 50,000단어까지도 쏟아낼 수 있다(이 부분은 농담이다!).

다시 말해서, 여성들은 말싸움에 잘 준비되어 있고, 남성들은 그렇지 못하다. 결과적으로 대부분의 남성은 육체적으로나, 언어적으로 자신의 아내와 싸우려 하지 않는다. 대신에 도망치는 길을 선택한다. 그래서 그들은 일중독자나 복수의 과외 활동에 몰두하게 된다. 그 이유는 매우 간단하다. 사무실에 혼자 있거나 소프트볼 운동장의 외야에 나가 있는 것이 더 평온하기 때문이다. 여성은 가정을 자기 남편을 뒷받침해주는 장소로 제공하는 것이 얼마나 중요한지 이해해야 한다. 「이혼 퇴치하기(Divorce Busting)」와 「당신이 사랑하는 남자와 말이 통하는 법(Getting Through to the Man You Love)」의 저자 미셸 웨이너-데이비스(Michele Weiner-Davis)는 이렇게 말했다. "남자를 다루는 열쇠는 말하기를 멈추고 행동하기를 시작하는 것이다… 여성들은 남성 친화적인 설득 방법을 배울 필요가 있다. 아무 소용없는 방법은 그만두어야 한다." 그녀의 제안에는 다음과 같은 것들이 포함되어 있다.

- 그가 당신의 말을 들은 것이 분명할 때는 설사 그것을 인정하지 않더라도 당신의 주장을 그만두라.
- 두 사람의 목표를 분명하고 행동 지향적인 것으로 만들라.
- 두 사람의 갈등이 어떻게 끝나는지에 관심을 기울여라.
- [일부] 바람직하지 않은 행동은 모른 척하라.
- 타임 아웃 시간을 가져라.
- 긍정적인 부분을 강조하라.

"잔소리보다는 칭찬이, 징벌보다는 보상이 훨씬 더 효과적이다"(Stephanie Dunnewind, "It' s Time for New Strategy When Nagging Doesn' t Work", 〈시애틀 타임스〉, 2000. 4. 6).

흥미롭게도 여성의 가장 큰 관심 역시 가정의 뒷바라지를 위해 노력하는 것이다. 오하이오 주립대학의 의과대학에서 행한 조사에 의하면, 부부간의 불화는 남성보다 여성에게 더 힘들다. 90쌍의 신혼 부부를 대상으로 한 조사에서 그들이 싸운 후에 채취된 혈액 시료는 여성들이 더 높은 수준의 스트레스 호르몬을 갖고 있다는 사실을 보여주었다. 남성은 충돌에서 물러서거나 '신경을 딴 데로 돌리는' 경향이 있다고 조사자들은 말했다. 반면에 여성은 비판적이거나 불만스러울 가능성이 더 높다(〈Today's Christian Woman〉, 1997. 3/4, p. 19).

호주 본드 대학(Bond University)의 밥 몽고메리(Bob Montgomery) 교수는 서로를 돌보는 행복한 관계의 공식은 간단하다고 말한다. 나쁜 시간 한 번에 좋은 시간 다섯 번이라는 것이다.

> 만약 대부분의 시간에 모든 것이 기본적으로 좋다면, 결혼 생활에서 누구나 겪게 되는 문제와 충격들을 흡수할 수 있다. 특히 그런 위기가 대두될 때, 두 사람이 다 유머로 긴장을 완화시키는 반응을 내놓을 수 있다면 더욱 그렇다(Julie Macken, "The Mystery of Why Women Marry", 〈Financial Review〉, 1999. 8. 28).

남자는 그의 성(castle)인 가정을 경험하고 의지해야 한다. 그는 가정의 뒷받침을 받아야 하고, 아내는 그가 그것을 얻는 데 필수적인 존재다.

4. 그는 매력적인 아내를 필요로 한다.

6:4-9. 지금까지는 술람미 여인이 솔로몬을 칭찬했고, 이제는 그가 찬사를 되돌려줄 차례다. 그럼에도 불구하고 솔로몬이 그 찬사를 되돌려주었을 때, 우리는 남자가 가지고 있는 기본적인 필요에 대해 무언가를 더 배우게 된다. 그것은 자신의 아내가 매력적이기를 바라는 필요다. 솔로몬은 그의 사랑하는 아내에게 그녀가 팔레스타인 지역에서 가장 아름답고 사랑스러운 성읍들 가운데 두 곳인 디르사와 예루살렘 같다고 했다. 예레미야애가 2장 15절에서 예루살렘이 '아름다움의 완성(the perfection of beauty)'으로 불리고 있는 것은 흥미롭다. 그녀의 아름다움이 너무나 믿기 어려운 것이어서 솔로몬은 마치 자신이 깃발을 높이 쳐든 아주 인상적인 군대를 마주 대하고 있는 것 같다고 말했다. 그녀의 아름다움이 솔로몬을 당황케 했던 것이다. 그녀의 사랑스러움이 너무나 인상적인 나머지 솔로몬은 거의 압도되었다. 네 눈이 나를 놀래니 돌이켜 나를 보지 말라.

솔로몬은 이전에 묘사했던 내용으로 다시 돌아가 그녀의 머리털의 아름다움과, 이의 빛남과, 뺨의 사랑스러움을 한 번 더 묘사했다. 그녀에 대한 솔로몬의 사랑이 전혀 식지 않았고, 그녀의 아름다움 역시 여전히 눈부셨던 것이다. 그래도 솔로몬은 거기서 멈추지 않았다. 그는 이전의 칭찬에 새로운 것을 덧붙였다. 그는 술람미 여인에게 그녀가 다른 모든 사람을 능가하는 독특함을 지니고 있다고 말했다. 8-9절에서 그는 육십 명의 왕후와 팔십 명의 비빈과 무수한 시녀들이 있을지 모르지만, 그들 가운데 누구도 그녀를 필적하지 못한다고 말했다. 그는 다시 한 번 그녀를 나의 비둘기라고 부른 다음, 그녀가 자신의 '고결한 자' 이면서 철저히 하나뿐인 사람이라고 덧붙였다. 이 호의적인 견해는 그녀의 어머니뿐만 아니라 다른 여성들까지도 인정하는 사실임을 그는 알고 있었다. 그들 역시 그녀를 복된 자라 부르며 칭찬했던 것이다.

남자는 내면과 외면의 아름다움을 모두 갖춘 여자를 바란다. 자신의 남편에게 아름다운 여자는 그녀의 내적 자아 속에 그리스도와 같은 경건한 영혼을 가꾸게 될 것이다(비교. 벧전 3:1-5). 그녀는 내면의 아름다움이 자신의 외면을 더 매력적으로 만들어줄 것이라는 사실을 이해하고 있다.

그녀는 또 식이요법과 운동으로 자신을 육체적으로 건강하게 유지하는 여자이기도 하다. 그리고 그녀의 남편이 매력적이고 멋있다고 생각하는 방식으로 머리를 하고, 화장을 하며, 옷을 입는다. 그녀의 남편은 사람들 앞에서 뿐만 아니라 사적으로도 그녀를 기뻐하고 자랑스러워한다. 술람미 여인은 솔로몬이 육체적으로나 영적으로 뿐만 아니라 공적으로나 사적으로도 자랑스러워할 수 있는 아내를 갖고자 하는 것을 잘 이해하고 있었던 것이다.

5. 그는 가장 좋은 친구를 필요로 한다.

5:16. 이 구절의 후반부에서 술람미 여인은 솔로몬에 대해 예루살렘 여자들아 이는 나의 사랑하는 자요 나의 친구로다라고 말했다. 술람미 여인은 남자가 항상 그렇게 행동하지 않을 수도 있지만, 자기 아내가 가장 좋은 친구가 되는 것을 필요로 한다는 사실을 잘 알고 있었다. 아내는 그것을 어떻게 시작해야 할까? 그녀는 자기 남편과 공유할 수 있는 상호적인 관심사를 개발한다. 그녀의 남편이 즐기는 활동을 알아내고, 자신도 그것에 능숙해지도록 노력한다. 만약 그녀가 그것을 즐길 수 있게 되면, 남편과 함께 그

활동에 참여한다. 만약 그녀가 그것들을 즐기지 못한다면, 남편에게 그들이 함께 즐길 수 있는 다른 것들을 고려해보도록 권한다. 그녀는 자기 남편이 즐기는 활동에 반복적으로 참여하며 그의 가장 좋은 친구가 되기 위해 노력한다.

나는 남성들이 시늉과 위장에 능하다는 사실을 인정한다. 그러나 나 자신의 결혼 연수가 한 해 한 해 더해갈수록 남자에게는 가장 좋은 친구 역할을 해줄 수 있는 아내가 정말로 필요하다는 사실을 더욱 실감하게 된다.

이 시점에서 경고 한 마디가 필수적이라고 생각한다. 나는 남자가 정말로 신뢰할 수 있는 절친한 친구 서너 명으로 구성된 핵심 그룹을 가지고 있는 것이 현명하다고 믿는다. 또한 어떤 여성도 그 그룹의 일원이 되어서는 안 된다고 확신한다. 그것은 위험하고 현명치 못한 방침이다. 그러나 그것에 더하여 가장 깊숙한 곳에는 오직 한 사람만이 있어야 하고, 그 한 사람은 자신의 아내여야 한다. 그녀는 그의 가장 가까운 측근이 되어야 한다. 그녀는 그의 가장 가까운 동료가 되어야 한다. 그녀는 참으로 그의 가장 좋은 친구가 되어야 한다. 전문가들은 오래된 많은 결혼이 격분보다는 소홀함 때문에 시들해진다고 말한다.

부부들이 직장 생활과 자녀 양육에 몰두할 때 서로 연결되어 있다는 정서적 유대감을 잃어버리는 경우가 너무나 많다. "그것은 슬그머니 사라지고, 그들은 그것을 깨닫지 못하죠." 클라우디아 알프(Claudia Arp.)가 이야기한다. "그녀는 그녀의 일에 몰두하고, 그는 그의 일에 몰두합니다. 그러다가 아이들이 떠나면, 그 관계에 머물러 있어야 할 이유마저 사라져버리는 거죠." "과거에 결혼이 함께 머물러 있었던 것은 사회가 함께 머물러 있기를 기대했기 때문입니다"라고 데이빗 알프(David Arp.)는 말한다. "요즘 결혼이 함께 머물러 있다면, 그것은 그 커플이 함께 머물러 있기를 원하기 때문이죠" (Kristen Kauffman, "Divorced After Decades", 〈The Dallas Morning News〉, 2000. 9. 15).

남편과 아내는 사랑하는 연인이 되어야 한다. 아가서는 지금까지 그것을 분명히해왔다. 그러나 남편과 아내는 서로에게 가장 좋은 친구가 되어야 한다. 우리의 사랑 노래는 그 사실도 분명히해왔다. 그리고 멋진 연인이 되는 것과 가장 좋은 친구가 되는 것 사이에는 보통 밀접한 연관성이 있다는 것 또한 전혀 놀랄 일이 아니다.

B. 남자는 자신의 아내를 사랑해야 한다(5:9, 10 하, 16, 6:4, 8-13)

Supporting Idea	여자는 그의 남편에 의해서만 충족될 수 있는 기본적인 필요를 가지고 있다.

남자와 여자는 여러 가지 면에서 서로 다르다. 그 가운데 하나가 필요의 영역이다. 남자와 여자의 필요는 상당히 다르다. 따라서 여성이 남성과 전혀 다른 필요를 가지고 있는 것을 목격하는 것은 전혀 놀랄 일이 아니다. 하나님은 여자를 어떻게 엮으신 것일까? 그녀는 남자로부터 무엇을 필요로 할까?

1. 그녀는 영적 리더를 필요로 한다.

5:10 하. 술람미 여인은 솔로몬이 만 사람에 뛰어나다고 말했다. '뛰어나다(outstanding)' 는 말은 '최고의' 또는 '출중한' 이라는 의미를 가지고 있다. 그녀의 초점이 솔로몬의 외모라는 것은 분명하지만, 그녀가 솔로몬의 내면에서 발산되는 경건한 성품 때문에도 그런 언급을 했을 것이라고 나는 확신한다. 성경이 단순히 외모만을 가지고 누군가를 칭송한다고 상상하기는 어려울 것이다. 아가서에서조차도 한 남자의 영적 성품이 암시적으로 고려되고 있는 것이다.

사실 한 여자의 1차적인 필요는 그녀의 남편이 영적 리더가 되는 것이다. 그녀는 용기와 확신, 열정, 헌신, 인격 등을 갖춘 남자를 따르고 싶어한다. 여자는 강철도 될 수 있고, 벨벳도 될 수 있는 남자를 필요로 한다. 그는 남자 중의 남자일 수 있고, 동시에 부드럽고 온화하며 친근할 수 있다. 나는 종종 좋은 여자가 그녀의 체중에 해당하는 금만큼의 가치가 있다고 말해왔다. 하지만 좋은 남자는 그의 체중의 두 배에 해당하는 금만큼의 가치가 있다. 그만큼 희귀하기 때문이다.

1994년 2월 14일자 〈타임(Time)〉 지가 그 표지에 돼지의 머리를 하고 있는 남자의 몸을 실었다. 그 첫 기사에는 "남자들이 정말로 그렇게 형편없을까(Are Men Really That Bad)?" 라는 제목이 달려 있었다. 사실 남자들은 지난 70년 동안 아주 심하게 두들겨맞아 왔다. 그리고 많은 남성들이 그런 채찍을 맞을 만하다. 그러나 나는 하나님을 경외하고, 아내를 축복하는 남자가 되는 것에 헌신적인 모습을 보이는 새로운 세대가 등장하고 있음을 감지한다. 그런 남자는 가정에서 영적 리더가 될 수 있을 것이다. 그는 가족을 위해 영적 환경을 가꾸는 조치를 취하게 될 것이다. 그는 하나님의 말씀을 연구하는 유능한 학생이 될 것이고, 모든 사람 앞에서 하나님의 말씀에 기초한 삶을 실천하게 될 것이다. 그리고 자기 아내를 격려하여 하나님의 여자가 되고 예수님을 닮아가도록 도와줄 것이며, 주의 것들로 자녀를 양육하는 모범을 보이게 될 것이다(비교. 엡 5:25-6:4).

2. 그녀는 개인적인 인정과 감사를 필요로 한다.

6:4. 솔로몬은 술람미 여인을 내 사랑이라고 불렀다. 그는 술람미 여인에게 그녀가 얼마나 사랑스럽고, 아름다우며, 인상적인지 말해주었다. 솔로몬은 5-9절에서 자신이 그렇게 매력적이라고 생각했던 특징과 속성들에 대해 자세히 설명했다. 그것이 인정과 감사에 대한 그녀의 필요를 만족시켰을 것임은 의문의 여지가 없다. 한 여자를 사랑하는 남자는 그녀의 개인적 특징과 속성을 칭찬하게 될 것이다. 그녀가 아내와, 어머니와, 주부로서 가지고 있는 장점을 찬양하게 될 것이다. 그는 또 다른 사람들 앞에서 그녀를 경이로운 배우자로, 친구와 연인과 동료로 칭송하게 될 것이고, 그녀는 이 세상에서 어느 누구도 자신보다 그에게 더 중요하지 않다는 사실을 느끼게 될 것이다.

나는 어느 결혼 생활 세미나에서 남성들에게 그들이 자신의 아내에게 감사를 보일 수 있는 방법 가운데 하나는 낮 동안에 그녀에게 전화를 걸어 잘 지내고 있는지 묻는 것이라고 말했던 것을 기억한다. 우편물이 도착했는지 혹은 저녁이 무엇인지 묻기 위해 전화하는 것은 빼고 말이다! 다음날 젊고 상냥한 한 여성이 내게 다가와 자기 남편이 전날 밤에 내가 말한 내용을 분명히 경청했다고 말해주었다. 그녀는 내게 그들이 결혼한 지 꽤 되었지만 자기 남편이 이제까지 주중에 자신에게 전화를 건 적이 한 번도 없었다고 알려주었다. 그런데 그날은 그가 다섯 번이나 그녀에게 전화를 했다는 것이다!

처음엔 내가 그 남자에게 감동을 준 것이 꽤 자랑스러웠지만, 갑자기 두려운 생각이 들었다. 그래서 그녀에게 물었다. "그래요, 그때마다 그가 뭐라고 하던가요?" 그녀는 내게 그가 말을 많이 하지 않았고, 매번 1분 이상을 넘기지 않았다고 말해주었다. 나는 상황이 그렇게 호전된 것이 아니라는 사실에 대해 그녀에게 사과했다. 그녀는 재빨리 내 말을 막으며 이렇게 말했다. "오우, 아니에요. 너무나 좋았어요. 그가 전화할 생각을 했다는 사실만으로도 저는 너무나 행복해요. 말이야 나중에 노력할 수 있잖아요! 하지만 그가 전화를 하지 않는다면, 노력해볼 것도 없는 거 아니겠어요."

샬럿과 나는 달라스에서 몇몇 친한 친구들을 사귀었다. 그들은 정기적으로 피자를 먹으러 우리 집에 찾아오곤 했다. 나는 아내가 몇 가지 음식을 준비하며 주방에 서 있던 때를 기억한다. 나는 그냥 자연스럽게 아무 의도 없이 그녀에게 말했다. "여보 샬럿, 당신은 정말로 내가 지금까지 본 여자들 중에 가장 아름다워." 그녀는 내게 미소지었고, 나도 미소로 응답했다. 그러자 캐시(Cathy)라는 친구가 내게 말했다. "대니(Danny), 당신이 다른 사람들 앞에서 샬럿에게 듣기 좋은 말을 해줄 때 참 보기 좋아요. 자주 그러는 편이거든요."

나는 그것에 대해 그렇게 많이 의식하지 않았기 때문에 캐시 쪽으로 몸을 돌리며 말했다. "존(그녀의 남편)이 다른 사람들 앞에서 당신에 대해 듣기 좋은 말을 해줄 때, 기분이 무척 좋다는 뜻이죠?" 그녀는 눈을 반짝이며 대답했다. "그는 내가 좀 더 특별하다고 느끼게 해줄 만한 것은 아무것도 안 해요."

남자들이여, 다른 사람들 앞에서 아내를 인정하고 감사의 말을 해주는 것이 우리 아내들의 가장 큰 필요 가운데 하나를 충족시킨다는 사실을 상기하라.

3. 그녀는 개인적인 애정과 로맨스를 필요로 한다.

6:8-9, 11-13. 남자에게 있어 로맨스는 섹스를 의미한다. 그는 섹스 없는 로맨스를 상상할 수 없다. 반면에 여성에게는 로맨스가 많은 것을 의미할 수 있고, 섹스가 그 일부일 수도 있고, 아닐 수도 있다. 솔로몬은 로맨스의 환경을 조성해야 할 필요를 인식했기 때문에 6장 8-9절에서 술람미 여인에게 다른 여인들을 언급하면서 그녀를 필적할 만한 사람이 아무도 없다고 말했다. 그녀는 솔로몬의 하나뿐인 자였다(9절). 그녀를 본 사람들이 모두 그녀를 행운아라고 선언했을 뿐만 아니라 그녀를 칭송했다.

11-13절에서 우리는 솔로몬의 열렬한 칭찬에 대한 그녀의 반응을 볼 수 있다. 그녀는 동산으로 내려갔다. 그 동산의 아름다움과 그들의 사랑의 새로운 증거를 보기 위해서였다. 그것은 포도나무가 순이 났는가 석류나무가 꽃이 피었는가 보고자 하는 그녀의 바람으로 표현된다. 그녀는 계속해서 자신이 의식하기도 전에 그녀의 영혼이 넋을 잃음으로 말미암아 내 귀한 백성의 수레 가운데 이르게 되었다고 말했다.

13절은 술람미 여인이 사라진 가운데 그녀의 아름다움과 완벽함(솔로몬의 도움에 의해서라는 사실에 유의해야 한다)을 구경하던 사람들이 그녀에게 떠나지 말고 돌아오라고 간청하는 모습을 그린다. 이런 식으로 반응하는 여인은 애정과 로맨스에 대한 그녀의 가장 깊은 필요를 그녀의 남편으로 인해 충족해왔음을 알 수 있다.

로맨스 영역에서는 남자가 자기 아내의 심중에 있는 필요를 만족시키는 방법을 터득하는 것이 매우 중요하다. 그는 자기 아내가 로맨스 영역에서 지니고 있는 독특한 필요와 욕구를 자신이 이해하고 있다는 사실을 말과 행동으로 그녀에게 보여주어야 한다. 사실은 대부분의 남성이 여성의 관점에서 로맨스를 이해하지 못하고 있다. 남성들 대부분은 여성들이 이해하는 식으로 로맨스를 인식하지 못할 것이다. 그것이 우리 뺨을 때리고 코를 문다 하더라도 말이다. 나는 달라스에서 살던 어느 날 집에 돌아와 아내 샬럿에게 "여보, 내가 로맨틱하다고 생각해?" 라고 물었을 때 그것을 통절히 인식하게 되었다.

그녀는 매우 빠르게 고개를 가로저었다. 그녀가 영구적으로 목을 다치지 않았던 것이 놀라울 정도다. 그녀의 눈에는 내가 한 번도 본 적이 없는 표정이 담겨 있었지만, 그녀가 말하는 내용을 내가 좋아하지 않게 될 것이라는 사실을 분명히 확신할 수 있었다. 당시에도 지금처럼 사랑스러운 아내였던 그녀가 이렇게 말했다. "먼저 내가 정말로 당신을 사랑하고 있고, 당신 아닌 다른 누군가와 결혼한다는 것은 상상할 수도 없는 일이라는 사실을 분명히하고 시작할게요. 당신은 좋은 남편이고 멋진 아버지예요. 하지만 그 질문에 대한 답은 '노' 라는 사실을 말하지 않을 수 없네요. 당신은 로맨틱하지 않아요. 그게 당신 뺨을 때리고 코를 물더라도 당신이 그것을 인식하게 될지 의문이네요."

저런, 당신도 상상할 수 있듯이 나는 기분이 상해서 전형적인 남성의 방식으로 대답했다. "글쎄, 최근에 그런 것에 대해 많은 글을 읽었는데 내가 읽었던 책들이 모두 당신한테 그게 필요하다고 하던데." 그녀는 내게 그렇다고 대답했고, 나는 그녀에게 가까운 시일 내에 그것을 줄 수 있도록 노력해보겠다고 말했다. 이 시점에서 솔직히 덧붙이자면, 당시 나는 그것이 정확히 어떻게 일어날지 전혀 몰랐지만, 그녀가 "글쎄요, 당신이 노력해보겠다는 사실이 로맨틱하게 다가오네요" 라고 말할 때 흐뭇한 마음이 들었다.

자, 이제부터 내가 말하려고 하는 것이 전혀 꾸밈이 없는 진실이라는 사실을 독자 여러분이 알아주었으면 좋겠다. 우리가 텍사스 주 달라스에서 살고 있던 어느 금요일 밤이었다. 나는 로맨틱할 수 있는 절호의 기회라고 생각하며 샬럿 뒤로 다가갔다(사내들은 그게 무슨 말인지 알 것이다!). 나는 그녀의 등과 목을 가볍게 문지르기 시작했다. 그녀가 곧바로 돌아서서 나를 쳐다보며 말했다. "하던 일이나 계속하시고 나를 내버려두시죠. 귀찮게 하지 말고." 나는 그것이 로맨틱한 것이라고 생각했다고 대답했다. 그녀는 내게 그것은 지금도 로맨틱하지 않고, 앞으로도 로맨틱하지 않을 것이라고 알려주었다. 나는 그것이 무슨 말인지 분명히 이해했고, 그래서 그날 밤 일찌감치 혼자서 잠자리에 들었다. 자지 않고 기다릴 필요가 없었던 것이다.

다음날 아침 아내가 샤워를 했다. 샬럿은 지금도 샤워할 때는 늘 스킨 소우 소프트(Skin-So-Soft)라고 불리는 에이본(Avon) 사 제품을 몸에 바르는 것을 좋아한다. 그 제품에 친숙한 사람들은 그것이 세 가지 기능을 한다는 사실을 알고 있을 것이다. (1) 향기가 무척 좋다. (2) 그것이 필요한 경우 당신의 건조한 피부를 부드럽게 해줄 것이다. (3) 그것은 종종 놀라운 방충제 역할을 하기도 한다. 어쨌든 그녀는 그것을 몸에 바른 다음 타올로 닦아낼 것이다. 그녀가 샤워를 끝내고 나온 뒤, 그녀의 타올이 침대 위에 놓여 있었다. 나는 그리로 다가가 평상시와는 다른 행동을 했다. 그것을 집어들고 냄새를 맡았던 것이다. 그리고 샬럿을 향해 돌아서서 정말 아무 생각 없이 말했다. "여보, 이 타올에서 당신 냄새가 나는 것 같아." 그러자 그녀가 이렇게 대답했다. "그게 바로 로맨틱한 거예요."

나는 어리둥절한 표정으로 그녀를 쳐다보며 말했다. "날 놀리지 말아요. 나는 정말로 그 로맨스라는 것을 해보려고 노력하고 있다구." 그녀는 정말로 그 말을 로맨틱하게 여긴다고 말하며 침실 밖으로 나갔다. 당시 나는 하늘을 쳐다보며 내 능력으로는 이 분야에서 희망이 전혀 없다고 하나님께 말씀드렸다. 나는 결코 여성의 관점에서 로맨스를 이해할 수 없었을 것이다. 하나님은 자비롭게도 내게 이 로맨스라는 것이 여성의 관점에서 어떻게 작동되는지를 이해할 수 있는 통찰력을 주셨다.

로맨스는 기본적으로 게임이다. 매우 독특한 게임이다. 숨바꼭질 게임이라고 할 수 있다. 그녀는 그것을 감추고 당신은 찾아낸다. 이제 당신이 그것을 찾는다면, 좋은 것이다. 반면에 당신이 그것을 찾지 못한다면, 두 가지 대안 가운데 하나를 선택하게 된다. 첫째로, 당신은 몹시 화를 내며 심술궂고 비열해져 고질적인 불평분자로 남은 인생을 비참하게 살아갈 수 있다. 나는 그런 남자들을 많이 보아왔다. 둘째로, 당신은 이건 게임이야 하는 생각을 떠올릴 수 있다. 때로는 내가 이기고, 때로는 내가 진다. 하지만 그게 바로 게임을 하는 재미다. 그래서 로맨스는 숨바꼭질 게임이다.

이 게임에는 두 번째 부분이 있고, 그것은 공평하지 않다. 그러나 그것이 세상 돌아가는 이치다. 사내들이여, 이해해야 한다. 예를 들어, 월요일 날 당신의 아내에게 로맨틱한 것이 화요일 날에는 로맨틱하지 않을 수 있다. 참으로 여성들은 정기적으로 로맨스를 옮겨놓는 데 능숙하다. 때로는 그들조차 찾을 수 없는 곳에 그것을 숨겨놓기도 한다. 하지만 줄곧 있던 곳으로 로맨스를 찾으러 갔는데 그곳에 더 이상 없다는 사실을 발견할 때, 하나님이 당신에게 주신 그 여자가 다음과 같이 말하는 눈빛으로 당신을 어깨 너머로 감시하고 있더라도 놀라지 말라. "그래요, 여보. 내가 로맨스를 옮겨놓았어요. 어딘가 다른 곳에 있을 거예요. 당신이 그것을 되풀이해서 찾을 정도로 나를 사랑하고 있는지 한번 두고 보겠어요."

다시 한 번 강조하건대, 사내들이여 당신은 몹시 화를 내며 심술궂고 비열해질 수 있다. 하지만 그것이 게임이며, 게임은 재미있는 것일 수도 있다는 사실을 기억하라. 때로는 당신이 이기고, 때로는 당신이 진다. 그러나 그 모든 것이 아주 흥미로운 게임이다. 남성들이여, 만약 당신이 그런 식으로 로맨스에 접근한다면, 그것이 재미있다는 사실을 발견할 뿐만 아니라 그 과정에서 그것에 좀 더 능숙해질 것이다. 칼린 루벤스타인(Carlin Rubenstein)은 우리에게 다음과 같이 상기시킨다. "한 관계에서 로맨스의 수준은 사랑의 바로미터 같은 것이다. 로맨스의 수준이 낮을 때, 부부의 섹스 횟수가 줄어들고 덜 행복해하기 때문에 이혼을 고려할 가능성이 더 높아진다"(칼린 루벤스타인, "The Modern Art of Courtly Love", 〈사이콜로지 투데이〉, 1983. 7, p. 43).

4. 그녀는 친밀한 대화를 필요로 한다.

5:16. 술람미 여인은 솔로몬의 입이 심히 달고 그 전체가 사랑스럽다고 말한다. 이 구절과 13절을 비교해볼 때, 그녀가 부분적으로라도 솔로몬의 키스와 육체적 사랑의 표현을 염두에 두었음이 분명하다. 그럼에도 불구하고 우리가 지금까지 이 책에서 보아왔듯이, 아가서에 언급되어 있는 진술들은 종종 한 가지 이상의 의미로 해석될 수 있다. 이 시점에서 그녀는 솔로몬의 입에서 나오는 말과 관련하여 그를 칭송하고 있다고 볼 수도 있다. 그 말들이 달콤하다고 말이다. 여자는 친밀한 대화를 필요로 한다. 그녀는 감정 차원에서(흉금을 털어놓고) 그녀와 대화해줄 남편을 필요로 한다. 그녀는 세심함과 관심과 배려로 그녀의 하루 일과에 대한 소회를 경청해줄 남자를 필요로 한다. 그녀

와 날마다 대화하는 것은 그녀를 이해하고자 하는 그녀의 남편의 바람을 전달한다.

현명한 남성은 결혼 직후부터 여성이 암호 언어의 대가라는 사실을 깨닫는다. 여성은 자신이 의미하는 바를 말하고, 자신이 의미하는 바를 당신이 알기를 기대하며, 특정 단어들은 핵심이 아닐 수도 있다. 불행히도 일부 남성들은 이 점에서 전혀 준비되어 있지 않고 약간 우둔하기까지 하여 종종 그들을 심각한 어려움에 빠뜨린다. 남자가 저녁에 귀가하여 주방으로 들어서며 아내 뺨에 키스하고 "여보, 오늘 어떻게 지냈어?"라고 묻는 경우가 얼마나 많은가. 그는 "좋았어요"라는 대답을 듣게 될 것이다. 이제 그가 '좋았어요' 라는 그 말투에 귀를 기울이고 있다면, '좋았어요' 가 '좋았어요' 를 의미하지 않고, '엉망이었어요' 를 의미한다는 사실을 포착하게 될 것이다. 불행히도 그는 주의를 기울여 듣지 않고 있다. 그는 거실로 되돌아가 방금 전에 무슨 일이 일어났는지 전혀 눈치채지 못하고 남성 치료 장치, 다시 말해 TV 리모콘을 집어든다.

하지만 약 세 시간 후에 그것이 그를 강타한다. 그녀가 저녁으로 아무것도 준비해놓지 않았다. 남성들은 배고플 때 놀라울 정도로 예민해진다. 이 굶주린 전사는 침실로 향하고 거기서 아내를 발견한다. 그러고는 단순한 질문을 던진다. "여보, 뭐 문제 있어?" 그녀가 짧고 퉁명스럽게 대답한다. "아니에요." 물론 이 '아니에요' 는 '그래요' 를 의미한다. 그것은 이런 의미이기도 하다. "세 시간 전에는 알려고 하지도 않고 무관심하더니, 지금은 당신에게 말하지 않을 거야. 그래, 무엇이 나를 괴롭게 하는지 당신이 알기 전에 이 세상에 종말이 올 걸 아마."

이제 남자는 이 모든 에피소드의 책임을 아내에게 돌리려고 할 수도 있지만, 사실 그 책임은 그에게 있다. 그가 주방에 들어와 그녀의 뺨에 키스하고 그녀의 하루에 대해 물었을 때, 그녀는 크고 분명하게 소리쳤다. "끔찍한 하루였어요. 제대로 되는 게 하나도 없었다구요. 당신이 잠시 동안 여기 머물며 내 속에 맺힌 것들을 좀 토해낼 수 있게 도와주세요." 10분 동안의 집중된 관심이 그 나머지 저녁 시간을 혁명적으로 바꾸어놓을 수 있다. 남자는 친밀한 대화를 원하는 아내의 필요를 만족시키는 방법을 터득해야 한다.

5. 그녀는 정직함과 솔직함을 필요로 한다.

6:10, 13. 솔로몬은 술람미 여인에 대한 사랑과 애정에서 철저하게 투명하고 솔직했

다. 10절에서 솔로몬은 그녀가 아침빛같이 뚜렷하고 달같이 아름다우며 해같이 맑고 기치를 벌인 군대같이 엄위하다고 말했다. 아무것도 숨기는 것이 없었다. 그녀에 대한 그의 사랑과 애정에 관한 한 모든 것이 드러나 있었다. 여자는 자신에게 정직하고 솔직한 남편을 필요로 한다. 그녀의 눈을 들여다보며 사랑하는 마음으로 자신이 정말로 무슨 생각을 하고 있는지 말해줄 남자를 필요로 하는 것이다(엡 4:15). 그는 자신의 계획과 행동을 그녀에게 분명하게 설명해줄 것이다. 그녀에 대한 책임이 자신에게 있다고 생각하기 때문이다. 그는 그녀가 자신을 신뢰하고 안심하기를 바란다. 그녀가 자신에게 얼마나 소중한지를 그녀가 알기를 원한다. 한 남자가 한 여자를 사랑할 때는 항상 솔직함과 정직함이 그 결혼의 특징이 될 것이다.

6. 그녀는 안정과 안전을 필요로 한다.

5:9. 예루살렘의 처녀들이 5장 8절에 언급되어 있는 술람미 여인의 사랑스러운 말에 응답했다. 그들은 술람미 여인이 보기에 솔로몬이 다른 어떤 사람보다도 더 낫다는 사실을 인정했다. 6장 1절에서 예루살렘 처녀들은 다시 한 번 술람미 여인에게 그녀의 사랑을 찾도록 요구했다. 그들이 생각하기에는 솔로몬이 어디에 있는지 그녀가 알고 있을 뿐만 아니라 그 지식에 확신을 갖고 있음이 분명했던 것이다. 심지어 솔로몬이 '돌이켰을' 때도 그녀는 그가 어디에 있는지 알고 있었다. 술람미 여인의 친구들이 그녀에게 돌아오라고 요구했던 6장 13절에서는 그녀가 솔로몬과 함께 있었고, 그가 그녀를 함께 데려가고 있었다는 사실이 분명하게 암시된다. 솔로몬은 그녀를 자신의 수레에 태웠고, 그들은 함께 있었다. 그녀는 자기 남편의 사랑 속에서 안전했던 것이다.

한 여자를 사랑하는 남자는 그녀와 가족에게 의·식·주를 제공해야 할 책임을 굳게 짊어지게 될 것이다. 그는 그들에게 필요한 것을 공급할 뿐만 아니라 그들을 보호하게 될 것이다. 자신이 아내와 자녀들 모두를 위한 가정의 안전 허브라는 사실을 결코 잊지 않을 것이다. 그녀는 그의 신뢰성을 인식하게 될 것이고, 본문이 암시하듯이 다른 사람들도 마찬가지일 것이다. 그의 헌신과 책임이 어디에 있는지 의문의 여지가 없을 것이다. 그것은 그의 아내와 자녀들과 함께 있다.

7. 그녀는 남자로부터 가족에 대한 헌신을 필요로 한다.

6:9. 아가서에는 가족이 직접적으로 언급되어 있지 않고, 특히 자녀 이야기가 빠져 있다. 그럼에도 불구하고 솔로몬은 6장 9절에서 그녀가 그 어미의 외딸이요 그 낳은 자의 귀중히 여기는 자였다는 사실을 언급한다. 솔로몬은 그 가족 이미지를 끌어내는 것이 그녀의 마음을 움직일 것을 알고 있었다. 그리고 그것은 가족에 대한 그의 관심과 중요성을 그녀에게 인식시켰을 것이다. 여자는 자기 남자가 가족을 우선시한다는 사실을 알고 싶어한다. 그런 남자는 전체 가족, 특히 자녀의 영적, 도덕적, 지적 발전에 자신의 시간과 에너지를 쏟아부을 것이다.

예를 들어, 그는 그들과 놀아주고, 그들에게 성경을 읽어주며, 그들과 함께 스포츠에 참여하고, 그들의 게임에도 가보며, 신나고 즐거운 야외 활동에 그들을 데려갈 것이다. 그런 남자는 그의 아내와 자녀들이 무관심 속에 야위어가고 있는 동안 늦게까지 일하며 출세하려고 애쓰는 어리석은 게임을 하지 않을 것이다. 여자는 가족에게 헌신적인 남자를 필요로 한다. 그녀는 아내와 자녀들을 주 예수 그리스도에 대한 헌신 바로 다음에 두는 남자를 필요로 한다.

쇼핑몰에서 1,500명의 사람들에게 그들이 생일 케이크의 촛불을 끌 때 가장 많이 기원하는 것이 무엇인지 물었을 때, 남성과 여성이 매우 다른 대답을 내놓았다. 여성의 제1의 소망은 '배우자와 더 많은 시간을 보내는 것' 이었다. 남성들 사이에서는 그 소망이 전체 목록에서 21번째에 놓여 있었다 (사내들이 가장 많이 기원한 것은 무엇이었을까? 더 낮은 골프 스코어였다.〈New Man〉, 1997. 9, p. 20). 불쌍하고 한심스러운 남자들의 대답이 아닐 수 없다.

전 콜로라도 대학 풋볼 감독이자 "프라미스 키퍼스(Promise Keepers)"의 총재인 빌 맥카트니(Bill McCartney)는 이렇게 말했다. "한 남자의 아내의 얼굴을 들여다보면, 그가 남자로서 어떤 사람인지 정확히 보일 것이다. 그가 지금까지 그녀에게 무엇을 투자했고, 무엇을 허락하지 않았는지가 모두 그녀의 얼굴에 반영되기 때문이다"(〈Men in Action〉, 1995. 4).

Main Idea 복습	서로의 기본적인 필요를 만족시켜줌으로써 결혼이 하나님의 설계대로 성장하고 성숙할 수 있다.

결론

왜 그렇게 사랑에 관한 노래가 많은가?

"한 인류학자가 어느 호피(Hopi) 인디언에게 그 종족의 노래 가운데 비에 관한 노래가 왜 그렇게 많은지 물은 적이 있었다. 그 호피 인디언은 물이 너무 귀하기 때문이라고 대답한 뒤, 이렇게 물었다. '당신들 노래 가운데는 왜 그렇게 사랑에 관한 노래가 많습니까?'" (Gregory McNamee, 〈리더스 다이제스트〉, 2000. 5, p. 87에서 인용).

한 여자가 자기 남편을 그녀의 마음이 있는 곳에 둔다면, 그것은 남편의 삶의 다섯 가지 기본적인 필요를 만족시키고자 하는 꿈을 마음에 품는 것이다. 한 남자가 한 여자를 사랑한다면, 자기 아내의 일곱 가지 기본적인 필요를 만족시키고자 하는 삶의 목표를 정하는 것이다. 남편이 아내와 가정에 헌신적일 때 그리고 아내가 같은 헌신의 마음을 품고 있을 때, 남편과 아내 모두가 그 얼굴에 미소를 머금고 그 마음에 기쁨을 누리는 것은 전혀 놀라운 일이 아니다. 그것이 바로 하나님이 태초부터 의도하셨던 방식이다. 우리는 결혼에 대한 하나님의 계획에 헌신적인 사람들로서 그것보다 못한 것에 안주하거나 그런 것을 기대해서는 안 된다.

하나님은 남자를 남자와, 남편과, 아버지가 되게 만드셨다. 남자는 결코 남자가 된 것에 대해, 다시 말해 남성적인 인간이 된 것에 대해 유감스럽게 생각해서는 안 된다. 하나님은 여자를 여자와, 아내와, 어머니가 되게 만드셨다. 어떤 여자도 여성적인 인간이 된 것에 대해 유감스러워해서는 안 된다. 자, 생각해보라. 어느 누구도 남자만큼 남자가 되는 것에 능숙할 수 없고, 여자만큼 여자가 되는 것에 능숙할 수 없다.

■ 진리 알기와 적용하기

배우자의 필요에 주의를 기울이는 방법

• 당신의 데이트 스케줄을 명심하라. 만약 2주가 지나가도록 당신의 배우자와 함께 아무것도 하지 않았다면, 집 밖으로 나가야 할 시점이다. 설사 그것이 파이와 커피(또는 다이어트 콜

라)일 뿐이라도 말이다.

- 반드시 매일 대화하라. 비록 10분 동안이라도. 만약 당신의 자녀들이 아직 어리다면, 시간을 '내기' 가 쉽지 않을 것이다. 그래도 시간을 짜내야 한다.
- 두 사람이 함께할 수 있는 활동이나 취미를 시작하라. 자전거 타기나 테니스, 골프, 영화 등은 부부가 함께할 수 있는 일부 활동에 불과하다. 혹은 무언가를 수집하거나 요리하기, 자원봉사, 정원 가꾸기 등 함께할 수 있는 공통 관심사를 만들어갈 수도 있다.
- 걷기를 다시 배우라. 잠시 또는 장시간 함께 걷는 것은 육체적인 건강 뿐만 아니라 정서적으로도 두 사람에게 좋다. 서로 생각과 마음을 나누고 교감하기 위해 그저 시간만 있으면 된다.
- 돌아오는 주의 일상적인 스케줄을 함께 공유하라. 각자가 좀 더 밀접하게 관련되어 있다는 느낌을 갖게 될 뿐만 아니라, 서로를 위해 약간의 시간을 만들어낼 수도 있을 것이다. 그것은 두 사람이 서로의 삶의 중요한 일부라는 느낌을 갖게 해준다.
- 당신의 교회에서 함께 봉사하라. 이것은 당신의 구세주를 섬기는 동시에 당신의 배우자와 함께 시간을 보냄으로써 당신의 투자를 배가하는 한 방법이다.
- 만약 무언가가 당신의 배우자를 괴롭히고 있다는 사실을 느끼게 된다면, 그 또는 그녀에게 그것에 관해 물어보라. 당신의 배우자가 편하게 말할 수 있도록 천천히 유도하라. 조용히 그러나 직접적으로 물어보라. "무언가가 당신을 괴롭히고 있어요, 여보? 그것에 관해 속시원히 듣고 싶어요."
- 네 개의 'C' 를 기억하라. 연민(compassion)과 의사소통(communication), 타협(compromise), 배려(consideration) 등이 그것이다. 타협은 결혼 생활의 핵심 근간이지만, 양측이 자신을 괴롭히는 것이 무엇인지 털어놓을 때 가장 큰 효과를 발휘한다. 타협이 제대로 효과를 발휘하도록 먼저 당신의 배우자가 말하는 것을 들으려고 노력하라. 어느 아버지가 자신의 장성한 한 아들에게 말해준 다음의 조언을 귀담아들어라. "네 아내를 친구나 심지어 낯선 사람에게 하듯 정중하게 대하라. 네가 그녀를 가장 좋은 친구처럼 대할 수만 있다면, 아무 문제도 없을 것이다."

삶의 적용

남자와 여자의 기본적인 필요

아내는 자기 남편의 다섯 가지 기본적인 필요를 만족시켜줌으로써 그에게 거부할 수 없는 존재가 될 수 있다.

1. *칭송과 존경의 필요*. 그녀는 다른 누구보다도 그의 가치와 공로를 이해하고 인정한다. 남편에게 그의 능력을 상기시키고, 그가 하나님과 동행하는 삶과 자신감을 유지할 수 있도록 도와준다. 그녀는 의무가 아닌 자신이 사랑하고 평생을 함께하기로 선택한 남자에 대한 진심어린 존경의 표현으로써 자기 남편을 자랑스러워한다(엡 5:22-23, 33).
2. *성적 만족의 필요*. 그녀는 자신의 남편에게 훌륭한 성적 파트너가 된다. 그녀는 무엇이 자기 속에서 최선을 이끌어내는지 인지하고 이해하기 위해 자신의 반응을 연구한 다음, 그 정보를 남편과 나눈다. 그리고 두 사람 모두에게 반복적으로 만족스럽고 즐거운 성관계를 갖기 위해 함께 배워나간다(잠 5:15-19, 아 4:9-5:1, 고전 7:1-5, 히 13:4).
3. *가정의 지원의 필요*. 그녀는 자기 남편에게 평화와, 고요와, 안식의 분위기를 제공하는 가정을 만들어간다. 그녀는 가정을 꾸려나가고 자녀들을 돌본다. 가정은 안식과 원기 회복의 장소다. 아내와 어머니는 가정의 정서적 허브라는 사실을 기억하라(잠 9:13, 19:13, 21:9, 19, 25:24).
4. *매력적인 아내의 필요*. 그녀는 내면과 외면의 아름다움을 겸비하고 있다. 그녀의 내적 자아 속에 그리스도와 같은 영성을 가꾸고 있다. 그녀는 식이요법과 운동으로 자신의 육체적인 건강을 유지하고, 그녀의 남편이 세련되고 매력적이라고 생각하는 방식으로 머리를 하고, 화장을 하며, 옷을 입는다. 그녀의 남편은 공적으로 뿐만 아니라 사적으로도 그녀를 기뻐하고 자랑스러워한다(아 1:8-10, 2:2, 6:13-7:9, 벧전 3:1-5)!

5. *평생의 반려자의 필요.* 그녀는 자기 남편과의 상호적인 관심사를 개발한다. 그녀의 남편이 가장 즐기는 활동을 발견하고 그것에 능숙해지려고 노력한다. 만약 그녀가 그런 활동을 즐길 수 있다면, 남편과 함께 동참할 수 있다. 만약 그녀가 그런 활동을 즐기지 못한다면, 남편에게 그들이 함께 즐길 수 있는 다른 것을 고려하도록 권한다. 그녀는 남편이 가장 즐기는 활동에 반복적으로 동참함으로 그의 가장 좋은 친구가 된다(아 8:1-2, 6).

남편은 자기 아내의 기본적이면서도 가장 절실한 일곱 가지 필요를 충족시키는 방법을 터득함으로써 그녀에게 거부할 수 없는 존재가 될 수 있다.

1. *영적 리더의 필요.* 그는 용기와, 확신과, 동정과, 헌신과, 인격의 사람이다. 그는 가족을 위해 영적 환경을 가꾸는 데 주도적인 역할을 한다. 그는 하나님의 말씀을 공부하는 능력 있는 연구자가 되며, 모든 사람 앞에서 하나님의 말씀에 기초한 삶을 실천해나간다. 그는 자기 아내가 하나님의 여인이 되도록 이끌고, 자녀들을 주님의 자녀로 양육하는 데 앞장선다(시 1편, 엡 5:23-27).
2. *개인적인 인정과 감사의 필요.* 그는 그녀의 개인적인 속성과 자질을 칭찬한다. 그녀가 아내와 어머니와 가정주부로서 지니고 있는 장점을 격찬한다. 그는 다른 사람들 앞에서 그녀가 매우 훌륭한 배우자이자 친구며, 연인이자 동료라고 공개적으로 칭찬한다. 그녀는 자신이 그에게 이 세상 어느 누구보다도 더 중요하다고 느낀다(잠 31:28-29, 아 4:1-7, 6:4-9, 7:1-9).
3. *개인적인 애정(로맨스)의 필요.* 그는 시적이고 적절하며 너그러운 애정 표현을 그녀에게 쏟아붓는다. 또 꾸준한 말과, 카드와, 선물과, 상식적인 예의로 자신이 그녀를 얼마나 사랑하는지 그녀에게 말해준다. 애정은 성적 연합을 즐기고 멋진 결혼생활을 만들어가는 환경이라는 사실을 기억하라(아 6:10, 13, 엡 5:28-29, 33).
4. *친밀한 대화의 필요.* 그는 감정 차원에서(흉금을 털어놓고) 그녀와 대화한다. 세심함과, 관심과, 배려로 그녀의 하루 일과에 대한 생각(마음에 품고 있는 감정)에 귀를 기울인다. 그녀와의 대화는 그녀를 변화시키는 것이 아니라 이해하고자 하는 바람을 전달해준다(아 2:8-14, 8:13-14, 벧전 3:7).

5. *정직함과 솔직함의 필요.* 그는 그녀의 눈을 들여다보며 사랑 안에서 자신이 정말로 무슨 생각을 하고 있는지 그녀에게 말해준다(엡 4:15). 그의 계획과 행동을 분명하고 철저하게 설명해준다. 그녀에 대한 책임이 자신에게 있다고 생각하기 때문이다. 그는 그녀가 자신을 신뢰하고 안심하기를 바란다(잠 15:22-23).
6. *가정의 지원과 안정의 필요.* 그는 가족에게 의·식·주를 공급해야 하는 책임을 굳건히 짊어진다. 그들에게 필요한 것을 공급하고, 그들을 보호하며, 상황이 힘들 때에도 신세 한탄을 하지 않는다. 오히려 가정 생활을 개선할 수 있는 실제적인 방법들을 찾는다. 그는 그들의 결혼과 가정 생활을 좀 더 안전하고 만족스러운 수준으로 끌어올리기를 원한다. 남편과 아버지는 그 가정의 안전 허브라는 사실을 기억하라(딤전 5:8).
7. *가족을 위한 헌신의 필요.* 그는 자신의 가정을 우선한다. 자녀들의 영적, 도덕적, 지적 발전을 위해 그의 시간과 에너지를 쏟아붓는다. 예를 들어, 그는 그들과 함께 기도하며(특히 밤에 침대 옆에서), 그들에게 책을 읽어주고, 그들과 함께 각종 스포츠에 참여하며, 그들의 게임을 참관하고, 그들을 다른 야외 활동에 데려간다. 그는 자신의 아내와 자녀들이 무관심 속에서 시들어가는 동안, 장시간 일하면서 출세하기 위해 애쓰는 어리석은 게임을 하지 않는다(엡 6:4, 골 3:19-20).

기도

하나님 아버지, 당신은 정말 경이롭고 환상적인 창조주이십니다. 우리는 당신이 남자와 여자를 만드신 방식을 포함하여 여기저기서 그 증거를 보고 있습니다. 우리가 당신 앞에서 평등하지만 본래부터 다르게 설계되었다는 사실에 대해 너무나 감사합니다. 하지만 제가 결혼하기 전까지는 저와 제 배우자가 정확히 얼마나 다른지 도저히 알 수 없었음을 고백합니다. 와우! 얼마나 큰 공부였는지 모릅니다. 주님, 저는 여전히 제 배우자에 대해 배우고 있습니다. 제가 휴거나 죽음으로 당신을 만나기 전까지 그 배우기를 계속할 수 있을지 의문입니다. 제가 그것을 위해 노력하고 '결혼 교육'에 최선을 다할 수 있도록 도와주십시오. 당신은 제 최선을 받으시기에 합당하고, 제 배우자는 그것을 필요로 합니다. 남자와 여자를 짝지어 결혼이라는 이 환상적인 파트너십으로 맺어주신 것에 대해 감사드립니다. 예수님의 이름으로 기도합니다. 아멘.

심층 연구

A. 예루살렘 여자들

아가서에서 사용된 이 표현은 신부의 친구들이나 이스라엘 왕궁의 여인들, 단순히 술람미 여인과 솔로몬의 이야기를 듣는 청중의 의인화(다시 말해, 실제 사람들이 아니라 문학적 장치라는 것이다) 등으로 다양하게 해석되어 왔다. 술람미 여인에 의해 사용된(아 3:5, 11) 이 호칭은 분명 솔로몬 왕에게 충성스런 히브리 여인들을 부르기 위해 사용된 병행구인 것 같다. 아가서에 언급된 여인들은 솔로몬의 수레(차양이 달린 이동식 의자나 침상, 3:6-10)를 매우 아름답게 만들기 위해 일하면서 보여준 자원하는 심령으로 특징지어졌다.

B. 아가서에 언급된 동물들

고대 근동 지역에서는 여러 가지 이유로 동물들이 매우 긴요하고 중요했다. 아가서는 그 동물들을 사용해 시적 이미지를 그림으로써 두 연인의 특징을 강조하고 있다.

비둘기. 이 새는 결백과 순결, 평화, 고요 등을 상징했다. 아가서에서는 사랑의 표현(1:15)이나 애칭으로 사용된다. 술람미 여인은 솔로몬 왕이 자신에게 오라고 재촉하는 것을 상상하면서 낭떠러지 바위틈에 둥지를 트는 비둘기의 조심스러운 특성을 암시했다(2:14).

노루, *사슴*, *노루 새끼*. 사슴을 가리키는 이런 호칭들은 이 시기의 시문학에서 흔하게 나타난다. 노루는 우아한 자태로 인해 여성의 아름다움의 상징이었다. 두 연인 모두 상대방에 대해 이 비유를 사용했다. 술람미 여인은 솔로몬을 어린 사슴으로 보았다(2:9, 17). 그녀의 유방은 젖을 먹는 쌍태 노루 새끼를 연상시켰다(4:5, 7:3).

암말. 술람미 여인을 바로의 병거를 끄는 준마로 비유한 것은 극찬으로 의도된 것이

었다. 보통은 종마들이 그의 병거를 끌었기 때문이다. 또 열왕기상 10장 28절에 의하면, 솔로몬은 최고의 혈통을 이어받은 이집트 말들을 이스라엘에 들여왔다(아 1:9).

양 떼. 이 용어가 반복적으로 사용되는 것은 이스라엘의 경제가 양 떼와 소 떼를 포함하는 농경 중심이었기 때문이다. 양치는 형태가 사랑의 표현을 뒷받침한다(1:7-8).

여우. 이 작은 동물들은 영리하고 재빠르며 교활하고 간사했다. 이것은 그 커플의 결혼 생활에 해를 끼칠 수 있는 위험을 상징하기 위해 사용되었다(2:15).

염소. 아마도 누비아 아이벡스(Nubian ibex)를 의미할 것이다. 근동 지역에서 여전히 발견되며, 윤기가 나고 아름다운 검은 털을 가지고 있다(1:8, 4:1).

사자, 표범. 상징적으로 볼 때 사자는 먹잇감에 몰래 접근하는 위협으로 간주되고, 표범은 매우 영리하고 위험하다. 둘 다 산악 지역에 서식했다(4:8).

까마귀. 이 검은 새의 부드럽고 윤기 나는 깃털이 솔로몬의 매력적인 머리털을 묘사하기 위해 사용되었다(5:11).

양. 새로 씻어낸 양털의 백색이 술람미 여인의 깨끗하고 반짝이는 이를 묘사하는 데 사용되었다(4:2, 6:6). 그 이는 아래 위가 완벽하게 들어맞을 뿐만 아니라('쌍태') 가지런히 배열되어 있다.

반구. 이 새(비둘기, NIV)는 초봄에 팔레스타인 지역을 통과해 지나가는 야생 비둘기다(2:12).

교안

A. 들어가는 글: '결혼은 무시무시한 비즈니스다' 이야기로 시작하라.

B. 본문 이해

1. 여자는 자기 남편을 그녀의 마음이 있는 곳에 놓아두어야 한다(5:9-6:9)
   a. 그는 칭송과 존경을 필요로 한다.

b. 그는 성적 만족을 필요로 한다.

c. 그는 가정의 지원을 필요로 한다.

d. 그는 매력적인 아내를 필요로 한다.

e. 그는 가장 좋은 친구를 필요로 한다.

2. 남자는 자신의 아내를 사랑해야 한다(5:9, 10 하, 16, 6:4, 8-13)

a. 그녀는 영적 리더를 필요로 한다.

b. 그녀는 개인적인 인정과 감사를 필요로 한다.

c. 그녀는 개인적인 애정과 로맨스를 필요로 한다.

d. 그녀는 친밀한 대화를 필요로 한다.

e. 그녀는 정직함과 솔직함을 필요로 한다.

f. 그녀는 안정과 안전을 필요로 한다.

g. 그녀는 가족에 대한 헌신을 필요로 한다.

C. 결론: '왜 그렇게 사랑에 관한 노래가 많은가?' 를 읽어주라.

토의 질문

앤 더글라스(Ann Douglas)는 2002년 1월 2일자 〈시카고 트리뷴(Chicago Tribune)〉 지에서 결혼 생활을 방해할 수 있는 '10가지 함정(Ten Traps)' 을 우리에게 경고하고 있다. 그 내용을 당신의 배우자와 함께 주의 깊고 솔직하게 토론해보라. 그 확인 점검이 당신에게 유익을 줄 것이다.

1. *당신의 배우자를 당연하게 여기는 것.* 당신의 배우자로 하여금 당신이 그 또는 그녀의 진가를 이해하고 있음을 알게 하라.

2. *행복한 결혼 생활은 노력이 필요하다는 사실을 잊는 것.* 행복한 결혼 생활을 하는 것이 마술 같은 일이라고 생각하는 사람들이 너무나 많다. 우리는 로맨틱한 사랑이 엄청나게 많은 노력을 필요로 한다는 사실을 받아들여야 한다.

3. *갈등을 겪는 동안 말하지 않는 것.* 무언가가 당신을 괴롭히고 있을 때, 긴 한숨이나 문을 쾅 닫는 것 등 비언어적인 커뮤니케이션에 의존하지 말라. 그렇지 않으면 문제가 곪아 터지게 될 것이다.

4. *당신의 배우자와 연애하는 데 실패하는 것.* 모든 사람은 특별하다고 느끼고 싶어 한다. 당신 배우자의 '사랑의 언어'를 찾아 그것을 자주 전해주라.

5. *치사하게 싸우는 것.* 당신의 배우자를 가장 아프게 할 만한 것을 찾아내 그 또는 그녀를 공격하는 데 사용하고자 하는 유혹을 거부하라.

6. 돈 *갖고 싸우는 것.* 기혼 부부의 43퍼센트가 돈 때문에 싸운다. 두 사람이 모두 받아들일 수 있는 재정 계획을 생각해내라.

7. *열정이 사그라지게 만드는 것.* "섹스를 자주 하라. 두 사람 중 한 사람이라도 기분이 내키면 언제라도 말이다"라고 케이트 와치스(Kate Wachs)는 말한다. "두 사람 모두 기분이 내킬 때까지 기다리면, 결국에는 섹스를 별로 하지 못하게 되고 그러다 보면 점차 소원해질 것이다."

8. *당신이 화가 나 있을 때, 그 문제를 다루기보다 성적으로 문을 닫아버리는 것.* 애정을 삼가는 것은 관계에 심각한 해를 끼칠 수 있다. 절대 '부부간의 매춘(marital prostitution)' 을 경계하라.

9. *결혼 생활에도 변동이 있다는 사실을 이해하지 못하는 것.* 당신의 결혼 생활에서 멋진 시간들을 기대하라. 단 그런 것들이 매일 일어날 것이라고 기대하지는 말라. 결혼은 현실이다.

10. *너무 쉽게 수건을 던지는 것.* 당신의 배우자를 일회용으로 생각하지 말라. 탈출구를 찾기보다는 불꽃을 다시 타오르게 하겠다고 맹세하라.

아가 6:13-7:10

사랑하는 자의 칭찬

"결혼 생활이 곤경에 처한 한 남자가 주님의 조언을 얻고자 했을 때, 주님이 말씀하셨다. '네 아내의 말을 경청해야 한다.' 그 남자는 이 조언을 마음에 깊이 새겼고, 한 달 후에 다시 돌아와 자신의 아내가 하는 말을 모두 경청할 수 있게 되었다고 말했다. 그러자 주님이 미소지으며 말씀하셨다. '자 이제는 집에 가서 그녀가 하지 않고 있는 말까지 모두 경청하여라.'"

- 앤서니 드 멜로(Anthony De Mello)

하나님은 남자를 창조하시고 예수 그리스도를 통해 구속하심으로써 그의 아내와 관련하여 아름답게 행동하게 만드신다. 칭찬(Praise)과, 추구(pursuit)와, 정열(passion)은 결혼이 줄 수 있는 즐거움을 발견하기 위해 필요한 세 가지 'P'라고 할 수 있다.

들어가는 글

남자에 관한 몇 가지 생각들

남자들은 다소 괴상한 창조물일 수 있다. 여성들의 입장에서 그들이 완전히 낯설 때가 종종 있다. 내 좋은 친구 가운데 한 명인 찰스 로우어리(Charles Lowery)는 결혼과 가정 생활 세미나 강사로 뉴멕시코 앨버커키(Albuquerque)에 살고 있다. 그는 여러 해 전 한 칼럼을 통해 우리가 남성의 마음을 이해할 수 있도록 도우려고 애썼다. 당신도 그것이 재미있고 딱 들어맞는 이야기라는 사실을 알게 될 것이다.

몇 년 전, 포레스터 시스터즈(Forester Sisters)가 남자에 관한 노래를 부른 적이 있다. 그 가사는 이런 식이었다. "그들은 당신에게 저녁을 사주고 문을 열어주죠. 그것 말고 좋은 것이 있나요?" 남자들… 남자들에게는 정말 문제가 있다. 특히 관계와 관련해서는 더욱 그렇다. 우리는 야구와 풋볼, 킹 오브 더 힐(king of the hill), 캡쳐 더 플래그(capture the flag) 등의 놀이를 하며 자란다. 우리는 서로 경쟁하면서 성장했다. 도전하고 또 도전하면서 말이다. 우리는 말을 많이 하지 않는다. 특히 우리의 감정에 대해서는 더욱 그렇다. 당신은 그것을 속이 깊다고 말할지 모르지만, 남자들은 정말로 깊이가 없다.

남자는 '대화'를 두 글자 단어라고 생각한다. 그는 말할 필요가 없을 때는 관계가 잘 나가고 있다고 생각한다. 그가 말해야 할 상황에 처하는 것은 그를 매우 불편하게 만든다. 그것이 바로 남자들이 혼자서 화장실에 가는 이유다. 그것이 하나님이 의도하신 방식이다.

남자는 정말로 자신을 표현하는 데 어려움을 겪는다. 내 딸이 전화를 하면, 나는 딱 세 마디 말만 한다. "거기 날씨는 어떠니?" "돈 필요하니?" "엄마 바꿔줄게." 여자들은 30분 이상 전화로 대화할 수 있다. 그리고 당신이 "누군데?"라고 물으면 이렇게 대답한다. "나도 몰라요. 잘못 걸려온 전화였어요."

남자에게는 만사가 간단하다. 그러나 여자들은 복잡하다. 게다가 그들이 더 영리할지도 모른다. 생각해보라. 여자의 가장 좋은 친구는 다이아몬드고, 남자의 가장 좋은 친구는 개다. 그렇다. 여자들이 더 복잡하다. 여자는 외출할 때 머리를 올릴 것인지 내릴 것인지, 낮은 구두를 신을 것인지 하이힐을 신을 것인지, 바지를 입을 것인지 드레스를 입을 것인지, 캐주얼을 입을 것인지 정장을 입을 것인지, 스타킹을 신을 것인지 긴 양말을 신을 것인지 짧은 양말을 신을 것인지, 액세서리를 할 것인지 말 것인지, 화장을 짙게 할 것인지 가볍게 할 것인지 등을 결정해야 한다. 남자는 옷 몇 가지를 집어들어 냄새를 맡아본 다음, 더러운 부분이 보이지 않으면 외출 준비 끝이다! 남자는 야구 모자의 챙을 뒤로 돌리는 정도로 자신의 패션 감각을 나타낸다. 여자들은 자신을 표현하기 위해 옷을 입고, 남자들은 발가벗지 않으려고 옷을 입는다.

물론 핵심은 여자들이 무엇을 가지고 다니는지 보는 것이다. 핸드백 말이다. 그것은 그녀가 필요할 수도 있는 모든 것을 담고 있다. 남자들은 지갑 하나만 가지고 다닌다. 편하게도 돈 외에는 아무것도 없다. 그것은 당신이 필요한 것은 무엇이든 살 수 있음을 의미한다. 간단하지 않은가! 그러나 그런 차이가 관계의 많은 측면에 영향을 미친다.

당신의 아내를 다루는 데는 '간단'이 통하지 않는다는 사실을 말해주고 싶다. 특히 선물과 관련해서는 더욱 그렇다. 만약 당신이 최근에 준 선물들이 샐러드 조리기나 진공청소기, 제초기, 최고급 다리미, 벽 마감재 등과 같은 것들이었다면, 당신은 지금 심각한 상황에 빠져 있는 것이다. 그런 것들은 잘 작동되겠지만, 당신의 아내에게는 통하지 않기 때문이다.

그렇다. 남자와 여자는 다르다. 그것이 하나님의 계획이었다. 그 차이가 함께할 수 있는 원동력이기도 하다. 우리가 함께함으로써 따로 떨어져 있을 때보다 더 나아질 수 있기 때문이다. 그것이 바로 사람의 독처하는 것이 좋지 못하다고 하나님이 말씀하셨던 이유다. 그래서 하나님은 남자에게 그를 온전하게 해줄 조력자를 만들어주신 것이다.

남자와 여자가 다르게 생각하고 행동하는 것은 분명한 사실이다. 불행하게도 너무나 많은 남자들이 형편없이 생각하고 행동한다. 1996년 가을, NBC는 "형편없이 행동하는 남자들(Men Behaving Badly)"이라는 제목의 슬프고 짜증나는 코미디를 방영한 바 있다. 그것은 남자들을 기본적으로 아무런 가치도 없는 잔인하고 무례한 몹쓸 인간으로 묘사했다. 그러나 아가서는 남자에 대해 다르게 설명하고 있다. 그것은 아름답게 행동하는 남자를 우리에게 보여준다. 하나님이 그분의 형상을 따라 창조하시고, 그분의 아들 예수 그리스도를 통해 구원하셨을 때 의도하셨던 대로 행동하는 남자 말이다. 그 남자, 그 남편은 어떤 모습일까? 솔로몬은 세 가지 진리를 강조한다.

본문 이해

사랑하는 자의 칭찬

Main Idea	결혼 생활에서 아름답게 행동하는 남자는 자기 아내에 대해 칭찬하고, 추구하며, 열정적일 것이다.

A. 그는 자기 배우자에 대한 칭찬에 점점 능숙해진다(6:13-7:6)

Supporting Idea	당신이 상상할 수 있는 모든 방법으로 당신의 배우자를 칭찬하라.

우리는 이미 솔로몬이 두 번이나 자기 아내의 육체적 아름다움과 뛰어난 인격을 칭찬하는 것을 보았다(4:1-7, 6:4-9). 각각의 묘사 속에는 그녀의 진가에 대한 이해가 점점 더 확대되는 특징이 있다. 각각은 더 사적이고, 친밀하며, 육감적으로 발전한다. 반복은 위대한 선생이다. 하나님은 분명 우리가 아무리 자주 배우자에게 친절하고 고무적인 말을 하더라도 지나치지 않다고 생각하신다(아마 우리 배우자들도 마찬가지일 것이다). 우리가 아가서에서 발견하는 반복은(혹시 있더라도) 거의 똑같지 않다. 이 남편과 아내가 공유하는 사랑과 기쁨과 지식에는 발전과 진보가 존재한다. 솔로몬은 점점 능숙해지고 있다. 자기 아내에 대해 칭찬하는 방법을 배우는 데 성장해가고 있다. 우리가 발견

하는 몇 가지 특징은 무엇인가?

1. 그녀를 공개적으로 칭찬하라.

6:13. 솔로몬은 자기 아내의 마음을 사로잡아 그녀를 자신의 '왕실 수레'에 태웠다(6:12). 공개적으로 그녀를 높여주었던 것이다. 이 애정 표현은 그녀의 친구들의 칭찬을 이끌어냈고, 그들은 그녀에게 돌아오라고 간청했다. 자신들이 그녀를 볼 수 있도록 말이다. 돌아오라는 명령형 동사가 네 번이나 언급되었다. 그러나 술람미 여인은 가버렸다. 그녀는 자기 아내에 대한 사랑을(이번에는 심지어 말도 사용하지 않고) 너무나 공개적으로 표현하는 한 남자를 위해 모든 것을 뒤로 하고 떠나버렸던 것이다. 술람미 여자라는 단어는 아가서에서도 여기서만 사용되었다. 그것은 사실상 '솔로몬'의 여성형이다. 문자적으로 번역하면 '여자 솔로몬(Solomoness)'이고, '완전한 자'를 의미한다(Garrett, 419).

술람미 여인은 자신이 받은 칭찬에 깜짝 놀라 질문으로 반응했다. 너희가 어찌하여 마하나임의 춤추는 것을 보는 것처럼 술람미 여자를 보려느냐? 여기서 '마하나임'은 '두 진영(two camps)'으로 해석할 수도 있다. 이 후자의 표현은 불분명하다. 마하나임은 다윗이 그의 아들 압살롬을 피해 달아나 몸을 숨겼던 요단강 동쪽의 한 성읍이었다(삼하 17:24). 솔로몬이 의도한 정확한 의미는 우리가 알 수 없지만, 술람미 여인의 질문과 행동은 분명하다. 그들이 그녀의 아름다움을 칭찬했고, 그녀는 고마워했다. 그러나 훨씬 더 큰 의미로 칭찬해준 또 다른 사람이 있었다. 그 사람은 바로 그녀의 남편이었다.

그의 칭찬은 그녀가 아무 거리낌 없이 육감적으로 자신을 표현하도록 만들어주었다. 그녀는 이제 춤을 출 것이다. 알몸으로 매혹적인 춤을 출 것이다. 하지만 그 춤은 많은 사람들을 위한 것이 아니라 단 한 사람을 위한 것이다. 그녀의 남편에게만 제한된 사적인 공연이 될 것이다. 공개적인 칭찬 속에 힘이 있었던 것이다.

2. 그녀를 육체적으로 칭찬하라.

7:1-5. 이것은 솔로몬이 세 번째로 자신의 아내를 육체적으로 자세히 설명한 내용이다. 그리고 가장 육감적인 묘사이기도 하다. 그녀의 춤추는 발에서부터 시작하여 여자

의 영광(그녀의 머리, 고전 11:15 참고)에 이르기까지 솔로몬은 자기 아내의 육체적 특징을 묘사했다. 그녀의 여성으로서의 아름다움에 초점을 맞춰서 말이다. 한 가지는 분명하다. 그녀가 겉옷을 벗고 여자 목동이 입는 얇은 옷만 걸친 상태에서 춤을 추었거나, 아니면 십중팔구 완전히 벗은 상태에서 그 남성의 고조된 시각에 매혹적으로 호소하면서 춤을 추었을 것이다(Carr, 156).

그러나 우리는 이것에 대해 균형 잡힌 시각을 유지해야 한다. 대부분의 사람들이 무엇이 육감적이고 매력적인 여성을 만드는지에 대해 잘못 이해하고 있기 때문이다. 〈USA 투데이(USA Today)〉의 한 설문 조사에서 남자들에게 그들이 여자에 관해 무엇을 가장 먼저 인지하는지에 대해 물었다. 흥미롭게도 제1의 대답은 눈이었다(39퍼센트). 두 번째는 미소였다(25퍼센트). 14퍼센트만이 제일 먼저 보는 것이 몸이라고 말했다("Snapshots", 〈USA 투데이〉, 1998. 6. 9, p. D1).

남자들마다 서로 다른 스타일의 여성을 매력적이라고 생각한다. 나는 린다 딜로우(Linda Dillow)와 로레인 핀투스(Lorraine Pintus)가 그것을 가장 잘 설명했다고 생각한다. "자신의 육감(sensuousness)에 순응하는 여자만큼 '섹시'한 것은 없다. 그녀는 섹스를 즐길 뿐만 아니라, 자신의 남편으로 하여금 그녀가 즐거움을 주고받는 것을 좋아한다는 사실을 알게 한다." 그들은 계속해서 리사 더글라스(Lisa Douglas)의 말을 인용하면서 이렇게 덧붙였다. "그 어떤 것도 열정적으로 흥분되어 있는 여자의 얼굴과 몸 같은 전통적인 아름다움의 개념을 뛰어넘지 못한다"(린다 딜로우와 로레인 핀투스, 60, 리사 더글라스, "Orgasms: The Science", 〈New Woman〉, 1998. 6, p. 126).

3. 그녀를 구체적으로 칭찬하라.

솔로몬은 자기 아내의 아름다움의 열 가지 측면에 초점을 맞추었다. 육체적인 부분에 관심이 집중되어 있지만, 어떤 특징들은 그녀의 개성과 인격의 매력도 강조했다.

7:1. 술람미 여인이 솔로몬 앞에서 춤을 추었기 때문에 그는 먼저 신을 신은 그녀의 발을 언급했다. 그녀의 샌들은 그녀의 발의 윗부분을 거의 노출시켰을 것이다. 그것이 솔로몬의 시선을 끌었고, 특히 매력적이었을 것이다(Snaith, 100). 솔로몬이 그녀를 귀한 자의 딸로 언급한 것은 그녀의 고결한 인격을 칭찬하는 상징적인 방법이었고, 그것은 솔로몬이 그녀를 어떻게 보고 어떻게 대하는지를 증명해주었다. 솔로몬은 하나님이

명령하신 대로 그녀를 귀히 여겼던 것이다(벧전 3:7). 품위 없이 힐끗 쳐다보거나, 무례하게 손가락질하거나, 가혹한 말로 경멸이나 비난의 뜻을 나타내는 등의 모습은 전혀 찾아볼 수 없었다. 그녀는 공주요, 여왕다운 처녀였던 것이다.

그녀의 **넓적다리**는 보기 좋았고 아주 귀중했다. 한마디로 숙련된 장인의 작품이었다. 넓적다리는 두 다리가 합쳐지기 시작하는 허벅지의 윗부분을 가리킨다(Carr, 156). 값을 매길 수 없는 **구슬 꿰미**처럼 보기에 매력적이고 소유하기에 귀중했던 것이다.

7:2. 2절은 내가 판단하기에 거의 모든 영역본에서 잘못 번역되어 있다. 문제는 **배꼽**(navel)이라는 단어에 있다. 그것은 위로의 진전이나 묘사에 전혀 어울리지 않는다. 그 단어는 여자의 가장 은밀한 부분, 다시 말해 그녀의 외음부를 가리키는 것이 거의 확실하다(Carr, 157, Snaith, 101). 솔로몬의 묘사는 배꼽과는 전혀 어울리지 않는다. 오히려 그것은 그가 자기 아내로부터 지속적으로 얻고 있는 성적 즐거움을 아름답게 표현한 것이다. 그것은 **둥근 잔**이나 대야처럼 **섞은 포도주**가 결코 부족하지 않았다. 그녀는 결코 마르지 않는 샘이었던 것이다. 그녀는 황홀경에 빠지게 하는 즐거움과 달콤함의 끊임없는 원천이었다.

섞은 또는 혼합된 포도주라는 착상은 성적 클라이맥스의 결과로 여성 신체의 적절한 부위에서 남성과 여성의 분비물이 뒤섞이는 것을 언급하는 것일 수 있다(Snaith, 103). 술람미 여인은 사랑의 행위를 하는 데 있어 이국적인 동산(4:12, 16)이요, 취하게 하는 술(7:2)이었고, 그녀의 남편은 좀처럼 실망하지 않았던 것이다.

솔로몬은 그녀의 **허리**를 **백합화로 두른 밀단**에 비유했다. 이것은 알맞게 굴곡이 진 그녀의 몸매를 가리키는 것일 수도 있고, 그녀가 솔로몬에게 음식과 같다는 사실을 언급하는 것일 수도 있다. 그녀는 밀과 포도주, 다시 말해 음식과 술이었다. 그녀는 모든 면에서 그를 살찌게 하고 만족시켜주었던 것이다.

7:3-4. 그는 다시 한 번 그녀의 **유방**을 **암사슴의 쌍태 새끼**로 묘사했다(비교. 4:5). 그녀의 유방은 솔로몬이 애무하고 싶은 마음이 들도록 부드럽고 매력적이었다. 그녀의 목은 **상아 망대**였다(비교. 4:4). 그녀는 차분하고 기품이 있었다. 자신감에 차 있고 품위 있는 여성이었다. 그녀의 눈은 저수지로 유명했던 모압 성읍 헤스본(비교. 민 21:25)처럼 보는 이의 마음을 시원케 할 정도로 아름답고 순수했다(비교. 1:15, 4:1). 바드랍빔의 위치는 알려져 있지 않지만, 아마 연못으로 통하는 헤스본의 성문이었을 것이다. 그녀

의 코는 다메섹을 향한 레바논 망대와 같았다. 그녀는 강한 인품의 소유자였다. 그녀에게는 솔로몬이 힘과 안정감을 끌어낼 수 있는 진정성이 있었다. 그는 또 "그녀의 코는 그녀의 미모의 출발점이자 완성이다"(Garrett, 422)라고 말하고 있었는지도 모른다.

7:5. 그녀의 머리는 갈멜 산과 같다고 솔로몬은 말했다. 갈멜 산은 팔레스타인에서 가장 아름다운 산악 지대 가운데 하나로 간주되었다. 그녀는 아름답고, 독특하며, 위엄 있고, 인상적이었던 것이다(비교. 사 35:2, 렘 46:18). 그녀의 머리털은 왕실의 자줏빛(혹은 진홍색) 융단과 같았고, 그녀의 남편은 그 아름다움에 사로잡혀 있었다. 솔로몬이 그녀에게 푹 빠져 있었던 것이다.

4. 그녀를 인격적으로 칭찬하라.

7:6. 솔로몬은 자기 아내에게 그녀가 아름답고 화창하여 환희를 맛보게 하는 사랑이라고 말하면서 그녀에 대한 찬사를 요약했다. 그는 구체적이고, 인격적이었다. 그녀는 육체적으로는 놀랄 만큼 아름다웠고, 인격적으로는 유쾌한 존재였다. 그녀는 그의 사랑이자 연인이었고, 그는 그녀를 바라보며 환희만을 떠올렸던 것이다. 어떤 남자가 그런 여인에게 마음을 빼앗기지 않을 수 있겠는가?

B. 그는 자기 배우자를 추구하는 데 있어 적극적이다(7:7-9 상)

Supporting Idea	남자는 열정적이고 창의적으로 자신의 배우자에 대한 사랑을 추구해야 한다.

솔로몬은 술람미 여인에 대한 자신의 욕망을 표현하는 데 있어 상상력이 풍부하고 창의적이었다. 그는 지루해하지도, 섹스에만 집착하지도 않았다. 그는 항상 자신의 사랑과 애정을 전달하는 새롭고 신선한 방법을 찾고 있었던 것이다.

1. 그녀의 사랑에 대한 욕망을 표현하라.

7:7. 솔로몬은 자기 아내를 바람에 서서히 흔들리는 훤칠한 종려나무에, 그리고 그녀의 유방을 그 열매 송이에 비유했다. 그녀의 유방은 그가 도저히 거부할 수 없는 달콤하고 맛있는 열매였던 것이다. 그는 곧바로 자신의 의중을 표현했다. "종려나무에 올라가

서 그 가지를 잡으리라"(8절). 솔로몬은 자기 앞에서 춤추는 아내를 바라보며 가능한 한 욕망을 자제했다. 그러나 이제 그의 욕망이 극에 달했던 것이다. 그는 아무것도 운에 맡기지 않았다. 그는 자기 아내가 자신이 무엇을 느끼고 있는지 이해하리라고 가정하지 않았다. 그는 그녀에게 말했다. 있는 그대로 말했다.

남자는 여자를 대하는 데 있어, 특히 아내를 대하는 데 있어 지레 짐작을 해서는 안 된다. 그것은 남자를 심각한 곤경에 빠뜨릴 수 있다. 나는 결혼 첫해 그런 가정을 한 적이 있었다. 특정의 시청각 교육이 내 아내 샬럿에게 적절한 인상을 남겨줄 것이라고 착각했던 것이다.

어느 토요일 저녁, 우리는 저녁식사로 샌드위치를 먹기 위해 식탁에 앉아 있었다. 샬럿은 식탁 위에 근사한 샌드위치를 올려놓으면서 (상상력과 확대경을 이용해보면) 감자 칩과 약간 닮은 무언가를 담고 있는 터퍼웨어도 그 옆에 놓았다. 그 빵 부스러기들이 당신 입 속에 들어간다면, 당신도 아마 각양각색의 새로운 껌이라고 생각하기 쉬웠을 것이다. 정말 형편없는 맛이었다. 나는 샬럿을 향해 말했다. "여보, 나 이거 먹고 싶지 않은데. 너무 작고 딱딱해서 말이야. 크고 바삭바삭한 새 감자 칩을 먹고 싶은데."

그녀가 대답했다. "여보, 이거 다 먹고 나서 새로 튀겨 먹어요."

그것은 내가 원하는 대답이 아니었다. 그래서 내가 말했다. "하지만 여보, 여기 오면서 보니까 식료품 저장실에 신선하고 맛있어 보이는 새 감자 칩이 있던데… 포장도 뜯지 않은 채로 말이야. 그걸 먹으면 안 될까."

그녀가 재빨리 대답했다. "아이참, 어린애처럼… 이거 다 비우면 그거 먹어요."

그래서 나는 남자들이 결혼 첫해에나 할 수 있는 무언가를 저질렀다. 그 터퍼웨어를 집어 들고 자리에서 일어나 감자 칩들을 바닥에 쏟아버린 것이다! 그러고는 이렇게 말했다. "이제 그릇이 비었으니 새 감자 칩을 가져올 수 있지?" 누구나 다음과 같은 결말을 예상할 수 있을 것이다. (1) 그녀는 다른 감자 칩을 내놓지 않았다. (2) 우리 집안 분위기는 여러 날 동안 상당히 냉랭했다. (3) 나는 아내가 내 창의적인 시청각 교육을 이해하게 될 것이라고 가정하는 것이 얼마나 위험한지 깨달았다.

2. 그녀의 사랑에서 얻게 되는 기쁨을 표현하라.

7:8-9 상. 솔로몬은 술람미 여인에게 그가 그녀를 원한다고 고백했다. 또 그녀도 그

를 원한다는 사실을 감지하고 있다고 말했다. 그녀의 유방과, 콧김과, 입은 육감적 욕망과 기쁨의 원천이었다. 그녀의 유방은 매력적이고 달콤했다. 그녀의 콧김은 살구나 사과처럼 향기로웠다. 로이드 카아는 히브리 원문에서 '콧김' 이 그녀의 젖꼭지를 암시하는 것일 수도 있다고 지적했다(로이드 카아, 162-163). 그녀와의 깊고 육감적인 입맞춤은 좋은 포도주처럼 황홀케 하는 것이었다. 술람미 여인도 앞에서 솔로몬의 입을 그런 식으로 묘사한 바 있었다(1:2). 그가 이제 그 찬사를 되돌려주었던 것이다. 이제 로맨틱한 사랑의 행위를 위한 준비가 완료되었다.

존 그리스(John Gries)는 다음과 같이 정확히 지적했다. "예수님은 결혼을 당신이 행복하도록 하기 위한 것으로 작정하셨다. 하나님은 결혼 안에서 정기적인 섹스가 이루어지기를 기대하신다. 그리고 섹스는 하나의 학습 과정이다." 그리스는 자신의 책 「섹스 101: 섹스와 로맨스와 애정을 결합하는 350가지 이상의 창의적인 방법들(Sex 101: Over 350 Creative Ways to Combine Sex, Romance and Affrection)」에서 만족스러운 섹스를 위해서는 일곱 가지가 필수적이라고 지적했다. 의사소통과 시간, 인내, 실험, 이해, 배우는 자세, 유머 등이 그것이다. 그는 "모든 요소가 매우 중요하다" 고 적고 있다(〈Baptist Press〉, 2000. 11. 1).

〈종교 소식(Religious News Service)〉은 이렇게 보도했다.

> 성적 건강에 대한 태도를 알아보는 최근의 조사에 의하면, 미국인들에게는 가족과 돈과 종교가 섹스보다 훨씬 더 중요하다. 그러나 그것이 미국인들이 섹스를 평가절하하고 있다는 것을 의미하지는 않는다. 조사에 응한 사람들 가운데 82퍼센트가 성적 만족이 중요하거나 매우 중요하다고 말했기 때문이다. 사랑하는 가족 관계가 가장 많은 표를 얻었다. 99퍼센트의 사람이 그것이 중요하거나 가장 중요하다고 여겼다. 재정적 안정이 98퍼센트의 표를 얻어 아쉽게 2위를 차지했다. 3위에 올라 있는 종교와 영적인 삶은 86퍼센트의 사람들에 의해 중요하거나 매우 중요하게 여겨졌다… 이 조사는 미국 성인들이 섹스나 성문제와 관련된 이슈들을 어떻게 바라보는지를 전반적으로 들여다보는 하나의 '스냅사진' 이라고 컬럼비아 대학교의 매리앤 J. 리가토(Marianne J. Regato) 박사는 말했다. 조사자들은 사람들이 섹스에 부여하는 중요성에 나이가 영향을 미치지 않는다는 사실도 발견했

다. 응답자의 대다수(남녀 공히 94퍼센트)가 "심지어 나이가 들더라도 즐거운 성 관계가 한 개인의 삶의 질을 배가시켜준다"는 사실에 동의했기 때문이다.

그렇다. 우리는 배우자의 사랑으로부터 얻게 되는 기쁨을 기대해야 한다. 그리고 희소식은 그것이 나이가 들어갈수록 더 좋아질 수 있다는 사실이다.

C. 그는 자기 배우자의 열정을 받아들인다(7:9 하-10)

Supporting Idea	건강한 결혼 생활 속에는 상호 만족을 주고받는 것이 목표로 존재한다.

술람미 여인이 말한 이후로 얼마의 시간이 흘렀다(6:13). 그녀는 지금까지 자기 남편이 말한 내용을 모두 주의 깊게 듣고 마음으로 받아들였다. 솔로몬은 지금까지 그녀의 마음을 사로잡았다. 그리고 다시 한 번 강조하건대, 그것은 그녀의 귀를 통해서였다. 그녀가 들은 내용을 통해서였다. 이제는 그녀가 행동해야 할 차례고, 그녀는 그렇게 한다. 우리는 행복한 결혼 속에서 열정의 즐거움에 대해 무엇을 발견하는가?

1. 서로 주려고 노력하라.

7:9 하. 술람미 여인은 포도주의 이미지를 끌어들여 자기 남편에게 즐거움을 가져다주고, 그를 만족시키고자 하는 자신의 소망을 표현했다. **그 포도주가 내 사랑하는 그분에게로 가서 그 입술과 이로 부드럽게 흘러가기를**(우리말성경). 그들은 서로에게 사랑의 행위를 하고 있었다. 그리고 그것은 황홀경에 빠지게 하는 좋은 포도주처럼 즐거운 것이었다. 그들은 서로 만족스러워하는 키스와 친밀한 사랑의 표현을 주고받았다. 그의 목표는 그녀를 기쁘게 하고 만족시키는 것이었다. 그녀의 목표도 그를 기쁘게 하고 만족시키는 것이었다. 배우자를 기쁘게 하고자 하는 목표를 가지고 서로 주려고 노력할 때, 두 사람 다 하나님이 우리에게 의도하셨던 기쁨과 즐거움을 경험하는 놀라운 결과를 얻게 될 것이다(비교. 고전 7:3-4, 빌 2:3-5).

2. 상호 만족이 있게 하라.

7:10. 앞에서도 상호 소유에 대한 언급이나 후렴구가 있었다. 그러나 이번에는 그 표현이 좀 달랐다. 우리는 "나는 나의 사랑하는 자에게 속하였고 나의 사랑하는 자는 내게 속하였다"(6:3) 대신에 나는 나의 사랑하는 자에게 속하였구나. 그가 나를 사모하는구나라는 내용을 읽게 된다. 이것은 소유와 만족에 대한 강한 긍정이었다. 그녀는 자기 남편의 욕망이 오로지 자신을 향한 것이라는 사실을 기뻐했다. 얼마나 안심이 되는가! 얼마나 만족스러운가! 얼마나 안전한가! 술람미 여인은 그녀에 대한 그의 사랑을 너무나 확신한 나머지 그에 대한 소유를 언급할 필요가 없었던 것이다. 사모(desire)라는 단어는 이곳과 창세기 3장 16절 그리고 4장 7절에서만 등장한다. 그것은 강한 열망을 의미한다. 솔로몬은 모든 남성들과 마찬가지로 "자기 아내의 애정 어린 인정" 에 대한 진지한 바람을 가지고 있었다(Patterson, 110). 술람미 여인은 그녀에 대한 그의 욕망에 감사했고, 그는 그녀의 인정과 존경에 감사했다.

열정은 평생 동안 뜨겁게 유지하기가 쉽지 않지만, 분명 필수적인 것이다.

Main Idea 복 습	결혼 생활에서 아름답게 행동하는 남자는 자기 아내에 대해 칭찬하고, 추구하며, 열정적일 것이다.

결론

고귀한 인격의 남편

우리들 대부분은 잠언 31장의 '현숙한 여인' 에 대해 잘 알고 있다. 그녀는 분명 모든 여성이 본받아야 할 훌륭한 모범이다. 여러 해 전, 켄터키 루이빌의 남부 신학교(Southern Seminary)에 다니는 마이클 존스(Michael Jones)라는 한 우수한 학생이 현대의 잠언 같은 것을 썼는데, 그것은 예수 그리스도가 교회를 사랑하시고 위하여 (희생적인 죽음으로) 자신을 주심같이(엡 5:25) 아내를 사랑하라는 성경적 명령을 '구체화' 하기 위해 그것이 의미하는 바를 아름답게 표현하고 있다.

고귀한 인격의 남편

누가 고귀한 인격의 남편을 찾아 얻을 수 있을까? 그 가치는 출판 유통 센터의 복권 상금(Publisher' s Clearinghouse Sweepstakes)보다 훨씬 더 귀하다. 그의 아내는 그를 전적으로 신뢰하며, 그는 평생 자기 아내에게 선을 행하고 악을 행치 아니한다.

그는 자기 가족을 부양하기 위해 열심히 일한다. 아침 일찍 일어나 아이들의 등교 준비를 도와주고 서둘러 일터로 나간다. 그는 주께 하듯 최선을 다해 열심히 일한다. 그리고 바쁜 가운데서도 항상 틈을 내어 낮 동안에 아내에게 전화를 걸어 "사랑해요"라고 말하기를 잊지 않는다.

그는 일이 끝나는 즉시 집에 돌아와 아이들의 숙제를 봐주거나 저녁 준비를 도와주는 등 곧바로 집안일을 거든다. 핫도그와 콩 통조림이 그의 전문이지만, 즉석 냉동식품을 데우거나 심지어 미트 로프를 요리하는 것도 주저하지 않는다. 그는 모두가 깜짝 놀라 입을 다물지 못할 정도로 너무나 손쉽게 음식을 만들어낸다.

그는 아내가 준비한 음식을 항상 맛있게 먹는다. 그리고 다 먹은 후에는 아내에게 미소지으며 너무나 맛있었다고 말하기를 결코 잊지 않는다. 물론 그는 항상 제일 먼저 설거지를 자청한다. 아니면 적어도 자발적으로 아이들이 숙제하는 것을 도와준다. 전반적으로 그는 주방을 행복한 공간으로 만들어주는 존재다.

아버지로서 그에게 필적할 만한 사람은 이 세상에 아무도 없다. 그는 일이나 다른 책무로 아무리 지쳐 있더라도 아이들을 위해서는 언제나 시간을 낸다. 그것이 갓난아이에게 익살스러운 표정을 지어 보이는 것이든, 작은 아이를 간질이는 것이든, 좀 큰 아이와 씨름하며 놀아주는 것이든, 십대 자녀에게 고뇌와 의심의 표정을 지어 보이는 것이든 간에 그는 항상 그들 곁에 있다. 그는 수학과 과학, 철자법, 지리, 스페인어 등 아이들이 학교에서 배우는 모든 과목을 통달하고 있는 박사다. 그리고 만약 아이가 묻는 과목에 대해 전혀 모를 때는 아이를 슬그머니 엄마에게 보내 자신의 무지를 교묘히 감춘다. 그는 상처 난 무릎에서부터 헐거워진 자전거 체인에 이르기까지 어떤 문제도 해결할 수 있다. 공차기 놀이의 규칙을 해석하는 데서부터 아이들 간의 권투 시합 심판을 보는 데 이르기까지 못하는 게 없다.

더욱 중요한 것은 그가 가정의 영적 리더 역할도 한다는 사실이다. 그는 항상 가족을 데리고 예배에 참석한다. 그는 자녀들에게 예수 그리스도를 사랑하고 그리스도인이 된다는 것이 무엇을 의미하는지 자신의 삶을 통해 모범을 보인다. 아이들에게 하나님을 알고 사랑하는 것의 중요성과 기도하는 방법을 가르친다. 그는 종종 이른 새벽에 일어나 아내와 자녀들을 위해 기도하며, 밤에 잠자리에 들기 전에는 꼭 성경을 읽는다. 그는 사랑과 한결같은 원칙으로 자녀들을 훈계한다. 절대 소리치거나 모욕적인 언사를 사용하지 않는다. 그는 단순히 징계하기보다는 항상 교훈을 가르치고 인격을 형성시키는 데 관심을 둔다. 그는 하루 종일 하나님의 말씀을 묵상하며 그것을 삶에서 어떻게 실천할 것인지 생각한다. 그는 다른 사람들을 대하는 모든 행동에서 그리스도를 나타내 보이며, 상사들로부터 소중한 직원이라는 칭송을 받는다. 그의 직장 동료들은 열심히 일하는 그의 모습과 그의 청렴함과 친절함을 존경한다.

그는 항상 아내에게 최고의 존경을 보인다. 심지어 문까지 열어주면서 말이다. 그는 언제나 격려의 말을 주저하지 않으며, 그녀가 얼마나 아름다운지 끊임없이 말해준다. 심지어 아내가 화장을 전혀 하고 있지 않을 때도 말이다. 그가 아내에게 사랑을 고백하지 않고 하루를 넘기는 경우는 거의 없다. 그의 입에서는 항상 아내에 대한 찬사가 터져나온다. 기념일이나 생일이 잊혀지는 법은 결코 없으며, 선물이나 꽃이 '그냥' 주어지는 경우도 종종 있다. 그리고 처갓집 식구들이 방문할 때는 잘 대접하기 위해 초인적인 노력을 기울이기도 한다.

그는 타인의 고통에 대해 동정심이 철철 넘친다. 그래서 어려운 사람들을 기꺼이 도와준다. 그것이 낯선 사람의 펑크 난 타이어를 교체해주는 것이든, 친구의 집 수리를 도와주는 것이든, 지역 봉사 단체에서 무료 급식을 제공하는 것이든 간에 제일 먼저 자발적으로 나선다. 그는 고통 가운데 있는 친구와 함께 울거나 또 다른 친구의 유쾌한 농담에 크게 웃어주기를 주저하지 않는다. 그는 삶을 사랑할 뿐만 아니라, 열정을 가지고 삶을 살아간다.

그의 자녀들이 언제나 그를 '복된 자'라고 부르지는 않지만, 그들을 향한 그의 큰 사랑에 대해서는 전혀 의심치 않는다. 그의 아내 역시 그를 여러 가지 호칭으로 부르지만, 그 중에서도 특히 '최고의 남편' 이라고 부르며 그에 대해 하나님께 감사한다. 많은 남자들이 훌륭한 일을 많이 하지만, 그는 그들 모두를 능가한다. 감언이설은 거짓되고, 금발처럼 멋진 외모는 헛되나, 오직 여호와를 경외하는 남자는 칭찬을 받을 것이라. 그 수고의 열매가 그에게로 돌아갈 것이요, 그 행한 일로 인하여 칭찬을 받으리라.

▣ 진리 알기와 적용하기

- 아내를 칭찬할 때는 인격적이고 구체적이어야 한다.
- 아내를 자주 칭찬하라.
- 부주의한 말을 피하라.
- 건강한 결혼을 위해서는 주고받는 것이 필수적이다.

삶의 적용

혼외 정사

1994년에 실시한 "국민 여론 조사 센터(National Opinion Research Center)"의 한 조사에 의하면(1996년 9월 30일자 〈뉴스위크〉 지에서 인용), 남성의 21퍼센트와 여성의 11퍼센트가 평생 동안 혼외 정사를 갖게 된다는 것이다. 안타깝게도 교회 역시 이런 만연된 악에서 자유롭지 못하다. 예방은 항상 최선의 치유책이다. 첫 번째로 적극적인 예방책은 당신의 배우자와 함께 친밀하고 만족스러운 관계를 만들어나가는 것이다.

기도

하나님 아버지, 너무나 많은 남성들이 너무나 오랫동안 옳지 않게 행동해왔습니다. 저는 그런 사람이 되고 싶지 않습니다. 제가 그리스도의 인격을 닮아가고, 당신이 저를 사랑하고 돌봐주신 것처럼 제 아내를 사랑하고 돌봐줄 수 있도록 도와주십시오. 그녀를 칭찬하는 데 능숙해질 수 있도록 도와주십시오. 그녀의 마음에 호소하는 방식으로 그녀를 추구할 수 있도록 도와주십시오. 제가 항상 그녀를 제일 우선시할 수 있도록 도와주시고, 우리가 서로 열정의 즐거움을 주고받을 수 있도록 인도해주십시오. 예수님의 이름으로 기도합니다. 아멘.

심층 연구

A. 아가서에 등장하는 보석과 광물들

1. *상아*. 부와 사치의 상징인 이 품목은 유프라테스 강 상류에 서식하거나 인도에서 수입된 코끼리의 엄니에서 채취되었다. 아가서의 신부는 자기 남편의 몸을 상아에 비유했고(5:14), 그 역시 그녀의 목을 비슷한 방식으로 묘사했다(7:4). 상아는 대단히 귀중한 가치와 진귀함의 상징이다.
2. *화반석*. 아가서에 묘사되어 있는 아주 매끈하고 단단한 결정질 석회암은 아마도 수에즈 만 부근이나 그리스 남부 등지에서 수입된 백색이나 유황색의 대리석이었을 것이다. 화반석은 섬세한 조각상을 만드는 데 사용되었고, 그것이 술람미 여인으로 하여금 솔로몬의 다리를 "화반석 기둥"(5:15)으로 묘사하게 만들었던 것이다.
3. *청옥과 구슬 꿰미*. 아가서의 연인들은 서로를 묘사하면서 종종 사치스러운 이미지를 사용했다. 일부 학자들에 의해 청금석으로 확인되기도 하는 청옥은 아마도 왕의 허리띠에 박혀 있었을 것이다(5:14). 솔로몬이 술람미 여인의 넓적다리를 묘사하면서 언급한 구슬 꿰미는 일부 학자들에 의해 동작(movement)과 연관되기도 한다. 문자적으로는 '대퇴부 관절을 이용해 상체를 뒤틀고 돌리는 것' 으로 해석할 수 있다. 고대 스페인에서 발견되었던 감람석의 일종인 녹주석은 왕의 손을 장식하고 있었다(5:14).
4. *은과 금*. 이 귀금속들은 함께 언급되어 있다(1:11, 3:10). 술람미 여인이 솔로몬 왕의 보석 선물을 고대하고 있을 때, '예루살렘 여자들' 에 의해 처음으로 언급되었다. 나중에 결혼식 행렬에서는 왕실 마차에 대한 묘사가 은으로 된 기둥과 금으로 입혀진 바닥 등 값비싼 지지 구조를 담고 있었다. 금은 솔로몬 왕의 손과 발에 대한

술람미 여인의 묘사에 등장하기도 했다(대단히 귀중한 가치와 우월성에 대한 비유적 표현). 은은 술람미 여인의 오빠들이 그녀의 순결을 지켜주겠다고 다짐하면서 언급되었다. 그것 역시 소중한 가치를 의미했다.

B. 그리스도인 남편과 아내의 역할과 책임

'남편이 아내의 머리 됨은 그리스도께서 교회의 머리 됨과 같다' (엡 5:23). 이것이 남편의 성경적 임무 또는 역할이다. '머리' 는 여자의 근원으로서의 남자를 언급하는 것이 아니라, 인간적인 관점에서 그가 '그녀의 구원자' 로서 수행해야 하는 영적 리더십을 말하는 것이다.

'아내의 역할은 그녀의 남편을 위하여 돕는 배필이다' (창 2:18). 이것이 아내의 성경적 임무 또는 역할이다. '돕는 자(helper)' 는 비하하는 용어가 아니라 남성과 여성의 차이를 강조하는 단어다. '위하여(corresponding)' 라는 단어는 그들의 동질성을 강조한다. 성서의 다른 곳에서는 '돕는 자' 라는 단어가 자기 백성을 돕고 섬기기 위해 자신을 낮추는 하나님을 일컫는 데 사용되고 있다.

'남편의 책무는 그리스도께서 교회를 사랑하신 것같이 자기 아내를 사랑하는 것이다.' 그녀의 이해나 관심사를 자신의 것보다 더 중요하게 여기고, 그녀를 무조건적으로 사랑하는 것이다. 다음과 같이 실천함으로써 그것을 이루게 된다.

- 그녀를 위해 희생한다(엡 5:29). 그녀에게 필요한 것을 공급하기 위해 자신을 억제하는 것이다.
- 그녀가 성장하도록 돕는다(엡 5:29). 경건한 삶을 솔선수범하고 성경적 이해를 공유하고 가르침으로써 그녀의 삶이 영적으로 풍성해지게 만든다. 그녀가 성공할 수 있도록 적극 돕는다. 개인사와 가사에서 안내자와 격려자의 역할을 제공한다.
- 신뢰의 모범을 보인다.
- 돕는다.
- 그녀를 가르친다.
- 그녀를 소중히 여긴다(엡 5:29). 부드러움과 배려와 로맨스로 그녀를 대한다. 괴로움과 위험으로부터 그녀를 보호한다(육체적으로, 감정적으로, 영적으로). 예를 들

면, 칭찬과 포옹, 꽃 등을 제공하고 논쟁에서 그녀의 편을 들어주며, 힘든 하루를 보내고 귀가했더라도 그저 대화를 나누며 그녀와 함께 시간을 보낸다.

- 그녀를 받아들인다(벧전 3:7). 넓은 이해로 그녀를 돌보며, 그리스도 안에서의 파트너이자 하나님의 딸로 존중한다!
- 그녀에 대해 연구한다(평생 시도해야 할 도전 과제다!).
- 그녀의 감정과 분위기에 대한 인지 능력을 개발한다.
- 그녀에게 내가 하는 방식으로 무언가를 하지 않을 수 있는 호사를 허용한다.
- 그녀가 교회에서 함께 봉사할 수 있도록 유도한다.

'아내의 책무는 주께 하듯 남편에게 순복하는 것이다.' 남편의 리더십이라는 권위 아래 자신을 두며, 곁에서 그를 지원하고 격려하며 온전케 하기 위해 노력한다. 다음과 같이 실천함으로써 그것을 이루게 된다.

- 자발적으로 그에게 순복한다(엡 5:22-24, 골 3:18, 벧전 3:1-6). 하나님이 그에게 부여하신 지위를 인정한다. 그의 노력을 지원하고 격려한다. 협력과 아이디어와 실행 수단 등을 제공한다(조언과 책임 분담 등을 포함하여). 주님이 그들 모두를 바른 길로 인도해주시고 말씀에 순종하는 모습을 귀히 여겨주실 것이라고 신뢰한다.
- 그를 진심으로 존경한다(엡 5:33). 그를 믿고 모든 것을 선의로 해석한다. 그를 비판하기보다는 칭찬한다. 그가 올바르게 행동할 것이라고 신뢰한다.

고안

A. 들어가는 글: '남자에 관한 몇 가지 생각들' 이야기로 시작하라.

B. 본문 이해

1. 그는 자기 배우자에 대한 칭찬에 점점 능숙해진다(6:13-7:6)
   a. 그녀를 공개적으로 칭찬하라.
   b. 그녀를 육체적으로 칭찬하라.
   c. 그녀를 구체적으로 칭찬하라.
   d. 그녀를 인격적으로 칭찬하라.
2. 그는 자기 배우자를 추구하는 데 있어 적극적이다(7:7-9 상)
   a. 그녀의 사랑에 대한 욕망을 표현하라.
   b. 그녀의 사랑에서 얻게 되는 기쁨을 표현하라.
3. 그는 자기 배우자의 열정을 받아들인다(7:9 하-10)
   a. 서로 주려고 노력하라.
   b. 상호 만족이 있게 하라.

C. 결론: '고귀한 인격의 남편' 을 읽어주라.

토의 질문

결혼 생활에서 열정을 유지하는 12가지 방법

1. *노력하라*. 평생 지속되는 사랑과 로맨스는 노력을 필요로 한다. 우리 삶에서 친밀하고 열정적인 관계를 구축하고 유지하는 일만큼 복잡한 것은 거의 없기 때문이다. 추가적인 노력을 요구하는 그런 힘든 시간들을 헤쳐나가기 위해 그것을 위해 끊임없이 애쓸 필요가 있다.

2. *팀을 생각하라.* 초과 근무를 할지 혹은 부서 이전이나 승진을 받아들일지 등의 중요한 의사 결정을 할 때, 스스로에게 질문해보라. '내가 지금 내리려는 결정이 사랑하는 사람들에게 어떤 영향을 미치게 될 것인가?' 당신의 결혼 생활과 가족에게 가장 긍정적인 영향을 미치게 될 의사 결정을 할 수 있도록 노력하라.

3. *수호자가 되라.* 당신의 결혼 생활과 가족을 나머지 세상으로부터 보호하라. 그것은 특정한 날이나 밤에 일하는 것을 거부하는 것을 의미할 수도 있다. 당신이 제공할 수 있는 시간이나 에너지, 기호보다 더 많은 것을 원하는 친척이나 친구를 거절해야 할 수도 있다. 당신은 심지어 배우자와의 시간을 확보하기 위해 자녀들에게 '노' 라고 말해야 할지도 모른다(늘 그러는 것이 아니라 가끔이라면 아이들이 그것으로 인해 상처를 받지는 않을 것이다).

4. *당신의 배우자와 관련하여 완벽하지 못하더라도 양호하다면 괜찮다는 사실을 받아들여라.* 완벽한 사람은 아무도 없다. 당신은 진짜 실수를 저지르게 될 진짜 사람과 결혼했다. 그러나 나쁜 것에는 결코 만족하지 말라. 항상 최선을 지향하되 차선에도 만족할 줄 알라!

5. *당신의 생각과 감정을 공유하라.* 당신의 현재 위치에 대해 배우자에게 신호를 보내고 인지 가능한 메시지를 회신받으면서 끊임없이 커뮤니케이션을 하지 않는다면, 인생의 여정에서 서로를 잃어버리게 될 것이다. 커뮤니케이션을 발생시키는 관행을 만들어내거나 보호하라. 얼마나 바쁘든지 간에 서로를 위하여 시간을 내라. 예를 들면, 매주 하룻밤은 외출을 하거나, 며칠에 한 번씩 함께 산책을 하거나, 둘이서만 저녁을 먹을 수 없다면 아침을 나가서 먹거나, 매일 저녁 15분 정도 아무 방해 없이 함께 앉아 대화를 나눠보라.

6. *분노를 관리하라.* 특히 경멸은 더 잘 관리하라. 적대적이고 냉소적이며 모욕적인 태도가 불쾌한 감정을 촉발하고, 그것이 부정적인 행동으로 이어지며, 결국 두 사람 모두에게 극도의 스트레스를 유발하고 더 많은 긴장을 야기하는 악순환을 끊으려고 노력하라. 분노가 어떤 기본적인 필요의 좌절을 표시한다는 사실을 인식하고, 그 필요가 무엇인지 파악하기 위해 노력하라. 당신이 지금 부당한 대우를 받고 있다는 판단으로 분노의 감정을 폭발시키지 않도록 조심하라. 목소리 톤이나 손과 팔의 제스처, 얼굴 표정, 몸짓 등과 같은 당신의 비언어적인 신호를 주의 깊게 살펴보라. 분노나 짜증이 커져가고 있는 미묘한 신호를 인지하기 위해 노력하라. 만약 당신이 지금 그런 감정들을 품고 있다면, 그것들이 너무 커져서 감정적으로 폭발하기 전에 그것들을 겉으로 표현하라.

7. *서로에 대한 헌신을 되풀이해서 선언하라.* 장기적으로 지속되는 참된 친밀함은 배우자에 대한 헌신의 반복적인 확인을 요구한다. 사랑은 당신이 말하는 것과 행동하는 것 속에 존재한다는 사실을 기억하라. 꽃을 사서 선물하라. 설거지도 하고 쓰레기도 내다버려라. 요구받지 않더라도 말이다. 자발적으로 등을 토닥거려주라. 헌신적인 부부들은 그들의 관계를 둘러싸고 있는 경계선을 넘지 않는다. 어떤 친구 집단이나 친척들에게 의존하기보다는 서로 비밀을 공유하라.

8. *서로에게 변할 수 있는 권리를 허용하라.* 서로에게 관심을 기울여라. 만약 당신들이 매주 혹은 2주 동안 서로에 대해 새로운 무언가를 발견하고 있지 못하다면, 한마디로 말해 충분할 정도로 면밀하게 서로를 관찰하고 있지 않은 것이다. 당신들은 서로가 아니라 다른 것들에 관심을 기울이고 있다. 권태에 빠진 부부들은 서로를 어떻게 보는지 갱신하는 데 실패한다. 그들은 마치 결혼 초에 서로에게 부여하고 가정했던 역할들이 영원히 변하지 않을 것처럼 행동한다. 서로의 꿈과 두려움, 목표, 좌절, 소망, 후회, 바람, 공상 등을 늘 파악하고 있어야 한다. 사람들은 자신을 가장 잘 알고 받아들이는 사람을 계속해서 신뢰한다.

9. *함께 즐거운 시간을 가져라.* 인간은 보통 자신을 웃게 만들고, 마음을 편하게 해주는 사람들과 사랑에 빠진다. 함께 나가 놀 수 있을 정도로 충분히 안정감을 느끼게 해주는 사람들과 사랑의 관계를 유지한다. 즐거움에 우선순위를 두라. 당신 자신을 유쾌한 사람으로 만들고 종종 휴식같이 느껴지는 관계를 만드는 데 당신의 창의적인 에너지를 투입하라.

10. *신뢰할 만한 사람이 되라.* 사람들은 자신에게 확신을 심어주는 사람을 신뢰하고, 관계가 마치 누가 옳고 누구의 뜻을 따라야 하는지를 두고 벌이는 끊임없는 경쟁인 것처럼 행동하는 사람을 불신하게 된다. 두 사람 모두 이치에 맞는 사고와 견해와 선호를 가지고 있는 것처럼 항상 행동하라. 설사 당신의 의견이나 필요가 다르더라도 말이다. 당신 배우자의 시각이 항상 어떤 진리를 담고 있을 것이라는 사실을 인식하고, 그 토론에 당신의 관점을 보태기 전에 그 진리의 타당성을 인정해주라.

11. *용서해주고 잊어라.* 서로에게 너무 엄하게 굴지 말라. 만약 당신의 열정과 사랑이 지속되어야 한다면, 용서하는 방법을 터득해야 한다. 당신과 당신의 배우자는 지붕을 정기적으로 청소해 새롭게 출발할 필요가 있다. 분노가 커지고 원망이 곪아 터지지 않도록 해야 한다. 상처와 적대감에 집착하는 것은 참된 친밀함을 방해하게 될 것이다. 당신이 그것을 위해 얼마나 열심히 노력하든지 간에 당신의 관계가 성장하지 못하게 된다는 사실을 확인시켜줄 뿐이다. 관계 속에 있는 상처를 치유하기 위해 당신이 할 수 있는 것을 하라. 설사 당신이 그 상처를 유발하지 않았더라도 말이다. 당신들이 이 여정을 시작할 때는 두 사람 가운데 누구도 상대방에게 상처를 주려고 의도하지 않았다는 사실에 대해 연민을 가져라.

12. *소중히 여기고 성원하라.* 친밀함의 공식에서 가장 기본적인 요소 가운데 하나는

서로를 소중히 여기는 것이다. 서로의 존재를 축하할 필요가 있다. 만약 당신이 배우자에게 칭찬과 성원, 감사, 인정, 선의로 해석하기, 격려, 함께 있어 행복하다는 등의 메시지를 주지 않는다면, 그 또는 그녀가 어디에서 그런 선물들을 얻을 수 있겠는가? 관대하라. 자비롭게 대하라.

아가 7:10-8:4

전원에서의 휴가

"행복한 결혼은 완벽한 커플이 함께할 때 이루어지는 것이 아니라, 완벽하지 않은 커플이 서로의 차이를 즐길 줄 알 때 이루어지는 것이다."

- 데이브 뮤어러(Dave Meurer)

술람미 여인은 한 남자의 마음속에 분명하게 그리고 깊이 호소할 줄 아는 매력적인 아내의 전형을 보여주고 있다.

들어가는 글

환상적인 여성의 25가지 필수 요소

나는 최근 남성들이 아직도 갈 길이 먼 여성들에게(적어도 우리가 판단하기에는) 건네주고 싶어하는 몇 가지 조언을 우연히 알게 되었다. 딱 맞는 배우자가 되는 데 도움이 되는 그 조언들은 "환상적인 여성의 25가지 필수 요소"라고 불린다.

1. 좌변기 조작 방법을 배워라. 그것이 올려져 있으면, 내려놓으라. 우리는 그것이 올려져 있어야 하고, 당신들은 그것이 내려져 있어야 한다. 당신들이 그것을 내려져 있는 상태로 두는 것에 대해 우리가 불평하는 소리를 제발 들어달라.
2. 당신들이 빅토리아 시크릿(Victoria' s Secret)의 모델들처럼 입지 않으려면, 우리가 돈 주앙(Don Juan)이나 로미오(Romeo)처럼 행동하기를 기대하지 말라.
3. 머리를 자르지 말라. 긴 머리는 항상 짧은 머리보다 더 매력적이다. 사내들이 결혼하기를 두려워하는 가장 큰 이유 가운데 하나가 기혼 여성들이 항상 머리를 짧게 자르기 때문이다. 그때쯤이면 그녀를 억지로 떠맡게 될까봐 두려워하는 것이다.
4. 생일과 발렌타인데이, 결혼 기념일 등은 우리가 다시 한 번 완벽한 선물을 찾을 수 있는지 알아보는 탐색의 기회가 아니다!
5. 만약 당신들이 대답을 원치 않는 질문을 던지면, 듣고 싶지 않은 대답이 돌아올 것으로 예상하라.
6. 가끔은 우리가 당신들에 대해 생각하고 있지 않을 때도 있다. 그냥 그것에 익숙해지는 방법을 터득하라. 만약 당신들이 3월의 광란(March Madness: 미국 대학 농구 64강 토너먼트 - 역자 주)이나 엽총의 구조, '사전 수비(prevent defense)' 의 어리석음 등과 같은 주제들에 대해 이야기할 준비가 되어 있지 않다면, 우리가 무엇에 대해 생각하고 있는지 묻지 말라.
7. 토요일은 스포츠의 날이다. 그것은 보름달이나 조수의 변화처럼 자연스러운 것이다. 그냥 놔두라.

8. 쇼핑은 스포츠가 아니다. 우리는 결코 그것을 그런 식으로 생각하지 않을 것이다.
9. 우리가 어딘가에 가야 할 때는 절대적으로 당신들이 입고 싶은 것이 무엇이든 괜찮다.
10. 당신들은 충분한 옷을 가지고 있다.
11. 당신들은 너무나 많은 신발을 가지고 있다.
12. 우는 것은 분명 공갈 협박이다.
13. 당신들이 원하는 것을 요구하라. 이것인지 저것인지 분명히하자. 미묘한 암시는 통하지 않는다. 강한 암시도 통하지 않는다. 정말로 분명한 암시도 소용없다. 그냥 말하라!
14. 우리는 무슨 날인지 잘 모른다. 앞으로도 결코 모를 것이다. 캘린더에 기념일을 표시해달라.
15. '예스'와 '노'는 거의 모든 질문에 완벽하게 수용 가능한 대답이다.
16. 문제 해결에 도움을 원할 경우에만 그 문제를 가지고 우리에게 찾아오라. 그것이 바로 우리의 역할이다.
17. 17개월 동안 지속되는 두통은 문제다. 병원에 가보라.
18. 만약 우리가 말한 무언가가 두 가지로 해석될 수 있고, 그 가운데 하나가 당신들을 화나게 하거나 슬프게 한다면, 다른 하나가 우리의 의도였다고 생각하면 된다.
19. 당신들은 우리에게 무언가를 하라고 말할 수도 있고, 무언가를 하는 방법에 대해 말해줄 수도 있다. 그러나 둘 다 하지 않을 수도 있다.
20. 당신들이 해야 할 말이 무엇이든 가능하면 제발 광고 시간 중에 해달라.
21. 모든 남자들은 16가지 색깔만 알아본다. 복숭아는 과일이지 색깔이 아니다.
22. 가려우면 긁는 게 당연하다.
23. 우리가 무엇이 문제냐고 물을 때 당신들이 "아무것도 아니에요"라고 말하면, 우리는 아무 문제도 없는 것처럼 행동할 것이다. 당신들이 진실을 말하지 않고 있다는 사실을 우리도 알지만, 그것은 고민할 가치가 전혀 없는 것이다.
24. 우리가 6개월 전에 무슨 말을 했든지 간에 그것은 오늘의 논쟁에서 다시 제기될 수 없다. 모든 코멘트는 7일이 지나면 무효가 되기 때문이다.
25. 대부분의 사내들은 세 켤레의 신발을 가지고 있다. 무엇이 당신들로 하여금 어떤

신발이(그것도 30켤레 중에서) 당신들의 옷에 잘 어울리는지 우리가 잘 고를 수 있을 거라고 생각하게 만드는가?

여성들은 남성들이 내놓은 이 목록에 별로 감동받지 않을지도 모른다. 충분히 이해할 수 있다. 그러나 만약 우리가 멋진 여성에 대한 하나님의 관점, 다시 말해 그분의 '원더 우먼(wonder woman)'을 묘사하는 초상을 조사할 수 있다면, 그래도 관심을 갖지 않겠는가? 나는 그런 여성이 아가서 7장 10절에서 8장 4절에 묘사되어 있다고 믿는다. 그녀는 25가지 별난 특징으로 묘사되는 것이 아니라, 어떤 남자도 매력적이라고 생각하고 거부하지 못할 무엇보다도 중요한 3가지 속성에 의해 특징지어진다.

본문 이해

전원에서의 휴가

Main Idea	술람미 여인은 자기 남자를 어떻게 돌보아야 하는지 아는 아름다운 여인의 초상을 제공한다.

A. 그녀는 사적인 초대를 통해 자신의 사랑을 전달한다(7:10-13)

Supporting Idea	때로는 아내가 적극적으로 나서 남편과의 로맨스를 주도적으로 이끌어야 한다.

솔로몬은 적어도 이 시점에는 한 여인만을 사랑하는 남자였다. 술람미 여인 역시 한 남자만을 사랑하는 여인이었다. 그의 관심은 그녀에게 집중되어 있었고, 그녀의 애정도 그에게 고정되어 있었던 것이다. 솔로몬의 아낌없는 칭찬과 긍정의 말들이 술람미 여인으로 하여금 자기 남편에게 주저함 없이 육감적으로 반응하도록 만들었다. 그녀는

로맨틱한 휴가를 제안하는 초대장을 내밀었다. 그 구성 요소는 무엇이었는가?

1. 특정한 것이어야 한다.

7:10. 술람미 여인은 말했다. 나는 나의 사랑하는 자에게 속하였구나("나는 내가 사랑하는 그분의 것이다", NKJV). 그녀는 그에게 속해 있었고, 다른 누구에게도 속해 있지 않았다. 그는 그녀의 삶에서 유일한 남자였던 것이다. 부정(不貞)의 위험은 그녀의 레이더 스크린에 존재하지 않았고, 그녀는 현명하게 그 덫에 빠지지 않았다. 현명한 남편과 현명한 아내는 배우자 외에는 절대 다른 이성과 단 둘이 있지 않겠다고 서약할 것이다. 그런 약속은 간음을 예방할 수 있는 확실한 안전 장치며, 배우자에 대한 사랑과 헌신의 독점성과 배타성을 맹세하는 서약이다.

2. 안정된 것이어야 한다.

술람미 여인은 또 그녀의 남편에 대해 이렇게 말할 수 있었다. 그가 나를 사모하는구나. 솔로몬은 오직 한 여인에게만 눈을 두고 있었다. 그리고 그 여자는 바로 그의 아내였다. 이것은 모든 남자가 따라야 할 모범이다. 우리의 욕망은 오로지 한 여인에게 고정되어야 한다. 우리의 아내들 말이다. 남편과의 관계에서 안정되어 있는 아내는 아무것도 숨기지 않고 마음 편히 그를 사랑할 수 있다. 그녀는 자신의 사랑이 악용되거나 배반당할까봐 두려워하지 않는다.

3. 자연스러운 것이어야 한다.

7:11-12. 아가서에서 처음으로 술람미 여인이 자기 남편과의 로맨스와 사랑의 행위를 위해 시간을 요구함에 있어 주도권을 행사했다. 그녀는 집에서만 이루어지는 섹스가 틀에 박힌 일상이 되어 진부해질 수 있다는 사실을 알고 있었다. 결혼 생활에서 특별한 여행과 휴가는 종종 열정을 되살아나게 하고 강화해준다. 그녀는 솔로몬에게(그를 나의 사랑하는 자라고 부르며) 성읍과 단조로운 일상을 벗어나 한동안 단 둘이 함께 머물 수 있는 전원으로 떠나자고 초대했다. 그녀는 네 번이나 '가자(let's go)' 고 제안했다. (1) 우리가 함께 들로 가서 (2) 동네에서 유숙하자 (3) 우리가 일찍이 일어나서 포도원으로 가서 (4) 포도 움이 돋았는지… 보자.

봄은 사랑과 로맨스의 보편적인 상징이고, 그 징후는 결혼 생활의 도처에서 나타나야 한다. 사랑에 대한 기대감과 생기가 넘쳐나야 한다. 잠시 동안 일상에서 벗어나는 것은 관계에 활력을 불어넣을 수 있다. 술람미 여인은 성적인 문제가 적절히 관리되지 않으면 모르는 사이에 관계에 스며들 수 있다는 사실을 알고 있었다. 그녀는 여자로서 그들의 성생활을 활기차게 유지하기 위해서 자신이 해야 할 역할을 잘 알고 있었던 것이다. 지니 그레이브스(Ginny Graves)는 로맨스의 불꽃을 유지하기 위해 여성이 주목해야 할 7가지 필수 사항에 대해 약술하고 있다.

1. *당신의 호르몬을 조절하라.* 섹스와 호르몬은 서로 떼어놓을 수 없는 관계다. 호르몬의 급격한 변화는 폐경기가 시작되기 전인 40대 중후반 여성들에게 갑자기 나타날 수 있다. "일부 여성들의 경우에는 폐경기를 전후하여 섹스 호르몬의 수준이 감소하면서 섹스 욕구도 줄어들게 된다" 고 몬트리올에 있는 맥길 대학(McGill University)의 심리학 및 산부인과 교수 바바라 셔윈(Barbara Sherwin)은 말한다.
2. *숙면을 취하라.* "수면 결핍은 감퇴된 성욕의 과소평가된 원인" 이라고 오하이오 클리블랜드에 위치한 케이스 웨스턴 리저브 대학(Case Western Reserve University) 의학부의 정신의학과 부교수 캐슬린 블라인드 세그레이브스(Kathleen Blindt Segraves)는 말한다. 치료법은 간단하고 저렴하다. 하루에 7시간 내지 9시간을 자면 된다.
3. *건강을 위해 운동하라.* 운동과 섹스에 관한 대부분의 뉴스는 바람직한 것이다. 한 연구에 의하면, 하루에 한 시간 정도 에어로빅을 하는 것이 남성들에게 성생활 빈도와 민감도를 증가시키는 것으로 나타났다. 조사자들은 그것이 여성들에게도 동일한 성적 활력을 제공할 것이라고 추정한다. 하지만 지나친 운동은 역효과를 불러일으킬 수도 있다. 운동 효과를 거두기 위해서는 적당한 운동 스케줄을 유지하고, 운동 강도를 점진적으로 늘리며, 체지방을 건강한 수준으로 유지할 수 있을 정도로 충분히 칼로리를 소모하는 것이 중요하다.
4. *우울증을 내쫓으라.* "우울증은 수많은 증상을 가지고 있고, 그 가운데 하나가 섹스에 대해 흥미를 잃어버리는 것" 이라고 뉴욕에 거주하는 심리학자 자비

에르 아마도르(Xavier Amador)는 말한다.

5. *항우울제를 조심하라.* "항우울제의 심각한 아이러니 가운데 하나는 그것들이 성기능 장애를 일으킬 수 있다는 사실"이라고 UCLA의 성인 정신의학부 책임자 앤드류 렉터(Andrew Leuchter) 박사는 말한다.
6. *스트레스를 관리하라.* "심지어 일상적인 스트레스 요인도 남성과 여성의 감퇴된 성욕과 상관 관계가 있다"고 버펄로(Buffalo)에 있는 뉴욕 주립대학(State University of New York)의 심리학과 교수 제이 게일 벡(J. Gayle Beck)은 말한다. "남성들은 섹스를 하기 위해 자신의 감정을 무시할 가능성이 더 높은 반면, 여성들은 성관계를 갖지 않는 쪽을 선택하게 될 것"이라고 그녀는 말한다. 스트레스가 쌓일 때, 사람들은 너무 산만해져 성적 즐거움을 주고받는 데 집중할 수 없게 된다. "많은 부부들이 휴가 동안 멋진 섹스를 하게 되는 것은 당연한 이치"라고 벡은 말한다. 만약 스트레스가 낮은 성욕을 유발하고 있다고 의심이 되면, 목욕을 하거나 초저녁에 긴 산책을 함으로써 긴장을 완화시키는 시간을 마련하라.
7. *의사소통을 하라*(지니 그레이브스, "7 Solutions for Sexual Partners", 〈리더스 다이제스트〉, 1999. 12, pp. 102-106).

4. 육감적인 것이어야 한다.

7:12. 포도 움과 활짝 핀 꽃술과 석류꽃과 특히 '합환채'는 모두 최음제로 간주되었다. 일부 학자들은 합환채를 '토마토(love apple)'라고 언급했다(Carr, 165). 술람미 여인은 진귀한 꽃과 열매로 둘러싸인 야외에서 말했다. 내가 나의 사랑을 네게 주리라. "그냥 전원에서가 아니라 해와 달과 별들이 비치는 야외에서 우리 둘만을 위한 장소를 찾아 열정적인 사랑을 나눌 것입니다."

7:13. 13절이 지시하는 대로 해보라. 배우자의 문 앞에서 유쾌한 열매 혹은 각양 귀한 실과를 찾으라. 억제된 심리를 내려놓고 당신의 상상력을 마음껏 펼쳐보라. 일부는 묵은 것이겠지만(그것은 언제나 변함없이 좋은 것이다), 일부는 새로운(전에는 경험해보지 못한 색다른) 것이어야 한다. 술람미 여인은 그녀의 남편을 위해 그 모든 것을 쌓아두었다고 말했다.

그리고 남자들이여, 그것은 즐거운 것일 뿐만 아니라 당신들에게도 좋은 것이다. 영국심장재단(British Heart Foundation)은 얼마 전 일주일에 3, 4번 섹스를 하는 남자들은 심장마비와 뇌졸중으로부터 스스로를 보호하고 있는 것이라고 주장하는 한 보고서를 발표했다. 일주일에 3, 4번 오르가즘을 경험하는 남자들은 향후 10년 동안 치명적인 심장마비나 뇌졸중에 걸릴 확률을 절반으로 낮추게 된다는 내용이다. 참으로 좋은 섹스는 조깅이나 스쿼시만큼 좋은 운동인 것이다(David Derbyshire, "A Little Loving Makes the Heart Last Longer", 〈Sex and Health〉, 2000. 11. 29). 그 조사는 성적 활동이 장기적으로 여성의 심장에 미치는 영향에 대해서는 살펴보지 않았지만, 의심할 여지없이 그 결과는 훨씬 더 좋게 나올 것이다!

B. 그녀는 공개적인 애정 표현을 통해 자신의 사랑을 선언한다(8:1-2)

Supporting Idea	배우자에 대한 당신의 사랑을 공개적으로 적절히 표현하여 다른 사람들이 알게 하라.

이 두 구절은 현대의 서구인들에게는 이상하게 들리지만, 솔로몬의 마음에는 아름답고 다정하게 호소했을 것이다. 다정하고 사랑스런 말은 언제 어디에서든 환영받는다. 그런 말들은 우리의 관계를 잘 연결시키고 유지시키는 데 결정적인 역할을 한다. 이 시점에서 우리는 집에서 기르는 개로부터 작은 조언을 받아들이는 것이 도움이 될지도 모른다. "당신의 배우자가 집에 돌아올 때 그 또는 그녀를 반갑게 맞이하는 일을 파이도(Fido)가 당신보다 더 잘할지도 모른다" 고 세인트 폴(St. Paul)에 위치한 미네소타 대학(University of Minnesota)의 결혼 및 가정 치유 프로그램(Marriage and Family Therapy Program) 책임자 윌리엄 도허티(William Doherty)는 말한다. 집에서 기르는 개는 충성스럽고, 열광적이며, 환영 의식에 전적으로 집중한다. 그러나 당신이 배우자에게 건네는 첫마디는 차고 문을 열어놓지는 않았는지 혹은 청구서 지불을 잊지는 않았는지에 대한 질문일지도 모른다. 그리고 그 태도는 매우 중요하다. 사랑의 인사말 같은 '부부간의 작은 의식들' 은 장기적으로 중요한 영향을 미친다. 그런 것들은 부부간의 연결을 유지시키는 데 도움이 될 뿐만 아니라, "우리가 고통의 시간과 절망의 시기에 힘을 합치는 데 필요한 접착제 역할을 한다" 고 도허티는 말한다. 그런 친밀한 의식의 부재는

결혼 생활이 오로지 '자동항법장치'에 의지해 표류하고 있음을 나타내는 것인지도 모른다(Karen S. Peterson, "Take Time to Nurture a Marriage", 〈USA 투데이〉, 2000. 7. 5).

이 결혼은 결코 자동항법장치에 의존하고 있지 않았다. 술람미 여인은 아무것도 추정하지 않았고, 아무것도 운에 맡기지 않았다. 그녀는 자신이 어떻게 느끼고 있는지 그녀의 남편과 세상이 알기를 원했다. 우리는 그녀로부터 무엇을 배우게 되는가?

1. 서로에게 충성을 보이라.

8:1. 술람미 여인은 솔로몬이 자기 오라비이면 좋겠다고 말했다. 그에게 애정 어린 키스를 공개적으로 퍼부을 수 있도록 말이다. 고대 근동 지역에서는 가까운 혈육에게만 그런 공개적인 사랑과 애정의 표현이 허용되었다. "공개적으로 입을 맞출 수 있는 자유가 그녀의 남편에게는 적용되지 않았을 것이다"(Garrett, 424). 술람미 여인은 그것을 유감스럽게 생각했던 것이다. 그녀는 자신이 남편에 대해 어떻게 느끼고 있는지 모든 사람이 알기를 원했다. 하지만 일반적으로 용인되는 사회적 기대를 뒤집어 질책과 조롱을 받지는 않을 것이었다. 그녀도 경멸당하고 싶지는 않았을 것이다. 그녀의 행동은 잠시 억제되었을지라도 그녀의 말은 솔로몬의 마음과 귀에 감미로운 메시지를 분명하게 전달했던 것이다.

사람들 앞에서 서로 더듬는 것은 여전히 꼴불견이지만, 우리의 사랑과 충성, 애정 등을 보이는 다정하고 진심 어린 표현들은 항상 환영받는다. 그런 것들은 우리의 배우자에게 기꺼이 받아들여질 것이고, 서로에 대한 헌신을 다른 사람들에게 증명해줄 것이다.

심지어 결혼 생활에서도 고독한 마음은 종종 병든 심장을 의미한다. 여러모로 그렇다. "고독한 마음은 종종 병든 심장을 가지고 있다(Lonely Hearts Often Have Sick Hearts)"라는 제목의 기사에서 로널드 코틀럭(Ronald Kotulak)은 이렇게 기록했다.

> 심리적 고립의 생리적 폐해를 보여주는 새로운 조사에 의하면, 고독은 여러모로 심장에 좋지 않다. 그러나 시카고 대학과 오하이오 주립대학에 의해 공동으로 실시된 그 조사는 치유책도 제시하고 있다. 그냥 안부를 묻거나 다른 사소한 방법

들로 친절하게 대하는 것이 고독한 사람들 사이에서 심장마비를 예방하는 데 도움이 될 수 있다는 것이다. 그 연구에서는 외로움이 심장병의 주요 위험 요인 가운데 하나라는 사실을 발견했다. 그것은 고지방 식사나 고혈압, 비만, 흡연, 운동 부족 등과 같은 요인들만큼이나 나쁜 영향을 미친다는 것이다.

고독은 혈압을 높이고 수면을 방해하기 쉽고, 그 두 가지 현상 모두 심장병의 위험을 높인다. 인구 조사 전문가들은 고독한 사람들이 더 병약하고 더 일찍 죽는다는 사실을 오래 전부터 알아왔지만, 그 이유를 알지는 못했다. 사회적 접촉이 별로 없어 고독함을 느끼는 여성들은 암으로 죽을 확률이 더 높게 나타난다. 결혼한 암 환자들은 결혼하지 않은 암 환자들보다 더 나은 결과를 경험한다. 그러나 고독은 단순히 혼자 있는 것을 의미하지 않는다. 그것은 고립감과 단절감, 소속되어 있지 않다는 느낌 등이 모두 포함되며, 그 각각은 혼자 있든지 군중 속에 있든지 상관없이 일어날 수 있다. 고독한 사람들은 세상을 덜 고무적으로 생각하고 더 위협적으로 인식한다. 그들은 로맨틱한 파트너나 가까운 친구가 없을지도 모른다(로널드 코틀럭, "Lonely Hearts Often Have Sick Hearts", 〈시카고 트리뷴〉, 2000. 8. 8).

서로에게 사랑과 충성을 분명하고 명료하게 드러내 보이라. 그것이 심장에도 좋다는 사실을 기억하라.

2. **서로에 대한 욕망을 강화하라.**

8:2. 술람미 여인은 자기 남편과의 사랑놀이를 시작했다. 그녀는 누나의 역할을 맡아 자신이 그와 어떻게 어울릴 것인지 그에게 말했다. 그녀는 솔로몬을 이끌어 자신의 어미 집으로 데려갈 작정이었다. 이끌다(lead)에 해당하는 말은 "우월한 사람이 열등한 사람을, 장군이 그의 군대를, 왕이 그의 대장을, 목자가 그의 양을 이끈다는 의미를 지니고 있다… 그녀는 자기 남동생을 그들이 공유하는 집으로 이끌려 했던 것이다" (Glickman, 90). 술람미 여인은 자기 어머니로부터 교훈을 받은 곳이 바로 집이라고 말했다. 문맥적으로 볼 때, 그녀는 분명 사랑과 섹스에 관한 가르침을 의미했을 것이다.

이것은 소중한 교훈이다. 특히 부모 입장에 있는 우리 같은 사람들에겐 더욱 그렇다.

"사랑을 준비하는 방법은 가정에서 가장 잘 가르칠 수 있다"(Carr, 167). 아버지와 어머니는 적절한 시점에 적절한 방법으로 자녀들에게 성에 관한 지식을 가르치는 책임을 떠맡아야 한다. 그런 중요한 임무를 학교의 손에 위임할 수는 없다. 그것을 체육관의 라커룸이나 친구로부터의 귀동냥에 맡길 수는 없는 것이다. 아버지는 그들의 아들을 가르치고, 어머니는 그들의 딸을 안내해주어야 한다. 이것은 아버지가 그들의 딸을 가르치는 데 개입하지 않거나 어머니가 그들의 아들을 돕는 데 관여하지 않는 것을 의미하지는 않는다. 그러나 성적 정체성은 종종 누가 누구의 모범을 따를 것인가에 있어 중요한 역할을 한다.

술람미 여인은 자신이 어머니로부터 배운 것 몇 가지를 솔로몬에게 알려주었다. 향기로운 술, 즉 특별한 포도주는 석류즙과 함께 그 연인들의 식단에 오르게 될 것이었다. "고대 이집트의 어느 사랑의 시는 아내의 유방을 석류 열매와 동일시하고 있다"(Carr, 167). 듀앤 가렛은 술람미 여인의 '어미 집'에 대한 언급이 여성의 은밀한 부위를 가리키는 완곡어법일 수 있다고 지적한다(듀앤 가렛, 425). 그녀의 말이 내포하고 있는 함축이 육감적이고 에로틱한 것이었다는 사실은 의심할 여지가 없다. 그들이 사랑의 행위를 나누면서 누렸던 기쁨은 그들의 결혼 생활이 진행되면서 약화되는 것이 아니라 오히려 점점 더 강화되고 창조적인 것이 되어갔다. 그리고 그 공(功)의 많은 부분은 술람미 여인의 것이었다.

C. 그녀는 은밀한 초야를 통해 자신의 사랑을 증명해 보인다(8:3-4)

Supporting Idea	부드러운 행동과 좋은 타이밍은 점점 더 발전하는 로맨틱한 결혼 생활에 없어서는 안 될 쌍둥이 요소다.

인기 있는 남성 잡지 〈맥심(Maxim)〉의 한 기사는 이렇게 주장했다. "일부일처주의는 남자에게 있어 최대의 난제다. 그것은 확고부동한 신념과 대단한 감정적 성숙, 압도적인 유혹에 맞서는 강철 같은 의지 등을 요구한다. 바꿔 말해서, 그것은 도저히 일어날 수 없는 일이다"(1999년 11월 12일자 〈Washington Post Online Edition〉에서 인용). 나는 그것을 믿지 않는다. 사실은 혼신의 힘을 기울여 그런 주장을 거부한다. 한 남자가 한 여자를 이 노래가 가르쳐주는 대로 사랑할 때, 그리고 한 여자가 자신의 남자를 이

노래가 가르쳐주는 대로 그녀의 마음에 둘 때, 그들이 경험하는 열정과 헌신과 사랑은 죽음이 그들을 갈라놓을 때까지 그들을 단단하게 결합시켜주는 접착제를 만들어내게 될 것이다. 솔로몬과 술람미 여인은 다시 한 번 사랑의 행위 속으로 빠져들지만, 이번에는 그 초점이 약간 다르다. 그리고 그것 역시 매우 교훈적이다.

1. **부드러움은 보증 수표다.**

8:3. 그가 왼팔에 나를 눕혀 내 머리를 안으시고 오른팔로 나를 감싸 안아 주시네요(우리말성경). 솔로몬은 자기 아내를 품에 안고 천천히 그리고 부드럽게 어루만지고 있었다. 아마도 사랑의 행위가 막 끝난 뒤였고, 오르가즘의 여운 속에서 서로의 팔에 의지해 누워 있었을 것이다. 그는 침대에서 벌떡 일어나 먹을거리를 찾아 아래층으로 내려가지 않았다. 스포츠 뉴스를 보기 위해 리모콘을 집어들지도 않았다. 그녀 역시 침대에서 몰래 빠져나와 잽싸게 전화통을 붙잡지도, 아직 남은 집안일을 마무리하기 위해 서둘러 침실을 나오지도 않았다. 그들은 서로를 껴안고 사랑해주며 그냥 거기에 누워 있었던 것이다. 그들의 사랑 표현은 부드러운 것이었고, 부드러움은 우리 배우자의 마음과 영혼에 호소하는 힘을 가지고 있다.

"당신의 사랑을 살찌우기(Nourishing Your Love)"라는 제목의 기사에서 마리 피어슨(Marie Pierson)은 여성들에게 남자의 마음을 감동시키는 방법에 대해 조언하고 있다. 그녀의 6가지 제안은 다음과 같다.

- 그에게 감탄과 감사를 보여라.
- 그의 우정을 키워주라.
- 당신의 기대를 낮춰라. (당신은 진짜 사람과 결혼했다!)
- 당신의 우선순위를 주의 깊게 살펴보라. (그가 예수님 다음으로 두 번째인가?)
- 당신의 성생활을 향상시켜라.
- 관용하라(하나님이 그리스도 안에서 당신을 용서하심과 같이 말이다, 엡 4:32).

(마리 피어슨, "Nourishing Your Love", 〈Virtue〉에서 인용)

2. 타이밍이 중요하다.

8:4. 세 번째로(비교. 2:7, 3:5) 사랑의 행위를 하는 데 있어 적절한 시점의 중요성이 다루어진다. 분명 하나님도 타이밍이 중요하다고 생각하실 것이다. 먼저 사랑의 행위를 위한 적절한 시점은 한 남자와 한 여자 사이의 결혼 안에서만 허용된다. 둘째로, 배우자의 필요와 감정에 대한 민감성과 타이밍은 우리가 결혼 생활에서 사랑과 로맨스를 키워나갈 때 매우 중요한 역할을 한다. 메리 갠스키(Mary Ganske)는 이렇게 지적했다. "심지어 가장 행복한 부부들도 가끔은 틀에 박힌 따분한 삶에 빠지게 된다. 그런 때는 사소한 짜증이 서로에게 느끼는 사랑과 애정보다 훨씬 더 커 보이게 된다." 그녀는 전국에서 개최되는 결혼 세미나들을 활용하여 "커뮤니케이션을 개선하고 장애물을 제거하며 이전보다 더 가까워지는" 5가지 방법을 공유하고 있다.

1. *잠시 하루를 함께 시작하는 시간을 가져라.* "우리는 부부들에게 아침에 그 날 배우자에게 무슨 일이 일어날 것인지 적어도 한 가지를 알아내기 전에는 집을 나서지 말라고 일러준다"고 고트맨 연구소(Gottman Institute)의 책임자 존 고트맨(John Gottman)은 말한다. 당신의 남편에게 점심 시간 혹은 퇴근 후에 무엇을 할 예정인지 물어보라. 그리고 당신의 계획을 그에게 자세히 알려주는 것을 잊지 말라. 적어도 일 주일에 한 번(아마도 저녁 식사 시간 동안에) 정말로 중요한 것들에 대해 이야기하는 시간을 꼭 갖는 것도 중요하다. 그에게 상사와의 관계가 원만한지 또는 정기 건강 진단에 대해 걱정하고 있지는 않은지 물어보라. "배우자의 내면 세계에 대해 아무것도 모른다면, 감정적으로 가까워질 수 없다"고 고트맨 박사는 말한다.
2. *기대 수준에 대해 의견을 나눠라.* 모든 사람은 선입견을 가지고 결혼 생활에 들어간다. 특정 휴일에는 가족과 함께 시간을 보내야 한다거나, 가능한 한 많은 돈을 저축해야 한다거나, 주일마다 교회에 출석해야 한다는 식으로 말이다. 핵심은 두 사람 모두 상대방이 무엇을 기대하고 있는지 반드시 알아야 한다는 것이다.
3. *당신의 꿈 목록을 갱신하라.* 적어도 일 년에 한 번은 함께 마주앉아 미래의 꿈을 점검해보라. 거기에는 갖고 싶은 것(새 소파)과 하고 싶은 것(꽃밭 가꾸기),

되고 싶은 것(좀 더 영적인 사람, 더 나은 경청자) 등이 모두 포함될 수 있을 것이다. 소망을 명확히하는 것은 두 사람 모두 인간으로서 성장하는 데 도움이 될 뿐만 아니라, 부부로서 보조를 맞추는 데도 기여하게 될 것이다. "우리는 끊임없이 변하고 있다"고 커플 커뮤니케이션(Couple Communication)의 공동 개발자 쉬로드 밀러(Sherod Miller)는 말한다. "그에게 어떤 새로운 꿈이 생겼는지 파악하고, 당신의 것도 반드시 말해주라. 배우자의 목표를 지지해주는 것은 당신의 관심을 보여주는 가장 쉬우면서도 가장 좋은 방법 가운데 하나이다."

4. *논쟁하는 방식을 잘 통제하라.* 행복한 부부들도 모두 논쟁을 불러일으키는 이슈를 가지고 있다. 심지어 서로 잘 어울리는 부부도 때로는 고함치고 소리 지른다. 비결은 의견 차이가 건잡을 수 없이 확대되기 전에 잘 통제하는 것이다. "만약 갈등을 잘못(적대감과 잔소리, 냉담함 등으로) 다룬다면, 서로에게 느끼는 사랑과 애정이 점차 약화될 것"이라고 「당신의 결혼을 위해 싸우기(Fighting for Your Marriage)」의 공동 저자 하워드 마크맨(Howard Markman)은 말한다. 가장 좋은 방법은 폭발하기 전에 참기 힘든 문제를 제기함으로써 싸움을 미리 예방하는 것이다. 만약 최선의 노력에도 불구하고 대화가 소리 지르기 싸움으로 변해간다면, 타임 아웃을 부르고 두 사람 모두 정중해질 수 있을 때 그 문제를 다시 논의하기로 합의하라.

5. *나쁜 버릇을 바꾸려면 칭찬을 사용하라.* 우리는 너무 자주 배우자가 무엇을 잘못하고 있는지 비난함으로써 그 또는 그녀를 바꾸려고 시도한다. "너무 빨리 운전하지 말아요!" "당신은 왜 옷을 못 거는 거죠?" 그러나 배우자의 결점을 강조하는 것은 생산적이지 못하다. "방어적이 되거나 반발하게 될 뿐"이라고 국립 관계 개선 연구소(National Institute of Relationship Enhancement)의 책임자 버나드 게르니 2세(Bernard Guerney Jr.)는 말한다. 더 나은 접근 방법은 그가 어떻게 했으면 좋겠다고 설명하는 것이다. "누구도 그런 돼지우리에서 살아서는 안 된다"고 말하는 대신에, 그저 "침실이 너무 어지럽혀지지 않았으면 좋겠다"고 말하는 식으로 말이다. 다음 단계는 그가 당신이 요구하는 대로 할 때 칭찬을 듬뿍 주는 것이다.

"당연하게 들리겠지만, 사람들은 자신을 기분 좋게 만들어주는 행동을 반복한다"고 게르니 박사는 말한다. "다만 '좋은 출발이네요' 또는 '이제 잘할 때도 됐지' 같은 빈정거림으로 효과를 반감시키지 않도록 주의하라. 당신이 긍정적일수록 그는 더 순종적이 될 것이다"(메리 갠스키, "How to Make a Good Marriage Great: Little Habits That Can Make All the Difference", 〈Woman' s Day〉, 2000. 10. 13).

Main Idea 복습	술람미 여인은 자기 남자를 어떻게 돌보아야 하는지 아는 아름다운 여인의 초상을 제공한다.

결론

섹스라는 하나님의 선물에 대한 그리스도인들의 시각 변화

일부 유명한 학자들은 섹스에 관한 현대 기독교의 조언이 마라벨 모건(Marabel Morgan)이라는 여성의 「완전한 여인(The Total Woman)」이라는 책이 출간된 1973년으로 거슬러 올라간다고 말한다. 사실상 그리스도인들에게 제공되는 섹스에 관한 조언의 기원은 창세기까지도 거슬러 올라간다. 아담과 하와가 타락하기 전 "두 사람이 벌거벗었으나 부끄러워 아니 하였다"는 시점까지 말이다(창 2:25). 하나님의 조언의 클라이맥스는 아가서 안에 있다. 거기서 우리는 결혼 안에서의 섹스와 로맨스가 좋은 것이라고 하나님이 말씀하신다는 사실을 발견하게 된다. 참으로 그것들은 우리에게 절대적으로 필요하다. 점점 더 많은 그리스도인들이 "섹스를 인내하거나 회피해야 할 악으로 보기보다는 결혼 안에서 누려야 할 선물로 간주하고 있다"는 사실은 고무적인 현상이다. "로맨스와 구애와 성에 대한 전통적인 견해"가 성적 만족으로 가는 최상의 길일지도 모르는 것이다(Robert Michael, John Gagnon, Edward Laumann, Gina Kolata, 「Sex in America: A Definite Study」에서 인용).

솔로몬은 자신의 역할을 다하기 위해 노력했다. 우리는 이 장에서 술람미 여인이 자신의 역할을 다하는 모습을 보아왔다. 왜 지금까지 항상 이런 식이 아니었을까? 그럼에도 불구하고 그리스도인들의 침실에 대한 하나님의 계획은 결코 변한 적이 없었다. 그것은 좋은 것이다. 근사한 것이다. 그리고 하나님께 속한 것이다.

■ 진리 알기와 적용하기

- 적절한 시점에 적절한 방식으로 적절한 말을 하라.
- 사랑의 행위는 침실에서 시작되는 것이 아니라, 마음에서 시작되는 것이다.
- 남성 자아의 취약성을 기억하라.
- 로맨스에 대한 여성의 정의에 민감하라.
- 창조성과 민감성은 성장하면서도 만족스러운 결혼 생활에 절대적으로 필요한 쌍둥이 요소다.

삶의 적용

행복한 가정 만들기

우선순위는 참으로 이상한 것이다. 당신이 아무리 확고부동하려고 노력하더라도 대부분의 우선순위와 완전히 일치하는 모습을 보일 수는 없다. 그러나 삶의 상황의 대다수는, 특히 가정과 관련된 것들은 좀 더 영구적일 뿐만 아니라 확고한 우선순위를 요구한다. 다음은 당신의 가정 생활을 향상시키고 그 성공을 촉진시켜줄 우선순위들이다.

물질보다는 사람이 우선이다. 우리가 흔히 저지르는, 특히 남성과 부모들의 공통된

실패는 자기 자신 대신에 물질을 주는 것이다. 그것은 진정한 사랑이 아니라, 일종의 매수(買收)다. 우리의 우선순위는 우리 자신을 주는 것이 되어야 한다. 물질은 그 다음이다. 그 대상이 배우자든, 자녀든, 노부모이든 간에 말이다.

일보다는 가정이 우선이다. 어떤 남자도 그의 가정이 난장판이라면, 자신의 일에 전념하고 있다고 해서 성공적인 사람으로 묘사될 수는 없다. 물론 여자들에게도 이런 충고가 필요하다.

자녀보다는 배우자가 우선이다. 남편이든 아내이든 자녀들에게 너무 많은 시간을 투자하다보면 배우자는 뒷전으로 밀리는 경우가 종종 있다. 이 영역에서의 실패는 자녀가 보는 앞에서 양육 문제에 대해 의견 차이를 보이는 것으로 나타날 수도 있다. 남편과 아내는 자녀들 앞에서 서로를 배려해주어야 한다(딛 2:4). 자녀들은 그들의 부모가 서로 사랑하는 것을 보면서 사랑에 대해 배운다. 이혼이 자녀들에게 파괴적인 영향을 미치는 이유가 바로 여기에 있다. 그들의 전체적인 안정감은 그들 부모의 서로에 대한 사랑에 근거하고 있기 때문이다.

친구보다는 자녀가 우선이다. 친구들도 중요하지만, 그들에 대해서는 다음과 같은 숭고한 언급이 기록되어 있지 않다. "자식은 여호와의 주신 기업이요 태의 열매는 그의 상급이로다"(시 127:3).

자신보다는 배우자가 우선이다. 남편은 그리스도가 교회를 사랑하시고 위하여 자신을 주심같이 자기 아내를 사랑해야 한다(엡 5:25). 마찬가지로 아내는 교회가 그리스도에게 하듯 범사에 자기 남편에게 순복하여야 한다(엡 5:24). 그렇게 하기 위해서는 배우자를 우선하는 헌신이 있어야 한다. 이것이 결혼의 근본적인 열쇠다.

물질적인 것보다는 영적인 것이 우선이다. 고린도후서 4장 18절에서 사도 바울은 "우리의 돌아보는 것은 보이는 것이 아니요 보이지 않는 것이니 보이는 것은 잠간이요 보이지 않는 것은 영원함이니라"라고 기록했다. 우리가 삶의 물질적인 측면에 많은 시간을 사용하는 것도 필요하지만, 우리 삶의 영적인 특징을 가꾸어나가는 것은 더욱더 중요한 일이다.

보이지 않는 것들, 다시 말해 영원한 속성들을 강조하는 가정은 물질을 강조하는 가정보다 훨씬 더 안정적이고 더 행복하다. 영원한 가치를 기반으로 번성하는 가정은 영적인 것을 강조한다. 설사 그것이 보이지 않더라도 말이다(Stan Toussaint, Dallas

Seminary).

기도

하나님 아버지, 결혼 생활에서 어떻게 성장하고 성숙되어야 하는지를 가르쳐주시니 감사합니다. 참된 사랑이 그냥 되는 것이 아니라 노력으로 이루어지는 것임을 이제야 알겠습니다. 제가 결혼 생활에서 어떻게 앞으로 나아가야 하는지 몇 가지 위대한 원칙과 아이디어를 주시니 감사합니다. 그 과정의 모든 단계에서 당신의 도움이 필요하다는 사실을 기꺼이 인정합니다. 주 예수님, 언제나 우리의 결혼과, 가족과, 가정의 주인이 되어주십시오. 예수님의 이름으로 기도합니다. 아멘.

심층 연구

결혼에 대한 성경적 관점

결혼은 하나님에 의해 제정된 것이다.

- 인류의 안녕과 행복을 위해(창 2:18).
- 모든 사람에게 고귀한 것이다(히 13:4).
- 금지되어서는 안 된다(딤전 4:1-3).
- 육체적인 관계가 부정되어서는 안 된다(히 13:4).
- 육체적인 관계를 즐겨야 한다(잠 5:18-19).
- 부적절한 육체 관계는 금지된다(히 13:4).

결혼은 주 예수 그리스도에 의해 축복받는다.

- 그분은 결혼을 거룩한 제도로 인정하셨다(마 19:4-6).
- 그분은 가나의 혼인 잔치에 참석하심으로써 결혼을 축복하셨다(요 2장).

결혼은 하나님의 명령에 의해 규제된다.

- "주 안에서" 이루어져야 한다(고전 7:39).
- 균형이 맞지 않는 멍에는 안 된다(고후 6:14-15).

상호 의무

- "피차 복종하라"(엡 5:21).
- "아내들이여, 복종하라"(엡 5:22).

- "남편들아, 사랑하라" (엡 5:25).
- "서로 분방하지 말라" (고전 7:5).
- 종신적인 것이 되어야 한다(마 19:6).
- 오직 죽음만이 결혼 관계를 해소(解消)해야 한다. 하나님은 이혼을 싫어하신다(말 2:16, 마 5:32, 막 10:9, 롬 7:2).
- 간음(부정)은 결혼 관계를 해소할 수도 있다. 하지만 성경이 결백한 측의 재혼을 허용하는지의 여부에 대해서는 의견이 갈린다.
- 이혼은 허용된다(고전 7:10-11). 이혼 후에 재혼이 허용되는지의 여부에 대해서는 의견이 일치하지 않는다.
- 화해는 항상 하나님이 바라시는 바다.

결혼의 유대를 강화하라.

- 예수님을 구주로 받아들여라.
- 예수님을 가정의 주인으로 받아들여라.

가정에서 종교적 관례를 유지하라.

- 가정 예배
- 식사 기도

그리스도인의 자세를 유지하라.

- 복종하라(엡 5:21).
- 서로를 용서하라(엡 4:32).
- 서로의 잘못을 빨리 잊어버려라(고전 13:5).

교회와 바른 관계를 유지하라.

- 정기적인 교회 출석(히 10:25)
- 적극적인 참여

결혼 생활에서 발생하는 문제들을 해결하라.

- 이해심 많은 사랑으로 문제 해결에 임하라(고전 13장). 여기에 그리스도인의 사랑에 대해 16가지가 언급되어 있다.
- 하나님의 말씀을 묵상하고, 피차 잘못을 고백하며, 기도하라(골 3:12-17).

가족 회의

왜?

- 안정감과 소속감을 강화시켜준다.
- 의무감과 책임 의식을 길러준다.
- 창조적인 리더십 훈련을 위한 환경을 제공한다.
- 상호 이해와 배려를 장려한다.
- 커뮤니케이션을 촉진시킨다.

언제?

- 특정 시간을 정해놓아야 하지만, 융통성 있게 운영하라.
- 식사 후에 편안하고 자유로운 분위기에서 이루어지는 것이 가장 좋을 때가 많다.

무엇을?

- 가정의 문제와 이슈, 관심사, 결정 사항 등을 논의하는 시간이다.

무엇을 논의할 것인가?

- 가족의 신앙 문제
- 가족의 오락 프로그램
- 가족 휴가
- 금전 문제
- 가정 예배

- 집안일 분담
- 가족의 현안 문제
- 주간 활동 스케줄

가정 문제의 해결 방안을 찾기 위한 시도

어떻게?

- 간단한 문제에서부터 시작하라.
- 충돌과 의견 차이를 예상하라. 문제는 시작이 아니라 합의로 끝내는 것이다.
- 모든 사실과 모두의 의견을 고려하라.
- 남의 말을 잘 경청하도록 독려하라.
- 무의미한 논쟁과 비난을 삼가라. 사람이 아니라 문제에 초점을 맞춰라.
- 행동 계획을 세워라. 대안들을 평가하라.
- 그 과정을 즐겨라. 진지하되, 너무 심각하지는 말라.

그리스도인 가정의 원동력

마음 자세

- 존경, 정직, 근면, 비전, 절제, 여유, 섬김의 자세 등
- 관계들
- 사람들의 결속체: 공동체를 걱정하는 사람들로 이루어진 공동체
- 관계적 환경에서 성경적 진리를 적용해보는 실습실
- 인간 관계를 배우는 훈련장: (1) 이성에 대해, (2) 권위에 대해, (3) 교회에 대해: 지역 교회와 보편적인 교회, (4) 자기 자신에 대해, (5) 타인에 대해: 구원받은 사람들과 구원받지 못한 사람들.
- 사랑을 주고받는 방법을 배우는 학교

- 신념들
- 질적으로 다른 독특한 삶의 스타일(단순히 무엇을 하지 않느냐에 의해 알려지는 것이 아니라, 무엇을 하느냐에 의해 알려지는)
- 독특한 일련의 규범
- 세상에 대한 독특한 관심
- 독특한 가치 체계

고안

A. 들어가는 글: '환상적인 여성의 25가지 필수 요소' 이야기로 시작하라.

B. 본문 이해

1. 그녀는 사적인 초대를 통해 자신의 사랑을 전달한다(7:10-13)
    a. 특정한 것이어야 한다.
    b. 안정된 것이어야 한다.
    c. 자연스러운 것이어야 한다.
    d. 육감적인 것이어야 한다.
2. 그녀는 공개적인 애정 표현을 통해 자신의 사랑을 선언한다(8:1-2)
    a. 서로에게 충성을 보이라.
    b. 서로에 대한 욕망을 강화하라.
3. 그녀는 은밀한 초야를 통해 자신의 사랑을 증명해 보인다(8:3-4)
    a. 부드러움은 보증 수표다.
    b. 타이밍이 중요하다.

C. 결론: '섹스라는 하나님의 선물에 대한 그리스도인들의 시각 변화' 를 읽어주라.

토의 질문

어떻게 하면 관계를 회복시키고 즐거워할 수 있을까?(빌 2:1-5)

1. 나는 이 사람을 있는 그대로 받아들이기로 선택(약속)했는가?

2. 나는 이 사람을 내 삶에서 소중한 존재로 받아들이는가?

3. 나는 그 관계에 대한 개인적인 책임을 받아들이는가?

4. 나는 차이를 존중하고 즐거워하는가(긍정적인 면을 찾으면서)?

5. 나는 의사소통하기로 결심하는가: 공유함으로써? 경청함으로써? 대화함으로써?

6. 나는 너무 많은 것을 가정하는가?

7. 나는 격려자인가?

8. 나는 참된가(나 자신의 실패를 기꺼이 인정하고 솔직한가)?

아가 8:5-14

사랑은 놀라운 것이다

"가정에 집중적으로 초점을 맞추는 것은 복음 전도와 교회 성장을 위해 우리가 일찍이 가져본 적이 없는 가장 훌륭한 수단 가운데 하나가 될 것이다."

- 탐 엘리프(Tom Elliff)

사랑은 죽음이 우리를 갈라놓기 전까지 결혼 서약을 존중할 수 있게 해주며 우리를 결속시켜주는 접착제라고 할 수 있다.

들어가는 글

사랑일까, 열병일까?

사랑은 정말 좋은 것이다. 한편으로는 혼란스러운 것일 수도 있고, 위험한 것일 수도 있다. 우리는 종종 사랑을 열병과 혼동하는데, 그런 실수는 재앙을 불러올 수 있다. 나는 우연히 그 두 가지를 대조하는 "사랑일까, 열병일까(Love or Infatuation)?" 라는 제목의 앤 랜더스(Ann Landers)의 칼럼을 읽은 적이 있다. 독자들도 그것이 딱 맞아떨어진다고 생각하게 될 것이다.

> 열병은 갑자기 활짝 핀다. 그러나 사랑은 보통 뿌리를 내리고 나서 하루하루 자란다. 열병은 불안감을 수반한다. 흥분되고 짜릿하지만 정말 행복하지는 않다. 그가 없으면 비참해진다. 그녀를 다시 볼 때까지 도저히 기다릴 수 없다. 그러나 사랑은 안정감으로 시작된다. 그가 곁에 있는 것 같은 느낌 때문에 따뜻하다. 설사 그가 멀리 있더라도 말이다. 거리가 당신 둘을 갈라놓지 못한다. 그녀가 곁에 있기를 바란다. 그러나 곁에 있든 멀리 있든 그녀가 당신의 사람이라는 사실을 알기 때문에 기다릴 수 있다.
>
> 열병은 말한다. "우리는 지금 당장 결혼해야 해. 그를 놓치는 위험을 감수할 수 없다구." 사랑은 말한다. "아무것도 서두르지 말라. 서로에게 확신을 가지고 있으니 믿음을 가지고 두 사람의 장래에 대해 계획을 세울 수 있다."
>
> 열병은 성적 흥분이라는 요소를 가지고 있다. 솔직하게 생각해보라. 그것이 결국 성관계로 이어질 것이라고 생각하지 않는다면, 서로를 즐기는 것이 어렵다는 사실을 발견하게 될 것이다. 사랑은 우정이 성숙되어가는 것이다. 연인이 되기 전에 먼저 친구가 되어야 한다.

열병은 확신이 부족하다. 그가 멀리 있을 때, 당신은 그가 다른 여자와 함께 있지 않은지 걱정한다. 그녀가 멀리 있을 때, 당신은 그녀가 다른 사내와 함께 있는 것이 아닌지 의심한다. 때로는 확인까지 해본다. 사랑은 신뢰를 의미한다. 당신이 열병에 빠진 것일 수는 있지만, 결코 사랑에 빠진 것은 아니다. 열병은 당신이 부끄러워할 만한 일을 하게 만들 수도 있지만, 사랑은 결코 그렇지 않다.

사랑은 당신을 일으켜세운다. 당신의 시야를 넓혀준다. 당신의 생각을 깊게 만들어준다. 사랑은 당신을 전보다 더 좋은 사람으로 만들어준다.

아가서는 우리에게 사랑이 중요하다고 가르친다. 사실 이 책의 궁극적인 테마라고 할 수 있을 정도로 너무나 중요하다. 이 장에서는 사랑의 서로 다른 12가지 측면을 다루고 있다. 하나님의 말씀에 의하면, 사랑은 참으로 '눈부시도록 아름다운 것' 이다.

본문 이해

사랑은 정말 좋은 것이다

Main Idea	참된 사랑은 우리가 배우자에게 되풀이해서 주기로 마음먹는, 다양한 면을 지닌 선물이다.

A. 사랑은 공개적인 것이다(8:5 상)

Supporting Idea	당신이 배우자에게 품고 있는 사랑을 다른 사람들이 보게 하라.

8:5 상. 솔로몬과 술람미 여인은 또다시 모두가 보는 앞에서 왕실 마차를 타고 있었

던 것으로 보인다. 술람미 여인은 그 사랑하는 자를 의지하여 기댐으로써 편안하고 안정된 자세를 취하고 있었다. 거친 들(광야)에서 올라온다는 표현은 이스라엘 백성이 약속의 땅에 들어가기 전에 40년 동안 광야에서 방황했다는 테마를 반영한 것일 수 있다. 이 커플도 결혼 생활에서 그런 '광야 기간' 을 거친 후에야 비로소 안전하게 반대편에 도착했기 때문이다. 광야는 또 저주받음이라는 개념을 암시할 수도 있었을 것이다(렘 22:6, 욜 2:3). 그들의 사랑 관계는 하나님의 은혜를 통해 구속된 관계였기 때문이다. 타락과 창세기의 저주(창 3:16-24)로 인한 결과가 뒤집어졌고, 죄가 관계 속에 가지고 들어온 불화가 극복된 것이다. 그것이 바로 하나님이 우리 결혼의 주인이 되실 때 하실 수 있는 일이다.

프리데리카 매튜스-그린(Frederica Matthews-Green)이 이야기하듯이, "여성은 숭고한 도덕적 원칙을 상기시켜줄 남성이 필요하고, 남성은 인간 사랑의 따뜻함을 가르쳐 주고 더 부드러운 감성에 대한 경의를 불러일으켜줄 여성이 필요하다… 우리가 서로를 필요로 한다는 것은 분명하다. 당신은 거의 누군가가 그것을 그런 식으로 계획했다고 생각할 것이다"(프리데리카 매튜스-그린, "Men Behaving Justly", 〈크리스채니티 투데이〉, 1997. 11. 17, p. 45).

솔로몬과 술람미 여인이 즐겼던 사랑은 모든 세상이 보고 배워야 할 본보기였다.

B. 사랑은 은밀한 것이다(8:5 하)

Supporting Idea	사랑의 몇 가지 측면은 두 사람만을 위한 것이다.

8:5 하. 술람미 여인이 다시 한 번 사랑의 행위를 주도했다(여기서의 '나' 는 여성형이다). 그들은 분명 마차에서 내렸고, 단 둘이 있었던 것으로 보인다. 우리는 아가서에서 세 번이나 적절한 시점이 될 때까지 사랑을 깨우지 말라는 소리를 들어왔다(2:7, 3:5, 8:4). 그런데 이제 그 시점이 되었다는 것이다. 술람미 여인에 의하면 말이다. 고대 세계에서 살구(또는 사과)나무는 종종 성적 활동이나 로맨스와 연관되었다. "그것은 고대 세계에서 사랑의 나무였다"(Glickman, 96).

5절의 마지막 부분은 히브리 대구법의 한 예다. 너를 인하여 네 어미가 신고한, 너를 낳은 자가 애쓴 그 곳. 듀앤 가렛은 이렇게 지적했다.

> 그녀는 2장 3절에서 그녀의 사랑하는 자를 사과나무라고 부른다. 따라서 그의 어미가 "사과나무 아래에" 있었다는 비유적 표현은 그의 어머니가 그의 아버지와 함께 있었음을 의미한다. 마찬가지로 그의 어미가 그를 임신하고 낳았던 곳은 여성의 음부를 가리킨다… 그 여인이 의미하는 바는 그녀와 그가 지금 그 남자 자신에게 생명이 주어졌을 때와 똑같은 행위에 관여하고 있다는 것이다(듀앤 가렛, 426).

우리가 아가서 도처에서 보아왔듯이, 섹스는 행복한 결혼에서 중요하고 의미 있는 부분이다. 그리고 그럴 만한 이유가 있다. 부부간의 섹스는 오락적 섹스나 동거 생활의 섹스보다 남자와 여자 모두에게 더 만족스럽기 때문이다(Karen S. Peterson, "Quick Lessons for a Long Marriage", 〈USA 투데이〉, 2000. 7. 3). 실제로 「결혼 옹호론(The Case of Marriage)」의 공동 저자 린다 웨이트(Linda Waite)는 "여성의 경우에는 결혼했다는 사실만으로도 섹스에 대한 만족도가 개선되는 것 같고, 남성의 경우에도 결혼이 활동적이고 다양한 성생활을 제공함으로써 성적으로 만족스럽게 작용한다"고 말했다.

그러나 우리는 이 영역에 대해 공정하고 솔직할 필요가 있다. 아가서에서 보아왔듯이, 때로는 스파크가 튀지 않고 불꽃도 작은 불씨에 불과하기 때문이다. 왜 그럴까? 이유는 다양하다. 「자주 사랑할 수 있는 방법(How to Make Love All the Time)」의 공저자 바바라 디엔젤리스(Barbara DeAngelis)는 우리에게 피해야 할 5가지 함정을 경고한다.

1. 섹스를 하기 위해 밤늦게까지 기다리는 것
2. 통계 편집증의 먹이가 되는 것
3. 당신이 섹스를 하고 싶을 때까지 피하는 것
4. 완전히 습관적으로 하는 것
5. 다른 문제를 숨기기 위해 피곤하다고 핑계대는 것

하지만 바바라는 곧바로 상황 반전을 위한 4가지 전략을 제시한다.

1. 섹스를 위한 시간을 계획하라.
2. 일과 후 긴장을 완화시킬 수 있는 시간을 계획하라.
3. 때로는 '급하게 하는 섹스' 도 받아들여라.
4. 섹스 횟수를 채우려고 애쓰지 말고, 당신이 하고 있는 섹스를 즐겨라.
(바바라 디엔젤리스, "Are You Too Tired for Sex?", 〈Family Circle〉, 1990. 10. 16, pp. 32-37).

이것은 건전한 조언이다. 우리가 아가서에서 얻게 되는 조언과 함께 참고한다면, 사랑을 위한 그런 은밀한 시간들을 자신 있게 기대할 수 있을 것이다.

C. 사랑은 사적인 것이다(8:6)

Supporting Idea	당신의 사랑이 반드시 배우자의 마음에 가닿게 하라.

8:6. 술람미 여인은 그녀의 남편에게 자신을 인(印)같이 마음에 품어 달라고 요청했다. 한 개인의 인장은 지극히 중요하고 사적인 것이었다. 대체로 그것은 소유권을 암시하기 때문에 한 개인의 가장 귀중한 소유물에 새겨졌다. 그녀는 자신이 자기 남편의 가장 사적이고 귀중한 소유물이라는 사실을 알고 싶었던 것이다. 그녀는 인장이 되기를 원했다. 그냥 인장이 아니라 솔로몬의 마음이라는 특정한 위치에 새겨지는 인장인 것이다. 솔로몬 시대에는 인장이 새겨진 반지를 끼거나 원통형 인장이 달린 목걸이나 줄을 목에 걸어 가슴 근처에 두는 것이 흔한 관습이었다. 솔로몬이 자기 아내를 그런 식으로(그녀가 자신을 그의 가슴 근처에 간직된 귀중한 인장이라고 생각하게 만들 정도로) 사랑했던 것은 그녀의 마음에 깨어질 수 없는 사랑과 헌신을 전했을 것이다.

D. 사랑은 보호하는 것이다(8:6)

Supporting Idea	사랑은 그 애정의 대상을 상해나 위험으로부터 보호하고 지켜준다.

8:6. 술람미 여인은 또 자기 남편의 팔에 놓이는 영원한 소유물이 되기를 소망했다. 팔은 힘과 안정감을 의미한다. 이 여인은 참된 사랑 속에는 언제나 안정감이 있다는 사실을 이해하고 있었다. 우리가 배우자와 함께 누리는 관계 속에는 편안함이 있다. 참된 사랑은 분명 보호하는 태도를 가지고 있다. 당신이 사랑하는 사람을 어떤 피해와, 상해와, 손상으로부터 지켜주고 싶어한다. 어떤 식으로든 해로운 영향을 미칠 무언가로부터 보호해주기를 원한다.

사랑의 이 보호하는 요소의 핵심은 아는 것이다. 우리가 배우자를 더 잘 알수록 그에게 '보호하는 사랑' 을 제공할 준비가 더 잘 갖춰지기 때문이다.

E. 사랑은 소유하는 것이다(8:6)

Supporting Idea	결혼에 관한 한 건전한 질투라는 것이 있다.

8:6. 사랑은 죽음같이 강하고, 투기는 음부같이 잔혹하다(또는 지독하다)고 이야기한다. 사랑은 죽음과 마찬가지로 보편적이면서도 불가피한 것이다. 강하다(strong)는 단어는 아가서의 이곳에서만 등장한다. 그 단어는 "압도적인 공격자나 흔들림 없는 방어자" 를 의미한다(Carr, 170). 사랑이 부를 때, 그 사이렌 소리는 너무나 강력해서 거부할 수 없을 정도다. 시랑은 "한 번 사로잡은 사람을 결코 놓아주지 않는다" (Garrett, 426).

'투기' 는 최선의 번역이 아닐지도 모른다. 우리가 보통 그 단어와 연관시키는 부정적인 의미 때문이다. 이 문맥에서는 '죽음같이 강하다' 는 표현과 대구를 이루고 있으며, 특정한 사람이나 물건에 대한 강한 감정적 애착을 의미한다. 이런 유형의 사랑은 소유적이고 배타적이다. 그것은 남성이든 여성이든 한 번 붙잡은 사람을 무덤처럼 강한 소유욕으로 확실하게 집어삼킨다(Garrett, 426). "경건한 사랑의 정당한 질투는 무덤처럼 단호하거나 피할 수 없는 것이다" (Patterson, 117). 절대 놓아주지 않을 것이다.

축구 감독들은 "상황이 어려워질수록, 강한 사람들은 밀고 나가는 거야" 하는 식의 말로 선수들에게 동기부여하려고 애쓴다. 아마 사실일 것이다. 그러나 한 가지만은 분명하다. "상황이 어려워질수록, 사랑은 꿋꿋하게 밀고 나간다." 사랑은 그만두거나, 경주를 포기하거나, 타올을 던지거나, 그 애정의 대상을 놓아주기를 거부한다.

F. 사랑은 강력한 것이다(8:6)

Supporting Idea	어떤 열정도 사랑의 열정을 필적할 수 없다.

8:6. 사랑은 불같이 일어나니 그 기세가 여호와의 불과 같으니라. 여기서는 불의 힘과 강렬함이 강조되고 있다. "여호와의 불과 같으니라"로 번역된 히브리 원문의 마지막 음절은 하나님의 거룩한 이름 여호와를 가리키는 것일 수 있다. 예루살렘 성경(Jerusalem Bible)과 미국 표준 성경(American Standard Bible, 1901), NIV(난외의 주) 성경 등은 그렇게 받아들인다. 만약 그것이 옳다면, 하나님 자신이 그 사랑의 원천으로 간주되는 것이다. 따라서 그 사랑의 본질적인 힘이 강화될 수밖에 없을 것이다. 하나님이 주인이 되어 주관하시는 결혼에서 그분이 지피시는 사랑은 너무나 강렬하고 뜨거운 불꽃이어서 이 세상 어떤 것도 그것을 끄거나 소멸시킬 수 없다. 그것은 맹렬한 산불처럼 너무나 강렬하게 타오르기 때문에 아무도 그것을 통제할 수 없다. 그것이 작열하는 불꽃과 같은 열정적인 사랑이다.

G. 사랑은 인내하는 것이다(8:7 상)

Supporting Idea	참된 사랑은 결코 단념하거나 포기하지 않는다.

8:7 상. 결혼은 지속되어야 한다. 사랑도 마찬가지다. 그것은 잠시 동안이 아니라, 평생 이어져야 한다. 솔로몬은 우리에게 하나님이 주시는 사랑은 중단될 수 없고, 그 불꽃은 꺼질 수 없다고 가르친다. 많은 물이나 심지어 홍수가 덮치더라도 그것은 소멸되지 않을 것이다. 끝까지 인내하게 될 것이다. "사랑의 강인한 인내력이 사랑을 쓸어갈 수 없는 썰물이나, 끊임없이 흐르지만 사랑의 불꽃을 덮어 끌 수 없는 강물과 대조되고 있다"(Carr, 171). 하나님의 사랑과 같은 유형의 참된 사랑은 인내하는 것이다.

H. 사랑은 값을 매길 수 없을 정도로 귀중한 것이다(8:7 하)

Supporting Idea	참된 사랑은 돈으로 살 수 없다. 그것은 값없이 주어지는 선물이다.

8:7 하. 참된 사랑은 돈으로 살 수 없다. 그것에는 가격표도 없고, 그것을 팔려고 내놓는 사람도 없다. 만약 어떤 사람이 자신의 모든 소유를 주고 사랑을 사려고 시도한다면, 멸시와 천대를 받게 될 것이다. 대중의 조롱과 비웃음의 대상이 될 것이다. "본질적으로 사랑은 주어져야 한다. 섹스는 돈으로 살 수 있지만, 사랑은 주어져야 한다"(Glickman, 101).

I. 사랑은 순수한 것이다(8:8-9)

Supporting Idea	참된 사랑은 거룩하고 순결하여 하나님의 명령을 지킨다.

8:8-9. 8-12절은 아마도 술람미 여인의 젊은 시절과 솔로몬과의 초기 만남에 대한 회상으로 이해해야 할 것이다. 그녀는 오빠들이 그녀에게 엄하게 굴면서도(1:6) 한편으로 보호적이었던 가정에서 성장했다. 그들은 그녀를 돌보며 그녀의 도덕적 성장과 성숙에 관심을 기울였다. 심지어 그녀가 아직 작은(또는 어린) 누이로 유방이 없던 어린 시절에도, 그들은 그녀가 결혼하여 한 남자에게 자신을 주게 될 때를 고려하면서 그녀를 지켜보았다. 그녀가 성벽일진대라는 표현은 도덕적 순결과 비접근성을 말한다. 만약 그녀가 그런 인격을 보인다면, 그들은 그녀를 은 망대로 기리게 될 것이었다. 다시 말해, 그녀에게 자유와 책임이 주어질 것이었다.

반면에 그녀가 문이라면(도덕적 취약성과 약점을 암시한다) 그들은 그녀를 보호하기 위해 백향목 판자로 두르게 될 것이었다. 만약 그녀가 자신의 행동에 대해 부주의하고 무책임하다면, 성적 부정과 어리석음을 저지를 수 있는 자유와 기회를 그들이 제한하게 될 것이라는 말이다. 술람미 여인의 가족은 이 젊은 여인을 지도하는 데 있어 현명했다. 불행하게도 요즘은 너무나 적은 가정이 그런 지도를 제공하고 있고, 그 결과는 지금까지 비극적이었다.

J. 사랑은 평화로운 것이다(8:10)

Supporting Idea	사랑은 우리 삶의 관계에서 화평과 평안을 조장한다.

8:10. 술람미 여인은 자신의 순결한 도덕적 성향과 가치에 관한 개인적인 말을 그녀의 남편에게 전달했다. 그녀는 장래의 남편을 위해 자신을 도덕적으로 순결하게 지켜왔다. 그들이 결혼할 때 그녀는 순결한 처녀였다. 게다가 그녀는 이제 생기가 넘치고, 관능적이며, 성숙한 하나님의 여인이었다. 그녀의 유방은 **망대와 같았다.** 결혼할 때가 되었을 때, 그녀는 모든 면에서 준비되어 있었고, 그녀의 남편은 그 혜택을 누릴 수 있었다. 성경 본문은 **그의 보기에** 그녀가 **화평**(또는 만족)을 가져다주었다고 말한다. 그 히브리 단어는 '샬롬(shalom)' 이다. 그것은 삶의 모든 측면에서 온전함과 완전함, 심신이 모두 건강한 상태 등을 의미한다. 술람미 여인은 자신의 남편을 온전하게 만들어 주었다. 그녀는 "그를 위하여 돕는 배필" 이었다(창 2:18). 그녀가 곁에 있음으로 해서 그는 편안함을 느꼈고, 평화와 격려, 즐거움, 원기 회복 등을 얻을 수 있었다.

K. 사랑은 특권이다(8:11-12)

Supporting Idea	사랑은 배우자만을 위하고, 배우자에게만 주어지는 선물이다.

8:11-12. 이 구절의 정확한 의미는 아무리 생각해도 모호하다. 요점은 솔로몬이 자기 소유물들을 관리할 수 있는 권리(11절)와, 술람미 여인이 자신을 내어줄 수 있는 권리(12절) 사이의 대조였던 것 같다. **솔로몬은 바알하몬**(위치는 알려져 있지 않다)**에 포도원을 가지고 있었다. 지키는 자들이** 그것을 감독하였고, 은 일천을 바칠 수 있을 정도로 충분한 수확을 거두어들여야 했다. 그들은 그 대가로 은 이백을 받게 될 것이었다. 은 이백은 솔로몬이 얻은 이득의 5분의 1에 해당했다. 그것은 그의 권한 내에 있었다. 포도원 땅이 그의 소유였고, 그가 소작인들과 계약을 맺었기 때문이다.

술람미 여인도 자신의 포도원을 가지고 있었다. 바로 그녀의 몸이었다(비교. 1:6). 그녀는 아무에게도 속해 있지 않았으므로 누구든지 자신이 선택한 사람에게 그녀 자신과 그녀의 사랑을 줄 수 있는 권리와 특권을 가지고 있었다. 솔로몬의 포도원은 소유물이기 때문에 비인격적인 것이었지만, 그녀의 포도원은 사람이므로 극히 인격적인 것이었다. 술람미 여인은 솔로몬의 아내가 되기 위해 그에게 기꺼이 그리고 아낌없이 자신을 기쁘게 내어주었던 것이다. 솔로몬은 수많은 소유물을 가지고 있었지만, 그녀는 선물로 찾아온 것이었다.

L. 사랑은 특별한 것이다(8:13-14)

Supporting Idea	사랑은 사랑하는 사람에게 특별한 관심을 가지고 있다.

8:13-14. 우리는 마침내 아가서의 종점에 도달해 마지막 두 구절을 남겨두고 있다. 적절하게도 남편과 아내가 모두 말하고 있다. 술람미 여인은 동산에 있었다. 그녀 자신이 동산이기도 했다(비교. 4:12-16). 그녀는 솔로몬에게 끊임없는 생기와, 기쁨과, 흥분과, 즐거움의 원천이었다. 친구들 또는 동료들이 이 특별하고 재능 많은 여인의 목소리에 귀 기울이고 있었다. 그러나 솔로몬도 그녀의 목소리를 듣고 싶어했다. 그의 요구는 독점적이고 특별한 것이었다. 다른 사람들도 그녀를 보고 그녀의 목소리를 듣고 싶었겠지만(비교. 6:13), 그녀는 그의 것이었다. 그만을 위한 존재였던 것이다. 솔로몬은 자신에게 큰소리로 외쳐 달라고 그녀에게 부탁했다. 그녀는 소유물이 아니라 인격체였다. 노예가 아니라 배우자였던 것이다. 그녀가 준 사랑은 값없이 주어진 것이었다.

술람미 여인은 그에게 다시 한 번 함께 떠나자고 초대함으로써 반응했다. 그녀는 솔로몬에게 서두르라고 말했다! 그녀는 노루와도 같고 어린 사슴과도 같이 그녀에 대한 성적 감정을 주저함 없이 표현해달라고 말했던 것이다. 그녀는 솔로몬을 향기로운 산들로 초대했다. 그것은 거기서 그가 발견하게 될 그녀의 유방과 즐거움을 가리키는 것이다. 거기서는 오직 그녀의 사랑하는 자만이 환영을 받았고, 그는 항상 기꺼이 받아들여졌다. 그들이 결혼한 지는 좀 되었지만, 그들의 사랑의 열정과 강렬함은 여전히 시들지 않았다. 그것이 바로 하나님이 의도하시는 바다. 그것이 하나님의 계획인 것이다.

Main Idea 복습	참된 사랑은 우리가 배우자에게 되풀이해서 주기로 마음먹는, 다양한 면을 지닌 선물이다.

결론

참된 사랑의 기준

다음 질문들은 사랑일 수도 있는 어떤 관계에 대한 당신의 감정을 분석하는 데 도움을 줄 수 있다. 맞거나 틀린 답이란 존재하지 않는다. 각 질문에 대해 "예"나 "아니오", "?" 등으로 당신의 대답을 표시하라. "예"나 "아니오"로 대답할 수 없다고 확신할 때만 물음표(?)를 사용하라. 당사자 둘이 함께 체크하고 토론한다면, 더 큰 도움을 얻을 수 있을 것이다.

1. 당신 둘은 분명한 의견 차이나 이해 충돌을 끝까지 해결하여 둘 다의 완전한 만족으로 이끌어본 적이 있는가? □ 예 □ 아니오 □ ?
2. 당신 둘은 대화를 통해 새로운 견해와 아이디어를 도출하는가? □ 예 □ 아니오 □ ?
3. 당신은 친구와 공유할 수 있는 경험과 아이디어를 쌓아가고 있는 자신을 발견하는가? □ 예 □ 아니오 □ ?
4. 당신의 친구와 관련하여 결혼한 후에 교정시켜주려고 마음먹고 있는 특정한 것들이 있는가? □ 예 □ 아니오 □ ?
5. 당신은 상대방을 중심에 두고 여러 계획을 준비하는 자신을 발견하는가? □ 예 □ 아니오 □ ?
6. 당신은 깊이 존경하는 다른 사람들에게 당신 친구를 자랑스럽게 소개하는가? □ 예 □ 아니오 □ ?
7. 당신 친구의 존재나 영향이 당신에게 지적 활동을 자극하거나 영감을 제공해주는가? □ 예 □ 아니오 □ ?
8. 당신 둘은 자녀에 대한 생각과 양육 방법에 있어 일치하는가? □ 예 □ 아니오 □ ?

9. 당신은 어느 날 저녁 또 다른 매력적인 이성과 함께 있는 당신의 친구를 신뢰할 수 있다고 전적으로 확신하는가? □ 예 □ 아니오 □ ?

10. 당신은 때때로 두 사람의 관계 속에서 불안감이나 불편함, 강한 소유욕 등을 느끼는가? □ 예 □ 아니오 □ ?

11. 외부로부터 골칫거리가 생길 때, 그것이 두 사람을 더 갈라놓기보다는 더 가깝게 만들어주는 경향이 있는가? □ 예 □ 아니오 □ ?

12. 솔직한 토론을 통해 협조적으로 성생활 기준을 만든 적이 있고, 두 사람 모두 도달된 의사 결정에 만족하고 있는가? □ 예 □ 아니오 □ ?

13. 저녁 시간에 특별히 계획된 활동이 없더라도 서로가 함께 있는 것을 즐기는가? □ 예 □ 아니오 □ ?

14. 당신은 그 또는 그녀가 말한 것이 진실인지에 대해 의심해본 적이 있는가? □ 예 □ 아니오 □ ?

15. 당신과 같은 성(性)의 다른 누군가가 당신의 친구에게 관심을 기울일 때, 강한 질투심을 느끼는가? □ 예 □ 아니오 □ ?

16. 당신은 보통 똑같은 사람들을 좋아한다고 생각하는가? □ 예 □ 아니오 □ ?

17. 상대방에게 마음의 상처를 주지 않기 위해 당신이 말하거나 행동하기를 피해야 하는 특정한 것들이 있는가? □ 예 □ 아니오 □ ?

18. 당신의 친구와 관련하여 당신이 좋아하는 특징이나 특정한 것들을 언급할 수 있는가? □ 예 □ 아니오 □ ?

19. 당신은 그 또는 그녀가 지니고 있는 인생관과 가치관을 좋아하는가? □ 예 □ 아니오 □ ?

20. 당신들은 지금까지 주로 대화나 함께 공유하는 경험을 통해 서로를 이해하게 되었는가? □ 예 □ 아니오 □ ?

■ 진리 알기와 적용하기

- 강한 애정은 서로를 보호하고 돌보는 관계 속에 뿌리내린다.
- 강한 애정은 현명한 개인적 판단과 의사 결정의 결과다.
- 강한 애정은 역경의 모루에서 만들어진다.
- 강한 애정은 배우자의 부족한 부분에 초점을 맞추기보다는 자기 자신을 개선하기로 마음먹음으로써 성취된다.
- 사랑은 하나님의 원리를 터득하고 적용할 때만 깊어진다.
- 하나님은 참된 사랑을 만든 분이시며 그 원천이시다.
- 상호 만족은 인간 사랑의 기초가 된다.
- 상호 만족은 보완적인 것일 뿐만 아니라 배타적인 것이다. 한 남자와 한 여자가 평생 사랑하는 것이 모범 답안이다.
- 참된 사랑 안에는 안식과 기쁨과 용기가 있다.
- 인간적이고 영적인 삶은 상호 간에 사랑을 경험하는 데서 가장 큰 만족을 얻는다.

삶의 적용

결혼 언약

하나님이 그분의 지혜와 섭리 안에서 결혼을 언약의 관계로, 다시 말해 서로에 대한 우리의 무조건적인 사랑을 반영하는 거룩한 평생의 약속으로 정하셨다는 사실과, 하나님의 의도대로 결혼 언약이 우리를 절대 떠나거나 버리지 않겠다는 그분의 약속을 반영한다는 사실을 믿고 아래에 서명한 우리는 우리의 결혼 서약을 이행하겠다는 엄숙한 맹세를 다시 한 번 확인합니다. 더 나아가, 우리는 다른 사람들이 그들의 결혼 서약을 존중하고 이행하도록 촉구함으로써 결혼 언약의 거룩한 본질과 영속성을 찬미하기로 서약합니다.

하나님과 이 증인들 앞에서 거룩한 언약을 통해 나(남편의 이름)는 당신을 하나님의 완벽한 선물로 기쁘게 받아들이고, 오늘 이후로 영원히 함께하며, 좋을 때나 나쁠 때나, 부유할 때나 가난할 때나, 아플 때나 건강할 때나 당신을 사랑하고 존중하며, 우리 둘이 살아 있는 한 다른 모든 것을 버리고 당신을 소중히 여기며 보호하겠습니다.

남편의 서명 ________________________________

하나님과 이 증인들 앞에서 거룩한 언약을 통해 나(아내의 이름)는 당신을 하나님의 완벽한 선물로 기쁘게 받아들이고, 오늘 이후로 영원히 함께하며, 좋을 때나 나쁠 때나, 부유할 때나 가난할 때나, 아플 때나 건강할 때나 당신을 사랑하고 존중하며, 우리 둘이 살아 있는 한 다른 모든 것을 버리고 당신을 소중히 여기며 보호하겠습니다.

아내의 서명 ________________________________

서약 일자 ________________________________

증인 ________________________________

증인 ________________________________

"여호와께서 집을 세우지 아니하시면
세우는 자의 수고가 헛되며"(시 127:1).

기도

하나님 아버지, 솔로몬이 아가 8장 5-14절에서 묘사하고, 바울이 고린도전서 13장에서 묘사하는 것처럼 제 배우자를 사랑하기를 원합니다. 당신이 저를 사랑하신 것처럼 아무 조건 없이 무조건적으로 제 배우자를 사랑하고 싶습니다. 사랑이 무엇인지 아는 지식과 제 의무에 대한 헌신에서 성장해갈 수 있도록 도와주십시오. 당신이 그리스도 안에서 저를 사랑해주신, 누구도 따라할 수 없는 사랑의 모범에 대해 감사드립니다. 당신이 저를 사랑하신 것같이 제 배우자와 다른 사람들을 사랑하기를 열망합니다. 예수님의 이름으로 기도합니다. 아멘.

심층 연구

A. 사랑

아가 8장 5-14절과 짝을 이루는 신약 성경은 고린도전서 13장이다. 하워드 헨드릭스(Howard Hendricks)가 그 성경 본문을 응용해 작성한 글을 읽어 내려가다보면, 참된 사랑이 이 세상에서 구현될 때 어떤 모습일지 볼 수 있을 것이다. 그 "사랑의 10가지 척도(10 Yardsticks for Love)"가 아가 8장 5-14절과 고린도전서 13장의 진리를 어떻게 반영하고 있는지 주목하라.

1. *참된 사랑은 사랑하는 사람의 '전체 자아'에 대한 민감성을 수반한다.* 당신은 몸과 사랑에 빠지는 것이 아니라, 사람과 사랑에 빠지는 것이다. 실제로 '당신은 사람과의 사랑 속에서 성장한다'고 말하는 것이 더 좋겠다. 올바른 사랑 관계에서는 상대방의 삶 전체를 풍요롭게 만들어준다.
2. *참된 사랑 속에 즐거움의 감정뿐만 아니라 존경심, 심지어 경외심까지도 존재한다.* 당신의 아내나 남편을 바라보며 하나님이 내게 주신 선물이라고 생각해본 적이 있는가? 그분이 나를 위해 직접 손으로 지어주셨다고 생각해본 적이 있는가?
3. *참된 사랑은 자기 희생의 특징을 가지고 있다.* 하나님이 세상을 이처럼 사랑하사 독생자를 '주셨으니'(요 3:16, 요일 4:9-10). 많은 사람들이 자신만을 사랑한다. 세상에서 가장 못난 사람은 온통 자신에게만 열중하는 사람이다. 참된 사랑 안에서는 자신보다 다른 사람의 행복을 더 생각한다.
4. *사랑은 기쁨뿐만 아니라 책임도 기꺼이 받아들인다.* 관계로부터 무엇을 얻을 수 있는지가 아니라 그 관계에 무엇을 줄 수 있는지에 대해 끊임없이 자문(自問)한다. 예를 들어, 결혼은 단순히 딱 맞는 배우자를 찾는 문제가 아니라, 스스로 딱 맞는

배우자가 되는 것이 관건이다.

5. *참된 사랑은 상대방과 함께 있을 때뿐만 아니라 떨어져 있는 고통 속에서도 경험하는 별난 기쁨에 의해 특징지어진다.* 자력(磁力)과 우의(友誼)는 사랑 속에서 생겨난다.
6. *육체적 표현에 대한 끊임없는 필요없이도 서로에 대한 즐거움이 존재한다.* 사랑하는 사람과 함께 있다는 것 자체가 기쁨이다. 많은 사람들은 그 특별한 사람과 한 방에 있다는 사실만으로도 큰 만족을 경험해왔다.
7. *참된 사랑은 보호하는 태도를 가지고 있다.* 당신은 사랑하는 사람을 위해나 상해, 손해 등 해로운 영향을 미치게 될 무언가로부터 보호해주고 싶어한다. 관계에서 가장 치명적인 무기 가운데 하나는 가시돋친 냉소적인 말로 서로를 조금씩 무너뜨리는 것이다. 이것이 다른 사람들 앞에서 행해질 때 더욱 깊은 상처를 남긴다. 사람을 성장시키는 것은 그의 약점이 아니라 강점을 강화시킴으로써 가능하다. 서로를 자랑스럽게 여겨라.
8. *참된 사랑에는 서로에게 속해 있다는 의식이 존재한다.* 사랑에 빠져 있는 사람은 항상 상대방과의 관계 속에서 자신을 생각한다. 그것은 삶을 살아가는 아름다운 방법이다. 그가 무엇을 하고 있을까? 그녀가 무엇을 하고 있을까? 그가 어떻게 생각하고 있을까? 그녀가 어떻게 느끼고 있을까?
9. *참된 사랑은 서로를 너무나 잘 이해하고 있다는 느낌을 가지고 있다.* 당신들은 중요한 사안들에 대해 똑같은 방식으로 느낀다. 마음의 융화가 이루어져 있기 때문이다. 부부의 의사소통 시스템이 잘 발달되어 있을 때, 서로 상대방이 어떻게 생각하는지 터득하게 된다.
10. *진짜 사랑은 성숙된다.* 그 성장은 역동적이다. 그리스도 안에 있는 진짜 사랑은 그리스도의 성품을 닮아간다. 그것은 솔로몬이 아가 8장 5-14절에서 묘사하고, 바울이 고린도전서 13장에서 묘사했던 사랑을 닮아가기 시작한다.

교안

A. 들어가는 글: '사랑일까, 열병일까?' 이야기로 시작하라.

B. 본문 이해

1. 사랑은 공개적인 것이다(8:5 상)
2. 사랑은 은밀한 것이다(8:5 하)
3. 사랑은 사적인 것이다(8:6)
4. 사랑은 보호하는 것이다(8:6)
5. 사랑은 소유하는 것이다(8:6)
6. 사랑은 강력한 것이다(8:6)
7. 사랑은 인내하는 것이다(8:7 상)
8. 사랑은 값을 매길 수 없을 정도로 귀중한 것이다(8:7 하)
9. 사랑은 순수한 것이다(8:8-9)
10. 사랑은 평화로운 것이다(8:10)
11. 사랑은 특권이다(8:11-12)
12. 사랑은 특별한 것이다(8:13-14)

C. 결론: '참된 사랑의 기준' 을 읽어주라.

토의 질문

1. 당신은 공통의 관심사를 개발해왔는가? 서로의 직업과 관심사에 대해 무엇을 알고

있는가? 상호 이해를 촉진하기 위해 그 또는 그녀의 입장이 되어 생각해보려고 노력하라.

2. 당신의 민감성 지수를 예민하게 만들고 있는가? 당신의 배우자가 만족이나 좌절, 권태 등의 징후를 보이는지 잘 관찰하고 적절하게 대응하라.

3. 당신은 경청하는 방법을 배우고 있는가? 꼬치꼬치 캐물어 닫힌 마음을 열려고 하지 말라. 그러나 그 또는 그녀가 자발적으로 말할 때는 주의 깊게 그리고 지혜롭게 경청하라.

4. 당신 자신을 좀 더 흥미롭고 매력적인 사람으로 만들기 위해 노력하고 있는가? 정신적으로, 육체적으로 건강과 젊음을 유지하라. 그래서 당신의 배우자에게 매력적인 사람이 되라(지친 늦은 밤 대화를 조심하라).

5. 당신은 대화에서 아픈 데를 건드리지 않기 위해 노력하는가? '위험' 영역은 언제나 적절한 타이밍과 민감성을 가지고 접근하라. 감정적으로 준비되어 있을 뿐만 아니라, 환경을 고려할 줄 알아야 한다.

6. 당신은 사랑과 순종의 마음으로 비판을 수용할 줄 아는가? 당신 배우자의 관점에서 당신 자신을 현실적으로 점검하려고 노력하라.

7. 당신은 필요하다면 차선을 기꺼이 받아들이겠다는(당신 뜻대로 하는 것이 아니

라!) 마음으로 문제를 논의하는가? 당신의 총체적인 관계가 일시적인 '승리' 보다 더 중요하다는 사실을 기억하라.

8. 당신은 긴장을 풀고 분을 가라앉힐 수 있는 기분 전환 프로그램을 가지고 있는가?

9. 당신은 아내로서 긴장을 완화시킬 필요가 있음을 인식하는가? 차분하고 냉정하려고 노력하라. 당신은 남편으로서 당신의 사랑에 대해 확고하고 든든한 모습을 보여주는가?

10. 당신은 적어도 1년에 한 번 남편과 아내 '수양회' 여행을 떠나는가? 과거를 평가하고 미래의 목표를 세우기 위해 잠시 집을 떠나 둘만을 위한 시간을 가져라.

■ 용어 해설

아가

1. 바알하몬(Baal Hamon, 8:11) - 문자적으로는 '군중의 주'라는 뜻이고, 정확한 위치는 알려져 있지 않다. 술람미 여인을 포도원지기로 삼았던 포도원을 언급하는 것일지도 모른다.
2. 바드랍빔(Bath Rabbim, 7:4) - 문자적으로는 '많은 사람들의 딸'이라는 뜻이다. 정확한 위치는 알려져 있지 않으나, 아마도 사해 동쪽에 위치한 헤스본과 유사한 지역일 것이다.
3. 창포(Calamus, 4:14) - 사탕수수의 향기 나는 뿌리 줄기로, 껍질을 벗기고 말려서 발암성 향유를 만든다.
4. 황옥(Chrysolite, 5:14) - 마그네슘과 철의 합성 규산염으로 푸르스름한 광물.
5. 아마나 꼭대기(Crest of Amana, 4:8) - 정확한 위치는 알려져 있지 않으나, 아마도 깨끗한 아마나 강(비교. 왕상 5:12)의 발원지 근처일 것이다.
6. 다메섹(Damascus, 7:4) - 이스라엘의 북동쪽에 위치한 시리아의 수도.
7. 예루살렘 여자들(Daughters of Jerusalem, 1:5, 2:7, 3:5, 10, 11, 5:8, 16, 8:4) - 아가서에서 술람미 여인에 의해서만 불려지는 일단의 처녀들로, 그녀보다는 어린 친구들이었던 것으로 보인다. 그들은 아가서 도처에서 지시를 주고받는 합창단 역할을 한다.
8. 들 사슴(Does, 2:7, 3:5) - 성장한 황갈색 사슴 암컷.
9. 엔게디(En Gedi, 1:14) - 사해 서안의 중간 지점에 위치한 비옥한 지역. 다윗이 사울을 피해 이 지역에 은신했었다.
10. 노루 새끼(Fawns, 4:5, 7:3) - 어린 사슴.
11. 우리(Friends, 1:4) - 아가서의 구경꾼들(본문 이해 참고).
12. 노루(Gazelles, 2:7, 9, 17, 3:5, 4:5, 7:3, 8:14) - 우아하고 날렵한 아프리카와 아시아산 영양으로, 다산과 민첩함, 부드럽고 반짝이는 눈 등으로 유명하다.
13. 잔(Goblet, 7:2) - 사발 모양의 술잔.
14. 고벨(Henna, 1:14, 4:13) - 팔레스타인 지역에서 흔한 관목으로 향기로운 꽃이 핀다.
15. 헤스본(Heshbon, 7:4) - 예루살렘에서 동쪽으로 80킬로미터 떨어져 있는 모압 성읍.

16. **게달**(Kedar, 1:5) - 검은 염소의 털로 만들어진 베두인 족의 천막을 가리킨다.

17. **창살**(Lattice, 2:9) - 정원을 둘러싸고 있는 통풍식 벽.

18. **레바논**(Labanon, 3:9, 4:8, 11, 15, 5:15, 7:4) - 페니키아와 이스라엘과 시리아 사이의 천연적인 경계 역할을 하고 있는 땅의 북서쪽 산악 지대.

19. **백합화**(Lilies, 2:1, 2, 16, 4:5, 5:13, 6:2, 3, 7:2) - 팔레스타인 지역에 야생하는 주홍빛 아네모네.

20. **마하나임**(Mahanaim, 6:13) - 두 진영 또는 두 떼를 의미할 가능성이 높다.

21. **합환채**(Mandrakes, 7:13) - 지중해 연안에서 자라는 가지과(科)의 약초로, 달걀 모양의 잎과 자줏빛 또는 희끄무레한 색의 꽃이 핀다. 두 갈래로 갈라진 뿌리는 사람의 몸을 닮아 전통적으로 임신을 촉진하는 것으로 간주되었다.

22. **준마**(Mare, 1:9) - 완전히 자란 번식기의 암말.

23. **몰약**(Myrrh, 1:13, 3:6, 4:6, 14, 5:1, 5, 13) - 황갈색에서 적갈색을 띠는 방향성 고무 수지로, 동부 아프리카와 아라비아산 나무에서 추출되며, 쓰면서도 약간 자극적인 맛을 갖고 있다.

24. **갈멜 산**(Mount Carmel, 7:5) - 갈릴리 바다 서안에 위치한 산지로, 오늘날의 하이파(Haifa) 바로 남쪽에 있다. 엘리야가 바알 선지자 450명과 맞닥뜨렸던 곳이기도 하다(왕상 18장).

25. **길르앗 산**(Mount Gilead, 4:1, 6:5) - 갈릴리와 사마리아 동쪽에 위치한 높은 고원 지대로, 요단 계곡의 평지에서부터 1,067미터 높이의 험준한 절벽을 끼고 있다.

26. **나드**(Nard, 4:13-14) - 동인도에서 자라는 같은 이름의 향기 나는 식물에서 추출된 것으로 추정되는 향유.

27. **석류**(Pomegranate, 4:3, 13, 6:7, 11, 7:12, 8:2) - 두꺼운 껍질 속에 많은 종자가 들어 있는 불그스름한 딸기류의 과실로, 대략 오렌지 크기만 하며 그 속에 신 맛이 나는 심홍색의 과육질 가종피와 함께 많은 씨가 들어 있다.

28. **헤스본 연못**(Pools of Heshbon, 7:4) - 헤스본은 예루살렘에서 동쪽으로 80킬로미터 떨어져 있는 모압 성읍이었다. 연못에 대한 언급은 고요하고 잔잔한 물의 이미지를 떠올리기 위해 의도된 것일 수 있다.

29. **붉어**(Ruddy, 5:10) - 혈색이 불그스레하다는 의미로, 아마도 솔로몬과 다윗의 관련성을

환기시키기 위해 사용되었을 것이다(삼상 16:12, 17:42).

30. **베데르 산**(Rugged hills, 2:17) - NIV 성경은 난외의 주를 통해 그것이 '베데르 산(Hills of Bether)' 일지도 모른다고 지적한다. 하지만 이런 식으로 묘사된 지리적 위치가 없는 것으로 보이기 때문에 많은 학자들은 이것을 술람미 여인의 유방에 대한 완곡어법으로 본다.

31. **번홍화**(Saffron, 4:14) - 자줏빛 꽃잎이 달리는 크로커스(crocus)의 진한 오렌지색 암술은 향기가 있고 자극적인 맛을 가지고 있다. 그것을 말려 음식의 맛과 색을 내는 데 사용하며, 과거에는 염료와 약용으로 사용하기도 했다.

32. **몰약 향낭**(Sachet of myrrh, 1:13) - 향기가 나는 수지질의 점성 물질을 담은 작은 천이나 쌈지로, 여인들이 향기를 발산하기 위해 몸에 지녔다.

33. **청옥**(Sapphires, 5:14) - 적색 이외의 색깔(보통은 청색이나 보랏빛이 나는 짙은 청색)을 띠는 투명 또는 반투명의 수정으로 이루어진 강옥의 일종.

34. **스닐**(Senir, 4:8) - 아모리 족속이 헤르몬 산을 지칭하는 이름(비교. 신 3:9).

35. **사론**(Sharon, 2:1) - 욥바와 갈멜 산 사이의 해안 평야로, 비옥함과 아름다움으로 유명하다.

36. **세겔**(Shekels, 8:11-12) - 화폐 단위로 사용된 고대 주화.

37. **사슴**(Stag, 2:9, 17, 8:14) - 완전히 자란 붉은 빛의 수사슴.

38. **융단**(Tapestry, **우리말성경** 7:5) - 손으로 짠 양면 겸용의 두꺼운 직물로, 복잡한 그림 디자인이 그 특징이며, 장식용으로 벽에 거는 천이나 커튼, 씌우개 등으로 사용된다.

39. **디르사**(Tirzah, 6:4) - 사마리아에서 동쪽으로 10킬로미터 정도 떨어져 있는 아름다운 성읍으로, 솔로몬 사후 북왕국의 수도가 되었다(왕상 14:17).

40. **다윗의 망대**(Tower of David, 4:4) - 느헤미야 3장 25절에서 암시되었을 가능성이 있다. "왕의 윗 궁에서 내어민 망대 맞은편 곧 시위청에서 가까운 부분."

41. **푸르고**(Verdant, 1:16) - 성장하는 초목으로 뒤덮인 초록빛을 말하며, 생명과 성장을 상징한다.

■ 참고 도서

Ecclesiastes

Allen, Diogenes. *Spiritual Theology: The Theology of Yesterday for Spiritual Help Today.* Cambridge: Cowley Publications, 1997.

Allen, Woody. "My Speech to the Graduates." *The New York Times,* 10 August 1979, A25.

Ambrose. "Duties of the Clergy" in *Nicene and Post-Nicene Fathers.* Second Series, vol. 10. Peabody, Mass.: Hendrickson Publishers, 1994.

_______. "Letter LXIII" in *Nicene and Post-Nicene Fathers.* Second Series, vol. 10. Peabody, Mass.: Hendrickson Publishers, 1994.

_______. "On Repentance" in *Nicene and Post-Nicene Fathers.* Second Series, vol. 10. Peabody, Mass.: Hendrickson Publishers, 1994.

Amiel, Barbara. "Saddam Is Not a Human Being." *Macleans,* 4 March 1991, 15.

Anonymous. "Two Epistles Concerning Virginity" in *Ante-Nicene Fathers.* Vol. 8. Peabody, Mass.: Hendrickson Publishers, 1994.

Athanasius. *On the Incarnation.* Crestwood, N.Y.: St. Vladimir's Seminary Press, 1993.

Augustine, Aurelius. "On the Gospel of John" in *Nicene and Post-Nicene Fathers.* First Series, vol. 7. Peabody, Mass.: Hendrickson Publishers, 1994.

_______. "On Marriage and Concupiscence" in *Nicene and Post-Nicene Fathers.* First Series, vol. 7. Peabody, Mass.: Hendrickson Publishers, 1994.

_______. "Sermons on New Testament Lessons" in *Nicene and Post-Nicene Fathers.* First Series, vol. 6. Peabody, Mass.: Hendrickson Publishers, 1994.

_______. *The City of God.* Vol. 18 of the Great Books Edition. Chicago: Encyclopaedia Britannica, 1952.

_______. *The Confessions of St. Augustine.* Edited by Paul M. Bechtel. Chicago: Moody Press, 1981.

Banks, Robert. *The Tyranny of Time.* Downers Grove, Ill.: InterVarsity Press, 1983.

Banks, Robert, and R. Paul Stevens, eds. *The Complete Book of Everyday Christianity.* Downers Grove, Ill.: InterVarsity Press, 1997.

Basil the Great. "Letter CCLXIII" in *Nicene and Post-Nicene Fathers.* Second Series, vol. 8. Peabody, Mass.: Hendrickson Publishers, 1994.

Becker, Ernest. *The Denial of Death.* New York: Simon & Schuster, 1973.
Bellah, Robert N., et al. *Habits of the Heart.* Berkeley: University of California Press, 1985.
Bennett, William J., ed. *The Book of Virtues.* New York: Simon & Schuster, 1993.
Blomberg, Craig L. *Neither Poverty nor Riches.* Grand Rapids: Eerdmans. 1999.
Bloom, Allan. *The Closing of the American Mind.* New York: Simon & Schuster, 1987.
Brander, B. G. *Staring into Chaos: Explorations in the Decline of Western Civilization.* Dallas: Spence Publishing, 1998.
Bridges, Charles. *The Geneva Series of Commentaries: Ecclesiastes.* Carlisle, Penn.: The Banner of Truth Trust, 1961.
Brodie, Fawn M. *Thomas Jefferson: An Intimate Biography.* New York: Bantam Books, 1974.
Brown, Raymond E., Joseph A. Fitzmyer, and Roland E. Murphy, eds. *The Jerome Biblical Commentary.* Englewood Cliffs, N.J.: Prentice-Hall, 1968.
Bunyan, John. *The Pilgrim's Progress.* New York: Signet Classics, 1964.
Burroughs, Jeremiah. *A Treatise of Earthly Mindedness.* Morgan, Pa: Soli Deo Gloria Publications, 1991.
Bush, George. *All the Best: My Life in Letters and Other Writings.* New York: Simon & Schuster, 1999.
Calvin, John. *Institutes of the Christian Religion.* Vol. 1. Translated by Henry Beveridge. Grand Rapids: Eerdmans, 1983.
Carson, D. A. *Exegetical Fallacies.* Grand Rapids: Baker Book House, 1984.
Cassian, John. "The Conferences" in *Nicene and Post-Nicene Fathers.* Second Series, vol. 11. Peabody, Mass.: Hendrickson Publishers, 1994.
Chan, Simon. *Spiritual Theology.* Downers Grove, Ill.: InterVarsity Press, 1998.
Chrysostom. "Concerning the Statues" in *Nicene and Post-Nicene Fathers.* First Series, vol. 9. Peabody, Mass.: Hendrickson Publishers, 1994.
Clement of Rome. "Two Epistles Concerning Virginity" in *Ante-Nicene Fathers.* vol. 8. Peabody, Mass.: Hendrickson Publishers, 1994.
Covey, Stephen R. *The 7 Habits of Highly Effective People.* New York: Simon & Schuster, 1989.
Covey, Sephen R., A. Roger Merrill, and Rebecca R. Merrill. *First Things First.* New York: Simon & Schuster, 1994.
Crenshaw, James L. *Ecclesiastes: A Commentary.* Philadelphia: The Westminster Press, 1987.

Davidson, Robert. *The Daily Study Bible: Ecclesiastes and the Song of Solomon.* Philadelphia: The Westminster Press, 1986.

Defoe, Daniel. *Robinson Crusoe.* New York: Penguin Books, 1970.

Dillard, Annie. *Teaching a Stone to Talk.* New York: Harper Collins Publishers, 1982.

Dostoevsky, Fyodor. *The Brothers Karamazov.* Vol. 52 of the Great Books Edition. Chicago: Encyclopaedia Britannica, 1952.

Drakulić, Slavenka. *Café Europa.* New York: Penguin Books, 1996.

Dreyfous, Leslie. "The Pursuit of Happiness." *The Arizona Republic,* 13 September 1992, A2.

Eaton, Michael A. *Tyndale Old Testament Commentary: Ecclesiastes.* Downers Grove, Ill.: InterVarsity Press, 1983.

Edwards, Jonathan. *The Works of Jonathan Edwards.* 2 vols. Rev. by Edward Hickman. Carlisle, Pa.: The Banner of Truth Trust, 1990.

Elliot, Elisabeth. *Shadow of the Almighty.* New York: Harper & Row Publishers, 1956.

Ellul, Jacques. *Reason for Being.* Translated by Joyce Main Hanks. Grand Rapids: Eerdmans, 1990.

Erickson, Millard J. *Christian Theology.* Grand Rapids: Baker Book House, 1983–85.

Fineman, Howard. "The Virtuecrats." *Newsweek,* 13 June 1994, 31–36.

Flew, Antony. *A Dictionary of Philosophy.* Rev. ed. New York: St. Martin's Press, 1979.

Foster, Richard J. *Celebration of Discipline.* Rev. ed. San Francisco: Harper & Row Publishers, 1988.

Garrett, Duane A. *The New American Commentary: Proverbs, Ecclesiastes and Song of Songs.* Nashville: Broadman Press, 1993.

Goodwin, Doris Kearns. *Lyndon Johnson and the American Dream.* San Francisco: Harper & Row. 1976.

_______. "Commencement Address at Dartmouth College." 14 June 1998, 1–2 (Internet copy).

Gregory of Nazianzen. "On His Father's Silence" in *Nicene and Post-Nicene Fathers.* Second Series, vol. 7. Peabody, Mass.: Hendrickson Publishers, 1994.

Gregory of Nyssa. "On the Making of Man" in *Nicene and Post-Nicene Fathers.* Second Series, vol. 5. Peabody, Mass.: Hendrickson Publishers, 1994.

_______. "On Virginity" in *Nicene and Post-Nicene Fathers.* Second Series, vol. 5. Peabody, Mass.: Hendrickson Publishers, 1994.

Guinness, Os. *The Call.* Nashville: Word Publishing, 1998.

Harris, R. Laird, Gleason L. Archer, and Bruce K. Waltke. *Theological Wordbook of the Old Testament*. Vol. 1. Chicago: Moody Press, 1980.

Hart, B. H. Liddell. *Scipio Africanus: Greater Than Napoleon*. New York: Capo Press, 1926.

Hemingway, Ernest. *The Old Man and the Sea*. New York: Charles Scribner's Sons, 1952.

Henrichsen, Walter A. Various conversations with the author.

Henry, Matthew. *A Commentary of the Whole Bible: Ecclesiastes*. Old Tappan, N.J.: Fleming H. Revell Company, n.d.

Himmelfarb, Gertrude. *The Demoralization of Society: From Victorian Virtues to Modern Values*. New York: Knopf Publishers, 1994.

Homer. *The Iliad*. Vol. 4 of the Great Books Edition. Chicago: Encyclopaedia Britannica, 1952.

________. *The Odyssey*. Vol. 4 of the Great Books Edition. Chicago: Encyclopaedia Britannica, 1952.

Houston, James. *The Heart's Desire*. Colorado Springs: NavPress, 1996.

Jerome. "Letter XLVII to Pammachius" in *Nicene and Post-Nicene Fathers*. Second Series, vol. 6. Peabody, Mass.: Hendrickson Publishers, 1994.

Johnston, Robert K. "Confessions of a Workaholic: A Reappraisal of Qoheleth." *The Catholic Biblical Quarterly* 38 (1976): 14–28.

Kaiser, Walter C., Jr. *Everyman's Bible Commentary: Ecclesiastes*. Chicago: Moody Press, 1979.

Keddie, Gordon J. *Looking for the Good Life*. Phillipsburg, N.J.: Presbyterian and Reformed Publishing Company, 1991.

Kempis, Thomas à. *The Imitation of Christ*. Springdale, Pa.: Whitaker House, 1974.

Keyes, Dick. *True Heroism*. Colorado Springs: NavPress, 1995.

Kidner, Derek. *The Bible Speaks Today: Ecclesiastes*. Downers Grove, Ill.: InterVarsity Press, 1976.

Kierkegaard, Søren. *Purity of Heart Is to Will One Thing*. Translated by Douglas Van Steere. New York: Harper & Row Publishers, 1938.

Kinsley, Michael. "You Must Be Very Busy." *Time*, 20 August 1990, 82.

Kreeft, Peter. *Three Philosophies of Life*. San Francisco: Ignatius Press, 1989.

Kushner, Harold S. *When Bad Things Happen to Good People*. New York: Schocken Books, 1981.

Law, William. *A Serious Call to a Devout and Holy Life*. Edited and abridged by John W. Meister et al. Philadelphia: The Westminster Press, 1955.

Leithart, Peter. *A House for My Name*. Moscow, Idaho: Canon Press, 2000.

Leupold, H. C. *Exposition of Ecclesiastes*. Grand Rapids: Baker Book House, 1952.

Lewis, C. S. *The Problem of Pain*. New York: The Macmillan Co., 1962.

_______. *The Weight of Glory and Other Addresses*. San Francisco: Harper Collins Publishers, 1976.

Lockerbie, D. Bruce. *Dismissing God: Modern Writers' Struggle Against Religion*. Grand Rapids: Baker Books, 1998.

Longman, Tremper, III. *Ecclesiastes*. In The New International Commentary on the Old Testament. Grand Rapids: Eerdmans, 1998.

______. Personal correspondence with the author. 6 February 2002.

Luther, Martin. *Notes on Ecclesiastes*. Vol. 15. Edited by Jaroslav Pelikan. St. Louis: Concordia Publishing House, 1972.

Marshall, Paul, and Lela Gilbert. *Heaven Is Not My Home*. Nashville: Word Publishing, 1998.

Martin, John A. "Old Testament History II and Poetry Class Notes." Dallas Theological Seminary, Fall 1992.

McCullough, David. *John Adams*. New York: Simon & Schuster, 2001.

McCullough, Donald W. *The Trivialization of God*. Colorado Springs: NavPress, 1995.

Moore, David George. *The Battle for Hell*. Lanham, Md.: University Press of America, 1995.

Moore, T. M. *Ecclesiastes: Ancient Wisdom When All Else Fails*. Downers Grove, Ill.: InterVarsity Press, 2001.

More, Thomas. *Be Merry in God*. Selections compiled by Paul Thigpen. Ann Arbor, Mich.: Servant Publications, 1999.

Morley, Patrick M. *The Man in the Mirror*. Brentwood, Tenn.: Wolegmuth and Hyatt Publishers, 1989.

Morrow, Barry L. *Heaven Observed*. Colorado Springs: NavPress, 2001.

Murphy, Roland. *Word Biblical Commentary: Ecclesiastes*. Dallas: Word Publishers, 1992.

Newbigin, Lesslie. *Proper Confidence: Faith, Doubt, and Certainty in Christian Discipleship*. Grand Rapids: Eerdmans, 1995.

Origen. *De Principis* in *Ante-Nicene Fathers*. Vol. 4. Peabody, Mass.: Hendrickson Publishers, 1994.

Packer, J. I. *A Quest for Godliness: The Puritan Vision of the Christian Life*. Wheaton, Ill.: Crossway Books, 1990.

Pascal, Blaise. *Pensées*. Translated by A. J. Krailsheimer. Baltimore: Penguin Books, 1966.

Pentecost, J. David. "Daniel." *The Bible Knowledge Commentary.* Eds. John F. Walvoord and Roy B. Zuck. Wheaton, Ill.: Victor Books, 1985.

Peterson, Eugene H. *A Long Obedience in the Same Direction.* Downers Grove, Ill.: InterVarsity Press, 1980.

_______. *Answering God.* San Francisco: Harper Collins Publishers, 1989.

_______. *The Contemplative Pastor.* Grand Rapids: Eerdmans, 1989.

Peterson, Jim. *Evangelism for Our Generation.* Colorado Springs: NavPress, 1985.

Piper, John. *Desiring God.* Portland: Multnomah Press, 1986.

Postman, Neil. *Amusing Ourselves to Death.* New York: Penguin Books, 1985.

_______. *Technopoly: The Surrender of Culture to Technology.* New York: Vintage Books, 1993.

Provan, Iain. *The NIV Application Commentary: Ecclesiastes, Song of Solomon.* Grand Rapids: Zondervan, 2001.

Richards, Lawrence O. *Youth Ministry.* Grand Rapids: Zondervan, 1972.

Ryken, Leland. *How to Read the Bible as Literature.* Grand Rapids: Zondervan, 1984.

Ryrie, Charles Caldwell. *Ryrie Study Bible.* Expanded ed. Chicago: Moody Press, 1994.

Sayers, Dorothy L. *Creed or Chaos?* Manchester, N.H.: Sophia Institute Press, 1974.

Seow, Choon-Leong. *The Anchor Bible: Ecclesiastes.* New York: Doubleday, 1997.

Shank, H. Carl. "Qoheleth's World and Life View as Seen in His Recurring Phrases." *Westminster Theological Journal,* 37 (1974): 57–73.

Shelley, Percy Bysshe. *Ozymandias* in *A Treasury of the World's Best Loved Poems.* New York: Avenel Books, 1961.

Sire, James W. *The Universe Next Door.* Rev. ed. Downers Grove, Ill.: InterVarsity Press, 1988.

Sproul, R. C. "Dust to Glory: An Overview of the Bible." Orlando: Ligonier Ministries, 1996.

______. *The Holiness of God.* Wheaton, Ill.: Tyndale House Publishers, 1987.

Stedman, Ray C. *Solomon's Secret: Enjoying Life, God's Good Gift.* Portland: Multnomah Press, 1985.

Swenson, Richard A. *Margin.* Colorado Springs: NavPress, 1992.

Swindoll, Charles R. *Living on the Ragged Edge.* Waco, Tex.: Word Books, 1985.

Thomas, Gary. "Wise Christians Clip Obituaries." *Christianity Today,* 3 October 1994, 24–27.

Tocqueville, Alexis de. *Democracy in America.* Vol. 1. New York: Vintage Books, 1990

Toland, John. *Hitler: The Pictorial Documentary of His Life.* Garden City, N.Y.: Doubleday, 1978.

Tolstoy, Leo. *The Death of Ivan Ilych and Other Stories.* Translated by David Magarshack. New York: Signet Classics, 1960.

Twiestmeyer, Trent. Quote on postcard shared with the author.

Van Boven, Sarah, and Patricia King. "A Killer's Self-Portrait." *Newsweek,* 11 May 1998, 38.

Webb, Barry G. *Five Festal Garments.* Downers Grove, Ill.: InterVarsity Press, 2000.

Wells, David F. *God in the Wasteland.* Grand Rapids: Eerdmans, 1994.

Whybray, R. N. "Qoheleth, Preacher of Joy." *Journal for the Study of the Old Testament,* 23 (1982): 87–98.

_______. *The New Century Bible Commentary: Ecclesiastes.* Grand Rapids: Eerdmans, 1989.

Willard, Dallas. *The Divine Conspiracy.* San Francisco: Harper Collins, 1998.

_______. *The Spirit of the Disciplines.* San Francisco: Harper Collins, 1988.

Wilson, Carl W. *Our Dance Has Turned to Death.* Atlanta: Renewal Publishing Company, 1979.

Wilson, Douglas. *Joy at the End of the Tether.* Moscow, Idaho: Canon Press, 1999.

Wilson, Marvin R. *Our Father Abraham.* Grand Rapids: Eerdmans, 1989.

Wolfe, Alan. "White Magic in America: Capitalism, Mormonism, and the Doctrines of Stephen Covey." *The New Republic,* 23 February 1998, 26–34.

Woodbridge, John D., ed. *Renewing Your Mind in a Secular World.* Chicago: Moody Press, 1985.

Wright, Addison G. "The Riddle of the Sphinx: The Structure of the Book of Qoheleth." *The Catholic Biblical Quarterly,* 30 (1968): 313–34.

Wright, J. Robert. Author of forthcoming *Ancient Christian Commentary on Scripture: Proverbs, Ecclesiastes, Song of Solomon.* Downers Grove, Ill.: InterVarsity Press. Phone conversation 12 August 2002.

Wright, J. Stafford. *The Expositor's Bible Commentary: Ecclesiastes.* Vol. 5. Edited by Frank E. Gaebelein. Grand Rapids: Zondervan, 1991.

_______. "The Interpretation of Ecclesiastes." *Evangelical Quarterly,* 18 (1946): 18–34.

Wyngaarden, Martin J. "The Interpretation of Ecclesiastes." *The Calvin Forum* (1955): 57–60.

Yankelovich, Daniel. *New Rules: Searching for Self-Fulfillment in a World Turned Upside Down*. New York: Bantam Books, 1981.

Young, Ed. *Been There. Done That. Now What?* Nashville: Broadman & Holman, 1994.

Song of Songs

Ayo, N. *Sacred Marriage: The Wisdom of the Song of Songs*. New York: Continuum, 1997.

Balchin, J. "Song of Songs." *The New Bible Commentary*. 4th ed. Downers Grove, Ill.: InterVarsity, 1994.

Block, A., and C. Bloch. *The Song of Songs: A New Translation*. New York: Random House, 1995.

Carr, G. Lloyd. *The Song of Solomon*. Tyndale Old Testament Commentaries. Downers Grove, Ill.: InterVarsity, 1984.

Deere, Jack S. "Song of Songs." *The Bible Knowledge Commentary*. Eds. John F. Walvoord and Roy B. Zuck. Wheaton, Ill.: Victor, 1985.

Delitzsch, F. *Proverbs, Ecclesiastes, Song of Solomon*. Originally published in 1885. Translated by M. G. Easton. Grand Rapids: Eerdmans, 1975.

Dillow, J. C. *Solomon on Sex*. Nashville: Nelson, 1977.

Dillow, Linda, and Lorraine Pintus. *Intimate Issues*. Colorado Springs: Waterbrook, 1999.

Dorsey, David A. *The Literary Structure of the Old Testament: A Commentary on Genesis—Malachi*. Grand Rapids: Baker, 1999.

_______. "Literary Structuring in the Song of Songs." *JSOT* 46. 1990.

Garrett, D. *Proverbs, Ecclesiastes, Song of Songs*. New American Commentary. Nashville: Broadman & Holman, 1993.

Gledhill, T. *The Message of the Song of Songs*. Bible Speaks Today. Downers Grove, Ill.: InterVarsity, 1994.

Glickman, S. C. *A Song for Lovers*. Downers Grove, Ill.: InterVarsity, 1978.

House, Paul. *Old Testament Theology*. Downers Grove, Ill.: InterVarsity, 1998.

Hubbard, D. *Ecclesiastes, Song of Solomon*. Communicator's Commentary. Dallas: Word, 1991.

Keel, O. *The Song of Songs*. A Continental Commentary. Minneapolis: Fortress, 1994.

Kinlaw, D. F. "Song of Songs." *The Expositor's Bible Commentary*. Vol. 5. Grand Rapids: Zondervan, 1991.

Landy, F. *Paradoxes of Paradise: Identity and Difference in the Song of Songs*. Sheffied: Almond, 1983.

Nelson, Tommy. *The Book of Romance*. Nashville: Nelson, 1998.

Patterson, Paige. *Song of Solomon*. Chicago: Moody, 1986.
Piper, John. *Desiring God: Meditations of a Christian Hedonist.* 2nd ed. Sisters, Oreg.: Multnomah, 1996.
Pope, Marvin H. "A Mare in Pharaoh's Chariotry." *BASOR* 200. 1970.
_______. *Song of Songs*. The Anchor Bible, 7C. New York: Doubleday, 1977.
Provan, Iain W. *Ecclesiastes and Song of Songs*. NIV Application Commentary. Grand Rapids: Zondervan, 2001.
Provan, I. "The Terrors of the Night: Love, Sex, and Power in Song of Songs 3." *The Way of Widsom: Essays in Honor of Bruce K. Waltke.* Eds. J. I. Packer and S. K. Soderlund. Grand Rapids: Zondervan, 2000.
Ryken, L., and T. Longman, III, eds. *A Complete Literary Guide to the Bible.* Grand Rapids: Zondervan, 1993.
Shea, W. H. "The Chiastic Structure of the Song of Songs." *ZAW* 92. 1980.
Smalley, Gary, and John Trent. *The Gift of the Blessing*. Nashville: Nelson, 1993.
Snaith, J. G. *Song of Songs*. The New Century Bible Commentary. Grand Rapids: Eerdmans, 1993.
Tanner, J. P. "The History of Interpretation of the Song of Songs." *BibSac* 154. 1997.
Walton, J. H., V. H. Matthews, and M. W. Chavalas. *The Bible Background Commentary: Old Testament.* Downers Grove, Ill.: InterVarsity, 2000.
Webb, B. "The Song of Songs: A Love Poem and as Holy Scripture." *RTR* 49. 1990.
Webb, Barry G. *Five Festal Garments: Christian Reflections on the Song of Songs, Ruth, Lamentations, Ecclesiastes and Esther.* New Studies in Biblical Theology. Downers Grove, Ill.: InterVarsity, 2000.
Wilson, Douglas. *Reforming Marriage*. Moscow, Idaho: Canon Press, 1995.

Main Idea 로 푸는

전도서, 아가

1쇄 인쇄 | 2009년 10월 21일
1쇄 발행 | 2009년 11월 5일

책임 편집 | 맥스 앤더스(Max Anders)
지은이 | 데이빗 조지 무어(David George Moore), 다니엘 L. 애킨(Daniel L. Akin)
옮긴이 | 이중순
펴낸곳 | 주)도서출판 디모데 〈파이디온 선교회 출판 사역 기관〉

등록 | 2005년 6월 16일 제319-2005-24호
주소 | 서울 강남구 개포동 1164-21 파이디온 빌딩
전화 | 마케팅실 02) 574-2630
팩스 | 마케팅실 02) 574-2631
홈페이지 | www.timothybook.com

값 25,000원
ISBN 978-89-388-1447-0